普通高等教育"十二五"规划教材

高职高专连锁经营类教材系列

连锁企业人力资源管理

刘子龙　王新盈　主　编

陈仕萍　臧良运　副主编

科学出版社

北　京

内 容 简 介

本书系统地阐述了连锁企业人力资源管理的基本概念、基本内容和基本方法等。本书的结构是前有案例导入，中有与内容匹配的知识拓展、案例点击等，后有与章节配套的复习思考题、实训项目及案例分析，为读者创造了丰富的研讨与练习空间。

本书可作为高等院校尤其是高等职业技术学院、商业类专科院校的专业课和选修课教材，也可作为经济类、企管类专业的参考书，还可以作为连锁企业管理人员的培训教材。

图书在版编目(CIP)数据

连锁企业人力资源管理/刘子龙，王新盈主编. —北京：科学出版社，2008
（普通高等教育“十二五”规划教材·高职高专连锁经营类教材系列）
ISBN 978-7-03-022120-9

Ⅰ.连… Ⅱ.①刘…②王… Ⅲ.连锁商店-劳动力资源-资源管理-高等学校：技术学校-教材 Ⅳ. F717.6

中国版本图书馆 CIP 数据核字（2008）第 074472 号

责任编辑：任锋娟/ 责任校对：赵　燕
责任印制：吕春珉 / 封面设计：东方人华平面设计部

科学出版社出版
北京东黄城根北街 16 号
邮政编码：100717
http://www.sciencep.com

铭浩彩色印装有限公司 印刷

科学出版社发行　各地新华书店经销

*

2008 年 10 月第 一 版　开本：787×1092　1/16
2014 年 5 月第八次印刷　印张：20 1/4
字数：477 000

定价：35.00 元

（如有印装质量问题，我社负责调换〈骏杰〉）

销售部电话 010-62134988　编辑部电话 010-62135763-8767（VF02）

序

随着我国改革开放的不断深入，我国许多方面的经营体制发生了重大变化，特别是餐饮业、商业、服务业等领域更是发生了深刻的变化，其中最明显的就是连锁经营模式的引入、发展及壮大。

连锁经营在我国经过近20年的发展，已从导入期进入蓬勃发展期。作为现代主流商业模式，连锁经营使世界商业的发展出现了质的飞跃，取得了突破性进展，改变和加快了世界商业的发展进程，对世界经济特别是现代商业经济的发展产生了深刻影响。目前，我国已发展成为连锁经营大国，截至2007年底，已拥有特许连锁体系2800多个，成为世界上特许连锁体系最多的国家，超过始创国美国。连锁经营已经成为我国零售业、餐饮业、服务业等众多行业普遍采用的经营方式，取得了令人鼓舞的成绩，日益显示出强大的发展潜力。但是由于我国的连锁经营起步晚，发展时间较短，同发达国家和地区相比，无论从经营规模上还是行业领域上我国都存在着明显的差距。面临国际大型零售企业的竞争，国内的连锁企业如何利用有限的时间加快发展，做强、做大已成为当务之急。

面对新经济、信息化、国际化的社会大背景，面对连锁经营模式下企业的激烈竞争，人才的匮乏显得日益突出。连锁人才缺乏，特别是连锁经营中高级管理人才缺乏，已经成为制约企业发展的一个瓶颈，亟待解决。要想彻底解决人才问题，根本还是要从人才培养入手，从基础教育入手。只有培养出大量的基础性人才，才能源源不断地为连锁企业供应新鲜血液，继而让他们在经营实践中发展成熟，最终成为高级人才和专业人才。

教育部根据我国经济发展对各类专业毕业生的实际需要，结合就业状况，对专门人才培养结构进行了重大调整，对专业设置、课程内容和教学方法进行了必要的整合改造，更加突出实践技能的培养。在市场调研和人才需求分析的基础上，按照教育部的相关指导，我们进行了连锁经营系列教材的策划和组织工作，经过多次研讨，落实了全国几十所高等院校的老师和上海、北京、广州、昆明、南京、沈阳、成都、杨凌、西安等城市的企业参与编写。本教材系列密切结合连锁经营企业的实际工作，结合连锁经营业务的真实案例，其特色可以概括为四个显著的特点：

1. 知识系统

本教材系列从连锁经营管理原理、连锁企业人力资源管理、连锁企业门店营运管理、连锁企业门店开发与设计，到连锁企业的信息管理系统、物流管理、市场营销、财务管理、仓储与配送等，对连锁企业管理中的诸多环节进行了有理论、有实践的系统探讨，使学生较全面地了解连锁经营所涉及的

方方面面。

2. 实操性强

本教材系列选择连锁经营行业中的实际工作案例，引发学生的思考，让学生带着问题去学习相应的理论知识，充分调动了学生的学习积极性。针对高等职业院校的学生的特点，将抽象的逻辑建构的知识体系形象化、具体化、生活化和职业化，从而可以提高学生的兴趣，这是至关重要的。因此，从连锁经营业务的实际工作案例导入，能大大提高学生学习的兴趣，从而激发其学习动力。

3. 编者队伍“产学结合”

本教材系列的编者有来自于教学一线的教师，有身兼企业资深顾问的教师，还有来自于企业的管理人员，他们立足于高职高专的教学特点，将自己的教学和工作经验融入到本教材系列当中，使学生能接触到最实际的知识和案例。

4. 中外结合，相互借鉴

本教材系列详细介绍了中外连锁经营的最新现状、未来趋势、操作环节和使用程序，尤其把外国著名连锁企业的最新的发展业态和科学的应用信息技术和管理模式引入，这对于学生充分掌握中外连锁经营的发展历程、差距和特征、技术具有很好的探索意义。

5. 时代感强，贴近实际

本教材系列的许多资料来自 2007 年至 2008 上半年的有关资料，紧跟我国连锁经营的现状，如我国特许奖、特许品牌、特许案例、特许金牌店长、最具成长特许企业等。附录里的专有名词、术语等资料，有助于学生针对性地进行连锁经营知识学习。

陶行知老先生有句话：“生活即教育，社会即学校，教学做合一。” 我相信，只要我们职业教育界的各位同仁共同努力，深化改革，解放思想，追求创新，就能实现陶老的希望，创造卓越。

教材建设是高职高专教育教学改革的重要组成部分，也是体现职业技能培养特色的关键。本教材系列的编写，遵循科学发展观，根据学科发展需要、教学改革需要、专业设置需要、课程改革需要，尤其是市场对人才素质的需要，结合国家教育部教育教学改革的精神，结合国家正在启动的大学生就业工程，面向社会，面向市场，面向经济建设，面向用人单位的具体工作岗位，由专家、教授编写而成，可作为连锁经营及其相关专业学生的必修教材、也可作为连锁企业、流通企业的员工的培训教材。

高职高专连锁经营类教材系列

编 委 会

前　言

连锁经营是社会经济发展到一定阶段的产物，是先进管理思想和科学技术结合的产物，连锁企业的管理、经营方式有别于一般意义上的企业。国际连锁业巨头已形成了相当成熟的人力资源管理制度和企业文化，而我国连锁企业仍处在快速发展阶段，企业的人力资源管理、运营模式、管理制度、企业文化等方面仍在探索和建设之中。为满足我国蓬勃发展的连锁企业对高素质人才的需求，国内大专院校纷纷开设连锁企业管理专业及相近专业。为满足“连锁企业人力资源管理”课程的教学需要和连锁企业人力资源管理者的培训、学习需要，我们特编写了本书。

本书的编写思路是求新、实用，不主张长篇大论，更不主张将本书写成百科全书，重点阐述连锁企业人力资源管理的基本概念、基本内容、基本方法等。为了方便学生检测自己的学习效果，每章末尾都附有复习思考题，答案附在教学课件中，如有需要请与科学出版社联系。

完成本书教学需要约 60 学时，其中第一章 4 学时，第二章 4 学时，第三章 6 学时，第四章 4 学时，第五章 8 学时，第六章 10 学时，第七章 8 学时，第八章 10 学时，第九章 6 学时。

本书具体的编写分工如下：第一章由刘子龙（北京工业职业技术学院）编写；第二章、第四章由王新盈（昆明冶金高等专科学校物流与交通学院）编写；第三章、第五章由陈仕萍（北京工业职业技术学院）编写；第六章、第七章由臧良运（齐齐哈尔大学应用技术学院）编写；第八章、第九章由刘青（湖州职业技术学院）编写；刘子龙、王新盈负责全书的统稿。

本书得到了各参编作者所在院校的大力支持，并吸收了编委会各位学者及南京工业职业技术学院都国雄教授的宝贵意见，在此，表示衷心的感谢。

由于时间仓促，加之作者水平有限，书中难免有不足之处，敬请广大读者批评指正。

目　录

第一章

绪　论

◇ 学习目标

- 对人力资源和人力资源管理有全面认识；
- 对连锁企业经营管理与人力资源管理有初步了解；
- 把握战略和战略性人力资源管理的相关内容。

◇ 技能要点

- 连锁企业经营特点调查；
- 人力资源管理者的角色调查。

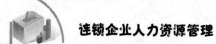

案例导入

比肖夫的工作经历

1951年，具有心理学和人际关系学双学士学位的查尔斯·比肖夫四处寻找工作。不久，他进入一家名叫包兰亭·索恩斯的酿造公司，做起了人事面试工作。后来，他又到一家糖果加工公司和美国美孚公司干了一段时间。1963年比肖夫来到从事纤维、塑料生产及能源开发的联合公司。如今，他是这家公司的人事经理。

当有人问比肖夫这些年作为人事经理都干了些什么时，他微笑着并略带嘲弄的口吻回答："保证每人在生日时得到一张生日卡，在感恩节得到一只火鸡。"他还说，"人事部对那些不能忍受这种工作方式的人来说，简直就是一处堆破烂的地方"。

确实，退回去许多年看看，人事工作除了雇佣工人就再没有别的内容。这大概还是从过去的工头那里传下来的吧。以前的工头总是习惯于走出工厂，从长长的求职队伍中挑选工人。他们根本不看什么简历表，而是用他们的食指随便点，"你，你，还有你"。后来，这些工头实在腾不出时间来干这类事情了，于是就有了人事工作。

除了干些招收新工人和发薪水之类的工作，人事部经理还负责诸如此类的"事务"：教人鞠躬时如何抬臂，教人如何打扫公司的停车场，等等。这确实产生了如20多年前著名管理学家彼德·德鲁克所指出的情形，"所有做人事工作的人无不忧虑，何以证明他们也在对企业做出贡献"。

不过如今，比肖夫再也不谈什么生日卡、火鸡之类的事儿了。"电话随时都在嘟嘟响"，比肖夫在办公桌旁挥了一下手说，"嘿，那准是董事会主席又叫我去他办公室了"。

是的，人事经理一蹶不振的时代已经成为过去。那种由人事部门头目给公司各部门分西瓜的日子，不过是令人一笑的回顾罢了。而事实上"人事管理"这一称呼在公司的惯用语中，已经销声匿迹了，取而代之的是另一种很有影响力的称呼——人力资源管理经理。

（资料来源：于桂兰，魏海燕. 2004. 人力资源管理. 北京：清华大学出版社：1）

连锁经营是目前世界上许多国家普遍采用的一种现代化的商业经营模式，在大多数国家的零售业中占据主导地位，如美国连锁企业的销售额占行业零售总额的60%以上。近十年来，连锁经营在我国的零售业、餐饮业、服务业等行业得到迅猛发展，2004年全国拥有连锁门店54 891家，从业人员105万人，实现销售总额5580亿元。

在连锁企业蓬勃发展的今日，连锁企业的生存与发展的关键是拥有一支

高素质的员工队伍，使他们成为连锁企业的核心竞争力。怎样获取、激励与发展他们，已经成为连锁企业人力资源管理工作的核心内容。本章从人力资源概念入手，引出连锁企业人力资源管理的相关概念，同时介绍一些战略性人力资源管理的内容。

第一节 连锁企业人力资源管理概述

一、人力资源的概念、特征、地位和作用

1. 人力资源的概念

资源是一个经济学术语，泛指社会财富的源泉，是能给人带来使用价值或价值的客观存在物。一般把资源分为两类，一类是物质资源，另一类是人力资源。管理学术语“人、财、物”中的“人”就是人力资源，“财”和“物”就是物质资源。

人力资源是指一定范围内人口中所有具有劳动能力人口的总和，是能够推动经济和社会发展、具有智力劳动和体力劳动能力的人的总称。

我们可以从如下几个定义中去理解人力资源的概念：

1）能够推动整个经济和社会发展的劳动者的能力，即处在劳动年龄的已直接投入建设和尚未投入建设的人口。

2）包含在人体内的一种生产能力，它是表现在劳动者身上的、以劳动者的数量和质量表示的资源，它对经济起着生产性的作用，使国民收入持续增长。它是最活跃、最积极的主动性的生产要素，是积累和创造物质资本、开发和利用自然资源、促进和发展国民经济、推动和促进社会变革的主要力量。

3）企业组织内外具有劳动能力的人的总和。

4）一个国家或地区有劳动能力（体力劳动或脑力劳动）的人的总和。

5）企业全体员工的能力。

6）人力资源是指一切具有为社会创造物质文化财富、为社会提供产品和服务的人。

2. 人口、人力资源、劳动力和人才的关系

人口是指在一定范围内、某一时刻所有人员的总和。

人力资源是指一定范围内人口中具有劳动能力的人口总和。

劳动力是指人的劳动能力，即人的体力和脑力的总和。是社会生产力中起决定性作用的因素。

人才指有较强能力或有某种特长的人，人力资源中的人才指具有创新意识、创造能力的资源。

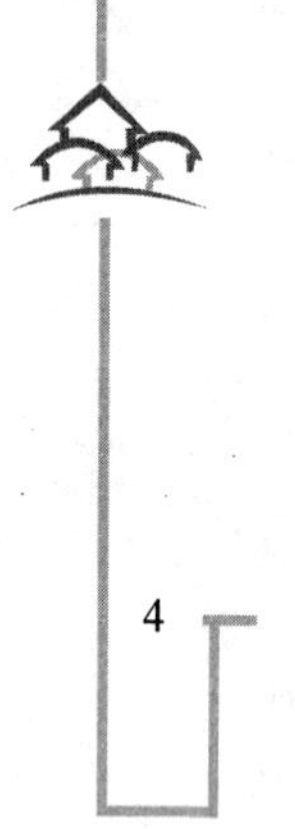

由此可见，它们的关系是人口包容人力资源，人力资源包容劳动力，劳动力包容人才，具体见图 1-1。

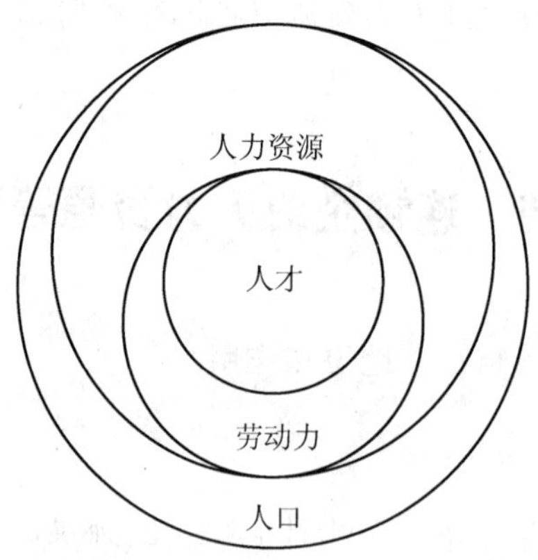

图 1-1　人口、人力资源、劳动力、人才关系

3. 人力资源的主要特征

人力资源的基本属性是人口，必要属性是具有劳动能力，包括智力劳动能力和体力劳动能力。人力资源是有意识的资源，所以这种资源具有鲜明的特征。

（1）时代性

人力资源在其形成过程中受到时代条件的制约，人一生下来就置身于既定的生产力和生产关系环境中，所以这种资源必然具有时代的属性，具体地说就是社会经济和生产力发展水平制约着人力资源的素质水平。人力资源不可能超现实产生，也不可能超现实生存和使用，只能在现实环境条件下发挥作用。另外，作为个体，个人与个人、个人与群体和团队、个人与企业制度、个人与企业文化等会相互作用和相互影响；作为整体，人力资源与组织、地区、民族、国家等紧密联系在一起。相互作用和影响的结果可以使人力资源产生正效益，也可以产生负效益。

（2）能动性

自然资源在被开发过程中完全处于被动地位。而人是有意识的，人力资源在被开发过程中具有能动性。人力资源的能动性是唯一能起到创造作用的因素，人力资源的能动性主要体现在人力资源可以自我强化、选择职业、积极劳动等方面。自我强化是指人可以通过后天的努力提升自己的素质，这一点也正是人力资源管理的着力点。选择职业是指人可以根据自己的好恶选择自己喜欢的职业，人力资源管理应当努力让组织内的所有员工喜欢自己的工作。积极劳动是指人可以自我约束、自我控制、自我工作，沿着组织制定的路线实现组织的目标。

有的学者把人力资源的能动性概括为“可激励性”，可激励的前提是被激

励对象具有能动性，这就要求人力资源开发不能只靠技术性指标的增减和数学公式的推导，还要靠组织政策去调动他们的积极性。

（3）两重性

人力资源的两重性体现在其既是生产者，又是消费者。人力资源无论是否被开发或利用，都会消耗维持生命所必需的物质资源；当被开发和利用时，在消耗必要的物质资源的同时会为社会创造价值。社会人力资源的充分利用受社会经济、政治等宏观环境影响，组织内部人力资源的充分利用是组织人力资源管理部门必须面对的课题。

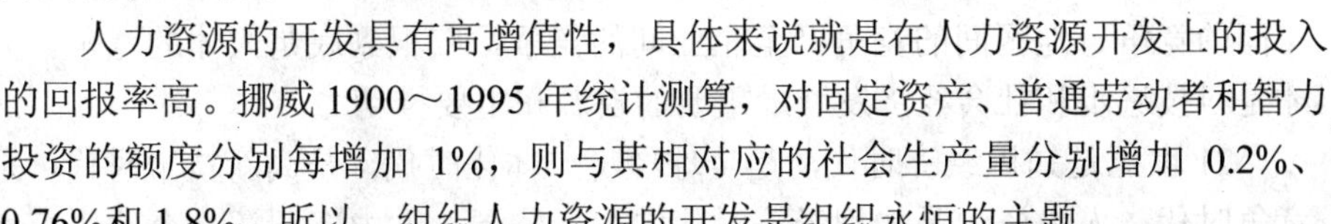

人力资源的开发具有高增值性，具体来说就是在人力资源开发上的投入的回报率高。挪威 1900～1995 年统计测算，对固定资产、普通劳动者和智力投资的额度分别每增加 1%，则与其相对应的社会生产量分别增加 0.2%、0.76%和 1.8%。所以，组织人力资源的开发是组织永恒的主题。

（4）时效性

物质资源长期存放不会有多大的数量变化，人力资源则不同，在其生命周期的整个过程中，不同的阶段人的体能和智能是不同的。无论哪类人，都有其才能发挥的最佳时期，所以人才开发和使用必须及时，开发、使用时间不同，所获得的效益也不相同；而人力资源闲置则会使其才能荒废、退化，造成浪费。

（5）持续性

物质资源一般只开发一次或两次，形成产品并被使用之后就不再开发。而人力资源不同，使用之前必须对其进行必要的开发，使用过程同时也是开发过程。如为使人力资源能胜任某一岗位，必须进行必要的岗前开发。人力资源开发后，会因社会进步、生产力发展及管理变革等多方面因素出现思想落后、技术陈旧等问题而不能胜任工作，或因生理的原因不再胜任原来的工作，或因人力资源自身发展的需要，人力资源会自觉进行自我补偿、自我更新、自我丰富，这一过程是随着人力资源开发后的时间推移而连续发生的。

（6）再生性

人力资源也存在消耗和磨损问题。具体表现在三个方面：生理磨损与消耗、心理磨损与消耗及能力磨损与消耗。生理磨损与消耗主要靠休息、饮食营养和新人力资源补充来实现再生；心理磨损与消耗主要靠良好的个人心理素质、和谐的人际关系、公正有效的企业制度和优秀的企业文化等实现修复和再生；能力磨损与消耗主要靠个人终身学习、在职培训和建立学习型组织来再生。

传统的观念和做法认为，毕业了就进入工作阶段，开发与使用界限分明。人力资源管理认为人工作之后还需要继续学习，继续充实和提高自己。在具体使用这种资源时必须注意这一特点。

4. 人力资源的地位和作用

（1）人力资源的地位

人力资源是第一资源。纵观世界各国、各地区、各企业的发展，都有一个共同点，就是把社会、科技、经济等发展的依据放在“人才”这个支撑点上。这在人力资源的配置逐步全球化、社会化的今天，更加如此。人力资源之所以是第一资源，是因为：知识经济正在崛起，并将逐渐取代工业经济，其战略资源已不再是土地资源或材料、能源等物质资源，而是人力资源。国家间的竞争、地区间的竞争乃至企业间的竞争，归根到底是人才的竞争。人才是科技进步和社会经济发展最重要的资源和主要推动力。

21 世纪是知识经济时代，是全球经济一体化时代，是高新技术时代，是竞争时代。人力资源是知识经济时代的第一资源，人力资源还是企业生存和发展的必备资源。

（2）人力资源的作用

人力资源是国家、地区和企业经济增长最重要的支撑点之一。有关专家运用柯布—道格拉斯函数进行的一项经典分析表明，实物资本存量增加带来的产量增加值相当于人力资本存量增加带来的产量增加值的 25%。换言之，人力资源对企业经济效益的贡献是实物资源贡献的 4 倍。以美国经济学家罗默和卢卡斯为代表的新经济增长理论认为，现代以及将来经济持续、快速、健康增长的主要动力和源泉已不再是物质资源，而是知识、技术等人力资源因素。美国著名经济学家西奥多·W. 舒尔茨认为，人力资源既能提高物质资本又能提高人力资本的生产率，因为人力资源随着时间的推移可以自我丰富、自我更新和发展；通过劳动者的品性、能力、操作技能和工艺水平的提高，可增进对物质资本的利用率和产量，人力资本的不断发展与积累直接推动物质资本的不断更新与发展。

人力资源的这种作用在不同的组织中、组织的不同层次中表现不一样，一般来说在复杂的劳动过程中，劳动手段与劳动工具越简单、越落后，人力资源的作用越大；劳动手段与劳动工具越复杂、越先进，人力资源的作用越小。就是说，复杂劳动中人力资源的作用大，简单劳动中人力资源的作用小；物质资源比较丰富时人力资源作用较小，物质资源匮乏时人力资源的作用较大。所以，高科技产业要求人力资源水平高，作用大，而传统的第一产业和第二产业中人力资源水平一般，作用也一般；在服务性与经贸性等劳动密集型产业中人力资源的作用突出，而在自动化程度较高的生产型、制造型产业中人力资源的作用一般；在组织的技术开发、经营管理部门人力资源的作用突出，而在生产车间、流水线上的人力资源的作用一般。

人力资源分类方案见表 1-1。

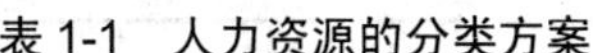
表 1-1 人力资源的分类方案

类别	代号	定义	岗位	职业特点
非技术类	W_1	从事对知识技能要求甚低的简单、重复劳动（以体力劳动为主）的人员	清洁员	几乎无需专业培训或仅需几周练习就可独立工作
熟练工	W_2	从事需要一定专业知识和技能的重复性体力劳动的人员	司机	需要通过数月但不超过 1 年的培训才能独立工作
技工	W_3	从事需要丰富专业知识和技能、工作内容经常发生变化的体力劳动	媒体工程主管、媒体工程主任	需要通过 1 年以上的培训以及数年的实践才能胜任工作
职员	C	从事需要一定专业知识和技能、重复性较大的事务性工作	前台文员、秘书、一般销售或售后服务人员、制作主任、市场调研员	需要数月培训和练习才能胜任工作，大多在办公室工作
专业管理人员	S	专门从事计划、组织、监督、控制等管理职能活动的脑力劳动者	行政管理主管、会计、统计员、媒体计划、媒介购买、人力资源主管、各类专员	需接受大专以上专业教育并经过实习才能胜任工作
技术人员	T	从事工程技术与设计工作，提供知识产品或技术服务的脑力劳动者	电子商务、设计师、文案、策划人员	需要接受本科或以上专业技术教育并经过实习才能胜任职责
主管人员	M	承担一定领导责任，有明确下属的管理人员	部门经理、美术指导、文案指导、总监、经理	需要丰富的业务知识、管理知识和技能，主要通过他人提供最终成果

资料来源：魏新，刘苑辉，黄爱华．2007．人力资源管理概论．广州：华南理工大学出版社：9

二、人力资源管理的概念和主要职能

1. 人力资源管理的概念

人力资源管理就是运用现代化的科学方法，对与一定物力相结合的人力进行合理的组织、培训和调配，使人力、物力经常保持最佳比例，同时对人的思想、心理和行为进行恰当的诱导、控制和协调，充分发挥人的主观能动性，使人尽其才、事得其人、人事相宜，以实现组织的目标。

具体来讲就是制定人力资源规划、选人、育人、用人、留人的全过程。包括人力资源规划、人员招聘、员工培训、绩效考核、工资福利政策等内容。

2. 传统人事管理与现代人力资源管理的区别

传统的人事管理与现代人力资源管理有着本质的区别。人事管理属于行政事务管理，管理的重心是“事”，注重的是对人的控制与管理。人力资源管理是对“人”的战略性管理，是以“人”为核心，把人作为活的资源进行开发，注重人的心理与行为特征，强调人与事相宜，事与职匹配，使人、事、职所获得的效益得到放大。两者具体区别见表 1-2。

表 1-2　人事管理与人力资源管理的区别

比较项目	人事管理	人力资源管理
环境	国内 内部	全球 内部和外部
管理导向	注重成果	注重过程
管理视角	视人力为成本	视人力为资源
机构	事务性、实际操作性、执行层	战略性、决策层
部门性质	非生产、非效益部门	生产与效益部门
与其他部门的关系	职能式	合作式
人员	专家	通才
HR 实践	集中于个人 范围狭窄	集中于群体 范围广泛
管理活动性质	被动反应型	主动开发型
管理焦点	以事为中心的绩效考核	强调人与事统一发展的人力资源开发
管理对象	员工	劳资双方
管理深度	注意管好现有人员	更注重开发企业人员的潜在才能
管理方案	例行的、规范的	变化的、挑战的
劳动关系	从属的、对立的	平等的、和谐的

资料来源：郑晓明．2005．人力资源管理导论．北京：机械工业出版社：34

3．人力资源管理的内容

人力资源管理的内容纷繁复杂，彼此交叉，很难将人力资源管理内容按单一标准分得一清二楚。笼统地讲，人力资源管理的主要内容是在人力资源战略、规划和岗位分析的基础上，对人力资源进行获取与配置、培训与开发、规范与约束、考核与激励、凝聚与整合、安全与保障。具体管理内容见表 1-3。

表 1-3　人力资源管理的主要内容

项　目	内　容
基础与前提	人力资源管理战略
	人力资源规划
	岗位分析
获取与配置	招聘
	人力资源的优化配置
培训与开发	培训
	职业生涯管理
考核与激励	绩效管理
	激励制度管理

续表

项目	内容
规范与约束	劳资管理
凝聚与整合	企业文化建设
	团队建设
	沟通管理
	冲突管理
安全保障	安全生产与职业卫生
	员工压力与心理健康
	社会保险

资料来源：于桂兰，魏海燕．2004．人力资源管理．北京：清华大学出版社：8

4. 人力资源管理者的角色

（1）一般人力资源管理者与专业人力资源管理者的角色

组织的所有管理者都是人力资源管理者。人力资源管理者分为一般人力资源管理者和专业人力资源管理者。一般人力资源管理者是人力资源实践的承担者；专业人力资源管理者是人力资源专家，他们运用专业技术知识和技能研究，开发企业人力资源产品与服务，为企业人力资源问题的解决提供咨询。一般人力资源管理者与专业人力资源管理者的职责分工见表 1-4。

表 1-4 一般人力资源管理者与专业人力资源管理者的职责分工

项目	一般人力资源管理者	专业人力资源管理者
招聘与录用	对所讨论的工作的职责范围作出说明，为工作分析人员提供帮助 提出未来的人员需求及需要的人员类型 说明工作对人员的要求，为人力资源部门的选聘测试提供依据 面试应聘人员并作出录用决策	根据部门主管提供的信息写出工作说明书 制定人事安排计划，对员工的晋升做出安排 开展招聘活动，不断扩大应聘人员队伍 进行初步筛选并将合格的候选人推荐给部门主管
培训与发展	根据组织及工作要求安排员工，对新员工进行指导和培训 为开展新业务进行评估，推荐管理人员 进行领导和授权，建立高效的工作队伍 运用组织的评估表格对员工进行业绩评估 对下属的进步给予评价并就其职业发展提出 建议	准备培训材料及文件 根据组织的既定目标就管理人员的发展计划向主管领导提出建议 在规定和实际运作质量改进计划以及团队建设方面充当信息源 开发业绩评估工具，保存评估记录
薪酬管理	向人力资源部门提供各项工作的性质及相对价值方面的信息，作为薪酬决策的基础 决定给下属的奖励方式及数目 决定组织给员工的福利和服务	实施工作评估程序，决定每项工作在组织中的相对价值 开展薪资调查，了解同样或近似的职位在其他组织的工资水平 在奖金和工资计划方面向一线经理提出建议 开发包括保健护理、退休金等在内的福利、服务项目，并和一线经理协商

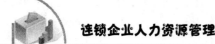

续表

项　目	一般人力资源管理者	专业人力资源管理者
劳动关系	营造互相尊重、相互信任的氛围，维持健康的劳动关系 坚持贯彻劳资协议各项条款 确保员工的申诉程序按劳动协议执行，在进行调查后作出申诉的最终裁决 和人力资源管理部门一起参与劳资谈判	分析导致员工不满的深层原因 对一线经理进行培训，帮助他们了解和理解协议条款及法规方面易犯的错误 在如何处理员工投诉方面向一线经理提出建议，帮助有关各方就投诉问题达成最终协议
员工保险与安全	保持员工与经理之间沟通畅通，使员工能了解组织大事并能通过多种渠道发表建议和不满 确保职工在纪律、解雇、职业安全等方面受到公平对待 持续不断地指导员工养成并保持安全工作习惯 发生事故时，迅速、准确地提供报告	向一线经理介绍沟通技巧，促进上下级沟通 开发确保员工能受到公平对待的程序，并对一线经理进行培训，使他们掌握这一程序 分析工作，制定安全操作规程，对机械防护装置等安全设备的设计提出建议 发生事故时，迅速实施调查、分析原因，根据事故提出预防建议并向“职业安全与健康管理”组织提交必要的报表

资料来源：郑晓明．2005．人力资源管理导论．北京：机械工业出版社：14

人力资源管理者的角色

戴维·乌尔奇指出：人力资源管理者的角色是多重的，可以是战略性伙伴、人力资源方面的管理专家、企业变革的代理人、员工的激励者，还有一个角色是员工的代言人，类似于国内工会的角色。

实际上，这些人力资源管理者的角色可以划归两大类：一是人力资源管理职能性角色，二是战略性人力资源传递机制的角色。人力资源管理职能性角色对于股东而言，是付出成本的，被视为成本中心，其主要管理目标就是成本控制，要求削减人力资源管理职能的成本，提高人力资源管理职能的效率，通过人力资源管理活动，建立人力资源管理内部各个模块的一致性；战略性人力资源传递机制的角色对于股东来说，是要求人力资源部门创造价值的，被视为利润中心，在保证人力资源管理内部各个模块一致性的基础上，通过系统规划的人力资源激活力，推动人力资源绩效驱动力产生作用；人力资源绩效驱动力又作用于战略绩效驱动力，从而促进战略目标的实现，体现人力资源管理的价值。

（资料来源：cho.hr.com.cn/html/50487.html）

（2）人力资源管理部门的角色

任何组织都存在着人力资源管理的问题，有时组织小，不单独设置人力资源管理部门，其人力资源管理工作分散到其他部门。当组织规模达到一定程度时，就要单独设置人力资源管理部门，此时的人力资源管理部门所充当的角色有五个：政策的制定者、业务的促成者、监控者、创新者和变革者。

1）政策的制定者。人力资源部门是组织决策的参与部门和信息提供部门，负责环境监测、上传员工的意见、下达领导的指示。当涉及员工管理政策时，其方案的制定者往往是人力资源管理部门。

2）业务的促成者。人力资源管理的成功依赖于业务经理的经营活动，人力资源部门必须通过各种活动为业务经理的业务提供服务，促进完成经营任务。

3）监控者。人力资源部门通常将人力资源实施问题交给业务经理，但是人力资源部门必须承担活动公平性的监督工作。

4）创新者。人力资源部门是提供解决人力资源的新方法和新方式的主要部门。

5）变革者。为了适应环境，组织必须不断采用新的技术、结构、工艺、文化及过程。组织要求人力资源部门变革人力资源的管理技巧，为组织配置合理的人力资源，保证组织变革的成功。

三、人力资源管理的基本原理

1. 人力资源管理的人性观

西方管理中对人性的认识有“经济人”、“社会人”、“自我实现人”和“复杂人”四种观点，它们是西方企业管理在不同发展阶段的人性观的典型代表，对我国现代企业管理都产生了一定的影响。

（1）经济人

“经济人”也叫“唯利人”。这种假说起源于享乐主义哲学和亚当·斯密关于劳动交换的经济理论。它认为人的行为在于追求自身利益的最大化。有人将这种人性假说指导下的管理理论概括为“X 理论”。

1）“经济人”假说的核心内容是：

① 人的本性是不喜欢工作的，只要有可能人就会逃避工作。

② 人天性不喜欢工作，对于绝大多数人必须进行强迫控制、指挥，才能迫使他们为实现组织目标去工作。

③ 一般人宁愿受人指挥，希望逃避责任，较少野心，对安全的需要高于一切。

④ 人是非理性的，本质上不能自律，易受他人影响。

⑤ 一般人都是为了满足自己的生理需要和安全需要参加工作的，只有金钱和其他的物质利益需要，没有自尊和自我实现等高级需要。

2）以“经济人”假说为指导的管理方式：

① 管理工作的重点在于提高生产效率、完成生产任务；不考虑员工的感情。

② 管理是少数人的事，员工只能服从，并努力工作。

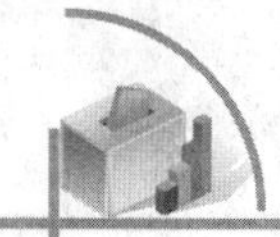

③ 依靠金钱激励员工的积极性，对于表现不好的员工实行严惩重罚。

④ 以权力和控制体系来保护组织及引导员工。

“经济人”理论阐述的观点主要强调工作动机的经济诱因及相应的管理职能，这在劳动和工作是人们谋生手段的历史条件下具有合理性。

（2）社会人

“社会人”也称“社交人”。这种假说认为，人们重视工作中与他人的友好关系，良好的人际关系是调动员工工作积极性的决定因素，物质利益是调动员工工作积极性的次要因素。

1）“社会人”假说的核心内容：

① 把员工当作“经济人”是不完全的，社会心理因素对调动员工工作的积极性起着很大作用，物质利益反居其次。

② 生产效率的高低与员工的士气有关，而士气取决于员工在家庭、组织及社会生活中的人际关系是否和谐。

③ 除正式组织外，组织内部还存在着“非正式组织”，这些 “非正式组织”对员工的行为有一定影响。

④ 员工希望领导能与他们沟通，听取他们的意见。

2）以“社会人”假说为指导的管理方式：

① 管理人员不应只注意完成任务，而应把重点放在关心员工和满足员工的需要上。

② 管理人员不能只关注传统的管理职能，更应重视人际关系管理，要培养和形成员工的归属感。

③ 提倡集体奖，不主张个人奖。

④ 管理人员应在员工与管理当局之间起沟通、联络作用。

⑤ 鼓励职工参与组织的管理工作。

“社会人”理论使人们认识到员工积极性的发挥和工效的提高，不仅受物质因素影响，更重要的是受社会和心理因素影响，使得管理理论开始从过去的“以人适应物”转向“以人为中心”。

（3）自我实现人

马斯洛的需求层次理论的最高需求是自我实现。所谓自我实现是指人们需要发挥自己的潜能，表现自己的才能，唯有如此，才能感到满足。20 世纪末，麦格雷戈总结马斯洛等人的观点，把它概括成“Y 理论”。

1）“自我实现人”假说的核心内容：

① 人使用脑力和体力进行劳动就像娱乐和休息一样，同样是人的本性，在某些条件下，劳动能使人获得满足。

② 控制和惩罚不是实现组织目标的唯一方法，人们在执行任务时能够自我约束、自我指导。

③ 正常情况下，人不仅会接受责任，而且能主动承担责任。

④ 人对目标是否尽力，依赖于完成目标所得到的报酬，在报酬中最主要的不是金钱，而是自尊需要和自我实现需要的满足。

⑤ 大部分人都具有解决组织中出现的问题的想象力，但在现代组织中个人的智力仅有部分得到发挥。

2）以“自我实现人”假说为指导的管理方式：

① 营造一个适宜的工作环境、工作条件，充分发挥人的潜能和才能，充分发挥个人的特长和创造力。

② 管理者的主要职能不是生产的指挥者和控制者，也不是人际关系的调节者，而是生产环境与条件的设计者与守护者。

③ 重视开拓职工获得知识，施展才华的空间，形成自尊、自重、自主、创造等自我实现的氛围。

④ 民主管理，下放权限，建立员工决策参与制度，更多地满足员工的自尊和自我实现需要。

（4）复杂人

“复杂人”假说是薛恩等人在 20 世纪 70 年代提出的。他们认为，无论是“经济人”、“社会人”还是“自我实现人”的假说都有其合理的一面，但都不适用于一切人。因为人与人之间存在着很大的差异，即使是同一个人在不同的年龄、事件、地点和环境下，也会有不同的表现。人的需要和潜能，随着年龄的增长、知识的丰富、地位的改变以及人际关系的变化而各不相同。因此，“复杂人”不单纯是某一种人。这种假说也称“超 Y 理论”。

1）“复杂人”假说的核心内容：

① 人的需要是多种多样的，随发展条件变化而变化；每个人的需要各不相同，需要层次也因人而异。

② 人在同一时间有各种不同的需要和动机，这些需要和动机会发生相互作用并结合成一个统一的整体，形成错综复杂的动机模式。

③ 由于工作和生活条件的不断变化，人会产生新的需要和动机。

④ 一个人在不同单位工作或同一单位的两个部门工作，会产生不同的需要。

⑤ 由于人的需要不同，能力各异，对同一管理方式会有不同的反应。

2）以“复杂人”假说为指导的管理方式：

① 根据工作性质不同，采用不同的组织形式提高管理效率。

② 根据组织情况不同，采取弹性、应变的疏导方式，以提高管理的效率。

③ 善于发现员工的需要、动机、能力、个性差异，因人、因时、因事、因地制宜地采取灵活多变的管理方式。

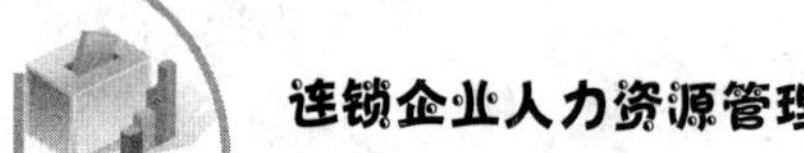

案例点击

联想集团的人力资源管理经验

联想集团从 1984 年创业时的 11 个人、20 万元资金发展到今天拥有近 7000 名员工、16 亿元资产、累计上缴利税 10.5 亿元，具有一定规模的贸、工、技一体化的中国民营高科技企业。当外界纷纷探索“联想为什么？”的时候，当一大批优秀的年轻人被联想的外部光环吸引加盟联想的时候，我们不妨走入联想内部，去看看联想的人力资源管理。

1．观念的转变：从“蜡烛”到“蓄电池”再到项链理论

和每一个企业的成长历史相类似，联想也经历了初创、成长到成熟几个阶段。在企业成长过程中，随着企业规模不断扩大，联想领导层越来越认识到人的作用。1995 年，集团“人事部”改名为“人力资源部”，这种改变不仅仅是名称的变化，更是一种观念的更新。

蒋北麒先生说：“过去的人才管理把人视作蜡烛，不停地燃烧直至告别社会舞台。而现在，把人才看作资源，人好比蓄电池，可以不断地充电、放电。现在的管理强调人和岗位适配，强调人才的二次开发。对人才的管理不仅是让他为企业创造财富，同时也要让他寻找到最适合的岗位，最大地发挥自身潜能，体现个人价值，有利于自我成长。”

中关村是人才争夺“重地”，贝尔实验室、微软研究院、IBM 研究中心等外资研发机构纷纷在此安营扎寨。在这场人才抢夺战中，联想并不是被动挨打，而是主动迎战。他们认为这些跨国公司的进入，刺激了中国的人才市场，同时也给国内企业提供了一个更新人才观念、改变管理机制的学习机会。为此，联想提出了自己的崭新理论：项链理论。就是说：人才竞争不在于把最大、最好的珠子买回来，而是要先理好自己的一条线，形成完善的管理机制，把一颗颗珍珠串起来，串成一条精美的项链。而没有这条线，珠子再大、再多边还是一盘散沙。没有好的管理形成强有力的企业凝聚力，仅仅依赖高薪也难留住人才。

2．在赛马中识别好马

联想为那些肯努力、肯上进、肯为之奋斗的年轻人提供了很多机会。今天，联想集团管理层的平均年龄只有 31.5 岁。从 1990 年起，联想就开始大量提拔和使用年轻人，几乎每年都有数十名年轻人受到提拔和重用。联想对管理者提出的口号是：你不会授权，你将不会被授权；你不会提拔人，你将不被提拔。从制度上保证年轻人的脱颖而出。

联想启用年轻人采取的策略是“在赛马中识别好马”。这包括三个方面的

含义：

1）要有“赛场”，即为人才提供合适的岗位。

2）要有“跑道”划分，不能乱哄哄挤作一团，必须引导他们有秩序地竞争。

3）要制定比赛规则，即建立一套较为科学的绩效考核和奖励评估系统。

媒体评论说联想“爱折腾”。从1994年开始，每到新年度的3～4月都会进行组织机构、业务结构的调整。在这些调整中，管理模式、人员变动都极大。通过“折腾”，联想给员工提供尽可能多的竞争机会，在工作中崭露头角的年轻人脱颖而出，而那些固步自封，跟不上时代变化的人就会被淘汰～这就是“在赛马中识别好马”。

3．善于学习者善于进步

联想创始人之一、公司副总裁李勤总结自己时说过一句话：办公司是小学毕业教中学。其含义是：办企业对他是一项全新的挑战，需要学习的知识太多。不仅是李勤一个人，不仅仅是联想一家企业，可以说中国整个企业界尚处于少年期，需要学习的地方太多，善于学习者善于进步。

联想注重向世界知名的大公司请教。在人力资源管理上，IBM、HP等都是他们的老师，联想和这些公司的人力资源部门保持着亲密的关系。同时，他们与国际上一些知名的顾问咨询公司合作，引入先进的管理方法与观念。他们和CRG咨询公司合作，参照该公司的“国际职位评估体系”，在联想集团开展了岗位评估，统一工薪项目，推行“适才适岗、适岗适酬”的管理方针。

蒋北麒经理介绍说：“适才适岗，要求首先对岗位进行分析评估，岗位职责明确并有量化考核指标；其次对员工的技能素质、心理素质和潜质等进行分析。同时，还必须有一套机制来保证适才适岗。通过建立企业内劳动力市场，通过轮岗制度，来实现人和岗位的最佳配置。

“所谓轮岗，是指同一人在同一岗位不能待太久，应有意识地在集团内进行岗位轮换。实行轮岗，既有利于个人发掘潜能，找到自己最适合的岗位，亦有利于工作的创造性发挥。通过后来者对前任工作的‘扬弃’保证该岗位得到创新、进步。”

4．“小公司需要关、张、赵，大公司需要刘备”

当问到什么人在联想成长最快时，蒋经理的回答是首先要明白联想需要什么样的人。联想决策层一直关注领军人物的培养，柳传志总裁曾说过：领军人物好比是1，后面跟1个0是10，跟2个0是100……

用一个不大贴切的比喻：一个刚兴起的小公司需要关羽、张飞的勇猛善斗，而一个已具规模的企业更需要刘备的知人善用。好的领袖人物需要有识人的眼光和培养人的胆略。

（资料来源：space.goiee.com/html/91/n-11591.html）

2. 人本管理的基本原则

在现代企业中，人本管理的思想贯穿于人力资源管理的始终，尤其是舒尔茨人力资本理论的提出，更突出了人的价值，显示了生产力要素中人的重要地位。人既是管理主体又是管理客体。人的积极性、主动性和创造性的发挥程度，决定着组织的兴衰成败。

人本管理的核心是尊重人，激励人。在管理中体现"人的价值高于一切"的理念，需要在实践中贯彻人本管理的原则。

（1）个体差异原则

每个人都有各自的遗传体系，同时又都有各自的生长、受教育、生存、家庭等环境。除双胞胎外，世界上很难找出两个遗传相同、所处环境也完全相同的两个人。这些因素造就了每个人的智力、性格、能力、受教育程度等多方面的差异。人本管理承认人与人之间的这些差异，同时在管理中注意这些差异，有的放矢地开发使用人才，尽可能做到人与事、人与人的关系达到理想境界。

（2）科学管理原则

现代的人力资源管理是建立在现代自然科学和社会科学的基础之上。人本管理更是建立在科学管理的基础之上。没有科学管理的基础，人本管理寸步难行。组织管理者特别是高层管理人员，必须具备与管理相关的基础科学知识，掌握管理的科学方法，才能有效地管理现代化组织。

（3）要素有用原则

现代人力资源管理认为任何人的要素都是有用的，关键是为其创造发挥作用的条件，正所谓"没有无用之人"。科学管理之父泰勒曾经提出"第一流的工人"的思想。所谓第一流的工人，是指具有从事某种工作所需的能力并且愿意从事该工作的人。他还说："每一种类型的工人都能找到某些工作，使他成为第一流的工人，除去那些完全能做这些工作而不愿意做的人。""人具有不同的天赋和才能，只要工作对他合适，都能成为第一流的工人。"

人本管理是以"人"为中心的。人本管理认为任何人都是有用的人，关键是找到他们能干并且愿意干的工作，只有这样他们才能最大限度地发挥他们的才能。

（4）激励强化原则

激励就是激发员工的工作动机，激励的种类大体分为正激励和负激励两种。激励是人本管理的核心。研究表明，一个人在没有激励的状态下工作只能发挥20%～30%的潜能，但通过适当的激励就可以发挥80%～90%的潜能。发挥潜能的程度决定于激励的程度，正所谓"重赏之下必有勇夫"。在组织中出现被组织赞许的行为或组织想通过员工实现某一目标时，通常使用正激励进行强化，而出现组织反对的行为时，通常使用负激励加以消除。正激励过程如图 1-2 所示。

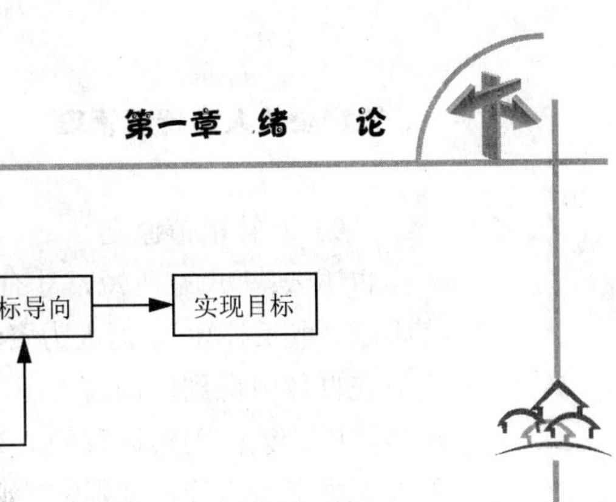

图 1-2 正激励过程

（5）教育培训原则

人是生产力中最活跃的因素，是组织的财富。提升员工的职业素质是组织增强竞争力最有力的手段。通过对员工的教育培训，切实帮助他们提高知识与技能水平，以适应组织生产经营的需要。

（6）文化凝聚原则

人力资源管理的一个重要方面就是提高组织的凝聚力，组织的凝聚力强才能吸引人才和留住人才，才有竞争力。在现代社会条件下，组织文化已经成为塑造组织凝聚力的一种重要方法和手段。每一个优秀的组织都非常重视组织文化的建设并拥有优秀的组织文化。

（7）结构优化原则

结构优化原则是指在人力资源管理中，首先要注意从众多不同的组织结构中选择出最为优秀的一种，然后针对所选定的组织结构，再从众多的人员或人力资源要素的配置中选择最为有效的一种，即达到结构优化与配置优化。

在人力资源管理中涉及四种结构优化问题，即组织结构优化、人员结构优化、职责权力结构优化与智能素质结构优化。

（8）能级层序原则

能级层序原则是指在组织中建立一定的层级结构，根据每个人所具有的能力将其摆在合适的岗位上，给予不同的权利和责任，实现能力与职位的匹配。

处于组织的高层管理、中层管理和操作层的人员，其素质能力的要求差异很大，具体见图 1-3。稳定的组织结构应该是正三角形能级分布。

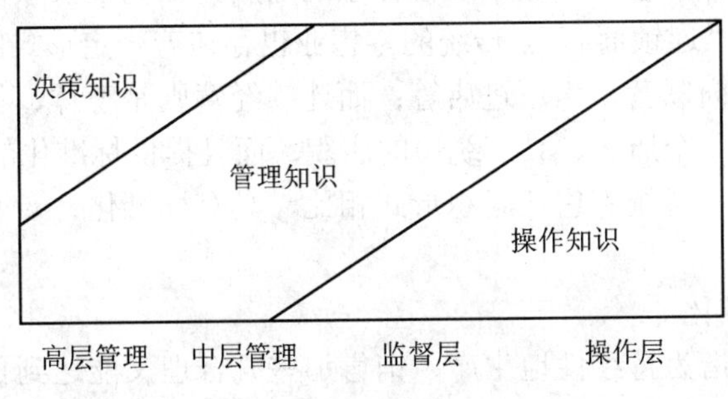

图 1-3 各能级人员知识结构

（9）互补增值原则

古语云："尺有所短，寸有所长。"每个人都不可能十全十美，就个体而言很难"取长补短"，而人力资源管理是在群体中进行的，所以单个人的不足可以在群体中得到协调与平衡，实现整体优势，满足层序要求。这就是互补增值原则。该原则告诉我们，对人力资源的管理是非常必要的，同时告诉我们在人力资源的管理过程中，必须注意人力资源的互补作用。

（10）动态适应原则

在人力资源管理中，人与事的不适应是绝对的，适应是相对的，从不适应到适应是在运动中实现的，是一个动态的适应过程。这就是动态适应原则。

根据动态适应原则，我们应该对人力资源实行动态管理，随时监测营运系统的运行状况，进行人力资源的再配置。

（11）同素异构原则

同素异构原则是指同样数量的人，用不同的组织网络连接起来，形成不同的权责结构和协作关系，可以取得完全不同的效果。用系统理论来分析，组织结构的作用是使人力资源形成一个有机的整体，可以有效地发挥整体功能大于个体功能之和的优势。

合理的组织结构和先进的组织文化，可以充分发挥人力资源的潜能，发挥出组织的系统优化功能，这是人力资源管理的基本内容。

（12）公平竞争原则

公平竞争原则是指在人力资源管理中要求竞争各方遵循同样的原则，公正地进行考核、录用、晋升和奖惩等。在组织内部引入公平竞争机制，可以较好地解决奖勤罚懒、用人所长、优化组合等问题。

四、连锁经营管理与人力资源管理的特殊性

1. 连锁经营管理的特征

连锁经营方式的组织形式是由一个连锁经营总部和众多的分店所构成的一种企业联合体，被纳入连锁经营体系的商店，如同一条锁链相互联结在一起，所以称为"连锁商店"。传统的零售业也存在着一定形式的联合，但主要是合作，如工商联营、引厂进店等；而连锁经营则是整体、稳定、全方位的联合，使用同一个店名、具有统一的店貌，而且提供标准化的服务和商品。

连锁经营与传统零售业组织形式相比，具有标准化、专业化、规范化三个特征。

（1）标准化

标准化是指为持续性地生产、销售那些既合理又能达到预期品质的商品而设定状态、条件以及能反复运作的经营系统。

首先，确定最佳品质商品的规格标准，保证持续性生产、销售最佳品质的商品。设定最佳品质商品的规格较容易，但确保持续性生产、销售最佳品质商品的企业却较少，因为作业工艺、作业方法、作业条件等要求过高，作业人员不易维持与遵守。因此，作为连锁经营，在实行标准化时，要确保其作业工艺、作业方法、作业条件等能够维持持续性的作业。这样，就能向顾客提供所期望品质的商品，还能在标准时间内提供商品；既能减少顾客的等待时间，也减少制造成本和销售成本，还能因高效率的服务，加快客流的流动。

其次，连锁网点建设和发展过程中，标准化非常重要，如在店铺的规模、结构、服务标识、职能等所有系统都标准化的情况下，各分店的员工可以任意调换而照常工作，没有任何障碍。这种相互换店无障碍的工作源于科学、合理的标准化。

一旦连锁店达到标准化要求的水准，就会给消费者留下“只要到该连锁企业的任何一家连锁店，都能得到同样品质的商品和服务”的良好印象，由此而产生对该连锁企业的信赖感和依赖感。

在国际上采用连锁经营的企业都非常重视标准化的水平和适应性，在设定标准的同时，还在不断地修改、试用，努力克服个人随意更改，防止在标准化系统中出现支离破碎的现象。

（2）专业化

专业化是指在连锁经营体系中将各种不同职能的工作和环节相对分离，使采购、配送、仓储、销售、订货、决策等不同职能的工作实现专业化操作。

在连锁经营企业中，要真正健全专业化的经营管理过程，关键在于以下几个营运环境实现高度集中的专业化：

1）专业化的商品采购分工。连锁经营的企业基本都是总部负责采购进货，分店负责销售。这就改变了传统零售业集购货、销售职能于一身的做法，体现了专业化分工与协作。由于是集中大批量进货，可以获得更低的进货价格，降低进货成本。

2）专业化的商品配送。为了满足连锁经营体系内各分店的销售需要，每个连锁经营企业都有自己的物流中心或者确定与自己协作的物流中心，在总部的集中调配下对各分店所需的商品进行统一配送。由于有总部保证及时配送货物上门，减少了分店的库存，增加了销售面积，降低了销售成本。同时，总部负责统一供货，降低了分店的运输成本、仓储费用，从而降低了经营成本。

3）销售业务专业化。在连锁经营网络中，总部统一负责商品的采购、存储与配送，实现了商业经营中的购、销业务相分离，各连锁分店就有条件专门从事商品的销售业务，按照总部提供的成套销售技术，集中精力致力于销售与营业管理。

4）经营管理专业化。连锁企业总部设有人力资源、培训、劳动等专业职能部门和相关的专业人才，专门负责连锁经营企业的有关经营管理模式和规章制度的研究，其研究成果通过定期或不定期地组织培训、发放资料、上门指导等方式在各连锁分店贯彻实施，使整个连锁经营体系的经营管理工作做得更规范、更精准，促进连锁经营企业的健康发展。

（3）简单化

简单化是指为维持规定的工作，创造任何人都能轻松且快速熟悉作业的条件。复杂的作业在短时间内难以掌握，熟悉的时间就会增加，解决这一难题的有效方法就是将作业内容简单化。简单化是彻底排除“浪费部分、过剩部分、不适部分”，以达到提高作业效率的目的。

以餐饮业为例对简单化进行说明。餐饮业的中、晚时间顾客都比较多，而早晨和上午顾客较少，一天内不同时间段忙与闲的差距很大。因此店铺在用人方面就涉及合理配置、减少成本的问题。一般的做法是在必要的时间段雇佣临时工。临时工不能长期在店里工作，这就需要将店内的作业简单化，使初来工作的人员稍加训练就能迅速地熟悉作业内容，从而获得和熟练工同样的效果。而店铺支付给临时工的费用比正式工少得多，收到用人机制灵活、经营成本降低的效果。

知识拓展

连锁经营与传统经营的区别见表1-5。

表1-5 连锁经营与传统经营的区别

业态 项目	连锁经营	传统商业经营
定义	在总公司统一领导和组织下，由分散的、经营同类商品和服务的门店所构成的企业	商业企业集团下属企业独立经营模式，由总部投资或扩建的企业
经营方式	分店具有相同的商品结构和服务，总部统一进货、统一经营、统一管理	不要求各成员企业实行统一经营，各个成员企业有不同的经营范围和方式，往往从事差别化的经营
总部与分店的关系	总部与分店在专业职能上有所分工，总部专门负责采购、营销、人事安排等经营管理活动，各分店则从事销售活动，分店与总部的联系紧密	每个成员企业都是独立的法人，可以独立地从事经营活动，较连锁分店有较大的自主权
经营范围	一般以流通业和服务业为主	涉及诸多行业，范围更广
法律关系	依各种模式而定	下属企业属于总部所有
发展模式	扩大规模只需有市场、资金，总部必须有成熟的运作模式和专有技术	取决于企业集团的决定

资料来源：赵越春．2006．连锁经营管理概论．北京：科学出版社：6

2. 连锁企业人力资源管理的特殊性

连锁企业规模大、店铺数量多、分布地域广，在营运中讲究标准化、专业化和简单化，所以其人力资源管理也具有特殊性。连锁企业人力资源管理的特殊性表现在连锁企业组织结构的复杂性、门店管理的可复制性、人力资源开发的超前性和管理技术的复合性等几个方面。

1）组织结构的复杂性。连锁企业的组织结构具有规模大、店铺数量多、分布地域广的特点，使得人力资源管理的幅度和管理层次更加复杂。

2）门店管理的可复制性。连锁企业要求分店必须和总部保持高度一致，而连锁企业所涉及的地域广，其人力资源来源地域分布广、文化背景复杂，同总部保持一致的难度比较大。另外，许多连锁企业的门店往往有上千家，仅每家派一名既懂得现代商场经营管理，能按照总部的规章办事，理解企业理念、企业文化的店长就不是一件简单的事情。而且，连锁企业品牌形象的最大特征是“一荣俱荣，一损俱损”，一旦某个分店发生问题，就很可能为整个连锁企业带来灾难。所以，连锁企业特别强调与总部保持一致性，连锁企业新建分店必须复制、照搬总部或老店的模式使用。

3）人力资源开发的超前性。人才的培养到使用需要一定的时间，企业从招聘、培训到员工上岗不是短期内就能一蹴而就的。所以，人力资源的开发要有一定的超前性。伴随着连锁企业规模的扩大和跨地区发展，人力资源管理已成为企业发展战略的重要组成部分。调查资料显示，人力资源管理在影响连锁企业经营的主要因素中位居第三，仅排在“提高业态竞争力”和“成本控制”之后。

4）管理技术的复合性。现代连锁企业与传统的零售业在管理上有很大的不同，对人才也提出了更高的要求。连锁企业在技术上大量运用网络技术、电子保卫技术、冷冻技术等先进技术。在管理上从投资风险、选点布局、物流配送到每一家分店的货品陈列、顾客人流线路、商品促销策划等，涉及了多门学科的知识。因此，现代连锁企业的管理者应当是高素质的复合型人才。一线具体操作的中低层人员也要求具有一定程度的复合性。

第二节 战略性人力资源管理

一、战略性人力资源管理的意义

1. 战略的定义

“战略”一词，属军事用语，是指挥军队的艺术和科学，也意指基于对战争全局的分析而做出的谋划，也可以理解为决定全局的策略。1938 年，管

理学家切斯特·I. 巴纳德（Chester I. Barnard）的《经理的职能》一书，在对影响组织经营因素的分析中提出战略因素的构想，开创了组织战略问题研究的先河。自此之后，许多学者积极投身战略研究领域，形成了多种不同的战略流派，给战略下了多种定义。

战略的定义大体可以从四个视角去把握：

1）目标＋手段。这是传统的战略定义，从这个定义出发，战略是两件事情：

① 确定目标。

② 寻找确定实现这种目标的手段。

2）问题＋解决问题方案。这里的问题指的是现状与期望的差距。据此，战略也是两件事：

① 寻找现状与期望的差距。

② 找到修正差距的具体方法。

3）基于核心能力。所谓核心能力是指促成组织为顾客提供独特价值与利益的技能和技术的组合，它是所有能力中核心的部分，可以通过向外辐射作用于其他能力，影响其他能力的发挥。

从核心能力出发，战略包括三件事：

① 寻找组织的核心能力。

② 根据寻找出的这种核心能力，确定组织的发展方向。

③ 基于这种核心能力发展，与竞争对手竞争。

4）差异化的选择与定位。差异化就是与别人不同，这种不同可以是组织文化、经营理念、成本、产品和服务等。据此，差异化的选择与定位的战略包括两件事：

① 战略是与众不同的。

② 确定一个组织的位置或定位。

有人进行过统计，关于组织战略的定义不下 200 种。本教材对组织战略的定义是：为实现组织的长期发展目标和任务而制定的行为路线与方针政策。

组织战略影响着组织的长远发展，它所研究的问题是宏观的、全局的、系统的。复杂多变的外部环境使得组织战略的地位越来越重要，同时实施战略也越来越困难。任何组织目标的实现都离不开人力资源，所以人力资源管理的重心应放到激发员工实现组织的战略上来。

2. 战略性人力资源管理

（1）战略性人力资源管理定义

战略性人力资源管理作为一种观点于 20 世纪 80 年代出现，至今还没有一个绝对权威的定义，现在影响最大的是：为使组织实现目标所进行的一系列具有战略性意义的人力资源部署和管理行为。这个定义具体包括如下内涵：

1）战略性人力资源。战略性人力资源是指在组织的人力资源群体中，具有某些或某种特别知识、能力和技能的人才，或者拥有某些核心知识或关键知识的人才，并处于组织经营管理系统的重要或关键岗位上。相对于一般的人力资源来说，这些战略性人力资源具有不可替代性和专用性的特征。

2）系统性人力资源管理。系统性人力资源管理是指组织为了获得持续竞争优势而部署的人力资源管理政策、实践及方法、手段等构成的人力资源管理内容。它强调人力资源的规划、政策及管理实践，以达到获取竞争优势的人力资源配置。

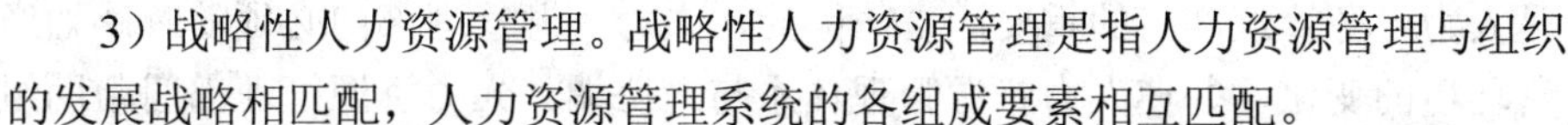

3）战略性人力资源管理。战略性人力资源管理是指人力资源管理与组织的发展战略相匹配，人力资源管理系统的各组成要素相互匹配。

4）目标导向性人力资源管理。目标导向性人力资源管理是指通过组织建构，将人力资源管理置于组织经营系统中，实现组织目标，促进组织的发展。

战略性人力资源管理作为一种新的人力资源管理模式，是统一性和适应性相结合的人力资源管理，它要求人力资源管理与组织的总体战略高度一致。

（2）战略性人力资源管理的特征

战略性人力资源管理是一种新理念、新模式，不仅具有新的内容，而且具有新的特征。其特征体现在战略性、协调性和目标性三个方面。

1）战略性。战略性人力资源管理的战略性是指人力资源管理战略和组织战略紧密结合。人力资源的战略性是战略性人力资源管理的核心特征，主要体现在四个方面：

① 战略思想方面，战略性人力资源管理是“以人为本”的人本管理。

② 战略目标方面，战略性人力资源管理是为了实现“竞争优势”这一目标。

③ 战略范围方面，战略性人力资源管理是全员参与的民主管理。

④ 战略措施方面，战略性人力资源管理是运用“系统化科学和人文艺术”的权变管理。

2）协调性。战略性人力资源管理与组织经营战略互动，组织经营战略改变，战略性人力资源管理也随之改变，实现高度协调和匹配。具体来讲，战略性人力资源管理必须与组织发展战略协调；人力资源具体实践活动与人力资源整合计划协调；个体目标与组织目标协调；人力资源管理系统各组成要素之间协调。组织环境是一个变化着的动态环境，人力资源管理系统必须感知这种变化，并随时调整自己，实现与组织经营战略相互协调。

3）目标性。战略性人力资源管理具有极强的目标性，其目标就是通过自己的努力确保人力资源系统具有良好的、技能出色的员工，从而使组织获得持续的竞争优势。

（3）战略性人力资源管理部门的角色定位

人力资源管理部门的角色是用专业知识和技能对组织所有人力资源活动

进行评估和处理，因此它是人力资源管理专家。战略性人力资源管理部门除充当人力资源管理专家的角色外，还充当战略合作伙伴、变革的推动者、员工利益的维护者三重角色。

1）战略合作伙伴。战略合作伙伴是指人力资源管理部门必须充分理解组织的战略，并且基于这种战略构建人力资源体系支持组织战略，实现人力资源管理体系与组织战略的协调，最终实现组织目标。

2）变革的推动者。现代组织处在一个迅速变化的环境中，人力资源管理体系如何适应这种变化，不断地保持人力资源管理体系与组织战略的协调，是人力资源管理部门的重要职责。因此，人力资源管理部门必须随时感知经营环境的变化，并使人力资源管理体系与之协调。人力资源管理部门帮助组织应对变革和利用变革，确保组织战略转化为具体行动。

3）员工利益的维护者。战略性人力资源管理部门最重要的工作就是最大限度地激发员工工作积极性。员工的工作积极性来源于多方面，如尊重、薪酬、保险、个人发展机会等，而这些内容正是人力资源管理部门的工作内容。所以，人力资源管理部门必须切实站在员工的立场，为员工着想，维护他们的正当利益，为他们提供发展机会，并提供必要的资源使员工达到组织的要求，使员工满意。战略性人力资源管理部门的四种角色的内涵见表 1-6。

表 1-6　战略性人力资源管理部门的四种角色的内涵

角　色	行　为	结　果
战略合作伙伴	组织战略决策的参与者，提供基本战略的人力资源规划及系统解决方案	将人力资源纳入组织的战略与经营管理活动当中，使人力资源与组织战略相适应
变革的推动者	参与变革与创新，组织变革过程的人力资源管理实践	提高员工对组织变革的适应能力，妥善处理组织变革过程中的各种人力资源问题，推动组织变革进程
人力资源管理专家	运用专业技术知识和技能研究开发组织人力资源产品与服务，为组织人力资源问题的解决提供咨询	提高组织人力资源开发与管理的有效性
员工利益的维护者	与员工沟通，及时了解员工的需求，为员工及时提供支持	提高员工满意度，增强员工的忠诚度

资料来源：文跃然．2007．人力资源战略与规划．上海：复旦大学出版社：32

连锁经营企业常见人力资源管理难题及应对措施

在为多家连锁企业提供顾问服务的过程中，我们发现人的管理是最让连锁企业经营者头痛的问题。熟悉连锁经营和管理的管理人员匮乏、门店员工素质偏低、人员流动率高是连锁企业人力资源管理的难题。

连锁形态的经营模式在大陆出现的时间较晚，这一客观原因导致有连锁企业从业经验人才的缺乏。同时，大陆高校和其他教育机构目前还没有培养连锁企业管理人才的专业课程和教材，有志于从事连锁企业管理工作的人员只能从为数不多的书籍和报刊等渠道获得和了解连锁企业经营和管理知识，种种客观因素造成了连锁业管理人才难觅的现状，连锁企业几乎很难以传统的招募途径和方式寻求到所期盼的“高手”。对此，应对的措施有：

1）寻求专业顾问公司的支援。一些来自境外的连锁经营顾问公司，其顾问多具有在国外或境外地区的连锁企业多年从业经验和丰富的顾问服务经验，能够补充大陆地区连锁企业专业知识和经验的不足。

2）企业自己培养连锁经营和管理的专业人才。可以派送企业的管理人员参加专业的训练，也可以外聘顾问或讲师到企业内部进行培训。

人员特别是门店基层人员的流动率高是连锁企业人力资源管理的一大难点。其起因主要是：

① 门店人员普遍素质较低。

② 同业“高薪挖角”。

③ 员工对企业的认同感不够。

④ 企业的考核制度缺乏公平性。

⑤ 企业缺乏激励机制。

过高的人员流动率会致使连锁企业无法有效地利用人力资源，企业的人力成本也因此居高不下，从而削减企业的竞争力。所以，如何降低人员的流动率、离职率，是连锁企业不得不面对的课题。下述良方可以为因此而苦恼不堪的企业提供帮助。

降低流动率的良方：

① 提高薪资福利。

② 改善工作环境。

③ 签订服务年限契约。

④ 缩短教育训练时间与升迁年限。

⑤ 改进教育训练内容。

⑥ 规划员工的职业生涯，鼓励员工内部创业。

⑦ 通过工作轮调以减少工作的单调性。

⑧ 建立合理的排班、轮休制度。

减轻离职率冲击的良方：

① 加强手册化管理，使作业流程标准化。

② 进行事前人力需求预估。

③ 建立在职评估选才制度。

④ 聘用兼职人员。

⑤ 培养员工多样技能。

（资料来源：www.lhyea.com/news/news_view.asp?newsid=901）

二、战略性人力资源管理目标的制定方法与原则

战略资源管理是基于人力资源重要性的提升，从战略的高度审视和整合组织的人力资源以配合组织战略的管理新理念。战略人力资源管理贯穿于组织管理的每一个环节，通过有效的管理实务，为保证组织的发展和培育核心竞争力的战略制定提供机制和导向。

1. 战略性人力资源管理目标的制定方法

制定人力资源战略性目标的具体方法有两种：一是自上而下法，二是自下而上法。

自上而下法是根据组织发展战略的要求，首先提出人力资源管理的总目标，然后将总目标层层分解到部门或个人，形成各个部门与个人的目标与任务。这种方法的优点是系统性强，对重大事件与目标把握准确，预测性好。缺点是战略容易与实际脱离，忽视员工的期望，过程琐碎，掌握较难。进行分解的目的是确定“行动计划”和“实施步骤”。前者主要提出人力资源管理战略目标实现的方法和程序，后者从时间上对每个阶段组织部门与个人应完成的目标或任务作出决定，把人力资源管理战略总体目标分解成为可供实施的、具体的分层次目标、小目标。

自下而上法是经过部门或员工讨论，首先制定出个人或部门工作目标，规定目标实施的方法和步骤，由此形成部门目标，再把所有部门目标汇总形成组织的人力资源战略目标。这种方法的优点是操作简单，目标与行动方法具体，可操作性强，并兼顾员工的个人期望。缺点是带有较大的主观臆断性，全局性较差，对重大事件的目标、未来事件的预见性较差。

2. 战略性人力资源管理目标的制定原则

人力资源管理目标是根据企业战略的大目标、人力资源现状及员工的期望综合确定的目标，它对未来组织内人力资源需求数量与规格、员工素质与能力、劳动态度与所要达到的绩效标准、企业文化与人力资源政策、人力资源投入提出了具体要求。所以，战略人力资源管理目标的制定必须遵循匹配原则和服务原则。

（1）匹配原则

匹配原则即人力资源管理战略目标必须与组织的其他战略目标匹配，如财务战略目标、市场战略目标、营销战略目标等。人力资源管理应推动员工实施组织的战略，应随着公司竞争战略的不同而不同，只有人力资源战略与组织的战略相匹配时，才会产生较高的组织绩效。匹配有两种形式，一种是外部匹配，另一种是内部匹配。

外部匹配即人力资源管理应与组织发展阶段，特别是组织的竞争战略相

匹配。由于组织的各个不同战略来自于不同的部门、不同的制定者，它们往往带有一定的部门特征和个人倾向性，还往往会过于强调自己的重要性，以争取组织的政策优惠与更多的资源。因此，为实现人力资源战略目标与组织战略目标的最大限度匹配，组织必须对各个战略目标进行综合平衡，合理地使用企业的各种资源，使组织的总体战略目标和各个战略目标得以实现。

内部匹配即人力资源管理措施应该相互促进，成为系统。在人力资源管理中要注意避免两种倾向，一是相互削弱的组合，二是不经济的重复。

（2）服务原则

战略人力资源管理应服务于组织的战略，战略人力资源管理目标的制定应有利于组织战略目标的实现，应与组织战略一致。战略人力资源管理目标与组织战略目标一致至少有三大优势：

① 使组织的执行能力增强。

② 使组织适应变化能力增强。

③ 因“战略一致性”而使组织更符合顾客的需求。

战略人力资源管理服务于组织战略的最终目的是形成组织的核心竞争力，为组织建立竞争优势。人力资源管理与组织核心竞争力的关系如图 1-4。

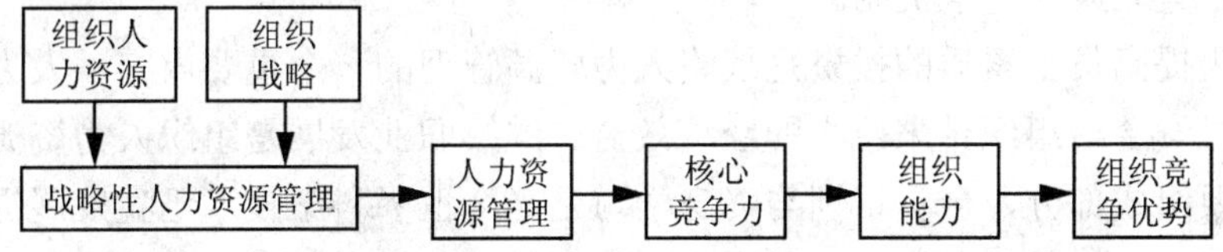

图 1-4　人力资源管理与组织核心竞争力的关系

三、战略性人力资源管理的内容

战略性人力资源管理的内容由六个相互独立又相互影响的运行系统组成，见图 1-5。

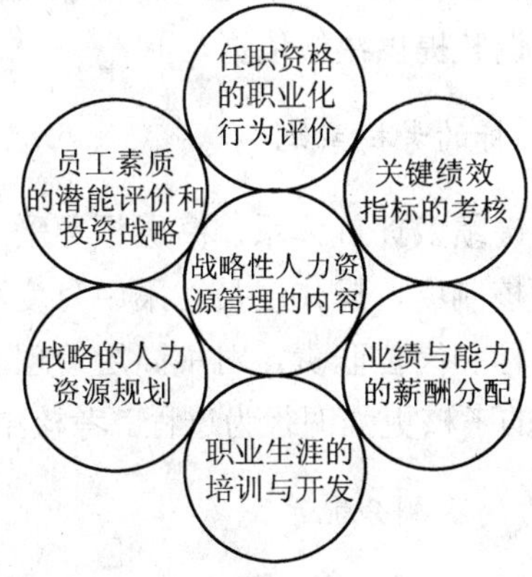

图 1-5　战略人力资源管理内容

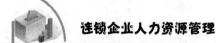

1. 基于战略的人力资源规划系统

组织战略决定人力资源的配置、储备和开发。人力资源规划系统是人力资源管理实施计划的具体体现，是根据组织发展战略规划对人才规格、数量、来源等的规划。人力资源规划是一种可以直接操作的计划。组织根据发展战略确定自身的人力资源开发和规划，通过开发和实施规划确保组织人才队伍的稳定和素质的提高，不断加大专业人才的培养、储备和开发，制定内部培养和外部引进计划。

人力资源规划编制最根本的依据是组织战略，两者之间的联系要通过"经营计划"、"成本预算"等一系列中间环节来实现。

2. 基于员工素质的潜能评价和投资战略系统

组织从发展战略、客户需求和竞争要求出发，对各类岗位员工的内在素质进行分析，总结各类岗位的成功模型。以素质模型为基础，建立相应的人才招聘和选拔标准，做到"人尽其才，岗适其人，人岗相宜"，充分发挥人的潜能，建立人才竞争机制。

为提高员工素质的投资是战略人力资源管理的一个重要内容，人力资源战略投资会给组织带来巨大的经济效益。继续职业发展是组织人力资源投资的重要组成部分，全员培训与终身学习是当今世界科学技术迅猛发展提出的客观要求，也是组织提升竞争力的法宝。学习型组织的产生正是以人力资源战略为依托的现代经济发展的必然要求。

3. 基于任职资格的职业化行为评价系统

对高绩效员工行为进行分析，总结提炼出组织各个岗位的任职标准，引领员工不断提升业绩。任职资格标准的建立和任职资格认证，使职业通道开放，为员工晋升与薪酬调整提供决策依据。

4. 基于关键绩效指标的考核系统

建立分层分类的关键绩效评价体系，高层领导采用述职报告制度，中层管理者采用年度绩效考核制度，操作层员工采用月度测评制度。绩效目标的设立源于组织的战略目标和岗位职责，对中高层管理者的绩效考核更注重结果指标，对基层管理者的考核更强调行为过程。考核结果与分配和晋升挂钩。

5. 基于业绩与能力的薪酬分配系统

薪酬管理的激励作用，使得薪酬管理成为人力资源管理的核心方法，它

不仅能够促进组织提高业绩，成为实现组织财务战略的工具，还是贯彻组织价值观和信仰的工具。

组织实行业绩与能力导向的薪酬分配制度，员工的收入直接取决于员工对组织的贡献，即贡献越大、回报越高。

6. 基于职业生涯的培训与开发系统

组织鼓励员工进行职业生涯设计，并提倡立足本职岗位规划自己的事业远景，每一个岗位的工作都是完成自己事业目标的一个步骤。员工应根据职业规划加强学习，结合岗位不断提高自己的能力和素质；组织将针对员工的职业生涯设计制定多样化的职业培训和开发课程，帮助员工提高终身学习能力。

四、基于企业不同发展阶段的人力资源管理

组织行为学对于人力资源管理最重要的贡献之一，就是把个体水平的人事管理提升到群体和组织的层面来考虑。换言之，人力资源管理者只有从企业发展的高度着眼，才能获得最大的人力资源回报；只有从企业发展战略的高度着手，才能形成良好的人才生活环境。

人力资源管理应符合企业战略需要，各项人力资源职能和企业发展战略应结合起来，人力资源管理应当成为人力资源工作者、部门经理和广大员工日常生活和工作必要的组成部分。这就是基于企业发展战略的人力资源管理模式的整体要求。

根据权变理论，企业的管理行为要根据企业不同的发展周期、企业的类型来确定相应的人力资源管理对策。所以，基于企业发展战略的人力资源管理模式是一个权变模式。根据企业所处的发展阶段，可以将企业划分成创业型、高速发展型、收获/理性型、整顿/衰退型和复苏型五种。企业所处的发展阶段不同，其人力资源管理模式也不同。

1. 创业型企业的人力资源管理

创业型企业的特征：一般承担着高风险项目，无太多的政策和制度，企业只能有重点地满足客户的需求，关注短期效应和业务运作。所以，在管理行为方面以鼓励创新、合作、冒险、愿意承担责任为主。在人力资源管理方面要注重长期结果，注意保留关键员工，在计划方面具有非正式性特点。在职业安置上主张员工宽泛的职业道路，绩效管理比较宽松，比较注重评价结果和短期效应。在薪酬制度方面关注外部纵向公平性，比较灵活。在培训方面强调员工的用途宽泛，属于非正式的培训。

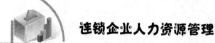

2. 高速发展型企业的人力资源管理

高速发展型企业的特征：企业多承担有一定风险的项目，需要权衡眼前利益和长远利益的轻重缓急，有正规的管理制度和程序。所以，在管理行为方面，需要较高的组织认同和合作，要求灵活地应对变革，关注短期效果。人力资源管理方面，强调宽幅、非正式计划。在职业安置方面，仍是宽泛的职业道路。绩效管理方面，强调员工参与。在绩效考核方面，同时考察个体和团体指标、短期和长期指标。在薪酬制度方面，短期奖励和长期奖励并举，同时注意横向公平和纵向公平。在培训方面，强调用途宽泛。

3. 收获/理性型企业的人力资源管理

收获/理性型企业特征：维持现有的利润状态，适度削减投资，需要裁员，维持低风险。所以，在管理方面，制度和程序趋于完善。人力资源管理方面，需提高员工对组织的认同度。在计划方面，有正式、明确的职业说明书。在职业安置方面，分工明确，各职位有明确的标准，职业发展道路窄。在绩效考核方面，关注数量、效率和短期指标，注重结果，强调个体行为的绩效评价。在薪酬方面，关注横向公平，员工参与程度低。在培训方面，用途局限、员工参与率低。

4. 整顿/衰退型企业的人力资源管理

整顿/衰退型企业的特征：企业利润下降，可能会变卖资产，基本不再投资，出现大规模裁员。所以，在管理方面，灵活地应对变革、高任务导向、注重长期结果。在人力资源管理方面，计划是非正式的、分段的和明确的。职业安置方面，窄小的职业道路，有明确的职业标准，有限的社会化，不够公开。绩效管理方面，更注重行为评价指标。在薪酬方面，员工低度参与，仅有较少的额外收入，薪酬体系比较固定、无奖金。在培训方面，培训没有计划，用途少。

5. 复苏型企业的人力资源管理

复苏型企业的特征：企业正在盘活，削减投资，短期内大规模裁员，员工士气低。所以，在管理方面，坚定员工信心，提高员工对组织的认同度。在人力资源管理方面，管理方式非正式、宽松。在计划方面，主张员工参与。在职业安置方面，有详尽的社会化，公开，标准比较模糊。在绩效管理方面，注重结果和团队奖励，鼓励员工参与评价。在薪酬方面，考虑短期和长期激励相结合。在培训方面，关注宽用途，注意员工的参与。

小 结

人力资源是指一定范围内人口中所有具有劳动能力人口的总和，人口是指在一定范围内、某一时刻所有人员的总和，劳动力是指人的劳动能力，人才是具有较强能力或有某种特长的人。人力资源是有意识的资源，所以这种资源具有不同于其他资源的时代性、能动性、两重性、时效性、持续性、再生性等鲜明的特征。

人力资源管理是运用现代化的科学方法，对与一定物力相结合的人力进行合理的组织、培训和调配，使人力、物力经常保持最佳比例，同时对人的思想、心理和行为进行恰当的诱导、控制和协调，充分发挥人的主观能动性，使人尽其才、事得其人、人事相宜，以实现组织的目标。

传统人事管理与现代人力资源管理的区别在于：人事管理属于行政事务管理，管理的重心是“事”，人力资源管理是对“人”的战略性管理，以“人”为核心，把人作为活的资源进行开发。

人力资源管理可以归纳出五项职能，即获取、整合、保持、控制和发展。

一般人力资源管理者是人力资源实践的承担者，专业人力资源管理者是人力资源专家，他们运用专业技术知识和技能研究开发企业人力资源产品与服务，为企业人力资源问题的解决提供咨询。人力资源管理部门所充当的角色是政策的制定者、业务的促成者、监控者、创新者和变革者。人力资源是第一资源。人力资源是国家、地区和企业经济增长最重要的支撑点之一。

西方管理中对人性的认识有“经济人”、“社会人”、“自我实现人”和“复杂人”四种观点，对我国现代企业管理具有一定的影响。

在现代企业中，人本管理的思想贯穿于人力资源管理的始终，其主要原理有个体差异原则、科学管理原则、要素有用原则、激励强化原则、教育培训原则、文化凝聚原则、结构优化原则、能级层序原则、互补增值原则、动态适应原则、同素异构原则、公平竞争原则等。连锁经营与传统零售业组织形式相比，具有标准化、专业化、规范化三个特征。连锁企业人力资源管理具有组织结构的复杂性、门店管理的可复制性、人力资源开发的超前性、管理技术的复合性等特征。

“战略”一词属军事用语，是指挥军队的艺术和科学。战略性人力资源管理是一种新理念、新模式，战略性人力资源管理是为使组织实现目标所进行的一系列的、具有战略性意义的人力资源部署和管理行为。其特征体现在战略性、协调性和目标性三个方面。战略性人力资源管理部门充当人力资源管理专家、战略合作伙伴、变革的推动者和员工利益的维护者四重角色。基

于企业发展战略的人力资源管理模式是一个权变模式。根据企业所处的发展阶段可以将企业划分成创业型、高速发展型、收获/理性型、整顿/衰退型和复苏型五种企业。企业所处的发展阶段不同，其人力资源管理模式也不同。

复习思考题

一、单项选择题

1. 下列对人力资源的描述不正确的是（　　）。

   A. 企业全体员工的能力
   B. 企业组织内外具有劳动能力的人的总和
   C. 一个国家或地区有劳动能力（体力劳动或脑力劳动）的人的总和
   D. 社会人口总和

2. 下列不属于人力资源管理理念的是（　　）。

   A. 人与事相宜　　B. 人尽其才
   C. 注重结果　　D. 以人为本

3. 一般人力资源管理者在人力资源管理中充当的角色是（　　）。

   A. 人力资源实践的承担者　　B. 人力资源管理专家
   C. 员工利益的维护者　　D. 变革的推动者

4. 下列不属于自我实现人行为特点的说法是（　　）。

   A. 人使用脑力和体力进行劳动就像娱乐和休息一样，同样是人的本性，在某些条件下，劳动能使人获得满足
   B. 控制和惩罚不是实现组织目标的唯一方法，人们在执行任务时能够自我约束、自我指导
   C. 正常情况下，人不仅会接受责任，而且能主动承担责任
   D. 员工希望领导能与他们沟通，听取他们的意见

5. 个体差异原则的正确解释是（　　）。

   A. 尺有所短，寸有所长　　B. 没有无用之人
   C. 人是生产力中最活跃的因素　　D. 能力与职位的匹配

二、多项选择题

1. 人力资源的主要特征有（　　）。

   A. 时代性　　B. 能动性
   C. 再生性　　D. 时效性

2. 人力资源管理的主要职能包括（　　）。

   A. 获取　　B. 整合　　C. 保持　　D. 控制

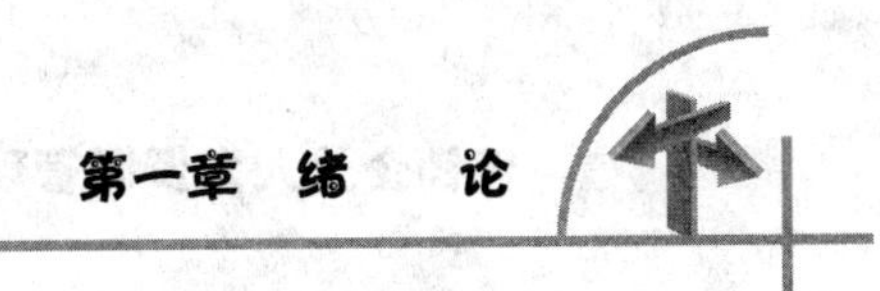

3．人力资源管理部门的角色包括（　　）。
A．政策的制定者　　B．业务的促成者
C．创新者　　D．变革者
4．西方管理中对人性的认识有（　　）。
A．经济人　　B．社会人
C．自我实现人　　D．复杂人
5．连锁经营管理的特征有（　　）。
A．标准化　　B．职业化
C．简单化　　D．专业化
6．连锁企业人力资源管理的特殊性包括（　　）。
A．管理技术的复合性　　B．人力资源开发的超前性
C．门店管理的可复制性　　D．组织结构的复杂性
7．战略性人力资源管理的特征有（　　）。
A．专业性　　B．战略性
C．协调性　　D．目标性
8．战略性人力资源管理部门的角色定位包括（　　）。
A．战略合作伙伴　　B．变革的推动者
C．员工利益的维护者　　D．管理实践的承担者

实训项目

1．3～5人一组，走访3～5家连锁企业，了解其经营特点。

2．单独调查1家企业的人力资源管理部门，了解部门在人力资源管理中所充当的角色。

案例分析

案例1　UT斯达康人力资源管理的“黄金法则”

1．背景

UT斯达康成立于1995年，是一家由中国海外留学生归国创办的，专门从事现代通信领域前沿技术及产品研究、开发、生产及销售的高科技公司。产品包括无线电接收系统产品和终端、宽带综合解决方案、基于MSTP的光传输系统、基于IP的MSWITCH软交换系统和第三代移动通信系统。目前，

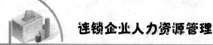

UT 斯达康已成为世界无线、宽带、IP 软交换和第三代移动通信领域的佼佼者，是全球目前最大的无线接入设备供应商，拥有全球 DSLAM 产品的第二大市场份额，在全球商用软交换产品市场份额中占首位，首家将IP 软交换技术引入核心网络，是世界上少数能够实现端到端解决方案的第三代移动通信系统供应商。

UT 斯达康立足中国，致力于服务全球快速增长的通信市场，其宗旨是“创新开拓最佳性价比的产品，诚挚服务快速成长的市场，矢志成为世界一流的通信公司”。自 1995 年成立以来，该公司年销售额以超过 100%的速度迅猛增长，2002 年实现了全球销售额 9.8 亿美元，其健康的发展及骄人的业绩受到世界同行和媒体的高度赞扬。UT 斯达康还在杭州建立了全球最大的运营、研发、生产基地，成立了多家独资、合资企业和十多个分公司及办事处，在华员工已逾 2000 人，向国家累计纳税 60 多亿元人民币。

毫无疑问，UT 斯达康有着奇迹般的辉煌，那么成就 UT 斯达康奇迹的到底是什么呢？UT 斯达康高级管理层认为，关键在于 UT 斯达康基于“以人为本，共同成长”管理理念的独特用人方法；UT 斯达康将员工的价值定位为企业发展的核心动力，认为优秀人才就是推动其快速前进的“轮子”，通过人力资源开发与管理方面的政策与实践，让每个人每天愿意多工作，视工作为乐趣，并为所取得的成绩而自豪。

2．“人适其职，人岗匹配”的员工招聘法则

在 UT 斯达康，用人的制高点就是把合适的人放到合适的位置，因而，无论是内部招聘还是外部招聘，不管其方式如何变化，招聘的目的都是一样的，即寻找一位最合适的员工填补职位的空缺，满足企业与员工个人的发展需求。UT 斯达康认为，人岗不匹配的后果不仅表现为浪费企业的大量物力、财力，而且也表现为制约员工个人的发展。

UT 斯达康公司选拔人才的标准是“I’m a Star”。即从创新、动机、态度、敏捷、团队工作、结果导向等方面选拔人才。招聘时特别看重应试者的专业水平、能力与个性特征。与此同时，UT 斯达康并没有忽略对后备人才的培养，每年都从高校中招聘优秀的应届毕业生，数量控制在总员工数的 10%以内。

在具体的人员招聘中，公司都会组织一个面试委员会。在面试前，面试官必须接受公司关于如何面试、甄选等方面的培训，从而提升面试官的面试考评能力。在面试结束后，面试组织者会要求每位面试官客观、真实地填写面试评估表，形成一份评估报告，然后根据评估报告再决定录用哪一位候选人。

3．企业与个人共同发展的人才使用法则

UT 斯达康为员工提供与公司一起成长的机遇，并以相应的措施保证企业和员工的共同发展。

(1) 组织的发展带动员工的发展

在 UT 斯达康，组织是一片资源丰富的沃土，任何一位员工的发展都离不开组织，员工与组织发展之间的关系是相辅相成、密不可分的。UT 斯达康的高速成长为员工的发展提供了广阔的上升空间与众多机遇，而员工的发展反过来又推动组织的快速成长。UT 斯达康通过对员工予以内部调换及破格提拔，给很多年轻人提供了一个充满挑战的工作机会，凝聚了一群有活力、有冲劲的年轻人。

(2) 平等互助的学习环境

UT 斯达康制定了多项措施来营造良好的学习环境。一是“以人为本，共同成长”的核心价值观和“团队合作，沟通互助”的企业文化，为营造学习环境提供了制度保障。二是为新员工指派一名导师，指导工作至少半年。三是针对每年选拔的优秀毕业生设计了“新星计划”，帮助他们快速成长。四是成立了专利和论文委员会，激励员工申请专利和发表论文，并进行评审，对优秀者予以奖励。五是经常举办关于技术方面的讲座。六是专门设置了 UT 斯达康大学，负责员工的培训，并开设网上学习课程。

(3) 开放的内部晋升机制

当 UT 斯达康的工程师业绩与能力达到一定程度时，公司会安排主管与该工程师进行沟通，看其适宜向哪个方向发展。在工程师向高级工程师晋升时，由技术考核委员会就晋升人员的能力、技术辐射力、创新性等方面进行考核，最后投票决定。

4．激励先进的绩效考核法则

UT 斯达康公司实行年度考核，其考核结果为每年 5%的淘汰率提供依据。考核分两个部分，即硬性考核和软性考核。硬性考核主要考核员工是否按质量完成任务；软性考核主要考核员工的平时工作行为。为了增加考核的透明度，公司主要通过以下两个方面对考核进行制衡：

(1) 交叉的考核体系

首先，部门经理对其下属进行内部考核，做面对面的交流。之后，所有的经理汇集起来对其他部门进行交叉审核。由于研发行业工作横向合作机会很多，相互间对业绩表现都很了解，所以其他部门的经理具有发言权。

(2) 公平的申诉体系

在做完绩效考核以后，HR 部门会进行员工调查，核实在考核的整个过程中是否有异议以及是否公正。如果有的员工认为考核结果与实际情况不符，可以向 HR 经理提出申诉。HR 部门一般情况下都会为申诉员工重新启动评估体系，来核实评估结果。

在绩效管理方面，UT 斯达康很注重对绩效管理流程的控制。在平时就强调绩效导向文化，鼓励上下级之间的沟通，同时，这也有利于良好工作氛围的形成。

（资料来源：姚裕群．2006．人力资源管理案例教程．北京：中国人民大学出版社：1）

（1）企业和员工的共同发展是企业发展的不竭动力

在高科技飞速发展的时代，人才是经济增长和市场竞争的关键资源，只有员工与企业共同发展，企业发展才有牢固的基础。如果不关注员工的利益、不尊重员工，就不可能让员工真正尊重顾客，实现企业的市场利益。UT斯达康公司显然意识到这一点，始终把人才战略作为公司发展的首要战略，注重人才的招聘、培养、使用等方面的管理。

（2）创新、高效、与企业共同成长是企业文化的重要内容

产品可以模仿，技术可以抄袭，只有文化既不能模仿、也无法盗版。UT斯达康的企业文化的实质是“人性”文化，它建立在企业远景和企业员工的需要都得到充分考虑的基础上。在员工努力工作推动公司迅速成长的同时，公司也回报给员工以诱人的成长机会与发展空间。UT斯达康公司流行着这么一句话，那就是“60分的能力，80分的舞台”。公司鼓励个人发挥能动性和创造力，大胆赋予有潜力的员工具有更大挑战性的职责，并通过全方位的培训和完善的绩效管理制度帮助员工自我提高，从而使其尽快符合职位要求。

（3）用人方面通过多种形式形成合力作用

UT斯达康在用人方面强调整合作用，其表现主要有以下几点：其一，提供机会，大胆任命。其二，高效的内部提升机制。其三，切实的内部招聘制度。其四，营造“公正开放，尊重平等”、“团队合作，沟通互动”、“努力工作，开心快乐”“信守承诺”、“鼓励个人能动性和创造力”的企业文化。显然，所有这些人力资源管理理念和实践都是建立在“以人为本，共同发展”的基础之上，从而形成合力以促进企业的快速发展。

1. UT斯达康在员工招聘方面如何保证组织目标的实现？

2. 在人才招聘市场上，应该聘用最优秀的人才还是聘用最合适的人才？为什么？

3. 讨论UT斯达康的内部学习环境建设如何实现企业和员工的共同利益。

4. 讨论UT斯达康通过年度考核实施5%的淘汰是否合理，是否体现了“以人为本，共同发展”的管理理念。

案例2　杨兄弟糯米美食公司

1. 背景

杨立仁和杨立本兄弟是高宝县杨家村的普通农民，哥哥杨立仁性格内向、朴实，弟弟杨立本性格外向、善于与人交往。他们家有一门祖传绝技——烹制一种美味绝伦的糯米甜品——杨家八宝饭，早在清朝道光年间，杨氏先祖

创造的这一美食就远近闻名，而且杨家人代代相传，在本村开设了专卖这种八宝饭的小饭馆，杨家兄弟已是这一绝技的第五代传人。杨立仁和杨立本的父亲直到解放初期还在经营祖传的八宝饭，那时才十来岁的杨家兄弟就经常在店里帮忙了。后来合作化、公社化，老父病故，饭馆开不了，他们成了普通的公社社员，杨家八宝饭似乎被人们淡忘了。20 世纪 80 年代，乘改革开放之风，杨家兄弟丢了锄把，又办起了“杨家店”，而他们做的八宝饭口味绝不逊于他们的祖上，特别是善于钻研的哥哥杨立仁，手艺更是炉火纯青。由于生意兴隆，他们便到邻村去开店，后来甚至把分店开到县城、省城。1987 年，他们在本村创办了“杨兄弟美食公司”，开始生产“老杨”牌袋装和灌装系列糯米食品。由于其独特的风味和优等的质量，牌子很快打响，产品在本省许多市县都很畅销，出现了供不应求的现象。杨家兄弟如今已在经营着一家拥有 450 多名职工的美食厂和分布很广的甜品小食店网。

2．哥哥的特征与经营思想

厂子发展了，杨家兄弟之间却出现了分歧。性格内向稳重、善于钻研、踏实肯干的哥哥杨立仁似乎并没有注意利用这大好形势去扩大规模，只固执地要保持产品的独特风味和优等质量。如果小食店达不到规定的标准，员工的培训达不到应有的水平，他就宁可不设新点，不开辟新区。因此，杨立仁没有继续扩大生产规模、增加营业网点，而是坚持服务老主顾。他强调质量就是生命，决不允许采取任何措施破坏产品质量。同时他的产品品种单一，缺少创新。在机构设置上，美食公司的主要部门有质量检验科、生产科、销售科和设备维修科，还有财务科以及开发科。质量科要检测进厂的所有原材料，必须保证是最优的。每批产品也一定抽检，要化验构成成分、糖度、酸碱度。最重要的是检验、控制产品的口味。厂里高薪聘请几位品尝师，他们的唯一职责是品尝本厂生产的美食。他们经验丰富，哪怕是与标准要求只有微小偏差他们也能品尝出来。所以杨兄弟美食始终保持它良好的口碑。

3．弟弟的个性特征与经营思想

性格外向活跃、聪明能干、善于交际、敢于冒险的弟弟杨立本，只身从深圳学习考察回来后，对哥哥的想法和做法大为不满。他指出杨立仁观点迂腐、保守，不思进取，认为牌子已经打响，不必僵守原有标准，应该大力扩充品种、提高产量，向外省甚至海外扩展。他还指出，厂子目前的这种职能型结构太僵化，只适合于常规化生产，只能为定型的、稳定的顾客服务，适应不了长远发展。各职能部门眼光只限于本部门内，看不到整体和长远目标。他建议彻底改组本厂结构，按不同产品系列来划分部门，以适应大发展的新形势，不可坐失良机。但杨立仁对他的建议十分反感，并坚持自己的基本原则，决不动摇。兄弟两人话不投机，争论激烈。最后不欢而散。

4．各尽其能，发展壮大

僵持不下的兄弟俩冷静下来后，经人力资源专家指点，决定进行合理分工：产品的研发和生产环节由哥哥杨立仁负责，弟弟杨立本则负责企业组织结构的调整、员工的培训与管理、产品的推广和销售等环节。兄弟俩各司其职、各尽其能、协同合作，杨兄弟美食公司很快发展壮大起来，成为远近闻名的食品企业。

（资料来源：姚裕群．2006．人力资源管理案例教程．北京：中国人民大学出版社：15）

案例解析

（1）将合适的人安排到合适的岗位是人力资源管理的重要指导思想

每个人都有其独特的人格特征和能力模式，这种特征和模式与社会某种职业的工作内容对人的要求之间有较大的相关度，即达到“人职匹配”。因此，对每个人的个性特征进行评价并据此给其安排适当的岗位，无论对企业未来的发展或是对个人职业生涯的发展都是至关重要的。当然，个性对个人职业生涯发展的影响，更多的时候是与诸多因素共同起作用，比如个人的职业能力倾向、兴趣与需求、人才市场的需求状况、专业背景和工作经验等，但个性是大前提，它决定了个人从事某种职业的可能性。由此可见，个性对职业选择的影响是举足轻重的。杨家兄弟的个性各有特点，哥哥杨立仁踏实稳重、善于钻研，但缺少创新意识与交往能力；而弟弟杨立本思想活跃、聪明能干、善于交际、敢于冒险。由于性格不同，在遇到相同的问题时，两个人的解决思路就各不相同，自然会产生分歧。根据两个人的个性特点进行合理分工，充分发挥个人兴趣与强项是一个很好的解决办法。

（2）人力资源管理要致力于搞好组织成员的协同

要尽量做好每一位员工的个性分析工作，综合掌握员工的个性特征、个人可能的行为方式，将员工安排到合适的岗位上，使其充分发挥性格特点和完成好本职工作。但是，员工之间的矛盾状况，至少是不协调的格局，会把“人职匹配”的优势消耗殆尽。杨家兄弟的美食公司的发展壮大，正是因为人力资源专家对杨家兄弟的个性特征进行了具体分析，根据他们的不同个性特征安排合适的位置，最终才使兄弟俩各司其职、各尽所能、协同合作，杨兄弟美食公司才得以发展壮大。企业与员工共同发展是人力资源管理的重要目标。

思考与讨论

1．讨论杨家兄弟的个性特征。

2．讨论“人职匹配”理论的主要内容、如何根据人的个性特征安排职位。

3．分析杨家兄弟发生分歧的主要原因。

第二章

连锁企业的组织结构和岗位配备

◇ 学习目标

- 认识连锁企业的组织结构和各管理层的职责；
- 了解连锁企业店长和秘密顾客的配备。

◇ 技能要点

- 连锁门店组织结构调查；
- 连锁门店组织结构设计。

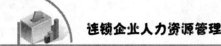

案例导入

谁的过错

有一个男孩买了一条长裤，穿上一试，裤子长了一些。他请奶奶帮忙把裤子剪短一点，可奶奶说，眼下的家务太多，让他去找妈妈。而妈妈回答他，今天她已经同别人约好去玩桥牌。男孩又去找姐姐，但姐姐有约会，约会时间马上就要到了。这男孩非常失望，在担心明天穿不上这条裤子的心情中入睡。奶奶忙完家务事，想起了孙子的裤子，就去把裤子剪短了一点；姐姐回来后心疼弟弟，她也把裤子剪短了一点；妈妈回来后同样把裤子剪短了一点。可以想象，第二天早上大家会发现这种没有组织分工和管理的活动所造成的后果。

这个故事形象而又深入浅出地说明了组织分工管理的重要性。由上述事件可以看出，任何组织活动都需要分工管理，明确工作任务，确保没有多余的环节，才能使组织活动有效运转。在没有组织分工管理活动时，集体中每个成员的行动方向并不一定相同，以至于可能互相抵触。即使目标一致，由于没有整体的配合，也达不到总体的目标。

（资料来源：安菊梅．2007．企业管理基础知识．上海：立信会计出版社：16）

连锁企业组织结构是指连锁企业全体员工为实现企业目标而进行分工协作，在职务范围、责任、权利方面所形成的结构体系。随着连锁企业的产生、发展及领导体制的演变，企业组织结构形式也经历了一个发展变化的过程。组织结构形成和存在的基础在于，由于各种因素的限制，一个人或几个人的独立活动不能实现连锁企业的既定目标。在日常生活和实际工作中，一方面每个人都从属于一个或多个组织，另一方面多数工作又是由多人合作才能完成。因此，建立一个良好的组织结构并使之有效地运转，无论是对个人目标还是组织目标的实现，都至关重要。连锁企业特殊的经营特点，使得其组织结构和具体职能与传统商业有着明显的不同。连锁企业组织结构和职能的确立是连锁企业发展的重要环节，它在经营和管理的运作中，发挥着巨大的作用。这也是一百多年来，连锁经营在世界范围内获得巨大发展的原因所在。

第一节　连锁企业组织结构

一、组织结构设计的原则

1．统一指挥的原则

统一指挥的原则是指每个环节有人负责，每个人知道对谁负责；每个人

只对一个上级负责，每个上级知道有多少人对他负责；上下级线条明晰、统一，避免多头领导带来的混乱和效率低下。

2. 以工作为中心的原则

这里的工作是指工作量、工作环节、工作分配的综合。以工作为中心进行组织设计时，应有三条标准：一是没有多余的管理环节，每个岗位必须有明确的工作任务；二是部门划分粗细适当；三是每个部门的人员配备要与工作任务相适应，既不要人浮于事，又要有充足的人手，确保任务的完成。

3. 对称原则

连锁企业组织结构应符合对称原则。要求职位与能力相对称，职位与权力相对称，职位与责任相对称。

4. 组织设置专业化原则

组织设置专业化主要是指按专业功能设计组织结构。例如，总部董事会承担决策功能，总部各职能部门承担执行功能，而连锁分店承担销售功能。总部各职能部门应按工作性质进行设置，如果地域太广还可按区域划分为二级区域组织。

5. 适当的组织层次和管理幅度

组织层次应采取适当的扁平化框架。层次太多，沟通困难；层次太少，管理力度可能跟不上。在确定连锁店的不同领导的管理幅度时，应视不同职位有所不同。通常，层次越高，管理幅度越窄；层次越低，管理幅度越宽。最适当的管理跨距设计并无一定的法则，一般是 3～15 人。高阶层管理幅度约 3～6 人；中阶层管理幅度约 5～9 人；低阶层管理幅度约 7～15 人。国外的管理幅度可达 1～25 人。

6. 优化原则

任何组织都存在于一定的环境之中，组织的外部环境必然会对内部的结构形式产生一定程度的影响，因此企业组织结构的设计要充分考虑内外环境，使企业组织结构适应于外部环境，谋求企业内、外部资源的优化配置。

7. 均衡原则

企业组织结构的设计应力求均衡，不能因为企业现阶段没有要求而合并部门和职能，在企业运行一段时间后又要重新进行设计，职能不能没有，岗位可以合并。

8. 重点原则

随着连锁企业的发展，环境的变化会使组织中各项工作完成的难易程度及对组织目标实现的影响程度发生变化，连锁企业的工作中心和职能部门的重要性亦随之变化，因此在进行企业组织结构设计时，要突出连锁企业现阶段的重点工作和重点部门。

9. 人本原则

设计连锁企业组织结构前要综合考虑企业现有的人力资源状况及企业未来几年内对人力资源素质、数量等方面的需求，以人为本进行设计。但要注意不能因人设岗。

10. 拔高原则

在为企业进行组织结构的重新设计时，必须遵循拔高原则，即整体设计应紧扣企业的发展战略，充分考虑企业未来所要从事的行业、规模、技术及人力资源配置等，为企业提供一个几年内相对稳定、实用的组织结构平台。

11. 适用原则

企业组织结构的重新设计要适应企业的执行能力和一些良好的习惯，使企业和企业员工在执行时容易上手，而不能脱离企业实际进行设计，使企业为适应新的组织结构而严重影响正常工作的开展。

12. 强制原则

重新设计的组织结构必然会因企业内部认识上的不统一、权利重新划分、人事调整、责任明确且加重、考核细致而严厉等现象的产生而导致员工的消极抵制甚至反对，在这种情况下，设计人员和连锁企业管理人员要有充分的心理准备，采取召开预备会、邀请员工参与设计、舆论引导等手段，消除阻力。但在最后实施时，必须强制执行，严厉惩罚一切违规行为，确保整体运行的有序性，至于某些被证明确实不适合企业的设计可在运行两三个月后再进行调整。

二、组织结构设计的程序

确定部门设立的原则，明确各部门的职能，对做好连锁经营至关重要。

1. 明确任务

一个连锁经营企业通常要面对的主要任务有：商品的市场调查、订货、采购、验货、运输、加工、包装、配送、库存、标价、陈列；门店的维护、清洁、保卫；顾客调查、顾客接洽、顾客跟踪调查与处理顾客投诉；人事管

理；商品的维修与调换、处理收据与财务记录；商品的送货、保修、退货；销售预测、预算、销售信息的反馈等。

2. 工作分类

工作分类可按功能、产品、地理等进行。按功能划分时，可将工作按不同业务领域，如促销、采购、门店营运等进行分类；按产品划分时，可以商品或服务为基础对工作进行划分；按地理划分时，可以不同性质的商圈对工作进行划分。以上这些分类方法对于连锁企业特别重要，大型连锁经营企业对工作进行分类时可综合利用上述方法。

3. 任务分工

任务分工就是确定是由连锁经营企业独立完成上述任务和工作，还是由物流公司、制造商、顾客共同分担完成相关任务。同时，任务分工还包括连锁企业内部的专业化分工，明确具体员工应从事的具体工作。

4. 组织定型

在进行连锁经营企业的组织策划时，策划者不能将不同工作视为孤立的单个单元，而是要将其视为整个连锁经营企业的一个组成部分。相应地，连锁经营企业组织必须采取整合与协调的方式，将不同的工作区分开来，并清楚地进行描述，同时工作之间的关系也要明确。另外，组织的层次、结构及组织的管理幅度等都应加以考虑。综合考虑上述所有因素，组织设计者可将类似工作合并为一个部门或门店，进而将不同部门、门店整合为一个有机的连锁经营企业组织。

第二节 影响连锁企业组织结构设计的因素

连锁企业组织结构设计，就是根据连锁企业总目标，把连锁企业的各管理要素配置在一定的方位上，确定其活动条件，规定其活动范围，形成相对稳定的、科学的管理体系。连锁企业组织结构设计没有固定的模式，根据各种连锁企业的特点及内外条件的变化而有所不同。但是，无论具体形态如何，总的要求还是从连锁企业的实际出发，选择和确定连锁企业的组织结构，保证连锁企业稳定、高效地进行经营活动。

组织结构设计主要考虑以下因素：

一、连锁企业规模与连锁企业所处的发展阶段

连锁企业的规模往往与连锁企业的发展阶段相联系，伴随着连锁企业的

成长，活动的内容会日趋复杂，人数会逐渐增多，活动的规模会越来越大，连锁企业组织结构的幅度、部门数量、管理层次也须随之调整，以适应情况的变化。

二、技术

组织的活动需要利用一定的技术和反映一定技术水平的特殊手段来进行。技术以及技术设备的水平，不仅影响组织活动的效果和效率，而且会作用于组织活动的内容划分、职务设置，对工作人员的素质提出一定要求。例如，信息处理的网络化和计算机化，必将改变组织中的信息收集与反馈、会计、办公等部门的工作形式和性质。

三、外部环境

外部环境对组织结构的影响可以反映在三个不同的层次上，这就是职务与部门设计层次、各部门关系层次、组织总体特征层次。这主要是由于组织作为整个社会经济大系统的一个组成部分，它与外部的其他社会经济子系统之间存在着各种各样的联系，所以，外部环境的发展变化必然会对连锁企业组织结构的设计产生重要的影响。

四、战略

结构和战略之间的关系密不可分：组织结构为组织战略服务，连锁企业战略的改变必然导致组织结构的改变。比如，某连锁公司要改变其战略，以更好地服务客户，就必须采用以服务客户为重点的组织结构。组织结构与公司战略相匹配，能提高连锁企业的经营业绩。

战略决定结构，结构决定功能。组织结构是完成连锁企业战略目标的基石，所以设计组织结构要以连锁企业战略为指导。组织结构的设计首先要考虑连锁企业的发展战略，一个以超市零售为主的连锁企业和一个以快餐为主的连锁企业的组织结构必然不同，因为连锁企业的战略决定了连锁企业主要资源分配的方向，进而决定了连锁企业组织结构的设计，而连锁企业组织结构设计的目的就是为了更合理地利用连锁企业的现有资源，达到整体利用最优的目的，从而实现连锁企业的战略。

在组织结构与战略的相互关系上，一方面，战略的制定必须考虑连锁企业组织结构的现实；另一方面，一旦战略形成，组织结构应作出必要的调整，以适应战略实施的要求。适应战略要求的组织结构，能为组织目标的实现，提供必要的前提。

不同的战略要求开展不同的业务活动，这会影响管理职务的设计；战略

重点的改变，会引起组织的工作重点转变、部门与职务在组织中重要程度的改变，因此要求对各管理职务及部门之间的关系作相应的调整。

第三节　连锁企业组织结构的基本模式

连锁经营是一种商业模式，而这一模式的运作依靠的是连锁企业组织。科学设立连锁企业内部的各管理部门及组织结构，是实施有效经营管理的起点。无论哪种形式的连锁企业，均包括总部-分店两个层次，或总部-地区分部-分店三个层次。分店与总部是构成连锁企业的最基本要件。连锁企业总部是连锁体系的核心和枢纽，连锁分店则是连锁体系的枝杈和触角。总部最高管理层的职责是经营决策和指挥领导，而总部的各职能部门则承担确定采购标准、销售价格、促销计划等任务。分店是连锁经营的基础，承担具体实施的执行功能，按各职能部门的设计进行销售。如果是直营连锁，总部与分店是上下级关系；如果是加盟连锁、自由连锁，则总部与分店之间是一种经济合同关系，在法律上是平等的，在业务上是合作的，在运营上是指导与被指导的关系。连锁总部的组织结构设置会受到连锁体系类型的影响，也会受到连锁体系规模大小的影响，还会受到连锁体系的创建人、合伙人的影响。不同的业态，如便利店、超市、百货店、快餐店由于其具体业务内容的不同，其具体的组织形式也有所不同。本书只介绍一般情况下的连锁总部结构设置。

一、总部的组织结构

1. 总部组织结构的设置

一般情况下连锁总部最高管理层的组织结构如图 2-1 所示。

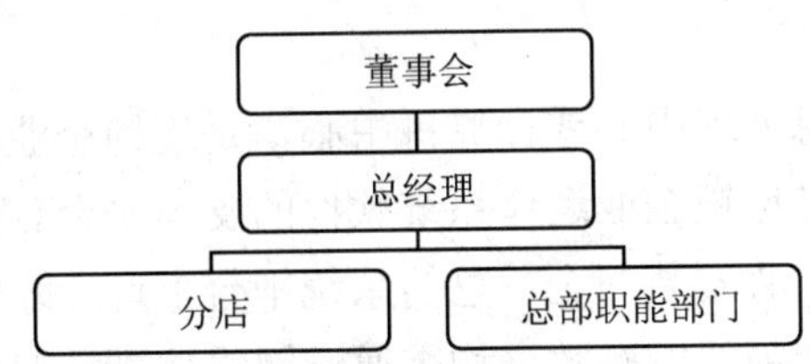

图 2-1　最高管理层的组织结构

2. 连锁总部职能部门的组织结构

连锁总部职能部门的组织结构一般如图 2-2 所示。

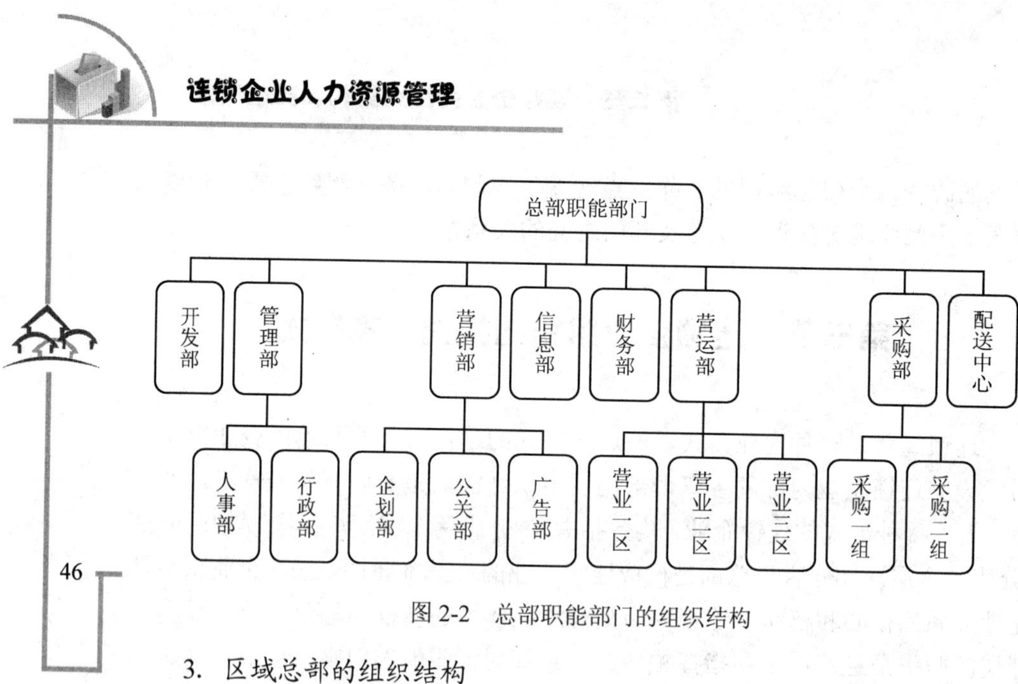

图 2-2　总部职能部门的组织结构

3. 区域总部的组织结构

区域总部的组织机构如图 2-3 所示。

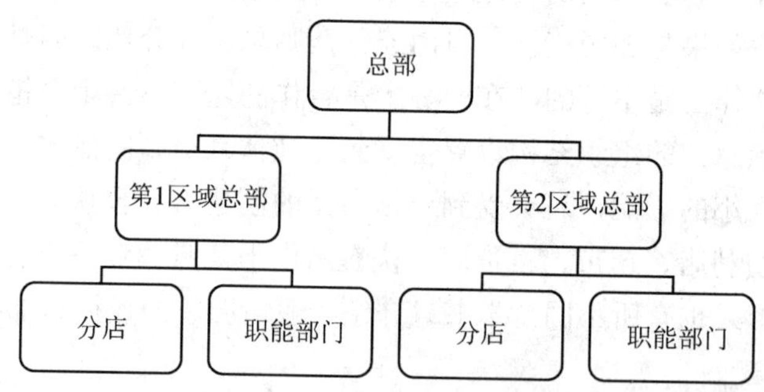

图 2-3　区域总部的组织结构

二、总部的管理职能

1. 信息部的主要职能

信息部也叫信息处理中心或计算机中心，是连锁企业信息处理与收集的总后方、总枢纽，是连锁企业运作系统软件的支撑平台。企业的所有软件系统都必须在计算机中心安装的企业总的系统平台上运行才能发挥作用。连锁企业的各部门、各店铺的所有数据均需通过网络传到计算机中心，并由计算机中心汇总处理。

信息部的主要职能包括以下内容：

1）连锁企业信息的收集与处理。

2）连锁计算机网络系统的维修与养护。

3）商品代码、企业代码、条形码的打印处理。

4）各种数据、影像资料的存储与保管。

5）数据资料的加密与解密。

2. 采购部的主要职能

采购部的主要职能包括以下内容：

1）采购方式的制定。

2）供应商的管理。

3）商品货源的维护、新商品的开发与滞销商品的淘汰。

4）商品采购的谈判、采购价格的谈判与制定及商品销售价格的制定。

5）制定与实施不同区域、不同商品大类的商品组合策略。

6）商品储存、商品配送制度的制定及作业流程的制定与控制。

3. 营销部的主要职能

营销部的主要职能包括以下内容：

1）分店商品配置、陈列设计、商品销售分析、利润分析与改进措施。

2）促销策略的制定、促销活动的计划与执行。

3）企业广告、竞争状况的调查与分析。

4）店铺形象的设计。

5）店铺广告计划的制定与执行。

4. 营运部的主要职能

营运部的主要职能包括以下内容：

1）制定连锁店总的营业目标和各分店的营业目标，推动营业目标的实现。

2）分店经营的 Know-how 指导。

3）编写连锁店营业手册，并检查与监督营业手册的执行情况。

4）指导分店改善现场作业，派出指导人员对不同连锁店指导并考察其工作情况。

5. 财务部的主要职能

财务部的主要职能包括以下内容：

1）财务管理，即融资、用资、资金调度及企业财务状况与投资风险的分析。

2）编制各种财务报表和会计报表。

3）审核进货凭证，处理进货财务，与供应商进行货款对账并付款。

4）统计每日营业额。

5）发票管理。

6）税金的申报与缴纳，年度预决算。

7）各店铺财务工作的统一管理。

6. 管理部的主要职能

管理部的主要职能包括以下内容：

1）人力资源制度的制定与执行。

2）员工福利制度的制定与执行。

3）员的招聘与培训。

4）企业合同的管理，企业保安制度的制定与执行。

5）企业办公用品的采购与管理。

6）法律事务专员和公关事务专员的管理。

一些规模较大的连锁企业将管理部拆分为人力资源部和行政部，并作为独立的部门发挥各自的作用。

7. 开发部的主要职能

开发部的主要职能包括以下内容：

1）新开分店或加盟分店的商圈调查，包括人口、户数、消费、收入和竞争状况等。

2）新开分店的投资效益评估，加盟分店的销售能力评估。

3）新开分店的自行建设、投资购买或租赁场地的投资预算。

4）建设新店的工程设计与审核，工程的招标、监督与验收。

5）新开分店的开店流程与进度控制。

6）新开分店所需经营设备的采购及分店设备的维修与保养。

开发部的工作流程由以下步骤组成：制定选址标准、投资标准→商圈分析→建店、买店或租店→分店建造、改建或装修→施工监督和验收→新店开业。

8. 配送中心的主要职能

连锁物流配送中心与传统的仓库、运输是不一样的，一般的仓库只重视商品的储存保管，传统的运输只是提供商品输送而已，而配送中心承担了连锁物流的主要职能，重视商品流通的全方位功能。

配送中心的主要职能包括以下内容：

1）储存保管。

2）分拣配货。

3）送货。

4）流通加工。

5）信息提供。

以上是连锁总部各部门的基本职能。实际上，由于业态的不同，连锁企业的具体产品与服务各不相同，而不同的产品与服务就需要连锁企业进行适当的组织结构调整。在连锁经营的发展过程中，随着连锁企业经营网络的扩张和经营项目的变化或增加，连锁总部管理部门的组织结构也是不断变化的，需将各部门的权限范围、行使方式及部门之间的功能合作方式进行必要的调整，但各部门的基本功能不会改变。

三、门店的组织结构

连锁门店组织结构相对较为简单，因为连锁企业实行的是商品采购、配送等作业由总部集中统一管理。而门店组织结构主要视门店的性质、业态特征、规模大小及商品结构等因素的不同而有所差异。例如，直营店通常由店长直接管理，同时下设副店长、值班长、组长等职务；规模较小的门店不再分组，也不设组长；规模较大的门店则应分工明确，并分别由组长主管。门店的组织结构如图 2-4 所示。

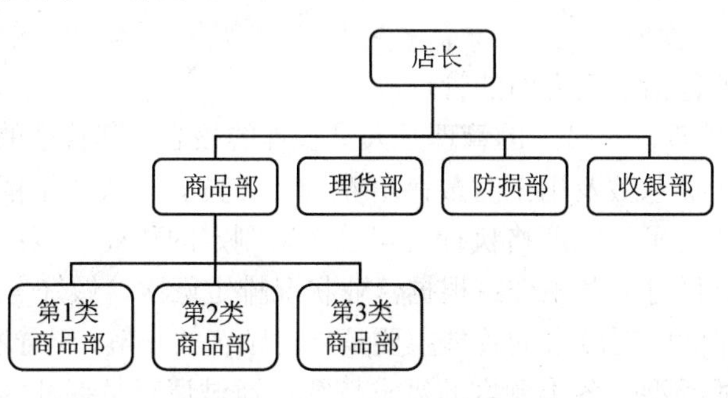

图 2-4　门店的组织结构

四、门店的管理职能

1. 门店职能概述

门店是连锁经营的基础，其主要职责是按照总部的指示和服务规范要求，承担日常销售业务。门店是连锁总部各项政策的执行单位，应将连锁企业总部的目标、计划和具体要求体现到日常的作业化管理之中。

门店是连锁企业直接向顾客提供商品和服务的单位，因而其主要职能是商品的销售与服务及相关的管理作业。下面介绍门店的主要职能。

（1）环境管理

环境管理主要包括店头的外观管理与卖场内部的环境管理。一是店头的外观。由于交通、住宅动迁、调职等原因，门店的老顾客都会有一定比例的流失，同时又会有新的潜在顾客进入门店的商圈。所以，门店必须每日对店头进行检查，并加强维护与管理。二是卖场内部的环境。卖场内部环境包括

走廊、货架、各种设备、场内的气氛等。

（2）商品管理

商品管理主要包括下列方面的管理：

1）商品陈列管理。商品陈列管理首先必须严格按照连锁总部所规定的统一标准；其次要做到满陈列，最有效地利用店内空间；再次要注意陈列商品的及时整理，使商品陈列的方式、高度、宽度、陈列量等符合商品陈列表的要求。

2）商品质量管理。商品质量管理首先必须重视商品的包装质量及商品的标签；其次要加强对商品保质期的控制；再次要对生鲜食品进行鲜度管理。

3）商品防损管理。商品防损管理要防止由于商品的移动和碰撞所引起的损耗；要加强防盗、防窃工作；要重视商品盘点等。

4）商品销售状况管理。商品销售状况管理首先必须掌握商品的销售动态；其次要根据销售动态及时作出反应，如及时补充货源、及时处理滞销商品、在总部的指导下及时调整商品的陈列位置及价格等。

（3）人员管理

人员管理包括下列方面的管理：

1）员工管理。对员工的管理是人员管理的核心，其管理的重点是：按公司规定控制人员总数及用工时数；培养全体店员的团队合作精神；合理分配工作任务，并要求员工严格执行公司总部所制定的作业规范；树立全体员工的礼仪精神，做好服务工作；根据营业状况排定班次，做好考勤工作。

2）顾客管理。对顾客的管理主要是指对顾客的了解、引导和适当的控制。如了解顾客的类型、各类顾客的需求特征；通过调查掌握社区内常住顾客的基本资料；在卖场内设置醒目的指示性标志，以便于顾客选购商品；对顾客的行为依法实施必要的限制，如明确告示顾客：店内禁止吸烟，禁止饮食，禁止拍照，禁止抄价，进入卖场必须存包等；妥善处理顾客的投诉。

3）供货者管理。无论是厂方人员还是公司内部的配送人员，无论送货还是洽谈业务，都必须在指定地点按规范程序进行。如供货方需要进入卖场，也必须遵守有关规定，如佩戴特殊的标志等。

（4）财务管理

财务管理包括下列方面的管理：

1）收银管理。收银作业是门店销售服务管理的一个关键点，收银台是门店商品、现金的“闸门”。商品流出、现金流入都要经过收银台，稍有疏忽就会使经营前功尽弃。从现金管理角度来看，收银管理应把握以下重点：控制收银差错率；防止收入假币及信用卡欺诈行为；分清各班次收银员的经济责任；及时结算并上缴营业款；要严防内外勾结侵吞货款。

2）凭证管理。对直营连锁超市门店而言，会计工作由总部负责，但对于基本的凭证仍需要妥善管理，如销货发票、退货凭证、进货凭证、现金日报

表、现金投库记录表、交班日报表等。有些凭证，如退货凭证、进货凭证是日后结算付款的依据，与现金具有同等的效力，更应妥善保管与处理。

（5）经营信息管理

连锁门店既是各类经营信息的发送者（信源），又是各类经营信息的接收者（信宿）。因此，加强经营信息管理便成了连锁门店的一项重要工作。连锁门店的经营信息管理主要包括下列三类：

1）店内经营信息管理。这是连锁门店经营信息管理的重点，内容有：销售日报表、商品销售排行表、时间销售报表、供应商销售报表、异常销售分析表、促销商品分析表、销售毛利分析表、ABC 分析表等。此外还包括员工的意见、建议及他们的心理和行为状态等情况。

2）竞争店经营信息管理。连锁门店有责任对附近的竞争店情况进行调查，内容包括：与竞争店的距离、竞争店的交通条件、商品质量及价格、商品结构、门店规模、顾客购买行为等。

3）消费者需求信息管理。消费者需求信息包括：消费需求的总体趋势、社区内消费者的总体规模、收支水平、购买特征等。其中，顾客投诉情况的分析应作为了解消费者需求的一个重要方面。

五、门店主要岗位的管理职责

1. 店长工作职责

店长是门店的第一责任人，是门店的总管，其主要职责如下：

1）负责门店的经营管理。

2）对总部下达的各项经营指标的完成情况负责。

3）监督门店的商品进货验收、仓库管理、商品陈列、商品质量管理等。

4）执行总部下达的商品价格变动计划。

5）执行总部下达的促销计划与促销活动安排。

6）掌握门店销售动态，及时向总部提出建议。

7）监督与改善门店各部门商品的防损管理。

8）监督和审核门店的会计、收款等作业。

9）负责门店员工考勤、仪容、仪表和服务规范执行情况的监督与管理。

10）负责门店员工的人事考核，提出职位提升、降级和调动等建议。

2. 理货员工作职责

理货员是在超市和便利店中间接为顾客服务的销售人员，其工作质量的好坏直接影响门店的销售额和形象，其工作职责如下：

1）熟悉所在部门的商品名称、产地、厂家、规格、用途、性能、保质期。

2）遵守连锁店仓库管理和商品发货的有关规定，按作业流程进行工作。

3）掌握商品标价的知识，正确标好价格。

4）熟练掌握商品陈列的有关专业知识，并运用到实际中。

5）搞好货架与责任区的卫生，保持清洁。

6）随时对顾客挑选后、货架剩余商品进行清理并做好商品的补充工作。

7）保证商品安全。

3. 收银员工作职责

收银员是门店的一个重要岗位，收银员的素质和能力直接影响门店的效率与服务，其工作职责如下：

1）为顾客提供咨询和礼仪服务。

2）为顾客提供结账服务。

3）现金作业和损耗的预防。

4）配合超市安全管理。

5）营业前的准备工作。

6）清洁、整理收银作业区。

7）整理补充必备的物品及面售商品。

8）准备好找零用金。

9）收银机的日常维护、设置与检查。

10）了解当日促销商品及促销活动注意事项。

4. 防损员工作职责

一般的连锁门店都设有专业的防损员，但门店外的防损员通常称为保安。下面主要介绍店内防损员的工作职责。

1）维护门店秩序，保护门店的财产安全。

2）对责任区内的重点防护区（包括收银台、贵重商品、危险物品存放地）严密守护、巡逻，如发现异常情况，应果断处理，同时应立即上报保安部。

3）对发生在门店内的一切有损门店形象、影响门店正常经营秩序的人和事，应及时加以制止，如制止无效应立即上报保安部及门店经理，以便协调解决。

4）熟悉责任区的地理环境、商品分布情况、各柜组负责人情况，以利于开展工作。

5）加强巡逻检查，发现火险隐患应在立即排除的同时向门店负责人、保安部报告，监督、检查处理方法和结果。

6）发生火灾时，应在门店负责人的统一指挥下，积极组织扑救、抢救工作，并妥善疏散群众。

7）发生治安、刑事案件时，应采取积极有效措施，配合公安机关开展工作。

8）完成门店及保安部临时指派的各项任务。

小　　结

无论哪种形式的连锁企业，均包括总部—分店两个层次，或总部—地区分部—分店三个层次。分店与总部是构成连锁企业的最基本要件。最高管理层的职责是经营决策和指挥领导。而总部的各职能部门则承担确定采购标准、销售价格、促销计划等任务。分店是连锁经营的基础，按各职能部门的设计进行销售。如果是直营连锁，总部与分店是上下级关系；如果是加盟连锁、自由连锁，则总部与分店之间是一种经济合同关系，在法律上是平等的，在业务上是合作的，在运营上是指导与被指导的关系。连锁总部的组织机构设置会受到连锁体系类型的影响，也会受到连锁体系规模大小的影响。不同的业态，如便利店、超市、百货店、快餐店由于其具体业务内容不同，其具体的组织形式也有所不同。

复习思考题

一、单项选择题

1．连锁企业组织结构是（　　）。

A．为职位服务的

B．为权利服务的

C．为连锁企业战略服务的

D．为实现职工个人目标和发展服务的

2．连锁企业管理层的幅度一般为（　　）。

A．3～15 人　　B．25～30 人

C．32～43 人　　D．50～62 人

3．岗位的设计（　　）。

A．可以因人设岗　　B．可以合并

C．可以随时变化　　D．可以没有职能

4．店铺形象设计是下列哪个部门的主要职能（　　）。

A．信息部　　B．营销部

C．营运部　　D．管理部

5．门店的主要职能是（　　）。

A．制定连锁企业总目标

B．制定连锁企业各项服务规范

C．制定连锁企业各项规章制度

D．商品的销售与服务及相关的管理作业

二、多项选择题

1．一个合格的店长必须具备如下条件（　　）。

A．组织领导能力　　B．正确的判断能力

C．专业技能　　D．连锁企业战略决策能力

2．秘密顾客可以是（　　）。

A．连锁企业高层

B．委托专家

C．培训过的总部员工

D．培训过的主要消费者或服务对象

3．配送中心的职能有（　　）。

A．储存保管　　B．分拣配货

C．送货　　D．流通加工

4．开发部的主要职能包括（　　）。

A．新开分店或加盟分店的商圈调查

B．企业合同的管理

C．分店经营的 Know-How 指导

D．新开分店的开店流程与进度控制

5．门店的老顾客流失的原因有（　　）。

A．交通　　B．住宅动迁

C．调职　　D．被竞争对手吸引

实训项目

6 人一组，调查 3 个连锁门店组织结构。并设计一个连锁门店组织结构。

案例分析

案例 1　普尔斯马特会员商店的部门设置

普尔斯马特会员商店共设有七个部门，如图 2-5 所示。

1) 收货部：顾名思义，它是接收商品的部门，同时它还负责退货的处理，

以及整个仓储店各类设备的维修、维护（除电脑设备外）。该部门设有主管、叉车司机、收货员、退货员、办公室人员（录入员）、设备主管、设备员工等岗位。

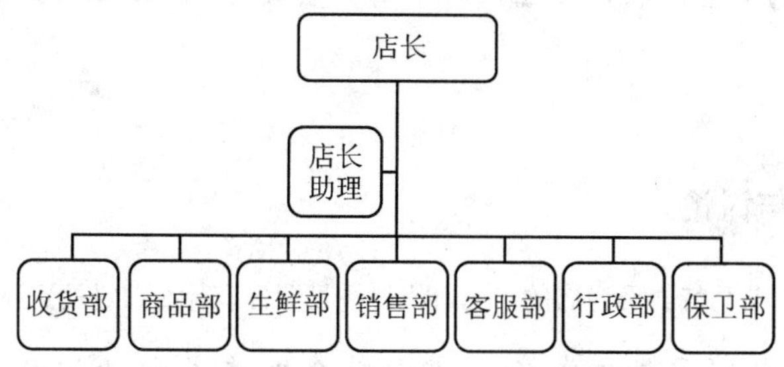

图 2-5　普尔斯马特会员商店的部门设置

2）商品部：按照商品的七个正确（即正确的商品、正确的地点、正确的时间、正确的数量、正确的条件、正确的价格、正确的服务）将所有的商品（除生鲜食品外）进行合理摆放，是商品部的职责。该部门分三个区域（一般情况下）：食品区、非食品区、中心区，各区配有相应的主管、叉车司机、理货员。商品部还设有一名 QC（品质控制）员，专门负责价格问题。

3）生鲜部：按生鲜商品的要求展示和售卖生鲜食品。生鲜部包括冷冻、冷藏食品、生肉、熟食、面包、快餐、果蔬等操作间，该部门设有主管、员工、QC 员。

4）销售部：该部门分两部分：大宗购物组、会员部。大宗购物组主要负责开发、维护大宗批发客户和团体购买客户；会员部主要负责推销、制作会员卡，以扩大、巩固一个店的会员数量，同时获得可观的会员费收入。

5）客服部：提供快速、准确、友好的收银服务是客服部的职责，同时客服部负责办理会员退换货业务及为会员提供存包服务。该部门设有收银主管、收银员、退换货员工、存包员。

6）行政部：它是整个仓储店的审计和后勤部门，该部门设有人事主管、审计员（包括库存审计、销售审计），EDP（系统维护人员）、出纳及清洁员。

7）保卫部：保护公司财产和人员（包括员工、会员）的安全是保卫部的职责。该部设有门检员、中控员、内保。

（资料来源：邓汝春．2007．连锁经营管理．北京：电子工业出版社：107）

案例解析

普尔斯马特会员商店的门店是直接向顾客提供商品和服务的单位，因而其主要职能是商品的销售与服务以及相关的管理作业。

案例中组织结构体现了统一指挥的原则，上下级关系明晰、统一，避免了多头领导带来的混乱和效率低下；其组织结构是以工作为中心的组织结构，工作分类明确，每个岗位有明确的工作任务，为按专业功能设计组织结构；其组织结构从收货部到销售部，从商品部到客服部、行政部，为了保证食品的质量，特设了生鲜部，有一套完整的组织结构。管理层次扁平化。

思考与讨论

你对该普尔斯马特会员商店的部门组织结构设置你有什么改进的意见和建议？

案例2　日本的一家零售企业店长作业流程

表2-1　店长的作业流程

时间	作业项目	作业重点
8:00～9:00	（1）晨会	布置主要事项
	（2）员工出勤状况确认	出勤、休假、病事假，人员分班，仪容、仪表及工作挂牌检查
	（3）卖场、商场状况确认	①商品陈列、补货、促销及清洁卫生状况检查 ②商场仓库检查（包括进货验收等）、收银员找零金、备品及收银台和服务台的检查
	（4）昨日营业状况确认	①营业额 ②来客数 ③每客购物平均额 ④每客购物平均品种数 ⑤售出品种的商品平均单价 ⑥未完成销售预算的商品部门
9:00－10:00	（1）开门营业状况检查	①各部门人员、商品、促销等就绪 ②店门开启、地面清洁、灯光照明、购物车（篮）等就绪
	（2）各部门作业计划确认	①促销计划 ②商品计划 ③出勤计划 ④其他
10:00～11:00	（1）营业问题追踪	①营业额未达到销售预算的原因分析与改善 ②电脑报表时段商品销售状况分析并指示有关部门限期改善
	（2）卖场商品态势追踪	①缺品确认追踪 ②完善商品、季节商品，商品展示与陈列确认 ③时段营业确认
11:00～12:30	（1）商场库存状况确认	仓库、冷库、库存品种、数量及管理状况了解及指示
	（2）营业高峰状况掌握	①各部门商品表现及促销活动效果 ②商场人员调度支援收银 ③服务台加强促销活动广播
12:30～13:30	午餐	交代指定人员代为负责卖场管理工作

续表

时间	作业项目	作业重点
13：30～15：30	（1）竞争店调查	与同地段竞争对手营业状况比较（来客数、收银台开机数、促销状况、重点商品等）
	（2）部门会议	①各部门协调事项 ②今日之营业目标
	（3）教育训练	①新进人员在职训练 ②定期在职训练 ③配合节庆之训练（如礼品包装等）
	（4）文书作业及各种计划报告撰写与准备	①人员变化、请假、训练、顾客意见等 ②月、周计划，营业会议、竞争对策等
15：30～16：30	（1）部门营业额确认	各部门商品销售情况
	（2）商品态势巡视、检查及指示	卖场、商品人员、商品清洁卫生、促销等的检查与指示
16：30～18：30	营业问题追踪	①后勤人员调度，支援卖场收银或促销活动 ②收银台开台数，找零金确保正常 ③商品齐全 ④服务台配合促销广播 ⑤人员交接班迅速且不影响对顾客的服务
18：30～20：00	指示代理负责人接班注意事项	交代晚间营业注意事项及有关事宜

（资料来源：朱春瑞．2005．零售卖场管理．北京：中国致公出版社：13）

案例解析

店长（经理）的作业流程是指店长在作业时间内的工作流程。该零售卖场的营业时间为早上 8 点至晚上 10 点，因此规定店长的作业时间为早上 8 点至下午 6 点半，这样的时间安排可供店长掌握中午及下午两个营业高峰，有利于店长掌握每月的营业状况；另外规定了店长在每日的工作时间中每个时段上的工作内容。表 2-1 是对该店店长作业流程的时段控制和工作内容确定。它所反映的店长各时段作业流程内容，在管理上的要求是很多、很严的，是岗位职责在工作上的细化。

思考与讨论

参考案例中的店长作业流程，结合你所在城市的某连锁店的实际情况，讨论制定出一份店长作业流程。

第三章

连锁企业人力资源规划

◇ 学习目标

- 理解人力资源规划的概念;
- 掌握连锁企业人力资源规划的过程;
- 掌握连锁企业人力资源供求预测的各种方法。

◇技能要点

- 人力资源需求预测的方法;
- 人力资源供给预测的方法;
- 解决人力资源供求不平衡的措施。

案例导入

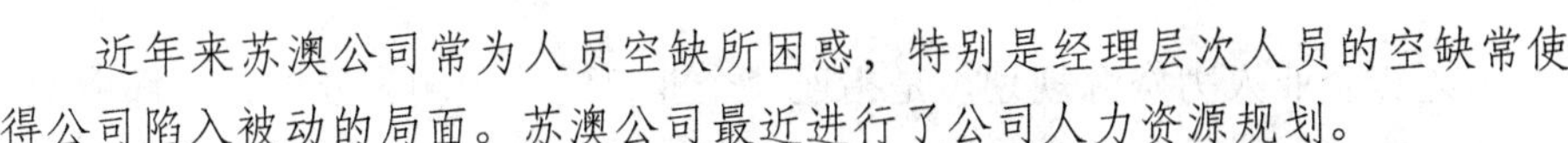

苏澳玻璃公司的人力资源规划

近年来苏澳公司常为人员空缺所困惑，特别是经理层次人员的空缺常使得公司陷入被动的局面。苏澳公司最近进行了公司人力资源规划。

公司首先由四名人力资源部的管理人员负责收集和分析目前公司对生产部、市场与销售部、财务部、人力资源部四个职能部门的管理人员和专业人员的需求情况及劳动力市场的供给情况，并估测年度各职能部门内部可能出现的关键职位空缺数量。上述结果用来作为公司人力资源规划的基础，同时也作为直线管理人员制定行动方案的基础。但是在这四个职能部门里制定和实施行动方案的过程（如决定技术培训方案、实行工作轮换等）是比较复杂的，因为这一过程会涉及不同的部门，需要各部门的通力合作。例如，生产部经理为制定将本部门A员工的工作轮换到市场与销售部的方案，则需要市场与销售部提供合适的职位，人力资源部做好相应的人事服务（如财务结算、资金调拨等）。职能部门制定和实施行动方案过程的复杂性也给人力资源部门进行人力资源规划增添了难度，这是因为，有些因素（如职能部门间的合作的可能性与程度）是不可预测的，它们将直接影响预测结果的准确性。

苏澳公司的四名人力资源管理人员克服种种困难，对经理层的管理人员的职位空缺作出了较准确的预测，并据此制定详细的人力资源规划，使得该层次上人员空缺额减少了50%，跨地区的人员调动也大大减少。另外，从内部选拔工作任职者人选的时间也减少了50%，并且保证了人选的质量，合格人员的漏选率大大降低，使人员配备过程得到了改进。人力资源规划还使得公司的招聘、培训、员工职业生涯计划与发展等各项业务得到改进，节约了人力成本。

（资料来源：www.aq800.com.cn，HR资料工具共享中心）

市场环境变化多端，影响市场的因素错综复杂，给企业规划自身的资源配置带来了困难。每一次突发事件都可能导致企业内部经营活动的波动，使企业对资金、材料、人力的需求发生变化。人力资源不同于其他资源，其流动性较差，很难在短时间内减少或增加劳动力。为了不因突然的变动影响企业的平稳发展，有必要提前做好人力资源规划。本章将讨论连锁企业人力资源规划的有关概念并介绍如何编制人力资源规划。

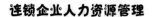

第一节　连锁企业人力资源规划概述

一、连锁企业人力资源规划的概念

连锁企业人力资源规划，是指连锁企业科学地预测、分析其在环境变化中的人力资源供给和需求状况，制定必要的政策和措施，以确保组织在需要的时间和需要的岗位上获得各种所需的人才，使组织和个体能得到长远利益的规划。连锁企业人力资源规划是连锁企业发展战略的重要组成部分，也是企业各项人力资源管理工作的依据。

人力资源规划主要有三个层次的含义：

1）一个企业所处的环境是不断变化的。在这样的情况下，如果企业不对自己的发展做长远规划，只会导致失败的结局。俗话说：人无远虑，必有近忧。现代社会的发展速度之快前所未有，在风云变幻的市场竞争中，没有规划的企业必定难以生存。

2）一个企业应制定必要的人力资源政策和措施，以确保企业对人力资源需求的如期实现。例如，内部人员的调动、晋升或降职，人员招聘和培训及奖惩都要切实可行，否则，就无法保证人力资源计划的实现。

3）在实现企业目标的同时，要满足员工的个人利益。这是指企业的人力资源规划还要创造良好的条件，充分发挥企业中每个人的主动性、积极性和创造性，使每个人都能提高自己的工作效率，提高企业的效率，使企业的目标得以实现。与此同时，也要切实关心企业中每个人在物质、精神和业务发展等方面的需求，并帮助他们在为企业作出贡献的同时实现个人目标。这两者必须兼顾，否则，就无法吸引和招聘到企业所需要的人才，难以留住企业已有的人才。

连锁企业人力资源规划的目标是：确保企业在适当的时间和不同的岗位获得适当的人选（包括数量、质量、层次和结构）。一方面，满足变化的企业对人力资源的需求；另一方面，最大限度地开发利用企业内现有人员的潜力，使企业及员工的需要得到充分满足。

二、人力资源规划的作用

1. 有利于企业制定长远的战略目标和发展规划

一个企业的高层管理者在制定战略目标和发展规划及选择方案时，总要考虑企业自身的各种资源，尤其是人力资源的状况。例如，海尔集团决定推行国际化战略时，其高层决策人员必须考虑到其人才储备情况及所需人才的供给状况。科学的人力资源规划，有助于高层领导了解企业内目前各种人才

的余缺情况，以及在一定时期内进行内部抽调、培训或对外招聘的可能性，从而有助于他们进行决策。人力资源规划要以企业的战略目标、发展规划和整体布局为依据；反过来，人力资源规划又有利于战略目标和发展规划的制定，并可以促进战略目标和发展规划的顺利实现。

2. 有助于管理人员预测员工短缺或过剩情况

人力资源规划，一方面对目前人力现状予以分析，以了解人事动态；另一方面，对未来人力需求作出预测，以便对企业人力的增减进行通盘考虑，再据以制定人员增补与培训计划。人力资源规划是将企业发展目标和策略转化为人力的需求，通过人力资源管理体系和工作，达到数量与质量、长期与短期的人力供需平衡。

3. 有利于人力资源管理活动的有序化

人力资源规划是企业人力资源管理的基础，它由总体规划和各分类执行规划构成，为管理活动，如确定人员的需求量、供给量，调整职务和任务，培训等提供可靠的信息和依据，以保证管理活动的有序化。

4. 有助于降低用人成本

企业效益要求有效地配备和使用企业的各种资源，以最小的成本投入达到最大的产出。人力资源成本是组织的最大成本，因此，人力的浪费是最大的浪费。人力资源规划有助于检查和预算出人力资源计划方案的实施成本及其带来的效益。人力资源规划可以对现有人力结构作出分析，并找出影响人力资源有效运用的“瓶颈”，使人力资源效能充分发挥，降低人力资源成本在总成本中所占的比重。

5. 有助于员工发挥潜能，达到企业目标

人力资源规划可以帮助员工改进个人的工作技巧，把员工的能力和潜能尽量发挥，满足个人的成就感。人力资源规划还可以准确地评估每个员工可能达到的工作能力程度，而且能避免冗员，因而使每个员工都能发挥潜能；对工作有较高要求的员工也可获得较大的满足感。

三、人力资源规划的种类

1. 按照规划时间长短分类

按照规划时间的长短，人力资源规划可以分为短期规划、中期规划和长期规划三种。一般来说，一年以内的规划为短期规划。这种规划要求任务明确、具体，措施落实。中期规划一般为一至五年的时间跨度，其目标、任务

的明确与清晰程度介于长期与短期规划之间，主要是根据战略来制定战术。长期规划是指跨度为五年或五年以上的具有战略意义的规划，它为企业人力资源的发展和使用指明了方向、目标和基本政策。长期规划的制定需要对企业内外环境的变化作出有效的预测，才能对企业的发展具有指导性作用。人力资源部门在制定规划时，还应考虑规划期的长短，制定短期规划还是长期规划，取决于企业面临的不确定性的大小。

1987 年，布莱克和马西斯提出了不确定性大小的影响因素及与规划期长短之间的配合关系，如表 3-1 所示。

表 3-1 不确定性与计划期的长度

短期计划：不确定/不稳定	长期计划：确定/稳定
很多新竞争者 社会经济条件迅速变化 不稳定的产品/服务需求 变动的政治和法律环境 企业规模比较小 管理水平落后（危机管理）	强大的竞争地位 社会、政治和技术方面的变化是渐进的，而不是迅速的 稳定的产品/服务需求 强大的管理信息系统 管理水平先进

资料来源：张一池．2004．人力资源管理教程．北京：北京大学出版社：63

2. 按照计划的范围分类

按照计划的范围分类，可以划分为企业整体人力资源规划、部门人力资源规划、某项任务或工作的人力资源规划。

3. 按照规划的性质分类

按照性质分类，人力资源规划可以分为战略规划和策略规划两类。总体规划属于战略规划，它是指计划期内人力资源总目标、总政策、总步骤和总预算的安排；短期计划和具体计划是战略规划的分解，包括职务计划、人员配备计划、人员需求计划、人员供给计划、教育培训计划、职务发展计划、工作激励计划等。这些计划都由目标、任务、政策、步骤及预算构成，从不同角度保证人力资源总体规划的实现。

四、人力资源规划的内容

企业人力资源规划包括两个层次：第一层次是人力资源总体规划，也就是指在计划期内人力资源管理的总目标、总政策、实施步骤和总预算的安排；第二层次是指人力资源业务计划，它包括人员补充计划、分配计划、提升计

划、教育培训计划、工资计划、保险福利计划、劳动关系计划、退休计划等。这些业务计划是总体规划的展开和具体化，每一项业务计划都由目标、政策、步骤及预算等部分构成，如表 3-2 所示。这些业务计划的结果应能保证人力资源总体规划目标的实现。

表 3-2 人力资源规划内容一览表

类别	目标	政策	步骤	预算
总规划	总目标（绩效、收缩、保持稳定）	基本政策（扩大、收缩、保持稳定）	总步骤（按年度安排，如完善人力信息系统）	总预算：××××万元
人员补充计划	类型、数量、层次，对人力素质结构及绩效的改善等	人员素质标准、人员来源范围、起点待遇	拟定补充标准，广告吸引、考试、面试、笔试、录用、教育上岗	招聘挑选费用
人员分配计划	部门编制，人力结构优化及绩效改善、人力资源能位匹配，职务轮换幅度	任职条件、职位轮换范围及时间	略	按使用规模、差别及人员状况确定的工资、福利预算
人员接替和提升计划	后备人员数量保持，优化人才结构及提高绩效目标	全面竞争、择优晋升、选拔标准、提升比例、未提升人员的安置	略	职务变动引起的工资变动
教育培训计划	素质及绩效改善、培训数量与类型，提供新人力，转变态度及作风	培训时间的保证、培训效果的保证（如待遇、考核、使用等）	略	教育培训总投入产出，脱产培训损失
工资激励计划	人才流失减少，士气提高，绩效改进	工资政策、激励政策、激励重点	略	增加工资、奖金额预算
劳动关系计划	降低非期望离职率、干群关系改进、减少投诉和不满	参与管理，加强沟通	略	法律诉讼费
退休解聘计划	编制、劳务成本降低及生产率提高	退休政策及解聘程序	略	安置费、人员重置费

资料来源：邓国取．2007．人力资源管理．南京：南京大学出版社：35

五、人力资源规划的程序

人力资源规划的程序见图 3-1。

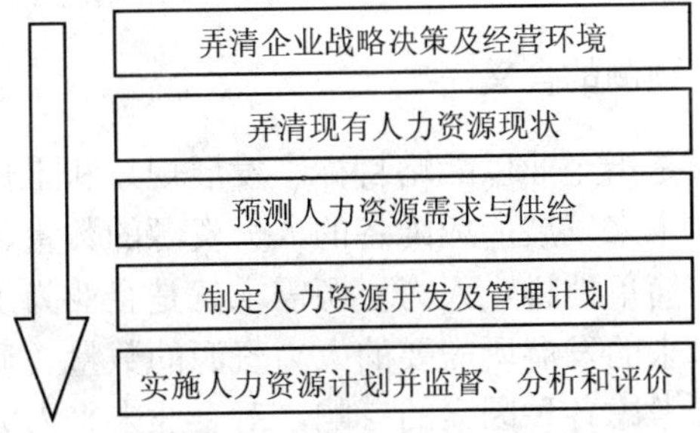

图 3-1 人力资源规划程序

1. 弄清企业战略决策及经营环境

弄清企业的战略决策及经营环境，是人力资源规划的前提。不同的产品组合、生产技术、生产规模、经营区域对人员会提出不同的要求。而诸如人口、交通、文化教育、法律、人力竞争、择业期望则构成人力供给的多种外部制约因素。

2. 弄清现有人力资源状况

弄清企业现有人力资源的状况，是制定人力资源规划的基础工作。

实现企业战略，首先要立足于开发现有的人力资源，因此必须采用科学的评价分析方法。人力资源主管要对本企业各类人力数量、分布、利用及潜力状况、流动比率进行统计。

3. 预测人力资源需求与供给

对企业人力资源需求与供给进行预测是人力资源规划中技术性较强的关键工作。全部人力资源开发、管理的计划都必须根据预测来决定。预测的要求是指出计划期内各类人力的余缺状况。

4. 制定人力资源开发及管理计划

制定人力资源开发、管理的总计划及业务计划，是编制人力资源规划过程中比较具体细致的工作，它要求人力资源主管根据人力供求预测结果提出人力资源管理的各项要求，以便有关部门照此执行。

5. 实施人力资源计划并监督、分析和评价

实施计划并监督计划的执行情况，找出计划的不足，给予适当调整，以确保企业整体目标的实现。

第二节　人力资源需求预测

一、人力资源需求预测的含义

人力资源需求是指企业以战略目标、发展规划和工作任务为出发点，为保持其组织活动和未来发展所应配备的人力资源的数量、质量和时间及所需技能的总体组合。简单地说，人力资源需求就是企业为了维持日常的生产和服务活动及为了未来的发展所需要的人力资源的数量、质量和时间。人力资源需求预测是综合考虑各种因素的影响，对企业未来人力资源需求进行估测的过程。人力资源需求预测是人力资源规划的基础。人力资源需求预测是否

合理科学是整个人力资源规划是否成功的关键，这就要求全面考虑企业内部和外部的各种因素，准确把握企业发展与人力资源需求之间的规律。

二、人力资源需求的影响因素

人力资源需求的影响因素大体可以分为三类：企业外部环境、企业内部条件和人力资源自身状况。

1. 企业外部环境

企业的外部环境包括经济、社会、政治、法律、技术、竞争环境等。经济环境包括未来的社会经济发展状况、经济体制改革的进程等，它对企业人力资源需求影响较大，可预测性较弱；社会、政治、法律因素虽然容易预测，但如何对企业产生影响却难以确定；技术对企业人力资源影响较大，如工业革命大大提高了劳动生产率，使企业对人力资源的需求锐减，而目前，以生物、新材料等为代表的技术革命势将对企业的技术构成产生重大影响；企业外部竞争对手的易变性导致的社会对企业产品或劳务需求的变化，也会影响企业人力资源需求。外部环境是企业人力资源计划的"硬约束"，任何政策和措施均无法规避。

2. 企业内部条件

人力资源需求是企业的派生需求，它是为企业的生产经营服务的，产品和人力资源是企业的第一需要。企业内部影响人力资源需求的因素有：产品结构、消费者结构、产品的市场占有率、生产和销售状况及技术装备的先进程度等。企业的战略目标规划决定了企业的发展速度、新产品的开发和试制、产品的市场覆盖率等，因此它是企业内部影响人力资源需求的最重要因素。企业产品的销售预测及企业预算也对人力资源需求有直接影响。如果企业需要重建部门或分公司等，其人力资源也要发生相应变化。此外，企业劳动定额的合理程度也影响人力资源的需求。

3. 人力资源自身状况

企业人员的自身状况对它的人力资源需求也有重要影响。如退休、辞职、辞退人员的多寡，合同期满后终止合同人员的数量，死亡、休假人数等都直接影响人力资源需求。

对一个组织而言，一般运用"边际生产率理论"来确定人力资源需求。

该理论认为：企业对于劳动力需求的确定，不只是根据企业生产产品的需要，还要根据增加劳力所花费的成本和期望所能增加收入之比较。由于增加劳力所带来的利润大于为其所支付的成本，只要劳动力的边际收入大于劳动力的边际成本，企业就会增加劳动生产率。“边际生产率理论”主要适用于企业组织，对于非物质生产组织，则很难用这个理论来确定人力资源需求。对于非物质生产部门而言，人力资源需求的确定一般取决于组织的性质、职能、规模及发展目标等因素。

（资料来源：曼昆．2006．经济学原理（微观经济分册）．梁小民译．北京：北京大学出版社：330）

三、人力资源需求预测的步骤

人力资源需求预测分为现实人力资源需求、未来人力资源需求和未来流失人力资源需求预测三部分。具体步骤为：

1）根据职务分析的结果来确定职务编制和人员配置。

2）进行人力资源盘点，统计出人员的缺编、超编及是否符合职务资格的要求等情况。

3）将上述统计结论与部门管理者进行讨论，修正统计结论。

4）该统计结论为现实人力资源需求。

5）根据企业发展规划，确定各部门的工作量。

6）根据工作量的增长情况，确定各部门还需要增加的职务及人数，并进行汇总统计。

7）该统计结论为未来人力资源需求。

8）对预测期内退休的人员进行统计。

9）根据历史数据，对未来可能发生的离职情况进行预测。

10）将8）、9）统计和预测结果进行汇总，得出未来流失人力资源需求。

11）将现实人力资源需求、未来人力资源需求和未来流失人力资源需求汇总，即得企业整体人力资源需求预测。

四、人力资源需求预测的方法

人力资源需求预测方法较多，可分为定性预测与定量预测两大类。

1. 人力资源需求预测的定性方法

定性预测方法并不是不进行数量预测，而是指因没有统计数据为依据，只能靠预测人员的经验进行预测。常用方法有以下两种：

（1）经验预测法

经验预测法就是根据人力资源管理部门以往的经验对人力资源需求进行预测的办法。需求预测法可以采用“自下而上”和“自上而下”两种方式。“自下而上”是由一线部门的经理向自己的上级主管提出用人要求和建议，

得到上级主管的同意；“自上而下”的预测方式就是由公司经理先拟定出公司总体的用人目标和建议，然后由各级部门自行确定用人计划。例如，一个企业组织根据以往的经验，认为在连锁门店里的管理人员，如一个组长，一般管理 10 个人为最佳。因此，根据这一经验，就可以从业务员的增减数来预测对组长一级管理人员的需求。又如，一家人寿保险公司根据以往的经验认为，公司内部管理人员，如一个内勤人员，一般管理 20 个外勤人员即销售人员为最好。一般来说，保持历史水平，并采用多人集合的经验产生的偏差较小。这种方式较为实用、简单；缺点是不太精确，适用于中小型企事业单位。

（2）德尔菲法

德尔菲原为古希腊的城市名，该城因为有一座传说中的神谕灵验、可预测未来的阿波罗神殿而出名。这种方法是美国兰德公司在 20 世纪 40 年代末期首创的一种预测方法。它主要依赖于专家的知识、经验和分析判断能力，有利于对人力资源的未来需求作出预测。预测过程如图 3-2。

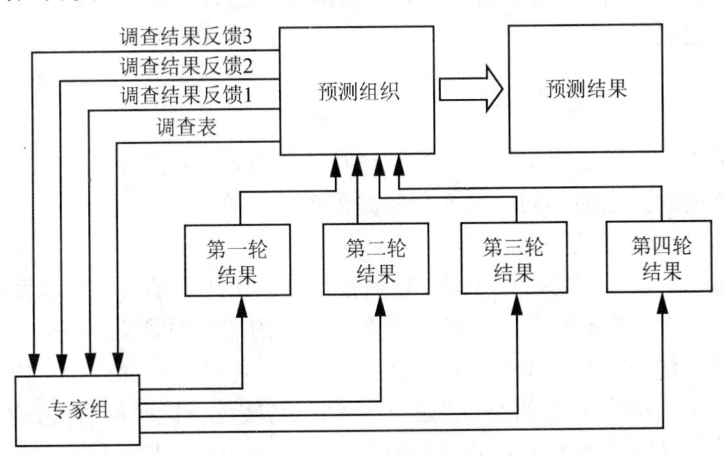

图 3-2　德尔菲法预测过程

1）德尔菲法的特点是：

① 不记名投寄征询意见，使参与预测咨询的专家互不通气，从而消除心理因素的影响。

② 统计归纳。收集各位专家的意见，然后对这个问题进行定量统计归纳。通常用回答的中位数反映专家的集体意见。

③ 沟通反馈意见。将统计归纳后的结果再反馈给专家，每个专家根据这个统计归纳的结果，慎重地考虑其他专家的意见。由于过程全部保密，所以各专家提出的意见就比较客观。然后，把收回的第二轮征询意见进行统计归纳，再反馈给专家。如此多次反复，一般经过三至四轮，就可以取得比较一致的意见。这种方法适用于长期的、对技术人员的预测规划。从时间和费用来看，这种方法不适用于短期的或对一般人力资源需求的预测规划。

2）采用德尔菲法应注意的问题是：

① 被调查专家要有一定的数量，一般不少于30人，且返回率不低于60%，否则，缺乏广泛性和权威性。

② 要给专家提供充分的信息和背景材料，以便其能够作出准确的判断。

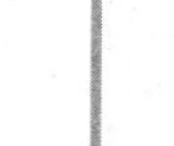

③ 提高问题的质量。不要问那些与预测目的无关的问题，所提问题应使所有专家都能从同一角度去理解，避免造成误解和歧义。问题的数量不要太多，一般以回答者可以在两小时内回答完一轮为宜。

④ 允许专家主观估计数字，但要说明估计的依据。

3）德尔菲法的优点是：

① 能发挥各位专家的作用，集思广益，准确度高。

② 采取单线联系，有利于避免偏见，尤其可避免权威人士的意见对其他人的影响。

③ 有利于各位专家根据别人的意见修正自己的意见和判断，不致碍于情面而固执己见。

2. 人力资源需求预测的定量方法

定量预测方法是指根据统计数据进行的预测，一般都可以建立数学模型。根据所依据的因素的不同，对人力资源需求的预测可以分为以下三种：

（1）动态平均法

动态平均法又叫序时平均法。它是根据过去历年来的人力资源实际需求，按时间，用一定的平均方法计算未来人力资源的需求预测值。在实际操作中，又可以分为移动平均法和平滑指数法。

1）移动平均法。它假定现象的发展情况与较近一段时间有关，而与较远时间无关，故以近期内现象的已知值的平均值作为后一期的预测值。

2）指数平滑法。它假定现象的发展情况与较近一段时间关系密切，而与较远时间关系不密切，故给近期现象的实际值以较大的权数，给远期现象的实际值以较小的权数，以加权后的平均值作为后一期的预测值。

动态平均法很有价值，然而局限性也十分明显。它的未来预测值是历史数据的平均，因此必然显得保守。所以，动态平均法只适用于人力资源需求历史数据没有动态趋势或动态趋势很小的情况。

（2）动态回归法

动态回归法也是根据过去历年来的人力资源实际需求来预测未来人力资源需求的方法，但它是通过建立人力资源需求时间序数的回归方程式来计算未来人力资源需求的预测值的。

但是实际上，雇佣情况很少仅仅依赖于时间的推移，其他因素，如服务质量的提高、销售规模及范围的变化、业务范围的扩展等，也会影响到将来的人力资源需求，动态回归法未能反映出这些因素的影响。

（3）转换比率法

人力资源需求分析实际上是要揭示未来的经营活动所需要的各种员工的数量。转换比率法的目的，是将企业的业务量转换为人力的需求。

转换比率分析法的操作过程如下：首先估计组织中关键岗位所需的员工数量，然后根据这一数量估计辅助人员的数量，从而得出企业的人力资源总需求。企业经营活动规模的估计方法是：

经营收益 ＝ 人均生产率 × 人力资源数量

销售收入 ＝ 每位销售员的销售额 × 销售员的数量

产出水平 ＝ 生产的小时数 × 单位小时产量

运行成本 ＝ 每位员工的人工成本 × 员工的数量

这种方法简单易行，关键在于历史资料的准确性和对未来情况变动的估计。它只有在生产率保持不变的情况下才有效，如果生产率上升或下降，根据过去经验所进行的人员预测就不准确了。它主要适用于短期和中期的预测，在长期预测中很少使用。

第三节　人力资源供给预测

一、人力资源供给的来源

企业人力资源供给来自两方面：一是企业外部人力资源供给；二是企业内部人力资源供给，如人员晋升、调动等。

1. 外部供给

如果组织在需要增加员工时不能从内部供应得到满足，那么它就需要从外部人才市场招聘。一般说来，外部劳动力供给预测应考虑的因素有：当地失业率水平；同种类型劳动力向外地市场的流动量；本地教育系统毕业生数量；交通运输发展状况；与其他地区相比本企业的薪酬和工作环境及企业在一般公众中的形象。

2. 内部供给

企业内部未来人力资源供给是企业人力资源供给的重要部分。企业未来人力资源需求，应该优先考虑内部人力资源供给。影响企业内部人力资源供给的因素包括：企业职工的自然流失（伤残、退休、死亡等）、内部流动（晋升、降职、平调等）、跳槽（停薪留职、合同到期解约等）。

内部劳动力供给的确定要求企业对当前分布在组织内部的各种不同工作类型上（或具有某种特定技能）的员工人数进行详细的分析，尔后还要根据企业在不久的将来可能会因雇员退休、晋升、调动、自愿流动及解雇等原因

而引起的变化来对上述判断稍作调整。

二、企业内部人力资源供给预测技术

1. 技能清单

技能清单是用来反映员工工作能力特征的一张列表，这些特征包括教育水平、培训背景、技术水平、已经通过的考试、持有的证书、主管的能力评价、职业兴趣等。技能清单的内容根据员工情况的变化不断更新，一旦出现职位空缺，人事部门便可根据它提供的信息及时挑选合适人员。

企业的人力资源规划不仅要保证为企业中空缺的工作岗位提供相应数量的员工，还要保证每个空缺都有合适的人员来填充。因此，有必要建立员工的工作能力记录，其中包括基层操作员的技能和管理人员的管理能力及所达到的水平。

技能清单的一般作用是服务于晋升人选的确定，管理人员接续计划，对特殊项目的工作分配、工作调动、培训、工资奖励计划、职业生涯规划和组织结构分析。对于要求成员频繁调动的组织或者经常组建临时性团队或项目组的组织，其技术档案中应该包括所有员工；而对于那些主要使用技能清单来制定管理人员接续计划的组织，技能清单中可以只包括管理人员。

根据技能清单编制的员工情况报告可以分为三类：

1）工作性报告，它包括总的工作岗位空缺情况、新员工招聘情况、辞职情况、退休情况、晋升情况和工资情况。其中，工资情况应该包括资历、工资等级、等级内的工资档次等。工作性报告服务于组织的日常管理。

2）规定性报告。它是政府有关部门规定组织提交的报告。

3）研究性报告。这种报告是不定期的，偶尔编制一次，是对组织内部人力资源状况的研究，为日后改进人力资源管理服务。

2. 人员接替模型

这是一种主要针对供给预测的简单有效的方法。它记录各个管理人员的工作绩效、晋升的可能性和所需要的训练等内容，由此来确定每个关键职位的接替人选，评价接替人选目前的工作情况和是否达到提升的要求，并将个人的职业目标与组织目标相互结合。

制定这一计划的过程是：

1）确定人力资源规划所涉及的工作职能范围。

2）确定每个关键职位的接替人选。

3）评价接替人选目前的工作情况和是否达到提升的要求。

4）了解他本人的职业发展需要，并引导其将个人的职业目标与组织目标结合起来。其最终目标是确保企业在未来能有足够的合格管理人员的供给。

技能清单描述的是个人的技能，而人员接替模型描述的是可以胜任关键

岗位的个人。图 3-3 是一个管理人员接替的示例。

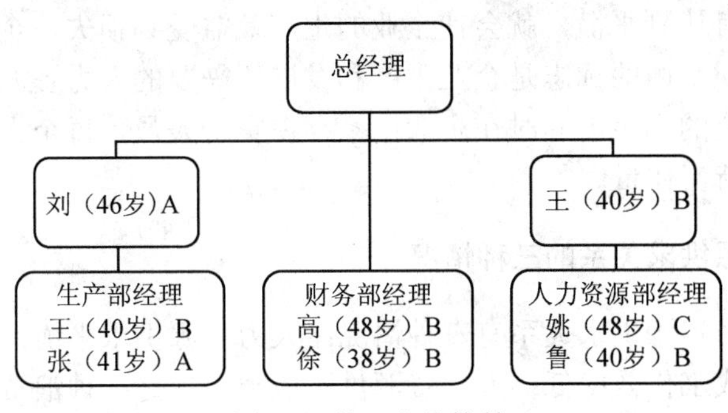

图 3-3　管理人员接替

A 表示马上提升，B 表示需要一定的开发，C 表示现任职务不太合适

3. 马尔科夫模型

这是一种内部人力资源供给的统计预测技术，通过具体历史数据的收集，找出组织过去人事变动的规律，由此推断未来的人事变动趋势，形式如表 3-3 所示。

表 3-3　某企业工程技术人员流动网络

工程技术人员		时间（t_1～t_2）				调出数	总数
		A	B	C	D		
高级工程师	A	80%				20%	100%
工程师	B	15%	70%			15%	100%
助理工程师	C	1%	20%	55%		24%	100%
技术员	D			25%	40%	35%	100%

从表 3-4 中可以看出，在时间 t_1～t_2 期间，有 80%的高级工程师留在了原来的工作岗位上，但有 20%离开了该企业；工程师中，有 15%晋升为高级工程师，70%留在原工作岗位上，有 15%离开了该企业；助理工程师中，有 1%提升为高级工程师，20%提升为工程师，24%离开了该企业，仅有 55%留在了原工作岗位上；技术员中，25%被提升为助理工程师，35%离开了该企业，有 40%留在了原工作岗位上。

第四节　人力资源供求综合平衡

一、人力资源供求平衡的目标

人力资源规划的根本目标是实现企业对人力资源的需求和供给的平衡

（包括数量和质量），这也是人力资源管理工作的基本任务。如果企业的人力资源供求没有达到平衡，就会使企业的生产效益受到损失。企业人力资源供给与需求实现平衡的标志是企业生产和发展所需要的人力资源都能够得到及时的、分岗位的满足，同时在企业中不存在富余人员，每个人有最大劳动生产率的满负荷工作量。

二、人力资源供求关系的三种情况

企业人力资源供求关系有三种情况：人力资源供求平衡；人力资源供过于求，生产或工作效率低；人力资源供不应求，也是一种浪费。人力资源规划就是要根据企业人力资源供求预测结果制定相应的政策措施，使企业未来人力资源供求实现平衡。

1. 人力资源供求平衡状态下的政策

企业人力资源供求平衡，表明企业不仅在人力资源供求总量上达到平衡，在层次、结构和岗位上也实现了平衡，这种状况在企业中一般只能是短期的现象，因为企业的人员流动、退休、辞职、职务晋升等都会打破这种平衡。

当企业人力资源供求达到平衡时，如果在规划期内可以预见企业的人力资源供给和需求量不发生变化，人力资源规划基本政策的核心就是保持这种平衡的状态，使现有的人力资源更好地发挥作用。这时，规划的主要内容是对现有员工的激励、保持和发展。人力资源规划的重点是员工激励和保持规划。

2. 人力资源供过于求状态下的政策

企业人力资源过剩是我国现有企业人力资源规划的难点问题。解决企业人力资源过剩问题的常用方法如下：

1）裁减和辞退，永久性地裁减或辞退部分员工。

2）关闭或者合并，临时性或者永久性地关闭、合并不赢利的分厂机构。

3）提前退休，制定优惠政策，鼓励员工提前退休或内退。

4）培训储备，进行员工培训，如制定全员轮训计划，使员工始终有一部分在接受培训，减少在岗人员，并为企业未来的发展进行人力资源储备。

5）开发新的生产领域，增加员工择业竞争力，鼓励部分员工自谋职业，扶持开发新的领域。

6）减少工作时间，降低工资水平，这是西方企业在经济萧条时经常采用的一种解决企业临时性人力资源过剩的有效方式。

7）分担工作，由多个员工分担以前只需一个或少数几个人就可完成的工作和任务，企业按工作任务完成量来计发工资。

3. 人力资源供不应求状态下的政策

当预测企业的人力资源在未来可能发生短缺时，政策如下：

1）需要对员工进行激励。调动现有员工的积极性，通过物质和精神激励及员工参与决策、培训等措施，提高员工的劳动积极性，鼓励员工进行技术革新，提高员工的劳动效率。

2）员工的提升。培训本单位员工，对受过培训的员工据情况择优提升补缺。

3）平行性岗位调动。将符合条件而又处于相对富余状态的人员调往空缺职位。

4）外部招聘。在企业内部无法满足人力资源要求时，拟定外部招聘计划。

5）延长工作时间。如果短缺现象不严重，且本企业的员工又愿意延长工作时间，可以在《中华人民共和国劳动合同法》（以下简称《劳动法》）允许的范围内，制定延长工时、适当增加报酬的计划，这只是一种短期应急措施。

6）提高企业资本技术有机构成。提高员工的劳动生产率，形成机器替代人力资源的格局。

7）聘用临时工。制定聘用非全日制临时工和全日制临时工计划或者聘用小时工等。

8）进行岗位设计。重新设计工作岗位以提高员工的工作效率。

在人力资源供不应求的状态下，制定人力资源规划政策时要注意人员的外部供给与内部供给的关系问题。

利用内部资源作为劳动力供给主要来源有一定的优势。现有员工对组织各部门的协同运作有很好的了解，比较适应组织的文化属性，企业对候选人的能力、过去记录和潜在成就也有较深的了解，而且，内部候选人得到提升，也给所有员工传递一个明确的信号，即组织认可他们的进步和发展。然而，内部选拔也存在着弊端。尽管企业对候选人有着更多的了解，但有时这些信息带有倾向性，而且内部候选人已被深深包围在组织文化中，一旦空缺需要一位有创新意识的候选人，整个选拔就会大受限制。

从外部招聘员工可以使其树立与理想企业文化适应的价值观和工作态度，例如，东芝公司试图在车间层次倡导合作精神，提高灵活性，它在招聘信息中采用了相应的措辞，应聘职位称为“装配线技工”而不是更具体的工种，还利用录像节目向候选人介绍其工作环境，使之首先进行自我选择，看是否适应屏幕上所表现的组织环境。此举可以选出具有灵活观点和准备适应多种任务的候选人，而不是只想符合某一种特定和固定角色的人。

2008年1月1日，《中华人民共和国劳动合同法》（以下简称《劳动合同法》）正式施行。根据《劳动法》第十七条第一款第五项规定，劳动者与用人单位订立的书面劳动合同应当具备“工作时间和休息休假”的内容条款。《劳动合同法》中要求劳动合同要约定“工作时间和休息休假”的条款，可以从《劳动法》中找到依据。劳动者的工作时间，用人单位根据需要，经与工会和劳动者本人协商后是可以延长的。《劳动法》中对延长工作时间有强制性规定，一般每日不得超过一小时，特殊情况下也要以保障劳动者身体健康为前提且每日不得超过三小时，每月不得超过三十六小时为限。延长工作时间或法定休息休假日安排工作的，用人单位应按《劳动法》第四十四条规定向劳动者支付高于正常工作时间工资的工资报酬，分三种标准：一是延长工作时间的，支付不低于正常工资的百分之一百五十的工资报酬；二是休息日安排工作又不能安排补休的，支付不低于正常工资的百分之二百的工资报酬；三是法定休假日安排工作的，支付不低于正常工资的百分之三百的工资报酬。

（资料来源：12333.jl. gov. cn/tdcms/page-search? Page=z&query）

小　　结

连锁企业人力资源规划，是指连锁企业科学地预测、分析其在环境变化中的人力资源供给和需求状况，制定必要的政策和措施，以确保组织在需要的时间和需要的岗位上获得各种合适的人才，使组织和个体能得到长远利益的规划。企业人力资源规划包括两个层次：第一层次是人力资源总体规划，第二层次是人力资源业务计划。

人力资源需求预测方法总体上分为定量和定性两大类。企业人力资源供给来自两方面：一是企业外部人力资源供给；二是企业内部人力资源供给。企业内部人力资源供给预测技术有技能清单、人员接替模型、马尔科夫模型等。

企业人力资源供求关系有三种情况：人力资源供求平衡；人力资源供过于求；人力资源供不应求。人力资源规划就是要根据企业人力资源供求预测结果制定相应的政策措施，使企业未来人力资源供求实现平衡。

复习思考题

一、单项选择题

1．人力资源规划在整个人力资源管理活动中占有（　　）。

A．一般地位　　　　B．特殊地位

C．重要地位　　D．必要地位

2．进行人力资源规划的第一步是（　　）。

A．人力资源需求预测　　B．现有人力资源的核查

C．人力资源供给预测　　D．起草计划匹配供需

3．预测由未来工作岗位的性质与要求所决定的人员素质和技能的类型，这是制定人力资源规划时的哪一个步骤（　　）。

A．预测未来的人力资源供给

B．预测未来的人力资源需求

C．供给与需求的平衡

D．制定能满足人力资源需求的政策和措施

4．人力资源需求预测方法中的集体预测法也称（　　）。

A．动态回归法　　B．动态平均法

C．转换比率法　　D．德尔菲法

5．旨在确保企业在适当的时间获得适当人员的人力资源管理环节是（　　）。

A．人员招聘　　B．培训与开发

C．职业生涯管理　　D．人力资源规划

6．企业在进行外部人力资源供给预测时，下列人员中最难预测的是（　　）。

A．技职校毕业生　　B．复员转业人员

C．城镇失业人员　　D．大中院校应届毕业生

二、多项选择题

1．人力资源规划的两项重要工作为（　　）。

A．需求预测　　B．环境预测

C．供给预测　　D．发展预测

2．人力资源供给预测包括（　　）。

A．内部拥有量预测　　B．外部供给预测

C．过去拥有量预测　　D．将来供给预测

3．人力资源规划的总目标有（　　）。

A．企业在适当时机，获得适当人员

B．最大限度地开发和利用人力资源的潜力

C．有效地激励员工，保持智力资本的竞争优势

D．实现人力资源的最佳配置

4．可以用来预测人员需求的方法有（　　）。

A．德尔菲法　　B．动态回归法

C．动态平均法　　D．转换比率法

5．企业内部人力资源供给预测技术，常用的有（　　）。

A．德尔菲法　　B．技能清单

C．人员接替模型　　D．马尔科夫模型

6．下列关于转换比率法的说法，不正确的是（　　）。

A．首先要估计组织所需要的关键技能员工的数量

B．其目的是将企业的业务量转换为对人力资源的需求

C．它是一种适合于中长期需求预测的方法

D．它需要对计划期内的业务增长、目前人均任务量和生产率的增长进行精确的估计

实 训 项 目

1．3人为一组，以小组为单位寻求某一连锁企业样板店，并对其进行人力资源需求预测。

2．对一家你熟悉的企业进行人力资源规划。

案 例 分 析

案例1　Q公司人力资源部的战略及运作模式

成立于2000年的Q公司，在经历2002～2006年的高速扩张后，于2007年初放缓了发展的脚步，因为总经理感受到高速扩张带来的两个令人头痛的问题：一是高速扩张后带来的管理人才紧缺，管理机制出了一些问题；二是企业的发展方向定位，经过几年的发展，企业已经壮大了，资金已经不再是制约公司发展的一个关键问题，但未来的投资领域在哪?

于是，总经理调整了公司的战略，决定2007年以完善公司内部管理为基础，优化企业的人力资源为关键，并且专门找了一家咨询公司对Q公司进行诊断和咨询，整理出了公司的战略发展计划。

愿景：致力于成为高效、优质、服务良好的公司，建立以管理和先进研发技术为核心竞争力的光通讯产品供应商。

使命：享受沟通的快乐。

战略：

1）整合企业价值体系，创建具有Q公司特色的企业文化。

2）以优良的办公和内部环境吸引人，建设高绩效的管理团队，合理配置人力资源。

3）以客户服务为中心，建立优质服务体系。

4）建设高效的运作流程，使公司高效运作。

5）实行全员质量管理。

6）加强与外界的技术交流，提高技术研发能力，创造优质产品。

7）以社会责任为己任，尽公司所能捐赠慈善事业和参加其他公益活动，树立公司良好形象。

战略目标（人力资源部分）：

（1）人员规划

2007 年：1980 人；2008 年：2200 人；2009 年：2500 人；2010 年：2800 人；2011 年：3000 人。

（2）人员素质结构比例

到 2011 年：

博士 1%；硕士 5%；本科 10%；大专 40%；中专（包括技校和高中）30%；其他 14%。

（3）人员总体结构比例

管理人员 12%；技术人员 20%；生产人员 50%；其他 18%。

（4）员工培训

管理干部全年不低于 80 小时；

技术、管理职员全年不低于 60 小时；

一般员工全年不低于 30 小时

（5）员工流失率

不低于 3%，不高于 8%。

（6）工资调整幅度

结合公司经营情况及上一年的目标完成情况，公司总体工资按 2%的比例上浮。

（资料来源：www.21manager.com/dispbbs.asp?n=147,56732,0,0,0,0,0,0）

人力资源规划是实现组织战略的基础规划之一。制订人力资源规划的一个主要目的是确保组织完成其发展战略。

假如 Q 公司聘请你为人力资源部经理，请依照公司的整体战略和目标设计人力资源部的战略及运作模式。

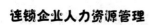

案例2 总是缺人的公司

为了发现一些人才流动中的隐藏问题，某人力资源管理顾问曾用一个月的时间观察某个人才交流中心，如同上班，几乎天天按时“报到”。不久，这个人力资源管理顾问注意上了一个面无表情的经理，因为他每周有固定的两天出现在固定的招聘展位上，并总是挂出相同的招聘广告。他是一家民营电子企业的HR经理，持续不断的招聘已让他感到厌倦，但是企业似乎一直缺人。企业的环境和待遇都不错，也没有扩张，他始终不明白为什么企业一直处在缺人和招人的怪圈中。

“你们企业预测过人力资源需求吗？”“没有，从来没有。”这个经理显然觉得这个人力资源管理顾问的问题可笑，因为他们现在的需求都没满足过，何需考虑未来。然而问题就出在此，在这家企业工作或曾工作过的人反映了四个主要问题：第一，招聘目的不明确，许多人在进入企业后的相当一段时间内不知道自己应该做什么；第二，没有计划的招聘损害了企业形象，员工认为自己没有受到应有的重视；第三，不断吸纳新员工，给老员工造成巨大压力；第四，频繁流入必然导致频繁流出，在职员工没有安全感和忠诚感，暗自寻找跳槽机会。

这位经理开始认同，深悔自己浪费了太多的时间在没有计划的招聘桌上。或许他缺的不仅仅是一份人力资源需求预测报告，但这是改进的第一步。

（资料来源：www.zihrr.com/redirect.php?fid=3&tid=ql&.goto=nextoldset）

对人力资源进行规划，必须掌握未来情况，而未来具有很大的不确定性，因此，人力资源经理只能通过预测对未来作出一个尽可能贴近的描述。在人力资源规划中，最关键的是人力资源需求预测和人力资源供给预测，二者是制定各种战略、计划、方案的基础，在人力资源规划中占据核心地位。需求与供给紧密联系缺一不可。没有需求，无所谓供给；没有供给，需求毫无意义。

1. 请分析人力资源需求预测对企业人力资源管理的作用。
2. 请讨论如何进行企业人力资源规划。

第四章

连锁企业工作分析与胜任特征评估

◇ 学习目标

- 认识工作分析的重要性和工作分析的内涵;
- 掌握工作分析的基本过程和常用的分析方法;
- 认识胜任特征的概念模型及其在企业中的应用。

◇ 技能要点

- 工作描述和工作说明书的调查;
- 工作描述和工作说明书的编制。

案例导入

工作职责分歧

某商店里一个顾客失手把酱油掉到地上，酱油和酱油瓶的玻璃碎片泼洒在过道的地板上，店长叫营业员把散落物清扫干净，营业员拒绝执行，理由是职务说明书里并没有包括清扫过道的条文。该店店长找来一名勤杂工做清扫工作，但勤杂工同样拒绝，理由是职务说明书里没有包括清扫一类工作。而清洁工的工作时间是从下班之后开始。

事后店长审阅了这三类人员的职务说明书：营业员的职务说明书规定营业员有责任保持柜台和货架整洁有序，但并未提及清扫过道地板；勤杂工的职务说明书规定勤杂工有责任以各种方式协助店里的工作，如搬运货物和工具，随叫随到，但也没有包括清扫工作；清洁工的职务说明书中确实包括了各种形式的清扫，但是他的工作时间是从正常工作下班后开始。

责任在谁呢？我们姑且不去评论是与非，问题的关键在于各岗位工作职责界定不清，一旦出了问题，就相互扯皮，推卸责任。实际上，在连锁企业中还常常出现总经理做部门经理的事，部门经理做员工的事的现象。总经理本应该更多考虑战略上和决策上的问题，但每天却被一些烦恼的杂事缠住了，不能更好地有效领导。对部门经理（业务经理）来说，如何保障计划的执行，激发员工饱满的工作热情要比整天看上司的脸色行事重要得多。而对人事部门来说，常常会出现“等到用人时再招人”，这时要么人力昂贵，要么招来的人不符合岗位的要求。

如何解决这些问题呢？方法就是进行工作分析。通过工作分析，收集各部门、各岗位有关工作的各种信息，确定组织中各个岗位的工作职责、工作权限、工作关系、工作要求以及任职者的资格，做到人职匹配，事事有人做，而不是人人有事做，避免人浮于事，机构臃肿之现象。

（资料来源：郑晓明，吴志明．2006．工作分析实务手册．北京：机械工业出版社：2）

一个连锁企业要有效地进行人力资源开发与管理，一个重要的前提就是要了解各种工作的特点以及能胜任各种工作的人员的特点，这就是工作分析的主要内容。

第一节　工 作 分 析

一、工作分析的概念

工作分析，是对组织中每一个职务的工作内容和任职资格的研究和描述

过程，即制定工作描述和工作说明书（总称为职务说明书）的系统过程。

工作分析涉及两个方面的内容。一是工作本身，即工作岗位的研究。要研究每一个工作岗位的目的、该岗位所承担的工作职责与工作任务以及与其他岗位之间的关系等。二是人员特征，即任职资格的研究。研究胜任该项工作、完成目标，任职者必须具备的条件与资格，比如工作经验、学历、能力特征等。

工作分析表明了组织中总共设立了哪些部门；指明了每位工作人员的工作职责；指明了组织内上下级的隶属关系和责任关系，使每一位员工明确自己的工作职责及其在组织中的地位。工作分析同时说明各项工作的日常活动及其职责；说明组织中实际的沟通方式；反映员工受监督的程度；说明各级经理人所掌握的实权范围等。

工作分析的最终目的是使连锁企业的各级人员清晰地理解一项工作究竟是做什么的，承担这项工作的人必须具备哪些能力。

1. 职务说明书

工作分析由两大部分组成：工作描述和工作说明书，总称为职务说明书。

（1）工作描述

工作描述具体说明了某一工作任务。表明为什么要执行这项任务；什么时候执行这项任务；工作任务是如何完成的；并具体说明从事某项职务工作的物质特点和环境特点。主要包括以下几个方面：

1）职务名称。指组织对从事一定工作活动所规定的职务名称或职务代号，以便于对各种工作进行识别、登记、分类及确定组织内外的各种工作关系。

2）职务概要：概括本职务的特征、工作要求及主要工作范围。包括任职人员需完成的任务，所使用的材料及最终产品、工作流程，需承担的责任，与其他人的工作关系，所接受的监督及所施予的监督等。

3）工作活动和工作程序。包括所要完成的工作任务、工作责任、工作流程、与其他人的工作关系等。

4）设备及工具：列出工作中用到的所有设备及辅助性工具等。

5）物理环境。包括工作地点的温度、光线、湿度、噪音、安全条件、地理位置及工作人员每天与这些因素接触的时间等。

6）安全环境。包括工作的危险性、可能发生的事故、过去事故的发生率、事故的原因及对执行人员身体的哪些部分造成危害、危害程度如何、劳动安全卫生条件、易患的职业病、患病率及其危害程度等。

7）社会环境。包括工作群体中的人数、完成工作所要求的人际交往的数量和程度、同事之间的关系、各部门之间的关系、工作点内外的文化设施、社会习俗等。

8）聘用条件。包括工作时数、工资结构、支付工资的方法、福利待遇、

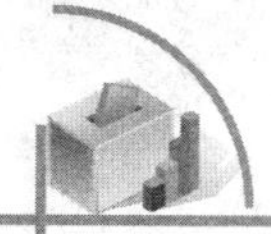

该工作在组织中的正式位置、晋升的机会、工作的季节性、进修的机会等。

（2）工作说明书

工作说明书又称职务要求，说明从事某项工作的人员必须具备的基本资格和条件。主要包括以下几个方面：

1）一般要求。主要包括年龄、性别、学历、相关培训及工作经验等。

2）生理要求。主要包括健康状况、力量和体力、运动的灵活性、感觉器官的灵敏度等。

3）心理要求。主要包括性格、气质、兴趣爱好、态度、事业心及合作精神等。

4）能力要求。主要包括观察能力、集中注意力能力、记忆能力、理解能力、学习能力、解决问题能力、创造力、数学计算能力、语言表达能力、决策能力、领导能力及特殊能力等。

2. 工作分析的作用

具体来说，工作分析很重要，它的结果可运用到组织管理的各个方面。

1）组织管理和结构设计。工作分析详细地说明了各个职位的特点及要求，界定了工作的权责关系，明确了工作群之间的内在联系。例如组织目标的管理、组织结构设计、组织计划、工作流程设计、职位分类、权责关系、职务设计、健全规范制度等。全面而深入的工作分析，可以使组织充分了解各工作的具体内容，以及对工作人员的身心要求，从而为组织结构设计奠定了坚实的基础，为正确的人事决策提供了科学的依据。

2）明确各个岗位的职责。通过工作分析，连锁企业中每个人（从总经理到清洁工）的职责分明，提高了个人和部门的工作效率与和谐性，从而避免了工作重叠、劳动重复等浪费现象。

3）招聘和录用。工作分析明确地指出哪种工作岗位需要什么样的人才，明确各项工作要求，提供工作内容和任职资格条件方面的资料，所以可以用来招聘、录用最能胜任工作的人才。另外，原有员工工作的重新安排或提拔晋升也需要工作分析信息，使连锁企业中最合适的人员得到最适当的职位。这样可以尽量避免“大材小用”或“小材大用”的现象，做到人尽其才。

4）培训和开发。员工在培训中学到的应该是在将来工作中需要用到的。因此培训中所设计的工作职责应该准确地反映实际工作的情况。有效的工作分析所得到的职务说明书指明了各项工作所需要的技能，据此就可以设计合适的培训计划，包括评估培训需要、选择培训方式、衡量培训对工作绩效产生的效果。同时，工作分析还可以用来建立员工的晋升渠道和职业发展路径。在组织帮助员工建立自己的职业前程规划时，只有组织和个人都对工作的要求和各项工作之间的联系有明确的了解，才能设计出有效的职业前程规划。从员工自身的角度看，工作描述和工作说明书也可以帮助员工进行有效的职

业定位和了解自己的职位申请资格。

5）薪酬。工作评价是合理制定薪酬标准的基础。正确的工作评价要求深入地理解各种工作的要求，这样才能根据其对组织的价值大小进行排序。工作分析通过了解各项工作的内容、工作所需要的技能、学历背景、工作的危险程度等因素确定工作对于组织目标的价值，因而可以作为确定合理薪酬的依据。

6）绩效考核。通过工作分析，每一种职位的内容都有了明确界定。员工应该做什么、不应该做什么，应该达到什么要求，都一目了然。考核过程中可将员工的实际工作业绩同要求达到的工作绩效进行比较。工作分析为企业设计合理的绩效考核标准提供了科学的依据，也只有建立在工作分析基础上的考核指标体系才有可能全面、合理、科学准确地对员工进行评价，从而起到应有的激励作用。

7）制定人力资源规划。人力资源管理涉及人力资源规划、人员选聘、人员培训与开发、业绩考核、工资管理、劳动与安全等。通过工作分析，使连锁企业的各项工作落实到基层，避免出现工作交叉或空置的状况，做到人与事很好地结合，也使人力资源规划趋向合理和科学。

3. 工作分析中的术语

人力资源开发与管理领域也有许多专业术语，这些术语在日常生活中也常常使用。

1）工作要素。工作中不能再继续分解的最小动作单位。例如，酒店里负责接待客人的服务员在客人刚到酒店时要帮客人运送行李，运送行李这项工作任务中就包含有将行李搬运到行李推车上、推动行李推车、打开客房的行李架、将行李搬到行李架上等四个工作要素。

2）任务。为了达到某种目的所从事的一系列活动。它可以由任意多个工作要素组成。例如，生产线上给瓶子贴标签这一工作任务就只有一个工作要素，而上面提到的运送行李的工作任务中就包含有四个工作要素。

3）职责。个体在工作岗位上需要完成的任务，含有主要任务和一系列任务的集合。它可以由一个或多个任务组成。例如：打字员的职责含有打印、校对、打印设备维护等任务。营销部的经理要履行新产品推广的职责，就需要完成一系列工作任务，包括制定新产品推广策略、组织新产品推广活动和培训新产品推广人员等。

4）职权。是依法赋予的完成特定任务所需要的权力。职责与职权紧密相关，特定的职责要赋予特定的职权，甚至特定的职责就等同于特定的职权。比如，质量检查员对商品质量的检验既是质量检查员的职责，又是他的职权。

5）职位。职位通常也称为工作岗位。职位是指一定时期内一项或多项相互联系的职责集合，例如，办公室主任同时担负单位的人事调配、文书管理和日常行政事务处理三项职责。一般来说，职位与个体是相匹配的，也就是有多少职位就有多少人，两者的数量相等。例如，总经理、秘书、出纳、招聘主管、营销总监等。应该注意的是，职位是以“事”为中心确定的，强调的是人所担任的岗位，而不是担任这个岗位的人。例如，刘明是某公司的销售部经理，当我们对销售部经理这个职位进行工作分析时，我们所指的是一个岗位概念，而不是指刘明这个人。

6）职务。职务是由组织中主要责任相似的一组职位组成的。在组织规模大小不同的组织中，根据不同的工作性质，一种职务可以有一个职位，也可以有多个职位。例如营销人员的职务中可能有从事各种不同营销工作的人，但他们的主要工作责任是相似的，因此可以归于同样的职务。

7）职业。在不同组织、不同时间，从事相似活动的一系列工作的总称。有时与行业混用。例如，教师、工程师、工人、农民等都是职业。

4. 何时要做工作分析

工作分析是人力资源管理的一项常规性工作，无论是人事经理，还是业务经理，都不应将工作分析视为一劳永逸之事，而要根据工作目标、工作流程、连锁企业战略、市场环境的变化对工作作出相应的动态调整，使责权利达到一致。

在下列情况下，组织最需要进行工作分析：

1）建立一个新的组织。新的组织由于目标的分解、组织的设计与人员招聘，需要进行工作分析。

2）战略的调整、业务的发展，使工作内容、工作性质发生变化，需要进行工作分析。

3）连锁企业由于技术创新、劳动生产率的提高，需要重新进行定岗、定员。

4）建立制度的需要，比如绩效考核、晋升、培训机制的研究，需要进行工作分析。

5. 谁来做工作分析

工作分析活动通常由人力资源管理专家（人力资源管理工作分析专家或咨询人员等）和组织的主管人员及普通员工通过共同努力与合作来完成。通常的做法是首先由人力资源专家观察和分析正在进行中的工作，然后编写出工作说明书和工作规范。员工及其上级参与此项工作，比如填写问卷、接受访谈等。最后由承担工作的员工及其上级主管来审查和修改工作分析人员所编写的反映其工作活动和职责的那些结论性描述。

二、工作分析的基本过程

在进行工作分析之前，首先要明确工作分析的目的及其作用。其次要界

定工作分析的范围，是所有的职位，还是关键岗位；是技术岗位，还是管理岗位。在此基础上，运用调查法、面谈法等，收集工作分析的背景材料，比如连锁企业的组织图、工作流程图、设计图、考核表、人事记录表、职务分类标准、岗薪等级及培训手册等。然后，由掌握工作分析方法的人事主管或专业人士对材料、信息进行整理、分析和研究，编写工作描述与工作说明书，形成职务说明书。最后形成的职务说明书需进行审核，在实践中发现不足要及时修改。

1. 工作分析的原则

为了提高工作分析研究的科学性、合理性，在组织实施中应注意遵循以下原则：

1）系统原则。任何一个完整的组织、单位都是相对独立的系统。在对某一职务进行分析时，要注意该职务与其他职务的关系，从总体上把握该职务的特征及对人员的要求。

2）动态原则。工作分析的结果不是一成不变的。要根据战略意图、环境变化、业务调整，经常性地对工作分析的结果进行调整。把工作分析作为一项常规性工作。

3）目的原则。在工作分析中，要明确工作分析的目的。根据工作分析的目的，注意工作分析的侧重点。比如，工作分析是为了明确工作职责，那么分析的重点在于工作范围、工作职能、工作任务的划分；如果工作分析的目的在于选聘人才，那么分析重点在于任职资质的界定；如果工作分析的目的在于决定薪酬的标准，那么工作分析的重点在于工作责任、工作量、工作环境、工作条件等因素的界定等。

4）参与原则。工作分析尽管是由人力资源部门主持开展的工作，但它需要各级管理人员与员工的广泛参与，尤其需要高层管理者的重视和业务部门大力配合才能获得成功。

5）经济原则。工作分析是一项费心费力费钱的事情，它涉及连锁企业组织中的各个方面。因此，本着经济性原则，选择工作分析的方法很重要。

6）岗位原则。工作分析的基点是从岗位出发，分析岗位的内容、性质、关系、环境以及人员胜任特征，即完成这个岗位工作的从业人员需具备什么样的资格与条件，而不是分析在岗的人员特征。否则，就会产生因人设岗等有悖于工作分析初衷的弊端。

7）应用原则。应用原则是指工作分析的结果——工作描述与工作说明书，一旦形成职务说明书后，管理者就应该把它应用于连锁企业管理的各个方面。无论是人员招聘、选拔、培训，还是考核、激励，都需要严格按职务说明书的要求去做。

2. 工作分析的基本过程

工作分析是对一个工作全面的评价过程，具体如图4-1所示。

图4-1 工作分析的基本过程

（1）准备阶段

准备阶段是工作分析的第一阶段，主要任务是了解情况，确定样本，建立关系，组成工作小组。具体工作如下：

1）明确工作分析的意义、目的、方法和步骤。确定工作分析的目的是最重要的：或是更新工作描述，或是重新修改企业的薪酬制度，或重新设计企业中某个部门或分公司的某些工作，或对企业组织结构进行局部调整以更好地适应企业的经营战略。据此拟定好计划，确定需分析的工作。

2）获取高层管理人员和员工的支持。无论其目的是什么，获取高层管理人员和员工的支持都是至关重要的。当涉及与工作或组织结构变化相关的问题时，高层管理人员的支持是解决问题所必需的；当管理人员和员工产生焦虑感和抵触情绪时，向有关人员宣传、解释，获得高层管理人员和员工的支持有助于解决问题。

3）现有的工作描述、组织结构图、以前的工作分析资料和其他与行业相关的信息都可作为参考资料。研究过程中获取的详细资料同样可以作为后续工作的参考，以提高效率。

4）做好沟通工作。与和工作分析有关的员工建立良好的人际关系，并使他们做好充分的心理准备。向管理人员、受影响的员工、其他相关者（如工会代表）解释清楚工作分析的程序，着重消除人们在他人仔细检查自己的工作时，出于本能产生的担心和顾虑。解释的内容通常包括工作分析的目的、步骤、时间安排、管理人员与员工应如何参与、由谁执行工作分析、出问题时可以与谁联络等。如果有工会组织，还要请工会代表参与审阅工作描述和工作说明书，以免将来发生争端。

5）组成工作小组，以精简、高效为原则。

6）确定调查和分析对象的样本，同时考虑样本的代表性。

7）把各项工作分解成若干工作元素和环节。

（2）调查阶段

调查阶段是工作分析的第二阶段，主要任务是对整个工作过程、工作环境、工作内容和工作人员等主要方面作一个全面的调查，具体工作如下：

1）编制各种调查问卷和调查提纲。其内容应包括：工作内容、工作职责、

有关工作的知识、灵巧程度、经验和适应的年龄、所需教育程度、技能训练的要求、学习要求、与其他工作的联系、所需的心理品质、劳动强度等。

2）灵活运用各种调查方法，如面谈法、问卷法、观察法、参与法、实验法、关键事件法等。

3）广泛收集有关工作的特征及所需的各种数据。到工作场地进行现场调查，观察工作流程，记录关键时间，调查工作必需的工具与设备，考察工作的物理环境和社会环境。在收集信息时，可以收集连锁企业的组织结构图、工作流程图、设备维护记录、工作区的设计图纸、培训手册和以前的职务说明书。这些信息对工作分析都有重要的参考价值。

对主管人员、在职人员进行广泛的问卷调查，并与主管人员、“典型”员工进行面谈，收集有关工作的特征及需要的各种信息，征求改进意见，同时注意做好面谈记录，并注意面谈的方式。

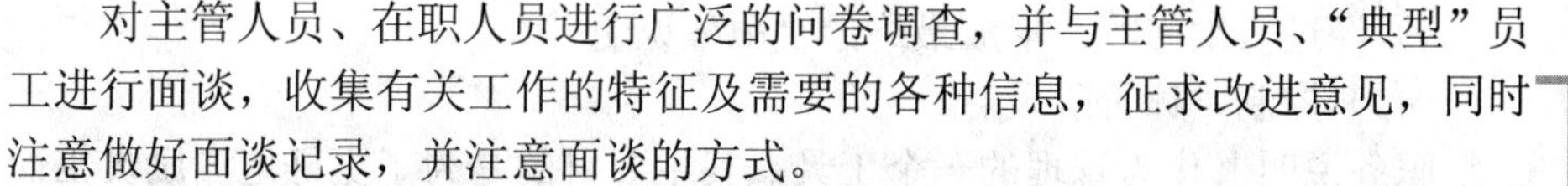

分析人员在收集信息的过程中，应该让任职者和他的直属上司确认所收集到的资料。这既可以使资料更完整，也可以使任职者易于接受人力资源部门根据资料制定的工作描述和工作说明书。

4）要求被调查的员工对各种工作特征和工作人员特征的重要性和发生频率等作出等级评定。

（3）分析阶段

分析阶段是工作分析的第三个阶段，主要任务是对有关工作的特征和工作人员的特征的调查结果进行深入的总结分析。包括职务名称分析、工作说明书分析（对工作任务、工作责任、工作关系及劳动强度等的分析）、工作环境分析（对工作安全环境、社会心理环境等的分析）和任职资格分析（对任职者所必备的知识、经验、操作能力及心理素质等的分析）。具体工作如下：

1）应按工作种类、所属部门和工作组类别对资料进行分类。

2）仔细审核、整理获得的各种信息。

3）创造性地分析、发现有关工作和工作人员的关键成分。

4）归纳、总结出工作分析的必要材料和要素。

5）最后要审查资料是否完整，必要时还要再次征求管理人员和员工意见。

（4）完成阶段

前三个阶段的工作都是以此阶段作为工作目标的。这个阶段的任务是把前一阶段的分析结果用文字的形式表达出来，根据规范和信息编制“职务说明书”即“工作描述”和“工作说明”，使它成为管理文件。

编写职务说明书的主要目的在于：使员工了解工作与工作成绩的标准；说明任务、责任及职权范围；确定评估员工工作成绩的主要标准；为招聘与安排员工提供依据；帮助新员工熟悉业务和执行工作；提供有关培训与改善管理的资料。

职务说明书的内容包括工作概况、详细的工作职责及明确的工作要求，还有任职者的资格等。最重要的是，对这些项目和内容都要叙述得清楚明了

且细致具体，以便为员工更好地完成任务提供有效的信息。这就是说，要使员工取得满意的工作成绩，其前提是必须使员工清楚地明白他们应做什么、怎么做、何时做及对他们的期望是什么。

在编写职务说明书时，要注意应有足够的灵活性，以适应不断变化的情况。具体工作如下：

1）根据工作分析规范和经过分析处理的信息草拟“职务说明书”。

2）将草拟的“职务说明书”与现实工作对比，决定是否需要进行再次调研。

3）修正“职务说明书”。

4）经过多次修改，形成最终的“职务说明书”。

（5）控制、评价阶段

职务说明书作为管理的一个工具，其主要目的是为了更好地激励员工而不是作为惩戒的武器来约束员工的行为。职务说明书编制完成后，为了能使职务说明书得到有效的使用，要制定人力资源管理的各种应用性文件，并培训文件的使用者，使他们能够按照文件的具体规定实施管理。这些应用文件包括招聘录用文件、人员培训文件、人员发展和晋升文件及薪酬规划文件等。培训文件的使用是连锁企业进行工作分析的重要步骤和重要工作，要使管理者和各个工作岗位上的人员都了解职务说明书中的内容和职务分析的各种文件，以便加强连锁企业的管理和员工的自我管理。

随着连锁企业内外环境的变化，各个岗位和工作要求等也会发生相应的变化，因此应当定期和不定期地对职务说明书进行适当修改。一般而言，一年修改一次即可。

对工作分析的评价可以通过对工作分析的灵活性和成本收益的权衡来说明。职务分析工作越细致，所需要花费的成本就越高。于是，在工作分析的细致程度方面就存在着一个最优化的问题。有许多企业减少了工作类别的划分，采用比较灵活的职务说明，这种方法的优点是能简化人力资源管理的许多工作，但也存在明显的缺点，即容易让员工对企业的报酬公平性产生怀疑。至于采用何种方法，分析细化至何种程度，取决于连锁企业所面临的特定环境。

工作分析还有可靠性和有效性的问题。工作分析的可靠性是指不同的工作分析人员对同一个工作进行分析所得到的结果的一致性和同一个工作分析人员在不同的时间对同一个工作进行分析所得到的结果的一致性。工作分析的有效性是指工作分析结果的精确性，这实际上是将工作分析的结果与实际的工作进行比较。

3. 职务说明书的编写

在收集了完整、准确的有关工作信息并进行分析后，就可以开始编写职务说明书。职务说明书由两部分组成：工作描述和工作说明书。职务说明书的编写并无固定的模式，需根据工作分析的特点、目的与要求具体确定需编

写的条目。

工作描述和工作说明书两者相互联系，又存在着一定的区别。工作描述是以“工作”为中心，对工作岗位进行全面、系统、深入的说明；工作说明书则是在工作描述的基础上，解决“什么样的人员才能胜任本岗位工作”的问题，为企业员工的招聘、培训、考核、晋升、任用提供标准。工作描述的内容比较广泛，既包括对工作岗位各事项性质、特征等方面的说明，也包括对担任该项工作岗位人员要求的说明；而工作说明书的内容比较简单，主要涉及人员的任职资格条件等方面的问题。从某种意义上讲，工作说明书以工作描述为基础，从属于工作描述。

职务说明书在企业中的地位极为重要，不但应当帮助任职者了解其工作，明确其责任范围，还应当为管理者的某些重要决策提供参考。编写职务说明书应注意以下几个事项：

1）清晰。整个职务说明书中，对工作的描述要力求清晰透彻，使任职人员读过以后，可以明白其工作职责，无需再询问或查看其他说明材料，有些专业难懂的词汇尤其要解释清楚。

2）具体。在措辞上，应尽量选用一些具体的动词，如“销售”、“理货”、“搬运”等，避免笼统和抽象。指出工作的种类、复杂程度，需任职者具备的具体技能、技巧，应承担的具体责任范围等。一般来说，由于基层工人的工作更为具体，其职务说明书中的描述也应更具体、详细。

3）表述形式多样化。可以用表格形式表示，也可采用叙述形式，更多时候是两者兼用。此外，还应注意图解、附件等的综合使用，使说明书翔实、实用。

工作描述和工作说明书的编写和审阅工作完成后，还必须建立一个系统，用以维护与更新工作描述和工作说明书，使它和不断变化的连锁企业的实际保持一致。人力资源部门的相关人员有责任确保工作描述和工作说明书的一贯准确性。在这个过程中，员工及其管理者扮演重要角色，因为他们最了解工作的实际状况。另一个确保有效复审工作描述的办法，就是在其他人力资源活动中使用工作描述和工作说明书。例如，每当出现职位空缺时，在开展招募和甄选工作之前，应重新审阅和修正工作描述和工作说明。相似地，一些连锁企业的管理人员在每次绩效评估时都会参阅相应的工作描述。身居其位的员工和管理人员可以通过这些复审工作，讨论工作描述是否仍能准确地描述当前的实际工作，是否需要修改。此外，在做人力资源规划时，也可以展开综合、系统的复审。许多连锁企业每隔三年就进行一次彻底的审查活动，或在技术变革和组织调整时开展工作描述和工作说明书审查。

三、常用的工作分析方法

有时会听到业务部门的一些抱怨：职务说明书，那是人事部的人关在办

公室里想出来的，根本与实际状况不符。于是乎，花了大量的时间与精力做出的职务说明书被束之高阁，毫无用处。而人事经理也是有苦难言，要么认为业务部门没有配合工作，要么感到迷惘，不知应该如何进行工作分析。这主要是由于人事经理缺乏掌握工作分析方法的训练，不知该怎样去正确、科学地收集与工作活动和职责有关的资料。

要编制一份完整的工作分析，必须收集到有关工作的足够的信息。收集信息的主要方法有观察法、日志法、访谈法、问卷法和关键事件法等。这里就介绍其中的四种方法及其综合应用。

1．观察法

（1）观察法的概念

观察法是一种传统的工作分析方法，指的是工作分析人员直接到工作现场，针对特定对象（一个或多个任职者）的作业活动进行观察，收集、记录有关工作的内容、工作间的相互关系、人与工作的关系及工作环境、条件等信息，并用文字或图表形式记录各个环节的内容、原因和方法，然后进行分析与归纳总结的方法。

观察者可以连续观察整个过程，也可以间歇地抽样观察。

观察法的适用范围有限。因为，许多工作持续时间较长，很难完整地观察到整个工作周期。因此，观察法适用于短期重复性工作，并要与其他方法结合使用。

（2）使用观察法的前提条件

1）观察的工作应相对静止，即在一段时间内，工作内容、工作程序、对工作人员的要求不会发生明显的变化。

2）适用于大量标准化的、周期短的、体力活动为主的工作。

3）要注意工作行为样本的代表性，有时候，有些行为在观察过程中可能未表现出来。

4）观察人员要尽可能不引起被观察者的注意，至少不应干扰被观察者的工作。

5）不适用于以智力活动为主的工作，如经理。

6）观察前要有详细的观察提纲和行为标准。

7）要求观察者有足够的实际操作经验。

（3）观察法的优缺点

1）优点。工作分析人员能够比较全面和深入地了解工作要求，适用于那些主要用体力劳动来完成的工作，如装配工人、保安人员等。

2）缺点。不适用于脑力劳动成分比较高的工作，以及处理紧急情况的间歇时间很长的工作，如设备紧急抢修人员。

对有些员工而言难以接受，他们会觉得自己受到监视或威胁，从而对工作分析人员产生反感心理，同时也可能造成观察结果变形。

不能得到有关任职者资格要求的信息。

（4）观察法的观察提纲

在运用观察法时，一定要有一份详细的观察提纲，这样在观察时才能及时记录。

工作分析观察提纲（部分）

日期：
观察时间：
工作部门：
被观察者姓名：＿＿＿＿＿＿＿＿＿＿
观察者姓名：＿＿＿＿＿＿＿＿＿＿
工作类型：＿＿＿＿＿＿＿＿＿＿
观察内容：＿＿＿＿＿＿＿＿＿＿
每天什么时间开始正式工作＿＿＿＿＿＿＿＿
上午完成的具体工作任务有哪些＿＿＿＿＿＿
上午完成的工作与哪些部门有协作＿＿＿＿＿＿
上午完成工作量是＿＿＿＿＿＿＿＿
上午完成的工作效果如何＿＿＿＿＿＿＿＿
工作效率是＿＿＿＿＿＿＿＿
工作态度＿＿＿＿＿＿＿＿
上午工作多少小时＿＿＿＿＿＿＿＿
工间休息时间从＿＿＿＿＿到＿＿＿＿＿
室内温度＿＿＿＿＿＿＿＿度
什么时候开始午休＿＿＿＿＿＿＿＿

（资料来源：郑晓明，吴志明．2006．工作分析实务手册．北京：机械工业出版社：67）

2. 工作日志法

（1）工作日志法概念

工作日志法又称工作写实法，由任职人员“观察”自己的工作表现，按时间顺序记录下每天的工作内容与工作过程，同时还记录相关的责任、权利、人际关系、工作负荷及感受等，然后在此基础上进行归纳、综合分析，并不断把观察、分析结果详细记录在工作日志上，达到工作分析目的的一种方法。

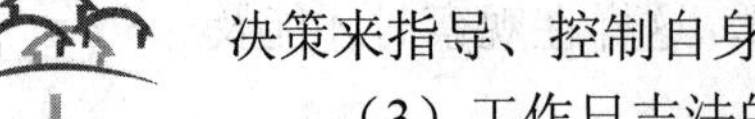

（2）如何写好工作日志

写入的内容包括做什么，如何做与为什么做三个方面。在描述工作者做什么时，应以工作岗位的脑力和体力活动描述为特征。体力活动是指通过体力消耗完成工作，如搬运货物；脑力活动指通过思维、计划、计算、判断和决策来指导、控制自身和其他员工的活动。

（3）工作日志法的优缺点

1）工作日志法的优点：

① 信息可靠性很高，适于确定有关工作职责、工作内容、工作关系、劳动强度等方面的信息。

② 所需费用较低。

③ 对于高水平与复杂性工作的分析，经济有效。

2）工作日志法的缺点：

① 这种方法的主要缺点是将注意力集中于活动过程，而不是结果。

② 使用这种方法必须要求从事这一工作的人对此项工作的情况与要求十分清楚。

③ 使用范围较小，只适用于工作循环周期较短、工作状态稳定无大起伏的职位。

④ 信息整理的工作量大，归纳工作繁琐。

⑤ 工作执行人员在填写时，会因为不认真而遗漏很多工作内容，从而影响分析结果。另外填写日志会在一定程度上影响正常工作，但若由他人进行填写，人力投入就会倍增。

⑥ 存在误差，需要对记录分析结果进行必要的检查。

工作日志示例

（封面）
姓名：
年龄：
岗位名称：
所属部门：
直接领导：
从事本业务工作年限：
填写时间自____年____月____日至____年____月____日

（封二）

1.每天工作开始前将工作日志放在手边，按工作活动发生的顺序及时填写，切忌在一天工作结束后一并填写。

2.请按照表格要求填写。不要遗漏细小的工作活动，以保证信息的完整性。

3.提供真实的信息。

4.妥善保管，防止遗失。

感谢您的真诚合作！

（工作日志正文）

时间:＿＿＿＿＿月＿＿＿＿＿日

工作开始时间：＿＿＿＿＿＿＿＿

工作结束时间：＿＿＿＿＿＿＿＿

工作日志内容：

（资料来源：萧鸣政．2006．工作分析方法与技术．北京：中国人民大学出版社：104）

3. 访谈法概述

（1）访谈法概念

访谈法又称面谈法，要求管理人员或人力资源专家亲临每个工作岗位，与身居其职的员工面对面地交谈以获得工作信息的一种方法。一般来说，正在承担某种工作的员工对这项工作的内容和它的任职资格是最有发言权的，因此与工作的承担者面谈是收集工作分析信息的一种有效方法。特别是一些工作是不可能由工作分析者通过实践体会的，例如总经理的工作。对这些工作进行分析时，就要通过面谈来了解工作的内容、原因和做法。

工作分析人员就某一个职务或职位面对面地询问任职者对该工作的意见和看法，可对任职者的工作态度与工作动机等深层次内容有详细的了解。面谈的程序可以是标准化的，也可以是非标准化的。在一般情况下，应用访谈法时可以以标准化访谈格式记录，目的是便于控制访谈内容及对同一职务不同任职者的回答进行相互比较。职务分析者也不能仅仅是消极地记录工作执行者对各种问题的反应，而应该通过积极引导来获得较完整的信息。

为了完整地认识工作岗位，人力资源专家不仅要与员工，还要与他们的主管面谈。在某些情况下通常还要召集有经验的员工和主管，由人力资源部门代表主持会议，进行小组访谈。对较难定义的工作来说，小组访谈法可能是较为适用的分析方法。

（2）访谈法种类

根据访谈对象的不同，通常有个别员工访谈法、群体访谈法和主管人员访谈法三种类型。

1）个别员工访谈法。主要适用于各员工的工作存在明显差异、工作分析时间又比较充裕的情况。

2）群体访谈法。适用于多个员工从事同样或相近工作的情况。使用群体访谈法时，必须邀请这些工作承担者的上级主管人员在场或事后向主管人员征求对收集到的材料的看法。

3）主管人员访谈法。是指同一个或多个主管面谈，因为他们对工作可能较任职者有更深、更多角度的了解，而且有助于缩短工作分析的时间。

（3）访谈法的优缺点

1）访谈法的优点是：

① 可以对工作人员的工作态度与工作动机等较深层次的内容有比较详细的了解。

② 适用面广，能够直接而迅速地收集多方面的工作分析资料。

因此对组织中的重要职位或关键职位，通过访谈法可以挖掘更深层次的内容与信息，而且这种方法对于不识字或工作繁忙无暇提笔回答问卷的人也较为适用。

2）访谈法的缺点是：

① 访谈需要一定的技巧，需要受过专门训练的工作分析人员，比较费精力和时间，工作成本较高。

② 访谈法易被员工认为是其工作业绩考核或薪酬调整的依据，所以他们会故意夸大或弱化某些职责。收集到的信息往往有不同程度的扭曲和失真。

（4）访谈法的使用

通常，工作分析人员在访谈前都应受过全面、深入、有计划的访谈技巧训练，掌握了访谈准则。

1）工作分析的访谈准则：

① 要与主管密切配合，找到最了解工作内容、最能客观描述工作职责的员工。

② 尊重面谈对象，接待要热情，态度要诚恳，用语要适当。

③ 所提问题与工作分析目的有关。

④ 尽快与面谈对象建立融洽的感情，尽量不让对方觉得有压力或有业绩考核之感。

⑤ 工作分析人员语言表达要清楚，含义要准确，所提问题须清晰、明了，不能太含蓄，而且避免使用对于访谈对象来说较生僻的专业词汇。

⑥ 工作分析人员应启发、引导对重大问题的解释，但不能超出面谈对象

的知识与信息范围。

⑦ 工作分析人员应该事先准备一份完整的问题表，留出可供填写的空白，先问重要的问题，后问次要的问题，对于敏感问题则最好不要见面就提问。应让对方有充足的时间从容回答，最后还可请对方就问题表进行补充。

⑧ 如果面谈对象的工作不是每天都相同，就请对方把各种工作责任一一列出，然后根据重要性排出次序。这样可以避免忽略那些虽不常见但很重要的问题。

⑨ 可以听任职者诉诉苦（包括对工作与主管的抱怨），不要与员工争论，更不要偏离访谈的中心内容，应尽量避免发表个人观点和看法。

⑩ 访谈结束后将收集到的材料请任职者和主管审核，然后作出修改或补充。

2）工作分析的访谈内容。访谈法广泛运用于以确定工作任务和责任为目的的情况。访谈的内容主要是得到任职者四个方面的信息：

① 工作目标。组织为什么设置这个工作岗位，并根据什么给予报偿。

② 工作的内容、范围与性质（面谈的内容）。工作在组织中的关系，所需的一般技术知识、管理知识和人际关系知识，需要解决问题的性质及自主权，工作在多大范围内进行，员工行为的最终结果如何度量等。

③ 工作价值。任职者在组织中发挥多大作用，其行动对组织的影响有多大。

④ 工作的责任。涉及组织战略决策、执行等方面的情况。

同时，为了保证面谈的效度与信度，常常需要依据一张结构合理、标准化程度较高的问卷来进行，所以访谈法很少作为单独使用的工作分析法，它往往与问卷法结合进行。尤其对问卷中不易获得的信息或需要进一步核实的问题，访谈法就显得更有价值。

访谈提问提纲示例

1）你所做的是一种什么样的工作？

2）你所在职位的主要工作是什么？你又是如何做的呢？

3）你的工作环境与别人的有什么不同？

4）做这项工作需具备什么样的教育水平、工作经历和技能？它要求你必须拥有什么样的文凭或职业资格证？

5）你都参与了什么活动？

6）这项工作的职责和任务是什么？

7）你所从事的工作的基本职责是什么？你的工作标准有哪些？

8）你的责任是什么？你的工作环境和工作条件如何？

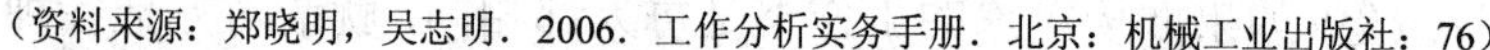

9）工作对身体的要求是怎样的，工作对情绪和智力的要求又是怎样的？

10）对安全和健康有何影响？

11）工作中你的身体可能会受到伤害吗？你在工作时会处于非正常的工作条件下吗？

（资料来源：郑晓明，吴志明．2006．工作分析实务手册．北京：机械工业出版社：76）

4．问卷法

（1）问卷法的概念

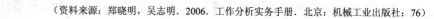

问卷法是工作分析中较常用的一种方法，当工作分析牵涉到分布较广的大量员工时，问卷调查法是最有效的方法。问卷调查法是由分析人员事先设计出工作分析的问卷，由员工对有关工作内容、工作行为、工作特征和工作人员特征作出描述和打分，然后对结果进行统计与归纳分析，找出共同的、有代表性的回答，并据此写出工作描述，将工作描述反馈给该职务工作者，进行补充和修改。

问卷可以是结构化的，也可以是开放的。在结构化问卷中，列举出一系列的任务或行为，请工作者根据实际工作要求对任务是否执行或行为是否发生作出回答。有的问卷非常结构化，它包括数以百计的工作职责细节；也有的问卷非常开放，如“请叙述工作的主要职责”，好的问卷应该介于这两者之间，既有结构化问题，也有开放式问题。

（2）问卷法的优缺点

1）优点：

① 费用低，速度快，节省时间，可以在工作之余填写，不会影响正常工作。

② 调查范围广，可用于多种目的、多样用途的工作分析。

③ 调查样本量很大，适用于需要对很多工作人员进行调查的情况。

④ 调查的资源可以量化，由计算机进行数据处理。

2）缺点：

① 设计理想的调查问卷要花费较多时间，人力、物力成本高。

② 在问卷使用前，应进行测试，以了解员工对问卷中所提问题的理解程度。为避免误解，还经常需要工作分析人员亲自解释和说明，降低了工作效率。

③ 填写调查问卷是由被调查者单独进行，缺少交流和沟通，因此，被调查者可能不积极配合，不认真填写，从而影响调查的质量。

（3）常见的两种问卷法

问卷法主要可以分为两种：一般工作分析问卷法和指定工作分析问卷法。

1）一般工作分析问卷法。这种方法适合于各种工作，问卷内容具有普遍性。

一般工作分析问卷示例

1. 职务名称：________________

2. 较适合任此职的性别是________（请选择，下同）

   A．男性　　B．女性　　C．男女均可

3. 最适合任此职的年龄是________

   A．20岁以下　　B．21～30岁　　C．31～40岁

   D．41～50岁　　E．51岁以上

4. 能胜任此职的文化程度是________

   A．初中以下　　B．高中、中专　　C．大专

   D．本科　　E．研究生以上

5. 此职的工作地点在________

   A．本地市区　　B．本地郊区　　C．外地市区

   D．外地郊区　　E．其他地区

6. 此职的工作主要在________（75%以上时间）

   A．室内　　B．室外　　C．室内外各一半

7. 此职的工作信息来源主要是________

   A．书面材料（文件、报告、书刊杂志等）

   B．人员（消费者、客户、顾客等）

（资料来源：郑晓明，吴志明．2006．工作分析实务手册．北京：机械工业出版社：27）

2）指定工作分析问卷法。这种方法适合于某一种指定的工作，问卷内容具有特殊性，一张问卷只适合于一种工作。

营业员工作分析问卷

说明以下职责在你工作中的重要性（最重要的打10分，最不重要的打0分。标在右侧的横线上）。

1. 和客户保持联系________
2. 接待好每一个客户________
3. 详细介绍产品的性能________
4. 正确记住各种产品的价格________
5. 拒绝客户不正当的送礼________

6．掌握必要的销售知识____________

7．善于微笑____________

8．参加在职培训____________

9．把客户有关质量问题反映反馈给有关部门____________

10．讲话口齿清楚____________

11．思路清晰____________

12．每天总结自己的工作____________

13．和同事保持良好关系____________

14．不怕吃苦____________

15．完成领导交办的其他工作____________

（资料来源：郑晓明，吴志明．2006．工作分析实务手册．北京：机械工业出版社：28）

5．综合分析方法

获取和分析工作信息的方法多种多样，每种工作分析方法都有优点和不足之处，人力资源专家与负责工作分析的人员会综合选用几种分析方法来进行工作分析，如访谈法、问卷法和观察法结合，所取得的工作分析效果会更好。

工作分析案例解析——员工工作人格

不同的员工，在工作中表现的风格不同，这应该是正常的。一个人的工作风格必然受到其性格的影响。但是，让经理人与主管们纳闷的是，员工的工作风格与其外在的性格表现并不完全一致：一个脾气急躁的员工，恰恰工作风格非常细腻；一个平时心思缜密的员工，在工作中却大大咧咧。

这是怎么回事呢？为什么员工的表现与他的外在性格不相符呢？

我们可以将这种与员工性格剥离开来的工作风格称为工作人格，然后深入分析。具体见表 4-1。

表 4-1　工作人格及特征分析

工作人格	特征			
	工作风格描述	工作能力	服从意识	情商
猎狗	忠诚智慧，勤奋肯干	强	服从	高
野狼	能力出众，蔑视主管	强	不服从	高
狐狸	诡诈精明，能力平平	弱	服从	高

续表

工作人格	特征			
	工作风格描述	工作能力	服从意识	情商
刺猬	控制能力差，挑衅意识强	弱	不服从	中
笨猪	依赖性高，能力不足	弱	服从	中
野牛	能力出众，但不顾大局	强	不服从	低
蠢驴	兢兢业业，但工作价值不高	强	服从	低
老鼠	极不引人注目，工作效率极低	弱	不服从	低

为了形象起见，每一种工作人格，我们都选用了一种动物作为代表。

员工的工作人格虽分为 8 种，但是，现实中的工作环境是极为复杂的，在一个员工身上，往往会体现出几种彼此不同甚至相互矛盾的工作人格。

之所以出现这种情况，是由于某些人格是员工们在职场的内外压力之下刻意表现出来的。通常来说，一个员工身上的工作人格有三种：

1) 印象人格，这是员工迫于外在的压力，不得不表现出来的外在工作人格，是做出来给主管或公司看的，或者是员工刻意努力的方向，绝不是员工的真实内在。

2) 主观人格，这是员工内心深处对自己的认识，这种认识是完全自我的，是员工自认为的自己的工作人格。

3) 真实人格，这是甚至连员工自己也不清楚的自我人格，它深埋在潜意识的深处，主导着员工的工作行为，只有在极为特殊的情况下，才会“一时不慎”而表露出来。

（资料来源：www.manager365.com/Article/rlzygl/GZFX/200702/20070201144700_2.html）

案例点击

测试员工藏在最深处的工作人格

请在五秒钟之内，按优先次序，选出你所喜欢的三种动物：

□猎狗 □野狼 □狐狸 □刺猬 □野牛 □蠢驴 □笨猪 □老鼠

事实上，这是在对员工的工作人格进行测试，员工在按优先次序选择三种动物的时候，选择的第一种，是自己的印象人格；选择的第二种，是自己对自己的认识即主观人格；只有在无意识地选择第三种的时候，才是其在工作中的真实人格。

可能会有这样的员工，第一个选择的动物是野牛，第二个选择的动物是老鼠，第三个选择的动物却是笨猪。这名员工在平时可能会显得像野牛一样倔强，与人顶撞，然而他的本意，却希望自己像一只老鼠那样不引人注目。而他真实的自己，甚至连他自己也不知道的内在却是一个带有很强依赖性、对自己的能力和不足看得明明白白，对公司和主管极为忠诚的员工。

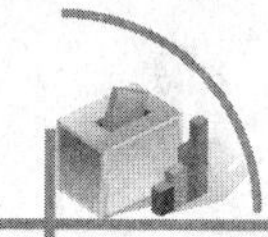

也可能会有这样的员工，他第一个选择的动物是猎狗，第二个选择的动物是狐狸，第三个动物却是刺猬。这表明，他在表面上做出一副忠诚肯干勤勤恳恳任劳任怨的模样，而在内心里却将自己视为聪明的狐狸，总是试图用最小的成本获取最高的利益。然而实际上，他真正的内在工作人格却是一只刺猬，好斗、滋事生非、处处与人为难。

在企业中，员工的真实自我是受到深深的压抑的，最常表现出来的是员工的主观人格与印象人格。印象人格是员工依据公司对自己的期望所努力追寻的目标，或者说，印象人格是员工力图表现出来给公司看的。主观人格则是员工自我的认识与定位，受到真实人格的影响，显得极不稳定。因此，每个人都认为自己是矛盾的，性格是多重的，这个所谓多重，就是印象人格、主观人格与真实人格重叠所造成的错觉。

事实上，整个世界都是生活在错觉之中，我们都是通过自己的努力试图向人们表明什么，所以美国社会学家简·卡尔岑说：所有的行业都是表演行业。对于企业的员工来讲，就更是如此。

员工会根据环境的变化，依据利益的思考，把自己塑造成某一种形象。例如，一个主观印象是笨猪的员工，如果发现自己的忠诚无法保证自己的利益，那么，苦闷的笨猪就有可能表现出刺猬的特性。反之，一只刺猬吃过太多的苦头之后，就会让自己表现得看起来像一只狐狸。

我们来看一个例子。

阿灵手下有四个员工：野牛、刺猬、蠢驴、笨猪（我们姑且用代表他们工作人格的动物来称呼）。

野牛，最擅长公关，几乎所有的大客户都是由他来负责摆平，但是野牛不服从管理，每次都是阿灵苦苦哀求，他这才不情不愿地出马工作，野牛的派头经常把阿灵气得眼泪汪汪。

刺猬，主要用他来应付那些蛮不讲理的客户，遇到客户胡搅蛮缠的时候，阿灵就让刺猬出马，把对方骂个狗血喷头，等对方气急败坏之时，阿灵再出来装好人收拾局面，给客户赔礼道歉，客户已经被刺猬修理得筋疲力尽，对公司的期望值自然而然也就降低了，听到几句好话，也就不再追究了。

笨猪，笨猪虽然工作能力极差，可是当刺猬或者野牛跟阿灵顶撞的时候，这就用着他了，忠诚的笨猪义无反顾地站在阿灵一边，与刺猬、野牛争吵，所以笨猪虽然没有业绩，却是部门中地位仅次于阿灵主管的员工。

蠢驴，主要用来应付那些纠缠不休的小客户。做过客户服务的都知道，越是小客户就越难缠，80%的小客户只为公司提供了不足 20%的利润，却耗费了公司 80%的成本。所以几乎任何一家公司对小客户的要求向来都是应付了事，喊上几句动听的口号，哄哄小客户高兴，如果真要是把每个小客户都当作上帝的话，那么任何一家公司都会因应付不起“上帝”的苛求而关门。

这名蠢驴就是客户服务部用来糊弄小客户的。糊弄小客户的办法也很简

单，就是设立繁琐的服务规章，提高客户要求服务的成本。如果客户提出要求，就告诉他已经转由技术部处理；过几天客户再追问，就告诉他已经由技术部转研发部了，再请稍等；再过几天客户再问，又说已经由研发部转调研部了，请继续等待；又过几天客户再问，接着说调研部正在调研中，请等待结果；过几天客户要是不识趣的话，继续纠缠追问，就告诉他已经从调研部转业务部了，业务部正在研究……如此这般这般如此，把客户拖得筋疲力尽，拖得无精打采有气无力，再也没心思跟你胡闹，客户服务就算是圆满完成了。

（资料来源：www.manager365.com/Article/rlzygl/GZFX/200702/20070201144700_2.html）

第二节　连锁企业胜任特征评估

一、胜任特征的基本概念

1. 胜任特征的起源

胜任特征的应用起源于20世纪50年代初。当时正值美国国务院选拔外交官，美国国务院感到过去以智力因素为基础选拔外交官的效果不太理想，许多表面上很优秀的人才，在实际工作中的表现却令人非常失望。作为哈佛大学有名的教授，麦克里兰博士应邀帮助美国国务院设计一种能够有效地预测人员实际工作业绩的选拔方法。在设计过程中，麦克里兰博士应用了奠定胜任特征模型基础的一些关键性的理论和技术。他通过对工作表现优秀与一般的外交官的具体行为特征的比较分析，甄别出能够真正区分工作业绩的个人条件。最终美国国务院把他提炼出的优秀外交官所具有的能力特征作为选拔的标准。

1973年，麦克里兰博士在《美国心理学家》杂志上发表一篇文章："人才测量：从智商转向胜任力"（*Testing for Competency Rather Than Intelligence*）。这篇文章的发表，标志着胜任特征分析方法的开端。

2. 胜任特征的概念

胜任特征（competency）也称胜任素质或核心竞争力，是指能将某一组织中有卓越成就者与表现平平者区分开来的个人的潜在特征，它可以是动机、特质、自我形象、态度或价值观、某领域知识、认知或行为技能，及任何可以被可靠测量或计数的并能显著区分优秀与一般绩效的个体特征的综合表现。这些行为应是可指导、可观察、可衡量的，而且是对个人和企业成功极其重要的。

胜任特征分析方法是从组织战略发展的需要出发，以强化竞争力、提高实际业绩为目标的一种独特的人力资源管理思想方式、工作方法和操作流程。

根据岗位的工作要求，不仅要针对每个员工的能力素质进行评估，而且

每个岗位都应有与其匹配的胜任特征类型和等级。只有岗位所需的胜任特征与员工自身所具备的能力相匹配时，员工的绩效才会最高，企业的人力资源才能得到最恰当的配置，发挥最大的效用，最终保证企业良好的经济效益。

由于企业面临的环境变化趋势的增强，胜任特征也应着眼于企业未来的可持续发展。公司战略对于胜任特征的影响程度愈加深化，越来越强调识别能力素质是未来获得成功的关键因素。

二、胜任特征的种类

胜任特征主要包括知识、技能、自我概念、社会角色、特质和动机等几个方面。这几个方面犹如一座浮在水面上的冰山：水上部分的知识和技能是基准性胜任特征，而水下部分的自我认知、社会角色等是鉴别性胜任特征，这两种胜任特征能够显著区分绩效卓越者和一般者。胜任特征的冰山模型也说明了胜任特征是如何潜在地作用于人的行为，并最终影响与预示人的绩效的。胜任特征是人格中深层和持久的部分，它显示了行为和思维方式，具有跨情景和跨时间的稳定性，能够预测多种情景或工作中人的行为。

1. 基准性胜任特征

1）知识。某一职业领域需要的信息（如市场营销、会计），即员工为了顺利完成自己的工作需理解的东西，如专业知识、技术知识或商业知识等，它包括员工通过学习以往的经验所掌握的事实、信息和对事物的看法。

2）技能。掌握和运用专门技术的能力（如英语读写能力、计算机操作能力），指员工为实现工作目标、有效地利用自己掌握的知识而需要的技巧。技能是可以通过重复性的培训或其他形式的体验来逐步建立的。

2. 鉴别性胜任特征

1）社会角色。指一个人基于态度与价值观的行为方式与风格（如企业领导或部门经理）。

2）自我认知。对自己身份的知觉和评价（如认为自己是某一领域的权威）。

3）特质。某人所具有的特征或其典型的行为方式（获取权力、追逐名利等），它是品性的最集中化体现。

4）动机。决定外显行为的内在的稳定的想法或念头（如想获得权力、喜欢追求名誉等）。

胜任的核心是潜在的动机和个人特质，这些动机和特质与工作中的行为和绩效有高度的因果关系，而且在人格中扮演着深层持久的角色。在人的胜任冰山模型中水面下的社会角色、特质、和自我认知、动机隐藏得比较深，是位于人格中心的潜藏的能力。它们与人的遗传特征、身体与大脑特质、生活环境、成长经验等因素有关，而且难以通过短期的培训得到发展和改变。

位于胜任冰山模型水上部分的是人的知识和技能，它们比较容易发展，通过教育训练可以发挥其成本效益，需要让员工提升这方面的能力，见图 4-2。

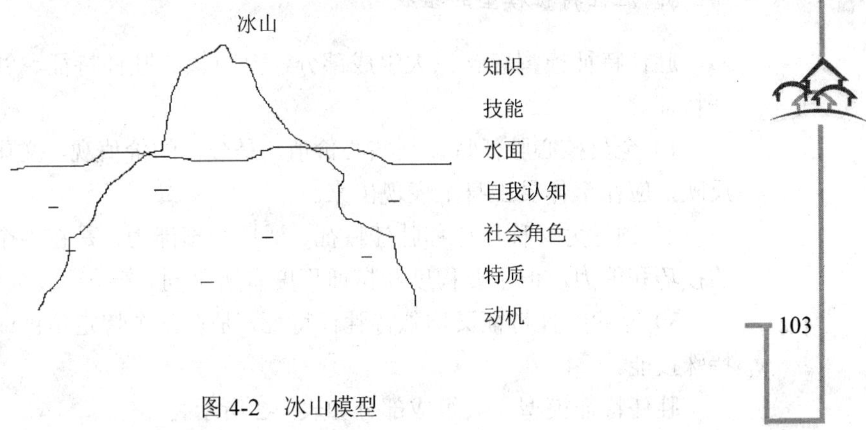

图 4-2　冰山模型

三、胜任特征模型的建构

1. 胜任特征模型

通过建立胜任特征模型来帮助企业实现战略目标。胜任特征模型（competency model）是从组织战略发展的需要出发，以强化组织竞争力、提高实际业绩为目标的一种独特的人力资源管理的思维方式、工作方法和操作流程。胜任特征模型是指承担某一特定的职位角色所应具备的胜任特征要素的总和，即针对该职位表现优异要求结合起来的胜任特征结构。

通过对不同岗位的工作进行分析，得到对任职人员是否胜任工作的评价，首先要有分析方法来确定工作对人的能力要求，其次要有评估人的能力是否适合工作的评价方法。因此在构建胜任特征模型时使用的工作分析方法要区别于传统的方式，分析的重点应放在分析人的职业活动，识别工作对能力的要求和能力差异。从模型的建立到模型的验证始终是以岗位的工作分析为基础的。

2. 建立胜任特征模型的意义

1）提高人员工作效率的理论前提就是通过优化人岗匹配，达到人事相宜，人适其事，事得其人。优化人岗匹配的基础是明确该岗位职责任务是什么；为了有效完成这些职责任务，对任职人员有什么要求等，这正是胜任特征模型的主旨所在。

2）旨在探索能够导致高效和优良工作绩效的雇员潜在能力特征，如动机、品质、技巧、自我认知、社会角色和知识体系等的胜任特征模型研究，有助于确定员工高效完成工作任务所需要的资格条件，便于选聘、培训、考核员

工及其职业发展指导。

3. 胜任特征模型的组成

胜任特征模型包含三大组成部分：全员核心胜任特征、领导力和专业胜任特征。

1）全员核心胜任特征是核心价值，是公司的价值观、文化及业务需求的反映，应在全体员工身上表现出来。

2）领导力又称可迁移胜任特征、通用管理能力，是在多个角色中都需要的技巧和能力，但重要程度和精通程度有所不同。

3）专业胜任特征又称独特胜任特征，是在某个特定角色或工作中所需的特殊技能。

胜任特征模型三大组成部分如表 4-2 所示。

表 4-2 胜任特征模型三大组成部分

全员核心胜任特征	领导力	专业胜任特征
1）所有的组织角色和工作岗位都需要具备的根本特点和品质 2）这一能力组合在很大程度上是天生的 3）通过以下行为可以发展和延伸其能力：培训；文化建设活动	1）反映行业或组织的知识和履行不同的职能所必须具备的通用技能 2）这一能力组合期望管理人员都具备，只是不同层次的管理人员程度不同 3）通过以下行为可以提高其熟练程度：培训；工作经验积累	1）履行一个工作岗位或角色所必须具备的产品、服务、步骤流程和技术应用的知识和能力 2）这一能力组合必须是明确的、可以衡量的并且和工作任务的业绩相关的 3）通过以下行为可以提高其熟练程度：培训；工作经验积累

资料来源：郑晓明，吴志明．2006．工作分析实务手册．北京：机械工业出版社：26

每一个工作都能分解成很多细化的技能以达致卓越的工作表现，但某些技能对工作的影响会比其他技能更重要，这些技能会被称为“关键的工作能力”。当选择工作的技能需求时，并不需要包括所有的知识和技能，只需包含关键的工作能力。

某销售管理职位“客户服务”胜任特征模型

该胜任特征模型表明了胜任特征的名称（理解和满足客户需要），并对于该定义进行了符合职位具体要求的解释。更为重要的是，从基本合格的行为等级水平 1（在客户问题出现后作出反应）到最优秀的表现等级水平 7（为客户与组织的长期互惠牺牲短期利益）作了详尽的描述。这样，我们就能清楚

地知道，该职位表现平平者和表现优异者在行为水平的差异究竟是什么。这就为我们对员工的选拔、培训、行为评价和反馈，以及员工后来的职业生涯发展，提供了准确的依据。见表4-3。

表4-3　某销售管理职位“客户服务”胜任特征模型

胜任特征名称	胜任特征定义	行为指标等级
理解和满足客户需要	为客户提供服务，有帮助或与之协同工作的意愿，包括理解和满足内部客户、外部客户的需要的主动性和坚持性	水平1　在客户问题出现后作出反应 水平2　主动寻求理解客户问题 水平3　对解决客户问题充分承担责任 水平4　超越客户问题添加服务价值 水平5　理解客户深层需要 水平6　成为客户的忠诚的建议者 水平7　为客户与组织的长期互惠牺牲短期利益

资料来源：www.szmc.org.cn/cn/etc/yanfa/0508173.doc

4. 建立胜任特征模型的方法

当前国内做法主要有三种：归纳法、演绎法、限定选项法。

（1）归纳法

这是一种通过对特定的员工群体的个人特质的发掘和归纳，形成胜任特征模型的方法。此方法运用的主要工具有关键样本法和行为事件访谈法，其中运用的最主要的工具当属“行为事件访谈法（bhavioral event interview，BEI）”。

通过BEI获取大量的“原始素材”后，咨询顾问对这些信息进行细致的筛选、编码、分级等加工工作，并最终形成胜任特征模型。

（2）演绎法

这是一种从企业使命、远景、战略及价值观中推导特定员工群体所需的核心资质的方法。主要应用工具为小组讨论。

胜任特征模型作为对任职者的一套个人特质的要求，其终极目的是为了有益于远景、战略等组织根本性目标的实现，并体现组织的核心价值观，这是演绎法的基本假设和前提。演绎法的实质是一个逻辑推导过程，其基本步骤如下：

1）明确组织远景、使命、战略和核心价值观。

2）推导关键岗位角色和职责。

3）推导核心能力。

通常通过分组结构化集体访谈的方式来完成这个推导过程。

分组访谈的对象既包括胜任特征模型的直接针对人群，也包括其他了解情况的相关人员。这样做有利于保证推导逻辑和立场的完整性。

集体访谈的结果仍将经过筛选、分类、分级等专业处理的过程，以最终形成组织胜任特征模型。

（3）限定选项法

这是胜任特征模型建立的一种简便方法。通常由专业顾问根据对组织的初步了解，提出一组相当数量的资质项目，然后通过相关人员集体讨论的方式进行几轮的筛选和调整，最终确定一套能力项目作为胜任特征模型。

上述几种方法虽然都自成一家，但在实际操作中却也各有利弊。

归纳法具备充分的理论依据，对个人特质的研究切实而具体。研究发现，用纯粹的归纳法手段制定出来的胜任特征模型，其应用效果最佳，即对员工的业绩区分的预测能力最强；其不足之处在于BEI手段技术要求很高，其数据分析过程也相当复杂，由此导致较高的建模成本和较长的工作周期。此外，归纳法所建立的资质模型往往较难反映组织对未来的资质要求，因而比较适合组织发展处于较高水平阶段的情况。

演绎法强调资质与组织根本目标的关联，其推导逻辑明确而完整，且特别有利于发掘组织对未来的资质需求；但由于其缺乏翔实的行为细节作为依据，就不免要在相当程度上依赖于个人经验和认知水平等主观因素。

限定选项法几乎没有什么理论依据，咨询顾问所提供的资质选项依据也只是根据对组织及岗位情况的初步判断。因而这种方法的可靠程度和建成的资质模型的实际效用都是令人置疑的。但其低廉的成本投入和极短的工作周期对于某些组织而言，无疑也是一种可供考虑的选择。

近年来，在结合“归纳法”和“演绎法”的优点的基础上，一些咨询公司开始采用“综合法”，既兼顾对成本和工作周期的考虑，又整合性地运用了数据分析的方法，为胜任特征模型的建立提供了一种新途径。如上海建立的由21项资质组成的中国管理人员通用资质模型，就是运用综合法建立胜任特征模型的一个范例。在这一模型的建立过程中，不但对数十位来自各企业的管理人员做了BEI，组织了多个专题小组讨论，并安排数百名管理人员作了问卷调查，还对国内外有关资质的文献作了大量细致的研究。也就是采用了“综合法”。

5. 建立胜任特征模型的步骤

企业在构建模型的过程中，需要按照一定的程序和方法进行，以建立起切合企业自身发展所需的胜任特征模型。胜任特征模型是一整套针对特定组织、特定岗位的个体特征评价标准，它能为人力资源管理的各个领域提供基础和核心，即担任某一特定的任务或角色所需要具备的胜任特征的总和，通常由4～6项胜任特征构成，并且是那些与工作绩效最密切相关的内容。一个详细的胜任特征模型包括胜任特征名称、胜任特征描述和行为指标等级的操作性说明。

（1）确定绩效标准

根据企业战略，在明确战略目标的基础上确定绩效标准。如销售量、利润等定量指标，管理风格、客户满意度等定性指标标准。

绩效标准一般采用工作分析和专家小组讨论的办法来确定。即采用工作分析的各种工具与方法明确工作的具体要求，提炼出鉴别工作优秀的员工与工作一般的员工的标准（专家小组由优秀的领导者、人力资源管理层和研究人员组成）。标准一般基于关键的价值增值的岗位来确定，以定量为主、定性为辅。如果客观绩效指标不容易获得或经费不允许，一个简单的方法就是采用“上级提名”。这种由上级领导直接给出工作绩效标准的方法虽然较为主观，但对于优秀的领导层也是一种简便可行的方法。企业应根据自身的规模、目标、资源等条件选择合适的绩效标准定义方法。

（2）确定效标样本

确定效标样本，划分绩效一般组、绩效卓越组。根据岗位要求，在该工作岗位上的具体员工当中，分别从绩效优秀、绩效普通和较差三类员工中随机抽取一定数量进行调查，同时专家小组采取行为事件访谈法设计调研提纲，编制访谈问卷、胜任特征量表，并就访谈、测量中的关键点对参与调研的工作人员进行统一培训。

（3）获取效标样本有关的胜任特征的数据资料

获取效标样本有关的胜任特征的数据资料。可以采用行为事件访谈法、专家小组法、问卷调查法、全方位评价法、专家系统数据库和观察法等获取效标样本有关胜任特征数据，但一般以行为事件访谈法为主。

（4）分析数据信息，建立胜任特征模型

在此步骤中，对收集的各项资料加以分析，建立胜任特征模型。对访谈结果进行编码、数据分析，分析调查问卷。对行为事件访谈报告进行内容分析，记录各种胜任特征在报告中出现的频次，提炼胜任特征。然后对优秀组和普通组的要素指标发生频次和相关的程度统计指标进行比较，找出两组的共性与差异特征。根据不同的主题进行特征归类，并根据频次的集中程度，估计各类特征组的大致权重；而后确定等级，描述等级，鉴别出能区分卓越者和普通者的胜任特征，确定胜任特征模型的项目，建立初步模型。同时从企业使命、愿景、战略及价值观中推导核心胜任特征，与行为事件访谈法结果相结合，得出最终的胜任特征模型。

（5）验证胜任特征模型的有效性

验证模型的方法有多种，可用实证法。所谓实证法就是将设计完成的胜任特征模型应用到企业相应岗位的人力资源管理工作的各个环节中去，经过一段时间后通过对任职人员的业绩考核，验证模型。最后根据验证的结果对原模型进行修正，以得到更加完善的模型。

（6）应用胜任特征模型

应用胜任特征模型即逐步引入并推行基于胜任特征的人力资源管理。目前，国外主要根据专家、学者提出的胜任特征模型，演绎出具体的素质、能力要求，并尝试进行相关人员的选聘和培训指导。国内研究人员主要采用探索性研究思路，针对高级管理人员，在广泛问卷调查、访谈的基础上，通过分析，提炼出几大胜任特征，并构建相关模型。胜任特征模型强调将企业战略目标、核心能力、员工业绩水平、行为特征结合起来，利用标杆分析，挖掘其中存在的内在联系，而传统的能力素质往往并不严格要求按照这种模式建立。在某种意义上，能力模型提供了一种新的人力资源管理的理念和思想。

胜任特征模型构建的一个重要前提是：组织发展到一定的阶段，有了历史的积累，才可以在分析样本的基础上加以总结；对于缺乏历史积累的组织，由于没有足够的研究样本，可以借鉴其他相关的已经经过验证的胜任特征模型，结合组织的实际，通过专家组论证，逐步引入胜任特征模型。

四、获取胜任特征数据资料的主要方法

1. 专家小组讨论和问卷调查

专家小组讨论法是通过专家小组，对能出色完成工作的各种素质与能力进行讨论，建立岗位胜任特征模型。小组成员需要掌握基本素质和能力要素的定义及行为特征，以免得出的素质与能力要素不全面或不准确，甚至把重要的基本素质与能力要素遗漏。

专家小组讨论法的缺点是，尽管专家小组了解基本素质与能力要素的定义及行为特征，仍有可能遗漏某一职位所必需的独特素质与能力。因为，专家小组成员很难全面深入了解有关岗位具体职责及其绩效标准的真正内涵，也不可能全面掌握涉及方方面面的各种素质。据有关数据统计，专家小组讨论法的准确性大约是50%。

问卷调查法是通过问卷，对能出色完成工作的各种素质与能力收集资料，建立岗位胜任特征模型。它是一种比较简单快速采集信息的方法，但其局限性是只能获得对所问问题的答案。问卷调查和专家小组讨论法一样，也发现不了隐藏的素质与能力，而这些素质与能力通常对工作或组织机构是独特的。可以通过进行少量的访谈，来验证从专家小组或问卷调查获得的数据，以修正结果。

2. 行为事件访谈法

行为事件访谈法（BEI）是一种用来收集被访者个人特质的访谈方法，有如下的基本假设：

1）在每个岗位上都有一些人比其他人做得好。绩效突出的人与绩效平平

的人采取的工作方式是不同的。

2）高绩效者之所以能采取不同的工作方式，是因为他们具备一般人所没有的某些特质。

3）通过研究高绩效者和绩效平平者之间的差异，可以发现导致高绩效的那些特质。

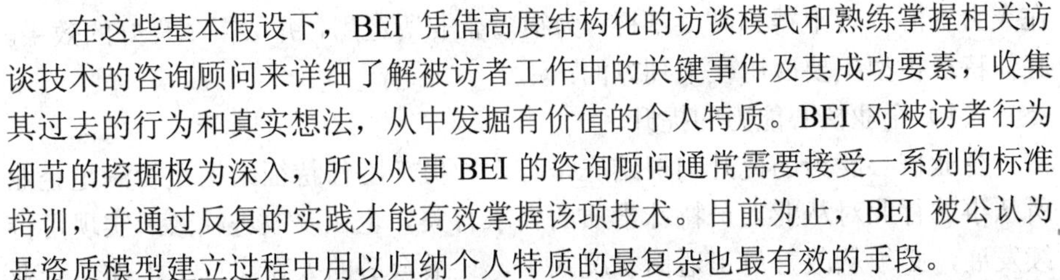

在这些基本假设下，BEI 凭借高度结构化的访谈模式和熟练掌握相关访谈技术的咨询顾问来详细了解被访者工作中的关键事件及其成功要素，收集其过去的行为和真实想法，从中发掘有价值的个人特质。BEI 对被访者行为细节的挖掘极为深入，所以从事 BEI 的咨询顾问通常需要接受一系列的标准培训，并通过反复的实践才能有效掌握该项技术。目前为止，BEI 被公认为是资质模型建立过程中用以归纳个人特质的最复杂也最有效的手段。

行为事件访谈一般采用问卷和面谈相结合的方式。访谈者会有一个提问的开放型提纲，以此把握面谈的方向与节奏。并且访谈者事先不知道访谈对象属于优秀组或一般组，避免造成先入为主的误差。访谈者在访谈时应尽量让访谈对象用自己的话详尽地描述他们成功或失败的工作经历，他们的讲话时间应该至少占整个谈话过程的 90%。由于访谈的时间较长，一般需要 1～3 小时，所以访谈者在征得被访者同意后应采用录音设备把内容记录下来，以便整理出详尽的有统一格式的访谈报告。

行为事件访谈法用一些结构化的问卷对优秀和一般的任职者这两个群体分别进行访谈，通过访谈让任职者描述他们在工作中遇到的最具决定性的关键事件，比如在客户服务、鼓励创新、团队合作、处理危机、分析问题等方面遇到的成功的和失败的典型事件，一般是成功的和失败的典型事件各三个。要求被访者尽可能详细地讲述事件发生的情景、事件中所涉及的人；被访者在该情景中的思想、感受、愿望和角色；描述任务和采取的行动及事件最终的结果如何，影响怎样等。访谈者尤其关注被访者在那个情景中究竟作了什么行为或决策，被访者对他人和对情境的态度和想法，以及被访者的情感体验等。按照关键事件访谈的经验，在 BEI 访谈中一般采取 STAR 的方法，即你在什么情景下，执行了一项什么工作任务，当时采取了什么行动措施，最后的结果如何。在行为事件访谈结束时，最好让被访谈者自己总结一下事件成功或不成功的原因。然后将得到的结果对照分析，以找出那些能够将两组人员区别开来的特征，以及作为特定职位的任职者必须具备的基本胜任特征。

五、胜任特征模型在人力资源中的应用

1. 胜任特征模型在人力资源中的应用

人力资源是企业最宝贵的资源，一个企业之所以成功，首先是因为这个企业充分发挥了人力资源的作用。胜任特征模型在人力资源管理系统的每一

个流程中都起着至关重要的作用。通过确定有效完成工作所需的胜任特征，组织可把员工甄选、培训与发展、绩效评估和晋升系统的重点放在那些与高绩效最相关的行为上面。

胜任特征模型在人力资源管理活动中起着基础性的、决定性的作用，是现代人力资源管理的新基点。胜任特征模型因其广泛而有效的作用，近年来在人力资源管理中得到高度重视，为很多企业所运用，并取得了良好的效果。胜任特征模型主要应用在下列方面：

（1）企业核心能力的提升

企业核心能力的提升归根结底是与企业员工胜任特征结构是否满足企业所从事的行业对从业人员特殊素质的要求有关。企业要改进绩效，实现可持续发展，必须从改善员工适岗状况入手，让最合适的人在岗位上工作。企业从业人员的个性特征、兴趣偏好决定了员工个人的行为倾向和行为特征。组织中多数员工的行为倾向和行为特征，会直接影响到企业文化或团队文化的形成与发展，影响到企业或团队的行为方式及业务模式等，影响到企业或团队核心能力的形成和所形成的核心能力的类型，最终会影响到企业或团队的绩效。企业各岗位都能按照各自的胜任特征模型的要求选人、用人、育人、留人，这个企业的整体人力资源素质就能得到提高，就能最大限度地满足组织行为规范的要求，满足业务模式的要求，形成企业核心能力，从而满足战略的要求，最终有利于实现企业战略。

（2）工作分析的继承和发展

传统的工作岗位分析较为注重工作的组成要素，而基于胜任特征的分析，则研究工作绩效优异的员工，突出与优异表现相关联的特征及行为，结合这些特征和行为定义这一工作岗位的职责内容，从而带来更强的工作绩效。

（3）人员招聘的依据

传统的人员选拔一般比较重视考察人员的知识、技能等基准性胜任特征，而没有针对难以测量的核心动机和特质等鉴别性胜任特征来挑选员工。基于胜任特征的选拔能够保证更系统化的面试过程，帮助企业找到具有核心动机和特质的员工，既避免了由于人员挑选失误所带来的不良影响，也减少了企业的培训支出。基于胜任特征模型的人才招聘技术，如心理测试、结构化面试和情景评价等方法，也逐渐引起企业人力资源管理者的关注。尤其是为工作要求较为复杂的岗位挑选候选人，如挑选高层技术人员或高层管理人员，在应聘者基本条件相似的情况下，胜任特征模型在预测优秀绩效方面的重要性远比与任务相关的技能、智力或学业等级分数等显得重要。

（4）绩效管理的方向

基于胜任特征的绩效管理体系中确立的绩效考核指标，是经过科学论证并且系统化了的考核体系，真实地反映员工的综合工作表现。基于胜任特征模型的全方位反馈评价，不仅能从多个侧面考核员工和管理者，还能够根据

评价结果，提供反馈和发展的建议。对于工作绩效不够理想的员工，根据考核标准及胜任特征模型，通过培训或其他方式帮助员工改善工作绩效，达到企业对员工的期望。

（5）员工培训与开发的指导

基于胜任特征分析，针对企业战略发展需要、岗位要求并结合现有人员的素质状况，为员工量身定做培训与开发计划，帮助员工弥补自身不足、突出培训重点、杜绝不合理的培训开支，以取得更好的培训效果，也为持续辅导和反馈信息提供了一个框架，有助于进一步开发员工的潜力，适应企业变革创新。

（6）员工激励的标准

依据胜任特征模型来设计岗位评价因子，更能保证薪酬的公平性。同时，建立胜任特征模型能够帮助企业全面掌握员工的需求，有针对性地采取员工激励措施。从管理者的角度来说，胜任模型能够为管理者提供管理并激励员工努力工作的依据；从企业激励管理者的角度来说，依据胜任模型可以找到激励管理层员工的有效途径与方法，提升企业的整体竞争实力。

（7）职业发展的平台

帮助员工进行职业生涯设计是人力资源管理更加注重员工个人发展的新趋势之一。在职业发展管理中，不论是个人指导，还是组织管理，都会涉及不同职位的胜任特征要求，员工从此能够依据自身的特点，结合企业对核心专长与技能的要求，真正实现企业目标和个人职业发展的结合。

在员工招聘系统开始实施胜任特征模型，比较容易取得成功，且会使胜任特征模型在其他人力资源管理系统中的运用变得更加容易，这也得到了企业各级管理者的普遍认同。当然我们也要看到，胜任特征模型在人力资源管理中的应用只是刚刚起步，还存在许多需要进一步完善的地方。而且企业选择胜任特征分析时一定要从自身的需求、财力、物力等各方面因素综合考虑，以渐进的方式逐步引入人力资源管理系统。胜任特征模型的构建总的来说还是较为费时、费力，所以在选择分析目标时应有所侧重，建议企业选择企业生产经营活动价值链中的重要岗位进行胜任特征分析，从而降低因关键岗位用人不当而给企业带来巨大损失的风险。

2. 胜任特征模型应用中应注意的问题

胜任特征模型是人力资源的一种工具和方法，目前国内的企业也很关注。虽然胜任特征模型经过了30多年的发展和逐步的完善，但是在使用过程中还应注意以下的问题：

1）不要直接使用通用的胜任特征模型。目前有一系列流行的通用胜任特征模型，但是对于任何一个企业来说，其所处的外部环境和内部条件要素都是各不相同的，因此不可能有这样一种通用的胜任特征模型，它可以适用于

任何企业的同样性质的岗位。因此各个企业的相应岗位的胜任特征模型一定要以本企业岗位的工作分析为基础建立。

2）建模的成本高且需要专业人士。建立胜任特征模型的过程，尤其是关键行为事件访谈方式，需要投入大量的人力、物力、财力，成本比较高。另外建立模型需要的访谈人员、编码人员和数据分析人员都要经过专业训练，一般人力资源管理方面的培训不足以使相关人员胜任这项工作。

3）实际工作不能完全依赖于模型。尽管是基于工作分析的胜任特征模型，但应认识到胜任模型只是评价人、认识人、了解人是不是具有胜任工作的素质的一种工具而已，绝对不是包治百病的良药，也可能百分之百地把一个人解析透。所以，评价一个人的素质时，它只起参考作用，作为人力资源管理者一定要灵活运用，切不可生搬硬套。

4）胜任特征模型应根据需要不断地更新。需要强调的是，模型并不是一成不变的。随着商业需求和业务范畴的变化，企业需要重新考察模型，并确定其是否仍然可以有效地预测良好的绩效。否则就有必要对其进行调整和更新。

有容乃大的IBM人员招聘与素质模型

1．笔试考核

IBM 招聘考核的第一关是笔试，主要测试应聘者的综合素质。IBM 在全球设有一个“数据处理测试”（data procession）题库，用于笔试考核，其目的是测试应聘者的逻辑推理能力，供 IBM 招聘者做参考。

IBM 对应聘者的专业背景并无严格要求。也许很多人都难以置信，IBM 笔试考核题目中没有任何关于计算机知识的内容。这有两方面原因，一是 IBM 招聘的岗位覆盖面较广，不是所有的人员都从事 IT 技术岗位，如果应聘的是技术岗位，在将来的面试中会有专门部门进行考核；二是 IBM 看重应聘者的潜能。笔试答题时间很短，由于时间紧迫，在压力之下，有的应聘者十分紧张，而有的应聘者却有很好的心理素质，十分冷静。通过这样的笔试，能考查应聘者的综合反应速度、判断能力及心理素质等。

在 IBM 中，有时，非 IT 专业出身的应聘者也能在 IT 技术岗位上做得十分出色。IBM 有一名技术经理，专业是戏剧编剧，进 IBM 后却当上了系统工程师。在 IBM，只要你有兴趣和潜力，公司就会给你机会。在笔试之后的各轮面试中，和日后的培训和工作中，IBM 会发现你的兴趣和潜力。

IBM 通过相应的笔试来测试应聘者的逻辑推理能力，但只将之作为评判人才的参考。

2．面试

IBM 的招聘面试流程并不复杂，应聘者在通过 IBM 人力资源部门的测试之后，就可以直接与招聘部门负责人进行交流。人力资源部门的测试题主要是测 IQ，一般很简单，但要求答题有较快的速度。

IBM 认为，无论哪种考试都不可能即时进行灵活的变动，而每名应聘者都很灵活，情况也各有不同。因此只有通过面试，才能最能动地随时作出调整和判断，评判出应聘者是否符合 IBM 公司的要求，这样的结果才是真实的。这也要求主持面试的评判者技能和经验都应该很丰富。面试一般事先由人力资源部门提供给经理层有关参考例题，希望他们作出公正的判断。新员工一般要经过两轮面试，一些重要的岗位则要经过 4～5 轮面试。

3．面试所考核的素质

诚信——IBM 负责招聘的经理级人员都要经过专门的培训。在面试时，他们很看重人的正直和诚实，并把诚信的品质放在很重要的位置。

自信心——其次，应聘者是否充满自信也很重要，在面试中 IBM 通过观察应聘者的肢体语言就可以判别对方是否具有自信心，自信但绝不要狂妄。

沟通能力——再有就是应聘者是否善于沟通。一个人的沟通能力不在于说话多少，而在于能否说到点子上，思路是否清晰，是不是有逻辑性。举个例子来说，在面试客户代表时，招聘者常常会想，如果我是客户，我会愿意同这个人做生意吗？答案若是肯定的，他（她）就被录用了。在面试时，面试人员还会提一些与应聘者观念不同的问题，看对方如何回答。沟通能力强的应聘者表现会很自如，落落大方。曾经有一个有过工作经历的应聘者来应聘，面试人员出了一道难题，问她在三五年以后是否有离开公司的打算。面对这一问题，比较常见的回答是“我不会有这样的考虑”。可她回答说：“我现在不能给你‘是’或‘不是’的答案，但我可以向你承诺，在 IBM 这几年会竭尽全力作出贡献，绝对不会辜负公司的信任和培养。”这个回答给面试人员很深的印象。4 年后她离开 IBM 公司，但 IBM 公司认为她在 IBM 干得很出色，兑现了面试时的诺言。

其他——诸如应聘者工作态度上是否具有主动精神，工作中的学习能力、创新能力及适应变化的能力等因素也很重要。

面试是一个非常重要的过程，IBM 认为，面试是双方的沟通，是双方价值观交流与认同的过程，无论经过几次面试，最终都是为了达到这个目的。

IBM 人力资源部设有专门的应聘者数据库，所有应聘者的数据都会在数据库里保存 1 年。也就是说，那些曾因为 IBM 不能为其提供合适位置而离去的应聘者，1 年之内还将有机会被纳入 IBM 公司的考虑范围。

就像大海，“蓝色胸怀”是包容、宽大的胸怀。IBM 的浑厚、大气、包容、开放和活跃的文化在招聘政策上得以充分体现。一般来说，刚进入 IBM 的应届大学毕业生与 IBM 签订 5 年的劳动合同，在合同期间，如果员工离职，

只需要按照《劳动法》的规定提前一个月通知公司即可，并不需承担违约责任，不会受到IBM任何所谓的惩罚。

有容乃大，事实上，IBM这种极具包容性的企业文化反而吸引了众多优秀的人才，在IBM长期奋斗。

（资料来源：www.beisen.com/Viewtopic.aspx?ID=181&Type=KL）

小　　结

工作分析，是对组织中每一个职务的工作内容和任职资格的研究和描述过程，即制定工作描述和工作说明书（总称为职务说明书）的系统过程。

工作分析使连锁企业的各级人员清晰地理解一项工作究竟是做什么的，承担这项工作的人必须具备哪些能力。

胜任特征，是指能将某一组织中有卓越成就者与表现平平者区分开来的个人的潜在特征，它可以是动机、特质、自我形象、态度或价值观、某领域知识、认知或行为技能，及任何可以被可靠测量或计数的并能显著区分优秀与一般绩效的个体特征的综合表现。

胜任特征模型包含三大组成部分：领导力、全员核心胜任特征和专业胜任特征。

复习思考题

一、单项选择题

1．工作描述包括（　　）。

A．生理要求　　B．心理要求

C．能力要求　　D．职务名称

2．职责是（　　）。

A．为了达到某种目的所从事的一系列活动

B．个体在工作岗位上需要完成的任务

C．依法赋予的完成特定任务所需要的权力

D．从事相似活动的一系列工作的总称

3．工作分析由（　　）来完成。

A．人力资源管理专家　　B．组织的主管人员

C．普通员工　　D．以上三类人员共同努力与合作

4．使用工作分析观察法时（　　）。

A．可任意选择观察者

B．可任意选择被观察者

C．观察前要有详细的观察提纲和行为标准

D．适用于以智力活动为主的工作

5．工作分析中的工作日志由（　　）来写。

A．工作分析人员　　B．上级领导

C．任职人员自己　　D．同事

二、多项选择题

1．工作分析表明了组织中（　　）。

A．总共设立了哪些部门　　B．各个部门的负责人

C．每位工作人员的工作职责　　D．上下级的隶属关系和责任关系

2．工作分析的原则包括（　　）。

A．系统原则　　B．目的原则

C．经济原则　　D．应用原则

3．工作分析访谈法的类型有（　　）。

A．个别员工访谈法　　B．群体员工访谈法

C．主管人员访谈法　　D．顾客访谈法

4．鉴别性胜任特征包括（　　）。

A．自我认知　　B．知识

C．社会角色　　D．技能

5．胜任特征模型包括（　　）。

A．全员核心胜任特征　　B．员工工作活力

C．领导力　　D．专业胜任特征

实训项目

6 人一组，调查 3 个连锁门店某一职务的职务说明书。每个小组设计一个该职务的说明书。

案例分析

案例 1　工作描述

下面是一个连锁门店的工作描述。

职务名称：店长，职务代号：×××，别名：门店经理。

1）工作活动。通过对人、财、物的管理与监督，实施门店的销售、计划、组织、指导和控制；指导门店的各种活动；就门店的各项事务向上级管理部门作出报告；根据对销售区域、销售计划、销售目标的批准认可，协调门店经营中的各项社会关系；进行市场分析，以确定顾客需求与潜在的消费量，组织各项促销活动，以实现企业的目标；可与其他管理部门合作，建议和批准用于门店经营管理的预算支出和拨款；可根据有关规定建议或实施对本部门员工的奖惩。

2）工作条件和物理环境。95％以上时间在室内工作，一般不受气候影响，温度适中，无严重噪音，无个人生命或严重受伤危险。无有毒气体。工作地点在本地。

3）组织环境。有两名副手，门店有工作人员 25～30 人；直接上级是区域经理；需要经常交往的部门是市场部、采购部、配送中心。

4）聘用条件。每周工作 40 小时，固定假日需加班；基本工资每月 2000 元，职务津贴每月 200 元，每年完成全年销售指标奖金 3000 元，超额完成部分再以 1‰提取奖金；本岗位是企业中层岗位，可晋升为区域经理和相关管理岗位。每 5 年有一次为期 1 个月的公休假期，可报销 1000 元旅游费用。

（资料来源：吴建国．2003．连锁企业人力资源管理．上海：立信会计出版社：78）

该工作描述具体说明了门店经理这一职务的名称、工作活动工作条件和物理环境、组织环境和聘用条件。表达简单明了，重点突出。

请针对该案例讨论是否需要增加职务概要、社会环境等内容。

案例 2 工作说明书

职务名称：销售部经理。

年龄：26～40 岁。

性别：男女不限。

学历：大学本科以上。

工作经验：从事销售工作 4 年以上。

生理要求：身体健康，无传染病；能胜任办公室工作，有时需要走动和站立；平时以说、听、看、写为主。

心理要求标准：

A：90～100 分（以总经理为 100 分，A 项员工占全体员工的 10%）

B：70～90 分；

C：30～60 分；

D：10～21 分；

E：9 分以下。

心理要求：

一般智力：A　　解决问题能力：A

观察能力：B　　创造力：A

集中能力：B　　知识面：A

记忆能力：A　　数学计算能力：A

理解能力：A　　语言表达能力：A

学习能力：A　　决策能力：A

性格：外向　　事业心：十分强烈

气质：多血质或胆汁质　　合作性：优秀

兴趣爱好：喜欢与人交往　　领导能力：卓越

态度：积极，乐观

工作描述和工作说明书可以编制在一起，称之为“职务说明书”。

（资料来源：吴建国. 2003. 连锁企业人力资源管理. 上海：立信会计出版社：79）

案例解析

该工作说明书具体说明了销售部经理这一职务的名称、年龄、性别、学历、工作经历、生理要求和心理要求，并有相应的心理要求打分标准，有一定的参考意义。

思考与讨论

请针对该案例讨论是否需要增加能力要求，生理要求是否还可以增加内容。

第五章

连锁企业员工招聘

◇ 学习目标

- 使学生对连锁企业员工招聘获得全面认识;
- 能清晰说明员工招聘的渠道;
- 能准确描述员工选拔的方法。

◇ 技能要点

- 员工选拔的方法;
- 招聘评估技术。

案例导入

丰田的全面招聘体系

丰田公司的“看板生产系统”和“全面质量管理”体系名扬天下，但是其行之有效的“全面招聘体系”却鲜为人知。正如许多著名日本公司一样，丰田公司花费大量的人力物力寻求企业需要的人才，用精挑细选来形容一点也不过分。

丰田公司全面招聘体系的目的就是招聘最优秀的、有责任感的员工，为此公司付出了极大的努力。丰田公司全面招聘体系大体上可以分成6大阶段，前5个阶段招聘大约要持续5～6天。

第一阶段丰田公司通常会委托专业的职业招聘机构进行初步的甄选。应聘人员一般会先观看丰田公司的工作环境和工作内容的录像资料，同时了解丰田公司的全面招聘体系，随后填写工作申请表。1个小时的录像可以使应聘人员对丰田公司的具体工作情况有个概括了解，初步感受工作岗位的要求，同时也是应聘人员自我评估和选择的过程，许多应聘人员看完录像后知难而退。专业招聘机构也会根据应聘人员的工作申请表和具体的能力和经验做初步筛选。

第二阶段是评估员工的技术知识和工作潜能。通常会要求员工进行基本能力和职业态度心理测试，评估员工解决问题的能力、学习能力和潜能及职业兴趣爱好。如果是技术岗位工作的应聘人员，更需要进行6个小时的现场实际机器和工具操作测试。通过1～2阶段的应聘者的有关资料转入丰田公司。

第三阶段丰田公司接手有关的招聘工作。本阶段主要是评价员工的人际关系能力和决策能力。应聘人员在公司的评估中心参加一个4小时的小组讨论，讨论的过程由丰田公司的招聘专家即时观察评估，比较典型的小组讨论可能是应聘人员组成一个小组，讨论未来几年汽车的主要特征是什么。实地问题的解决可以考察应聘者的洞察力、灵活性和创造力。同样在第三阶段应聘者需要参加5个小时的实际汽车生产线的模拟操作。在模拟过程中，应聘人员需要组成项目小组，负担起计划和管理的职能，比如生产一种零配件，应聘人员项目小组负责考虑人员分工、材料采购、资金运用、计划管理、生产过程等一系列生产因素的有效运用。

第四阶段应聘人员需要参加一个1小时的集体面试，分别向丰田的招聘专家谈论自己取得过的成就，这样可以使丰田的招聘专家更加全面地了解应聘人员的兴趣和爱好，他们以什么为荣，什么样的事业才能使应聘员工兴奋，更好地做出工作岗位安排和职业生涯计划。

通过以上四个阶段，员工基本上被丰田公司录用，但是员工需要参加第五阶段一个25小时的全面身体检查。目的是了解员工的身体一般状况，和特别的情况如酗酒、药物滥用等问题。

最后在第六阶段，新员工需要接受6个月的工作表现和发展潜能评估，在此期间新员工须接受监控、观察、督导等方面密切的关注和培训。

丰田的全面招聘体系使我们理解了如何把招聘工作与未来员工的工作表现紧密结合起来。首先，丰田公司招聘的是具有良好人际关系的员工，因为公司非常注重团队精神;其次，丰田公司生产体系的中心就是品质，因此需要员工高品质的工作承诺;再次，公司强调工作的持续改善，这也是为什么丰田公司需要招收聪明和受过良好教育的员工，基本能力和职业态度心理测试及解决问题能力模拟测试都有助于良好的员工队伍的形成。正如丰田公司的高层经理所说:受过良好教育的员工，必然在模拟考核中取得优异成绩。

（资料来源：zhidao.baidu.com/question/14378932.html）

人力资源的使用和配置有三大任务：一是如何获取最称职的人；二是如何充分利用人力；三是如何维持并增进企业员工的工作意愿。员工招聘是三大任务的第一个环节，因此，企业必须给予高度重视。通过本章的学习，应掌握现代企业员工招聘的要求、员工招聘的程序及招聘测试的方法和内容。

第一节　招聘的意义和程序

一、招聘的意义

员工招聘是获取人力资源的具体方法，它是按照企业经营战略规划和人力资源规划的要求，把优秀、合适的人员招聘到企业，安置在合适的岗位。这是企业成败的关键之一。

所谓人力资源招聘，就是通过各种信息途径，寻找和确定工作候选人，以充足的数量和质量来满足组织的人力资源需求的过程。招聘包括两个主要方面：一是向应聘人说明“工作是什么”；二是选择“适合这工作的人”。

西方有句俗话：你可以训练火鸡爬树，但不如直接雇佣一只松鼠。因此，第一个策略，是定义出公司的工作：爬树；第二个策略，是找到合适的员工：松鼠。如果公司的目标是创新，就需要找头脑灵活、敢于冒险与尝试的人；如果公司的目标是严格操作流程，那就要找守规矩的人。在知识经济条件下，留住最好和最明智的人是至关重要的。如果从公司内部得不到合适的人，那

么，机灵的公司就会花钱出去购买。

1. 人员招聘任务的提出

人员招聘任务的提出有如下几种情况：

1）新组建一个企业。

2）业务扩大，人手不够。

3）因原有人员调任、离职、退休、伤病而出现职位空缺。

4）人员队伍结构不合理，在裁减富余人员的同时需要补充短缺人才。

2. 员工招聘对企业的意义

员工招聘对企业的意义重大，主要体现在以下几方面：

1）招聘工作在企业的人力资源管理中占有首要地位。如果我们把人力资源看成是一个系统，是人员的输入与输出转换机制，那么招聘就位于这一系统的输入环节，也就是说，招聘工作的质量直接影响着组织人才输入的质量。招聘工作作为企业人力资源管理的基础，一方面直接关系到企业人力资源的形成，另一方面直接影响到企业人力资源管理的其他环节工作的开展。高素质的员工才能保证高质量的产品和服务，企业要发展就必须具备高质量的人力资源，员工招聘是企业获得优秀人力资源的重要程序，是企业发展的基础。

2）招聘工作的质量将影响企业的人员流动。一方面，一个有效的招聘系统将使企业获得能胜任工作并对所从事工作感到满意的员工，能促进员工通过合理流动找到适合的岗位，达到能位匹配，调动人的积极性、主动性和创造性，使员工的潜能得以充分发挥，人员得以优化配置。另一方面，有效的人力资源招聘可以使企业更多地了解应聘者到本企业工作的动机与目的，企业可以从中选出个人与企业发展目标趋于一致并愿意与企业共同发展的员工，同时可以使应聘者更多地了解企业及应聘岗位，让他们根据自己的能力、兴趣与发展目标来界定是否加入该企业。有效的双向选择使员工愉快地胜任所从事的工作，减少人员离职，及因此而带来的损失。

3）招聘工作直接影响着人力资源管理的费用。有效的招聘工作不但能使企业的招聘活动开支既经济又有效，更重要的是为企业配备了适合的人员，从而减少培训与能力开发的支出，降低了人力资源管理的各项费用。

4）招聘工作能扩大企业知名度，树立企业良好形象。招聘工作要利用各种媒体将招聘信息发布出去，经常使用的招聘媒体有电视、报刊、广播、计算机网络等。利用以上大众传媒发布招聘信息可以扩大企业知名度，让更多人更多地了解本企业。另外，有的企业在招聘信息中给出的薪酬水平、颇具规模和档次的招聘过程，都表明企业对人才的渴求，有利于企业形象的塑造。

二、招聘的原则

1. 公开原则

公开原则是指把招考职位、种类、数量，报考的资格、条件，考试的方法、科目和时间，均面向社会公告通知，公开进行。一方面给予社会上的人才以公平竞争的机会，达到广揽人才的目的；另一方面使招聘工作置于社会的公开监督之下，防止不正之风的产生。

2. 竞争原则

竞争原则是指通过考试竞争和考核鉴别确定人员的优劣和人选的取舍。为了达到竞争的目的，一要动员、吸引较多的人报考，二要严格考核程式和手段，科学地录取人才，防止“拉关系”、“走后门”、“裙带风”、贪污受贿和徇私舞弊等现象的发生，通过激烈而公平的竞争，择优录取人才。

3. 平等原则

平等原则是指对所有报考者一视同仁，不得人为地制造各种不平等的限制或条件（如性别歧视）和各种不平等的优先优惠政策，努力为社会上的有志之士提供平等竞争的机会，不拘一格地选拔、录用各方面的优秀人才。

4. 能岗匹配原则

人的能力有大小，本领有高低，工作有难易，要求有区别。招聘工作，不一定非要最优秀的，而应量才录用，做到人尽其才、用其所长、职得其人，这样才能持久、高效地发挥人力资源的作用。

5. 全面原则

全面原则是指对报考人员从品德、知识、能力、智力、心理、过去工作的经验和业绩进行全面考试、考核和考察。因为一个人能否胜任某项工作或者发展前途如何，是由其多方面因素决定的，特别是非智力因素对其将来的发展起着决定性作用。

6. 择优原则

择优是招聘的根本目的和要求。只有坚持这个原则，才能广揽人才，选贤任能，为单位引进或为各个岗位选择最合适的人员。为此，应采取科学的考试考核方法，精心比较、谨慎筛选。

三、影响招聘的因素

为了设计出高效率的招聘过程，首先必须对影响招聘工作的因素进行综合的分析。招聘，既受外部环境的制约，也受组织内部环境的影响。只有掌

握了各方面的情况，知己知彼，在进行招聘时，才能胸有成竹。

1. 组织外部的因素

1）国家的政策及法规。国家的政策及法规从客观上对组织（单位）的招聘活动进行了限制。例如，西方国家中的人权法规定，在招聘信息中不能有优先招聘哪类性别、种族、年龄、宗教信仰的人员表示，除非这些人员是因为工作岗位的真实需要。

2）劳动力市场。劳动力市场是实现人力资源配置的场所，它通过劳动力供给和需求相互选择而达到配置人力资源的目的。劳动力市场主要从供求关系方面对招聘产生作用。我们把供给小于需求的市场称为短缺市场，而把劳动力供给充足的市场称为过剩市场。一般来说，在劳动力过剩的情况下，组织（单位）对外招聘活动比较容易；相反，某类人员的短缺可能引起价格的上升，并迫使组织扩大招聘范围，从而使招聘工作变得错综复杂。由于我国的高级人才仍十分短缺，组织为了聘用到理想的高层次人才，往往要投入巨大的人力和物力。

3）市场的地理位置。根据某一特定类型的劳动力供给与需求状况，劳动力市场的地理区域可以是局部性的、区域性的、国家性的和国际性的。通常，那些不需要很高技能的人员可以在局部劳动力市场上招聘，如一般的生产工人、文职人员。而区域性劳动力市场可以用来招聘具有更高技能的人员，如计算机程序员。专业管理人员应在国家和劳动力市场上招聘，因为他们必须熟悉组织的环境和文化。最后，对某类特殊人员，如科学家、跨国公司中的高层管理者，除了在国内招聘外，还可以在国际市场上招聘。

2. 组织内部的因素

1）企业形象及号召力。组织（单位）在人们心目中的形象越好，号召力越强，对组织的招聘活动越会产生有利的影响。因为良好的形象和较强的号召力，将会对应聘者产生积极的影响，引起他们对于组织（单位）招聘工作的兴趣，从而对组织的招聘产生有利作用。

2）组织的福利待遇。不同的福利待遇会对组织的招聘工作产生重要影响。一个组织（单位）内部工资越高，工资制度越合理，各项待遇越好，就越容易吸引高素质的人才，使组织（单位）招收到满意的员工。在我国，有一点与其他国家不同，这就是组织（单位）能否解决户籍问题。户籍问题在我国组织招聘中一直占据很重要位置，虽然现在作用大为下降，但仍不能忽视。

3）招聘的成本和时间。由于招聘目标包括成本和效益两个方面，各招聘方法奏效的时间也不一样，所以，成本和时间上的限制明显地影响招聘效果。一个组织对于招聘资金投入的大小对招聘活动有着重要影响。充足的招聘资金可以使组织在招聘方法上有更多的选择，可以花大量费用做广告，所选择

的传播媒体可以是在全国范围内发行的报纸、杂志及影响较大的电视台等。相反，较少的招聘资金将使组织在招聘活动中面临的选择减小，只能采用费用较低的招聘方法，从而对组织（单位）的招聘活动产生不利影响。

时间上的制约也影响着招聘方法的选择。按照成本最小化原则，组织（单位）应避开人才供应的谷底，而应在人才供应的高峰时入场招聘，这时招聘的效率最高。同样，到农村招聘体力劳动型工人最好在农闲时节。

四、招聘的程序

1. 确定招聘需求

有人员需求各部门根据需求情况，由部门经理填写招聘申请表，报主管经理、总经理批准后，交人力资源部。由人力资源部统一组织招聘。

2. 制定招聘简章

招聘简章是企业组织招聘工作的依据，因此，招聘简章的制定是招聘的重要工作之一。它既是招聘的告示，又是招聘的宣传大纲。起草招聘简章应尽量表现企业的优势与竞争力。

招聘简章包括以下内容：招聘单位概况；工种或职位介绍；招聘名额、对象、条件和地区范围；报名时间、地点、证件、费用；考试时间、地点；试用期、合同期及录取后的各种待遇。

制定招聘简章的注意事项：

1）对于工作职位条件和待遇，无论是好的方面还是不利的方面，都应对应聘者做真实的介绍，这样可使应聘者的期望值比较符合实际情况，从而提高录用者对工作的满意程度。

2）合理确定招聘条件。招聘条件是考核录用的依据，也是确定招聘对象与来源的重要依据。能否合理地确定招聘条件，关系到能否满足企业的需要，也关系到人力资源能否得到充分、合理的利用。

3）招聘简章的语言必须简洁清楚，还要留有余地，使应聘者的人数比所需求的人数多出足够比例。

3. 选择招聘渠道

招聘渠道主要有：校园招聘、人才交流会、猎头公司、职业介绍机构等。

4. 填写登记表

应聘人员携带本人简历及各种证件（复印件）来公司填写《应聘人员登记表》。《应聘人员登记表》和应聘人员资料由人力资源部保管。

5. 初步筛选

人力资源管理部门对应聘人员资料进行整理、分类，定期交给各直线主管经理。直线主管经理根据资料对应聘人员进行初步筛选，确定面试入选，填写《面试通知书》。直线主管经理将应聘人员资料及《面试通知书》送交人力资源部门，由人力资源部门通知面试人员。

6. 选拔

选拔是对招聘的候选人进行筛选，进而确定哪些人能够符合组织所要求的工作任职资格。

7. 录用

录用则是对经过筛选的合格人员作出聘用决策，使其成为企业组织的一员。员工录用过程包括对工作申请人进行测评、制定录用决策和对录用结果作出评价。

2008年1月1日，《劳动合同法》正式施行。《劳动合同法》规定，用人单位在招用人员时，应当如实告知劳动者有关工作内容、工作条件、工作地点、职业危害、安全生产状况、劳动报酬及劳动者要了解的其他情况。《劳动合同法》规定，用人单位自用工之日起，即与劳动者建立劳动关系，同时订立书面劳动合同，已建立劳动关系、未同时订立书面劳动合同的，应自用工之日起1个月内订立书面劳动合同。如果用人单位自用工之日起，超过1个月不满1年未与劳动者订立书面合同的，应当向劳动者每月支付双倍的工资。一年内不签合同视为“终身制”。

（资料来源：www.unitytaw.com/artic teshow. asp? id=160）

五、招聘团队

1. 招聘人员的基本素质

招聘人员的选择关系着招聘的成败，一位招聘人员的工作能力、个性特征及各方面的素质将直接影响招聘的质量。如果考官德才兼备，必能慧眼识才、举才；反之则发现不了人才，即使发现了也会埋没甚至摧残人才。合格的招聘人员应具有以下基本条件：

（1）良好的个人品质与修养

招聘人员所拥有的品质不仅反映其个人的修养，更重要的是，他代表组

织、代表组织文化的特征，是企业文化的象征，从他们身上可以反映组织风范。主考官的表现、他的反应，哪怕只是一个表情，都会影响到面试者的心态和水平发挥。招聘人员必须具有公正、公平、客观的品质，能倾听与自己不同的意见，并给予客观评价，使每位应聘者在与他们的接触中感受到彼此的价值。

（2）多方面的能力

1）较强的工作能力。工作能力包括具备丰富的专业知识和工作经验，并善于处理各种人际关系，能熟练运用各种面试技巧，掌握相应的人员测评技术和方法等。

2）较强的应变能力。应变能力包括善于处理和协调人际关系，能熟练运用各种技巧及灵活面对各类应聘者。考官在面试过程中，常常会遇到一些突发性问题，如果缺乏必要的应变能力，就会在突发性问题面前手足无措，不知如何处理；但这些突发性问题往往涉及一些重大问题，处理不好就会造成很大影响。因此，招聘人员必须具备较强的应变能力和反应能力，从而提高面试的效果。

3）协调和交流能力。招聘人员需要与人力资源市场、广告媒体和各种各样的媒介接触，他们必须通过谈话、报告、信件等形式来清楚地表达自己，表达企业对应聘者的要求。而且由于内部招聘已经越来越流行，招聘不仅仅是与外界发生关系，还要和企业的现有员工发生密切关系。因此，协调和交流能力也变得越来越重要。

4）观察能力。招聘人员需要在很短的时间内认识和了解应聘者各方面的情况，要观察人的表情和形体语言，所以，要有很强的观察能力。

5）良好的自我认知能力。心理学研究认为，人们总是习惯以自我标准去评价他人。作为招聘人员，如果不能对自我有一个健全、准确的认识，就不能公正、公平、准确地挑选应聘者。

（3）专业知识扎实，文化素质高

作为招聘人员，要正确评价应聘者的能力和知识，首先自己必须具备必要的专业知识。招聘人员应具备的知识包括两个方面：一是考评各个部门、岗位都适用的知识结构，即懂得心理学、人事管理学、人才学和应用数学等基本知识。二是具备考评某个行业需要掌握的专业知识。招聘人员应是对应聘者职位的业务相当熟悉，有一定权威的人。这样，才能在面试中与应聘者较好地交流，并对其作出正确的评价。有时，运用专业知识也是一种面试的技巧，可以用来排除不合要求的应聘者，为面试节省时间，也为招聘人员节省精力。

除上述基本素质外，招聘人员还应有丰富的阅历、全面的考评技术。

2. 招聘团队组建的原则

招聘工作不是一两个人能够完成的，它需要团队的力量。招聘团队为组

织（单位）聘用各个类型、各个行业的员工，要求他们中的每一个人都具备各行业的综合素质是不现实的，但是，他们若按知识、气质、能力、性别、年龄、技能互补组合在一起，就能起到增值的效果。

招聘团队的组建应遵循以下原则：

1）智能合理组合。智是指知识、经验、智慧；能是指能力、专长。招聘团队智能的合理组合，就是根据招聘工作的需要，把不同类型智能的人组织在一起，使之形成一个智能门类比较齐全、水平层次比较协调、适应工作要求的招聘团队。招聘团队要为企业招聘各个岗位的员工，如果招聘团队中有的人懂生产，有的人精通管理，有的人了解公关工作，有的人熟悉办公室工作，各种不同能力的人结合在一起，就便于招聘各个不同岗位的员工，做到“文武兼备，各得其所”，避免群体智能上的某些不足，满足招聘工作的各种需求，多快好省地完成招聘工作。

2）个性的合理组合。个性主要指人的性格、思维方式、反应能力、行为习惯与其他心理、生理特点。在实际生活中，每个人都有自己的气质、性格、习惯、感情等，不可能完全一样。不同的招聘人员具有不同的个性特征和气质，将不同个性、不同气质的招聘人员组合在一起，可以消除招聘工作中由于某一气质类型的招聘人员的心理偏差或者成见而造成的误差，把招聘工作做好。

3）年龄的合理组合。年龄的合理组合是指一个招聘团队内各年龄段的合理配置。不同年龄段的人，由于生理、心理、经历等各异，智力、体力、能力的发挥程度也不尽相同。将不同年龄的招聘人员组合在一起，更能客观地对不同年龄段的应聘者进行正确的分析，把招聘工作完成得更好。

4）性别互补。不同的性别有不同的长处，如女性一般比较温柔细心，喜欢从细节考察人；而男性则坚强刚毅，往往从全局来把握人。另外，性别互补还可以避免考评过程中的性别歧视或性别优势，有利于正确地评价人才。

3. 招聘人员的误区

招聘人员在招聘过程中可能会出现一些错误的心理效应，从而影响招聘工作的质量。因此，招聘人员除了具备必要的品质修养和知识技术外，还应加强心理素质的培养，注意防止和克服不良心理效应的影响。

1）首因效应。心理学家阿希曾经做过这样一个实验，列出六种性格特征：聪明、勤奋、易冲动、爱评论、顽固、嫉妒。第一份表格按上述所列性格特点顺序排列，第二份表格把所列顺序完全颠倒过来，但其内容完全不变。然后，把这两份表格所列举内容分别说成是两个不同性格的人的测试记录，再请一些人对两个人的性格做评价。结果发现，这批人的评价结果惊人地一致，他们一致肯定以“聪明”为首的这一位，否定以“嫉妒”领头的那一位。实验结果表明，第一印象在人的认知过程中起着非常重要的作用，它容易造成

先入为主的认知偏差。对应聘者的初步印象（发型、口音、衣着）会导致对工作相关方面判断上的偏见。大多数招聘人员认识不到：他们受这种偏见的影响有多深，以及在面试的两分钟内，对应聘者形成的印象会对面试结果产生明显影响。在面试的最初五分钟里，设法去准确地发现你喜欢或不喜欢这个应聘者的什么方面，认识到你对应聘者产生了什么感觉，而不要使它影响你对与工作相关的方面作出的判断。

2）晕轮效应。在面试活动中，晕轮效应具体表现是，应聘者在测试过程中表现出来的某一突出的特点容易引起考官的注意，而其他素质的信息被忽视。如应聘者的语言表达能力很强，给考官留下良好的印象，有的考官受晕轮效应的影响，认为该应聘者的一切方面都好。相反，有的应聘者在某个问题的回答上有反常或异常的表现，或有令人反感的回答，给考官的印象自然不好；有的考官则认为该应聘者的所有方面均差。在日常的应聘面试实践中，由于考官对应聘者的具体情况和个性特点未进行全面细致的了解，很容易受应聘者某一明显特点的影响而作出不公正、不符合应聘者全部素质信息的评价，这种心理效应以点代面，用主观臆想的联系代替应聘者自身素质真实客观的联系，必须防止和避免。在某一个方面的能力优秀，不代表他所有方面都优秀。单独逐一评价每一个岗位的才能，不要让对某一个才能的评价影响到对其他才能的评价。

3）投射效应。投射效应是指在认知过程中，认知主体拿自己的兴趣爱好去认知客体的心理趋向。在面试中，投射效应的具体表现是，面试考官在对应聘者进行测评时，自觉不自觉地把自己的个性特点投射于测评活动过程之中。如有的考官个性严谨，在面试测评中就会极为严格地考察应聘者某一个项目，有时近乎挑剔。有这种倾向的人，会把素质优秀的应聘者评为中等，把中等的评为差等。相反，个性宽厚、温和的考官则可能给分较松，容易把素质一般的评价为中等，把素质较好的评价为优秀。这两种情况造成的测评结果的误差，源于考官的个性特点，应从根本上加以校正。

4）归因效应。归因效应是指针对人才素质绩效原因所做的心理趋向评价。归因有内在归因和外在归因两种。在面试中，归因效应也表现为两种情况：一是内在归因假设容易使面试考官在对应聘者的素质能力进行评价时，把其成绩归结于该应聘者的内在特征，如个性心理特征，考官会认为他之所以有这样好的表现，原因是他有良好的心理品质、意志品质等。二是外在归因假设则易使考官把应聘者在测评中的表现简单地归结于他所处的环境，而与内在素质无关，如应聘者表现突出、成绩优良，有的考官则将其仅仅归于社会的影响、上司的培养等。外在归因和内在归因均有失偏颇，应把两者综合起来，才能作出全面、客观的评价。

5）类比效应。类比效应是指面试考官在面试过程中，往往习惯地把应聘者与自己曾经交往过的人简单地做类比，进行评价。如考官过去接触过某一

地区、行业、阶层，乃至某一单位的人，容易从中抽象出某些共同特点，将其归为一类人。这类人如果给考官留下好的印象，应聘者类似于此类人，考官则易给高分；相反，考官则有可能根据以往的经历，对该应聘者作出不应有的低估。类比效应在人才测评的面试实践中不同程度地存在着，考官应努力排除这种不良心理倾向的影响。

6）反差效应。反差效应是指面试考官无意识地对前后被测的应聘者进行比较的心理倾向。考官在对后一个应聘者进行测评时，会受对前一个应聘者评价的影响，这种影响干扰是正常的，但问题是有时这种心理倾向影响了评价的公正性和客观性。如当一个能力一般的人被编排在一个能力差的应聘者后，会获得较高评价；相反，当一个能力同样一般的应聘者被编排在一个才能优秀的应聘者之后进行评价时，可能受到过低的评价。排除反差效应的关键是，面试考官要准确理解和统一把握客观的测评标准，努力把每个应聘者与标准相比较，而不是与其他应聘者相比较。

7）定势效应。面试考官有不同的人生经历和社会经验、兴趣、爱好，价值观也各不相同，并由此养成了各自对事物特有的评价态度和认知定势。考官的认知定势的差异性左右着考官的评价标准。在面试过程中往往会出现这样一种情况：不同考官对同一应聘者的看法各不相同，见仁见智，甚至大相径庭，有的考官给分很高，有的则给分很低。如有一性格活泼外向的应聘者应试，结果出现两种情况：有的考官是外向型的人，评价较高，给分很高；有的则相反，认为该应聘者轻浮、不成熟，评价较低，给分很低。

8）关系效应。关系效应是指面试考官以自我为中心，把应聘者与自己心理适应上的关系的远近亲疏作为测评依据的心理趋向。有的考官对和自己关系和谐的应聘者，给予较高的评价；相反，对与自己关系疏远隔膜者，则评价较低。关系效应完全以考官与应聘者的距离为尺度，背离了人才测评的客观标准，应予以杜绝。

9）诱导效应。诱导效应是指在面试活动中普通考官易受地位或高权威的考官认知态度的影响，左右其评价。在面试过程中，主考官或权威人士对应聘者的评价，会对其他考官有明显的诱导和暗示作用，致使其他考官放弃自己原来的看法和评价。有些考官先议后评，诱导效应十分突出，其结果是，不同考官对同一应聘者的评价基准一致，评分相差无几。诱导效应表面上的一致性掩盖了测评的客观、公正性。

10）中央趋势效应。中央趋势效应是中国传统文化中的中庸心理在面试中的折射和反映。传统的中庸心理主张对任何事物采取不偏不倚的态度，折中调和事物间客观存在的差异。在面试中的表现是：考官对应聘者的评价心中无数，举棋不定，对好、中、差的感觉模糊。思想上的不确定性决定了考官对应聘者进行评价时，用语模棱两可、似是而非，难以准确地区别应聘者的素质优劣和才能高低，结果导致面试分数相对集中于一个折中的分数段。

该效应貌似公平，实质上导致测评结果良莠不分、真假难辨，从而使测评失去了应有的作用。

11）招聘压力带来的偏见。由于招聘部门急于招人，主考官在这种情况下进行面试时，一些应聘者即使不是真的可以接受，主考官也可以让他通过。这就是招聘压力带来的偏见。这种情况在任何时候都会发生，尤其是在技能和要求越来越高，而这样的人才越来越难找的今天。但是，即使有一群人涌到主考官面前，最好还是等待合适的人，而不要饥不择食。当考虑招聘、面试、培训的花费及由于被选中的人因生产效率能力低下而造成生产效率下降时，滥竽充数的后果是得不偿失。

第二节　员工招聘渠道

人员招聘渠道大体可分为内部招聘与外部招聘两类。

一、内部招聘

1．内部招聘的形式

1）员工推荐。人力资源部将空缺的职位信息公布出来，公司员工可以自我推荐，也可以互相推荐。人力资源部收集到相关人员的信息后，采取公开竞争的方式，选拔适合该岗位的人才。

2）内部储备人才库。人才库系统记录每一位员工在教育、培训、经验、技能、绩效、职业生涯规划等方面的信息，并且这些信息随着员工的自身发展得到不断的更新，用人部门和人力资源部门可以在人才库里寻找合适的人补充职位空缺。

2．内部招聘的优点

1）内部招聘为组织内部员工提供了发展的机会，增加了内部员工的信任感，有利于激励员工，有利于员工职业生涯发展，有利于安定员工队伍、调动员工的积极性。毕竟，对于核心员工而言，事业的成功、巨大的发展空间永远是最好的激励措施。由于现有的员工在企业已经工作了一段时间，他们应该更具有对企业效忠的意愿。在一个较低的职位上都没有离开，那么在得到提升后其流失的可能性一般也较小。

2）提拔内部人员可以提高所有员工对组织的忠诚度。在制定管理决策时，更能做比较长远的打算。

3）内部招聘为企业节约了大量的费用，如广告、招聘人员与应聘人员的差旅费、被录用人员的生活安置费、培训费等。同时，内部招聘通常能够简

化招聘程序，为企业节约时间，并省去许多不必要的培训项目，如入厂教育、企业文化教育等，减少了组织因职位空缺而造成的间接损失。

4）提高了招聘的质量和正确性。由于对内部员工有较为充分的了解，使得被选择的人员更加可靠，从而提高了招聘的质量和正确性。特别是对于核心员工的招聘而言，拟招聘的人员都要从事关系到企业核心竞争力的业务，如果选人不慎，就有可能出现“一着不慎，满盘皆输”的情况。

3. 内部招聘的缺点

内部招聘的选择范围终归太小，特别是对于一些中小企业而言，更是如此。所以它也不可避免地存在一些缺点。

1）容易产生“波动”效应。那些申请了但却没有得到职位或者没有得到空缺信息的员工可能会感到不公平、失望甚至心生不满，从而影响其工作积极性，因此需要做大量的解释与鼓励的工作。所以，在企业内部招聘核心员工时应结合企业的员工技术档案将信息公告的范围有意识地缩小，这样才能在一定程度上缓解这个问题。

2)新主管不容易建立领导声望。由于新主管一般是从同级的员工中产生，工作集体可能会不服气，这使新主管不容易建立领导声望。更极端的情况是，在IT业中提拔一个人，一群人离职的现象时有发生。

3）有时从内部选拔，在培训上并不节约。从内部晋升也会产生新的空缺，即被提升人所空缺出来的职位，因为一次提升产生了两个需要培训的雇员。当然，在企业外部环境变化不剧烈、职位本身影响力不大时，这可以作为企业整个培训、人才储备计划的一部分。但是，瞬息万变的市场不会等待一个员工的成熟，如果需要培训的时间过长，则不如换一种招聘方式。

4）内部招聘的最大问题是近亲繁殖。如果企业的整个管理队伍都是迈着同样的阶梯晋升上来的，在管理决策上就会缺乏差异，整个管理阶层就会缺乏创新意识。在上世纪末，日本的泡沫经济破灭后，在日本经济的重整和转型中各大企业财团纷纷束手无策，很大程度上就是由于这个原因。

因此，内部增补要在提高员工士气和忠诚度等优点和近亲繁殖等缺点之间进行权衡和选择。

二、外部招聘

1. 外部招聘的形式

（1）广告

广告是企业招聘人才最常用的方式，可选择的广告媒体很多：网络、报纸、杂志等，一方面，广告招聘可以很好地建立企业形象；另一方面，信息传播范围广、速度快，获得的应聘人员信息量大，层次丰富。

（2）校园招聘

对于应届生和暑期临时工的招聘可以在校园直接进行。方式主要有招聘张贴、招聘讲座和毕业分配部门推荐三种。

（3）熟人推荐

通过企业的员工、客户、合作伙伴等熟人推荐人选，这种方式的好处在于对候选人比较了解，但问题在于可能在企业内形成小团体，不利于管理。

（4）中介机构

1）人才交流中心：通过人才交流中心人才资料库选择人员，用人单位可以很方便地在资料库中查询条件基本相符的人员资料，有针对性强、费用低廉等优点，但对于热门人才或高级人才效果不太理想。

2）招聘洽谈会：随着人才交流市场的日益完善，洽谈会呈现出向专业方向发展的趋势。企业招聘人员不仅可以了解当地人力资源素质和走向，还可以了解同行业其他企业的人事政策和人力需求情况。当然，要招聘到高级人才还是很难。

3）猎头公司：猎头公司有专业的、广泛的资源，拥有储备人才库，搜索人才的速度快、质量高，招聘高级人才，猎头公司是非常好的选择。

（5）人才库

公司可以建立自己的外部人才库，并且可以利用各种机会向社会推广，吸引对公司有兴趣的各类人才加入公司人才库，以备不时之需。但由于人员的流动性太大，人才库的资料不能得到及时的更新。如何与人才库的人员保持联络，使他们资料及时更新，是企业人力资源工作者所要认真考虑的。

（6）网络招聘

随着计算机及网络技术的发展，产生了通过计算机网络进行招聘的方法，即通过在互联网上发布招聘信息，征集应聘者。网络招聘具有传播范围广、速度快、成本低、供需双方选择余地大，且不受时间、地点的限制等优点。网络招聘在我国具有良好的发展前景。此外，现在我国一些劳动力市场和人才市场有比较丰富的网上资源，这些市场收集了求职者的简历和基本情况如职业生涯目标、工作经历、希望从事的工作和教育背景等，组织支付一定费用后就可以在网络上进行查询，因此是相对比较便宜的招聘来源。另外，对于一些比较难招聘的职位，进行网上招聘也是一种可取的办法。

2. 外部招聘的优点

1）外部招聘有利于平息和缓和内部竞争者之间的紧张关系。在内部招聘中总会有失败者，当这些失败者发现自己的同事，特别是原来与自己处于同一层次、具有同等能力的同事得到提升甚至成为自己的上司时，很可能会产生不满的情绪，甚至不服从工作安排乃至最终离职而去。而从外部招聘则可以避免这些问题的发生，有利于保持企业内部和谐的氛围。

2）外部招聘在内部员工还不能担负重任时，可以减少组织职位缺乏所造成的损失。在企业空出一个岗位后，并不是在内部一定有合适的人选，特别是需要核心员工的核心职位。勉为其难地提拔一个内部员工，企业可能要为他的不成熟付出惨重的代价。

3）“外来优势”的存在。外来的和尚会念经大多数内部管理人员在思维上具有一定的趋同性，而通过外部招聘得到的员工一般更容易破除这个趋同性，并为企业带来新的管理方法和经验。他们没有太多的条条框框束缚，从而能给企业带来更多的新鲜空气和创新机会。新近加入企业的他们一般也更少受到复杂人情网络的影响。

3. 外部招聘的缺点

1）外聘人员可能对企业内部情况不太了解。

2）对企业文化不适应。

3）企业对应聘者的情况缺乏深入的了解。

目前在劳动法及其他国家级立法中没有针对企业招聘行为的管理规定。全国目前只有北京、云南、和山东青岛市有相关的地方性立法，其中以北京的地方立法比较完善，制定颁布了《北京市招聘职工暂行办法》、《北京市招聘人才洽谈会管理办法》，其中有不少强制性规定，但并没有相应的法律责任和制裁规定。由于目前中国的劳动力市场供给远大于需求，求职者的弱势地位十分明显。因此，要保护求职者合法权益必须依靠法律作后盾，除了对知情权等权益的明细化，中国招聘立法的空间还很大。

（资料来源：www.study365.cn/Articlt/HRxw/200701/29971.html）

三、招聘渠道的选择

由于内外招聘各有优缺点，所以大多数企业都实行内外招聘并举的方针。具体来说，如果一个企业的外部环境和竞争情况变化非常迅速，而它的规模又比较小，则它既需要开发利用内部人力资源，又要更侧重外部人力资源。而对于那些外部环境变化缓慢、规模较大的企业来说，从内部进行提拔则更为有利。从核心员工的种类来看，内部招聘的重点是管理人才，而外部招聘的重点则是技术人才。

内部选拔和外部招募各有其优势与不足。因此，组织在进行新员工招募时，要进行综合考虑，发挥各自的优势，避免其不足。尤其高层管理人员的引进，特别是CEO，应更为慎重。一旦决策失误，将会严重影响组织的发展。如美国的西屋电器公司，20世纪70年代是与GE公司处在同一水平上的竞争

对手。但由于接连选错了 5 个 CEO，这家曾经是美国家喻户晓的公司现已风光不再。如果组织想维持现有的强势组织文化，不妨从内部选拔；如果想改善或重塑现有的组织文化，可以尝试从外部招募。例如，20 世纪 90 年代初，在飞利浦公司处于危难之际走马上任的迪默，尽管他本人是通过内部晋升走上 CEO 位置的，但为了改变当时的组织文化，形成创新、参与的组织气氛，他对高级管理层进行了大幅的人事改革，直接从外面进行招募。到 1994 年中，原来的高层管理者只留下 4 名，而且 14 名高层管理者中只有 5 名是荷兰人。到 1995 年底，飞利浦公司的财务状况就得到了根本性好转。当然，管理者的选拔还要考虑到文化的差异，例如美国的企业组织就倾向于外部招募，而日本则倾向于内部选拔。

第三节　招聘的重点环节——面试

面试是一种评价者与被评价者双方面对面地观察、交流，互动可控的测评形式，是评价者通过双向沟通形式来了解面试对象的素质状况、能力特征及应聘动机的一种人员考试技术。它不仅可以评价出应聘者的学术水平，还能评价出应聘者的能力、才智及个性心理特征等。有一项调查显示，70%的企业在招聘过程中使用了某种形式的面试技术或方法。企业在筛选过程中也许不使用测验、评价中心等筛选方法，但是，企业却不太可能不使用面试这一方法，尤其在部门主管决定录用一个员工之前，不与这个人进行面谈是不明智的。从某种程度上说，面试已经成为人力资源管理一个不可缺少的重要工具。

一、面试的准备

1. 选择面试考官

选择面试考官是面试成功的关键，因为考官的素质、性格特征、工作能力直接影响面试的质量。

面试考官一般由以下三方人士组成：

1）用人部门领导。

2）人力资源部人员。

3）独立评选人。独立评选人应对该职缺的工作有深切了解。

2. 确定面试人选

要求应聘人员真实、正确地填写应聘人员报名登记表，以便获得有关应聘人员的背景信息。主考官在面试前，要详细阅读应聘人员报名登记表、自传，同时要查阅工作规范，这样会带着理想求职者特征的清晰图像进入面试。

3. 设计面试评价量化表和面试问话提纲

面试评价量化表是面试过程中考官现场评价和记录应聘者各项要素优劣程度的工具，它应能反映出工作岗位对人员素质的要求。在设计此表时，要注意这些评价要素必须是可以通过面试技巧进行评价的。面试评价要素一般包括以下19项：个人仪容；人生观、社会观、职业观；职业设计；人格成熟程度（心理健康与成熟等）；个人涵养；求职个人相关动机；有关工作经验；相关的专业知识；语言表达能力；思维逻辑性；应变能力；社交能力；自我认识能力；个人支配能力；协调沟通能力；责任心、时间观与纪律观；分析与判断能力；应变能力；个人决策能力。

面试问话提纲要根据所选择的评价要素及从不同侧面了解应聘者的背景信息来设计，它由通用问话提纲和重点问话提纲两部分构成。

4. 安排面试场所

安排面试场所是最后一项准备工作。面试场所包括面试室、应试者候试室、考务办公室等。它是面试构成的空间要素。面试场所要按照一定的条件来选择和布置，即根据面试方式确定面试场所。如个人面试可选取较小空间，而小组面试则要有较大空间。具体要求如下：

1）面试考场的布置应简洁，以免分散考生的注意力。考场应无噪声干扰，光线柔和，温度适中。

2）面试主考人员不应坐在背对光源处，这样会使主考人员的形象放大，对应聘者的心理产生不利的影响。在面试中，不宜把应聘者放在室内的中央部位。因为这样会使人有一种不安稳的感觉。

3）面试考场要求安静。面试时，应该不受干扰，房间内的电话应该暂时切断，招聘者的移动通信工具也应该关掉，其他干扰要降至最低。

4）面试室、应聘者候试室、考务办公室之间的相互联络要便利，要设立相应的指示牌，使人容易找到。

5）应聘者候试室最好放置一些本单位介绍材料，有关的报纸、杂志及一些轻松有趣的读物，也可放放音乐，以让应聘者轻松地度过等候时间，提高其面试效果。

6）面试时，应注意在所在地的入口处标明考场的分布情况，还应准备供应聘者饮用的茶水及饮水工具。

7）应有共同的计时钟表。

8）要有明确标志的考官席、应聘席和场记席。

二、面试的过程

面试的实施是面试的具体操作阶段，它是以主考官的主导控制为核心而

运作完成的。在预备过程中，主考官与应聘者直接对话、沟通信息，主考官的运作能力和面试技巧直接决定了面试效果。由此可见，这个过程是整个人员聘用的核心。

面试过程一般分为五个阶段：

1. 预备阶段

预备阶段多以社交话题为主，主要是为了帮助应聘者消除紧张戒备心理，建立起面试阶段所需的和谐、宽松、友善的气氛，解除应聘者的紧张和顾虑。有时应聘者进入面试室时，频频点头，搓搓双手，或将眼镜取下来，不久又戴上去，这表明他心情紧张。主考官这时不宜开始提问，可找一些轻松的话题作为开场白，使应聘者平静下来。比如，问："这里不太好找，你一定找得好辛苦。""你是骑车还是坐车来的？""你是某某大学毕业的，某某教授教过你课没有？""你家乡我曾去过，感觉很好。" 除此之外，主考官不妨对应聘者某些方面赞美几句，也有助于舒解应聘者的紧张心情。

2. 引入

在引入阶段，主考官一般根据应聘者的履历情况提出问题，逐步引入面试正题。在这个阶段，要给应聘者一个真正发言的机会，同时，主考官开始对应聘者进行实质性评价。

3. 正题

正题阶段是面试的实质性阶段，主考官通过广泛的话题从不同侧面了解应聘者的心理特点、工作动机、能力、素质等。在这个阶段，需要注意的是面试提问技巧，提问可以采用以下几种方式：

1）开放式提问。这是一种鼓励应聘者自由发挥的提问方式。例如，"您认为什么样的工作环境最有利于您创造出好的业绩？""你原来的团队工作方面表现如何？""你的沟通技巧怎么样？"这些都是开放式问题。应聘者不可能用一两句话就回答清楚，而是需要总结、引申、举例。通过这一系列问答，可以从中获得足够的信息。同时还可以设计一些情景式、行为式的问题，如"告诉我最具有挑战性的客户是什么样子？""你最敬佩的人是谁？为什么？"等，用来收集关于应聘者核心胜任能力（岗位胜任特征、素质模型）的信息。在应聘者回答问题过程中， 主考官可以对应聘者的逻辑思维能力、语言表达能力等进行评价。

2）试探式提问。这种问题带有意图去试探一种事实或应聘者的态度，有时用于实现话题转换。例如，"您为什么要离开目前的工作？"

3）封闭式提问。它只需应聘者作出简单的回答，一般以"是"或者"不是"来回答，至多加一句简单的说明。例如，"如果需要的话，您愿意加班吗？

等，”这类问题的回答简洁明了，主要针对该岗位一定“要”或“不要”的方面征求应聘者的意见。

4. 转换阶段

一般在面试时集中提出问题时，应注意求职申请表中所填的内容，加以推测分析，同时，还应询问应聘者过去做过的工作，据此判断他将来能否担当此任，这是完全必要的。但有时应聘者也会编造一些假象。为解决这一问题，在考察对象的工作能力、工作经验时，可以对应聘者过去工作行为中特定的例子加以询问。基于行为连贯性原理，所提的问题并不集中在某一点上，而是一个连贯的工作行为。这个阶段是面试的收尾阶段，这时主考官可以提一些更尖锐、更敏感的问题，以便能更深入地了解应聘者，但要注意尊重他的人格和隐私权。

5. 面试结束

在面试结束之际，应留有时间回答应聘者的问题。结束要自然，不要让应聘者感到很突然，留下疑惑。

面试结束以后，要立即整理面试记录、核对评价资料，在评价表上记录考官的满意程度。在所有的面试结束后，需要将多位主考官的评价结果综合，形成对应聘者的统一认识。这个工作可以在综合评价表上完成。综合评价表是对多位主考官的评价结果汇总得出，有时根据需要还要将所有应聘者的面试评价结果综合排序。

主考官衡量应聘者的条件是以公司（单位）本身的需要为前提的。当然，若主考官不止一人时，每位主考官对应聘者的评审意见可能不同，这时可先让主考官根据面试评价表打分，然后再将所有主考官的分数加起来，求得平均数，就可代表该应聘者所得分数了。并将面试的评价建议通知用人部门，经协商后，作出录用与否的最后决定，随之通知应聘者。至此，面试环节的全部工作便告一段落。

面试结束后还要有明确的处理措施。很多跨国公司，面试结束后一般都会给落聘者打电话或致感谢函，体现了良好的企业形象和专业水准。

招聘的最后一关：背景调查。背景调查就是从求职者提供的证明人或他以前的工作单位那里收集信息来核实求职者的个人资料，这是一种能直接证明求职者情况的有效方法。调查的方式有多种，如电话调查、信函调查、面谈等，最后是背景调查材料汇总。

三、面试的方法

面试可采取一议制，也可采取多方制面试，用人部门主管的意见起决定作用，其他成员的意见起参考作用。

1. 根据面试的结构分

根据面试的结构划分，面试可分为非结构化面试和结构化面试。

1）非结构化面试事先不安排所问的问题，面试考官可根据不同应聘者提出不同的问题，让应试者自由发表议论。非结构化面试可以观察应试者的知识面、价值观、谈吐和风度，了解其语言表达能力、思维能力、判断能力和组织能力等。非结构化面试的优点在于：事先没有准备问题，面试考官的发问一般是有一定前后联系的，这样就有利于应试者消除紧张情绪，发挥正常水平，同时也有利于面试考官对应聘者有一个全面的了解。非结构化面试的缺点在于：对不同的应聘者问不同的问题，会影响面试的信度和效度，除此之外，非结构化面试对面试考官的知识和经验都有很高的要求。非结构化面试经常用于中高级管理人员的招聘。

2）结构化面试提前准备面试的问题（也可以准备被选答案），面试考官根据设计好的问题逐一发问，由应试者自由回答或在被选答案中进行选择。结构化面试的优点在于：每一个应聘者面对同样的问题，面试的信度和效度较高。结构化面试的缺点在于：事先准备好问题，限制了谈话的深度，并且所问问题前后关联度低，问题可能显得唐突。结构化面试经常用于一般员工或一般管理人员的招聘。

2. 根据面试的控制方式分

根据面试的控制方式划分，面试可分为一对一面试、小组面试和集体面试。

1）一对一面试即单独面试，由一个主考官面试一个应聘者。

2）小组面试是几个考官（其中一人为主考官）同时对一个应聘者进行面试。小组面试时几个考官同时对应聘者进行考察评价会更准确，但是，这种面试会给应聘者额外的压力，会阻碍一些信息的获得。

3）集体面试由多个考官对多个应聘者同时进行面试，在集体面试中，若干位应聘者在考官面前会相互影响，有助于考官了解应聘者处理人际关系的能力。

四、面试过程的注意事项

1）紧紧围绕面试的目的，制造和谐的气氛，这样了解的信息比较准确。

2）问的问题要尽量与工作有直接的关系，不要问与工作无关的问题。

3）对被试者要充分重视，避免过于自信。有些主试者过分自信，思维形成定势，不管被试者反应如何，他都根据自己事先已经考虑好的东西去判断，这样就会造成失误。

4）避免刻板印象。刻板就是指有时对某个人产生一种固定的印象。

5）注意非语言行为。人们的语言行为往往是通过大脑的深思熟虑才讲出

来的，尤其是面试的时候，被试者往往事先进行过充分准备，因此讲话的时候可能把最好的一面呈现出来。要真正了解被试者的心理素质，还应该很仔细地观察被试者的非语言行为，如表情、动作、语调等。

6）防止不必要的误差。有时会因为主试者没有面试经验而造成不必要的误差。

7）注意第一印象。第一印象是指两个陌生人在第一次交往之初给对方留下的印象。一般来说，被试者在参加面试前都经过刻意打扮和充分准备，所以给主试者留下的第一印象都比较好。但是，第一印象可能是正确的，也可能是不正确的，因此要尽量摆脱第一印象的影响，真正客观地去判断、评价一个人。

8）要防止"与我相似"的心理因素干扰。"与我相似"心理因素就是指当听到被试者某种背景和自己相似时，就会对他产生好感，同情的一种心理活动。

第四节　选 拔 测 试

组织要筛选到合适的应聘者，必须对候选人进行相应的选择测试。人员选拔过程中经常使用的测试包括以下几种：

一、智力测试

智力测试也称智商测试，是对一个人的知觉、空间意识、语言能力、数字能力和记忆能力等方面进行的测试，测试的结果用智力商数表示，它测试的是个人智力表现出的外在行为，是一种间接测量。进行智力测试必须设计出一套问题，让应试者运用比较、排比、分类、运算、理解、联想、归纳、推理、判断、评价等技能解答测试题，根据回答的结果计算得分，来判断应试者的智力水平。例如，著名的法国"西比量表"，共有 30 道题目，后来美国人增补为 90 道，改称 1961 年"西比量表"。量表中的问题难度由浅而深排列，以答对题目数量多少作为辨别智商的标准：得分在 90～110 分为正常智力，140 分以上者为优，70 分以下者为心智不足。由于从事各项工作都对智力水平有一定的要求，所以智力测试应用比较广泛。

二、人格测试

人格由多种人格气质组成，大致包括：体格与生理特质、气质、能力、动机、兴趣、价值观与社会态度等。人格是稳定的、习惯化的思维方式和行为风格，它贯穿于人的整个心理，是人的独特性的整体写照。人格对于管理者来说是很重要的，它渗透于管理者的所有行为活动中，影响管理者的活动方式、风格和绩效。大量研究和实践表明，某些样式的人格类型和管理活动

有着特殊的关系，其对团体的贡献不同，所适宜的管理环境也不同。利用成熟的人格测试方法对管理者或应聘人员的人格类型进行诊断，可为人员配置、调整和合理利用人力资源提供建议。16PF测验、投射法人格测验、明尼苏达多相人格测验（MMPI）等是当今运用较为广泛的人格测试方法。

16PF 测验是美国伊利诺伊州立大学人格及能力研究所卡特尔教授所编制。卡氏采用系统观察法、科学实验法及因素分析统计法，经过二三十年的研究，确定了 16 种人格特质，并据此编制了测量表。16 种人格因素是各自独立的，每一种因素与其他因素的相关度极小，这些因素的不同组合构成了一个人不同于其他人的独特个性。

投射测试法可以探知个体内在隐蔽的行为或潜意识深层的态度、冲动和动机。在人员选拔上，往往用投射测试来了解应聘者的成就动机和态度等。投射测试所依据的原理是，人的一些个性特征与倾向性深藏于自我意识的底部，处于潜意识状态下，他自己并未明确认识它们。当把某一个意义含混、可作多种解释的物件如一件实物，更多是一张图或照片，突然出示给应聘者看，并不容细加推敲，让他在瞬间说出对物体的认识和解释，这时应聘者会把自己内心深处的心理倾向“投射”到对物体的解释上去，难以故作掩饰，较为可信。目前较为常用的投射测试法有罗夏赫墨迹测试法和主题统觉测试法等。

三、职业能力倾向测试

职业能力倾向就是指一个人所具有的有利于其在某一职业方面成功的潜力素质的总和，也就是为有效地进行某类特定活动所必须具备的、潜在的特殊能力素质，以及经过适当学习或训练后被置于一定条件下时，能完成某种职业活动的可能性或潜力。职业能力倾向又可细分为与特定职业相联系的各种职业能力倾向，如音乐（职业）能力倾向、美术（职业）能力倾向、机械操作（职业）能力倾向、行政（职业）能力倾向等。职业能力倾向测验可以有效地测量人的某种潜能，从而预测人在一定职业领域中成功的可能性，或者筛除在该职业领域中没有成功可能性的个体。人们编制出许多针对不同职业领域的能力倾向测验，用于人员的选拔、安置和职业设计。

美国劳工部曾经用时数十年的，编制出一般能力倾向成套测试，该测试主要测定九种职业能力倾向：一般智力、言语能力、数理能力、书写知识、空间判断力、形状直觉、运动协调、手指灵巧度和手腕灵巧度。该测试同时分析了 13 个职业领域、40 种职业的能力倾向模式，既可以作为职业指导的依据，也可以帮助作出人员选拔的决策。目前，我国公务员考试就包含行政能力测试，它是专门用来测量与行政职业有关的一系列心理潜能的考试，包括知觉速度与准确性、判断推理能力、言语理解能力、数量关系能力与资料分析能力五个方面，可以预测考生在行政职业领域多种职位上成功的可能性。

四、职业兴趣测试

兴趣是重要的心理特征之一，是个体力求认识某种事物或从事某种活动的心理倾向，表现为个体对某种事物、某项活动的选择性态度或积极的情绪反应。职业兴趣是职业的多样性、复杂性与就业人员自身个性的多样性相对应下反映出的一种特殊的心理特点。职业兴趣上的个体差异是相当大的，也是十分明显的。因为，一方面，现代社会职业越来越细化，活动的要求和规范越来越复杂，各种职业间的差异也越来越明显，所以对个体的吸引力和要求往往迥然不同。另一方面，个体自身的生理、心理、教育、社会经济地位、环境背景不同，所乐于选择的职业类型、所倾向于从事的活动类型和方式，也就十分不同。

职业兴趣测试是明确应聘者的主观倾向，从而使其得到最适宜的活动情境并给予最大的能力投入。职业兴趣测试对管理人员的选拔和安置具有举足轻重的作用。职业兴趣测试还可以在能力鉴定的基础上甄别可能取得最大效益和成功的活动（职业）。

五、职业价值观测试

选择职业是人生的一大课题。价值观在职业选择上的体现，就是“职业价值观”，也可称之为择业观。它是人们对待职业的一种信念和态度，或是人们在职业生活中表现出来的一种价值取向。早期研究者 Super 于 1957 年提出了 15 项职业价值观的内容。O’Connor 和 Kinnance 于 1961 年将其缩减为独立性和多样化、工作条件和同事、社会和艺术、安全和福利、名望和创造性等六个项目。1982 年 Larcebeau 则抽取了名望、利他、满意、个人发展等四个因素。

六、创造力测试

创造力包括的基本能力主要有流畅力、变通力、精通力、敏觉性和独创力。创造力的测试可以通过单字联想测验、物件用途测验、寓言测验、模型含义、远隔联想等实现。现在运用较多的创造力测量表有吉尔福特的“发散性思维测验”、托兰斯的“创造性思维测验”、益泽尔斯的“创造力测验”等。

七、情商测试

情商（EQ）又称情绪智商，是近年来心理学家们提出的与智力和智商相对应的概念。它主要是指人在情绪、情感、意志、耐受挫折等方面的品质。它具体包括情绪的自控性、人际关系的处理能力、挫折的承受力、自我的了解程度及对他人的理解与宽容。现代心理学认为，情商与智商同样重要，是个人走向成功的一个要素。目前，西方各大企业的人员招聘非常重视对应聘

者的情商测试，但遗憾的是，至今仍没有一套精确而有效的情商测量工具。

八、情景模拟

情景模拟是根据应聘者可能担任的职务，编制一套与该职务实际情况相似的测试方案，将应聘者安排在模拟的、逼真的工作环境中，要求应聘者处理实际工作中可能出现的常规性和突发性问题，以测试应聘者心理素质、业务能力的一系列测试方法。情景模拟测试主要是针对应聘者明显的行为、实际的操作及工作效率，应用多种方法进行测试，重点测试在智力测试和心理测试中无法准确测试的领导能力、交际能力、沟通能力、合作能力、观察能力、集中能力、理解能力、解决问题能力、创造能力、语言表达能力、决策能力等。由于这种测试方法设计复杂，且费时耗资，因此只有在招聘高层管理人员时才使用。情景模拟的主要形式有以下几种：

1. 公文处理

这是已被多年实践充实完善并被证明是很有效的测评方法。根据应聘者应聘的岗位，向应聘者发放一套文件即公文，通常是下级呈送的报告、请示、计划、预算，统计部门的备忘录，上级的指示、批复、规定、政策，外界用户、供应商、银行、政府有关部门乃至所在社区的函电、传真、电话记录，甚至群众检举信或投诉信等，让应聘者在规定的时间内处理这些公文，以观察应聘者的知识、技能、经验和风格等。处理结果将交由测评组，按既定的考核维度与标准进行考评。这种方法是较科学的，因为情景十分接近真实的现场工作环境，对每一个被试者也都是公平的，因为所有被测者都是面对同样的标准化情景。

2. 角色扮演

角色扮演法要求被试者扮演一个特定的管理角色来处理日常的管理事务，以此来观察被试者的多种表现，有时招聘者可以故意设置一些“特别事件”，让应聘者临场发挥加以解决，以观察应聘者的个性特点、应变能力和心理素质。

3. 无领导小组讨论

无领导小组讨论是指不指定某个人充当主持讨论的组长，也不布置议题与日程，更不提要求；但要发给一个简短的案例，即介绍一种管理情景，其中隐含着一个或数个待决策的问题，以引起小组讨论。小组通常由4～6人组成，引入一间只有一张桌子和数把椅子的房间中。测评是依据闭路电视或录像进行的。测评者随时记录下观察到的应注意的事项，以便评分时有事实依据。根据每一个人在讨论中的表现及所起的作用，测评者按既定测评维度予

以评分。这些维度通常是：主动性、宣传鼓动与说服力、口头沟通能力、组织能力、人际协调与团结能力、经历、自信、出点子与创新力、心理压力的耐受力。应注意的是，这些素质和能力是通过被评者在讨论中所扮演的角色的行为来表现的。

职业测试题：你的价值观是什么？

下面有16道题目，根据每一个题目对你的重要性程度，按照从0（不重要）到100（非常重要）的评分方法给每个题目打分。把分数写在每一道题目的后面。

你的价值观是什么？

1．一个令人快乐、满意的工作。

2．高收入的工作。

3．美满的婚姻。

4．认识新人；社会事件。

5．参加社区活动。

6．自己的宗教信仰。

7．锻炼，参加体育运动。

8．智力开发。

9．具有挑战机会的职业。

10．好车、衣服，房子等。

11．与家人共度时光。

12．有几个亲密的朋友。

13．自愿为一些非营利性组织工作，如红十字协会。

14．沉思，安静地思考问题，祈祷等。

15．健康，平衡饮食。

16．教育读物，电视，自我提高计划等。

评价：将这16道题目的得分按照标明的题号填入适当位置，然后纵向汇总每两项的得分。

专业	财务	家庭	社会
1________	2________	3________	4________
9________	10________	11________	12________
总分：________	________	________	________
社区	精神	身体	智力
5________	6________	7________	8________

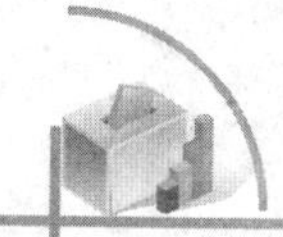

13________ 14________ 15________ 16________

总分：________ ________ ________ ________

哪一项得分较高，说明你比较看重这个维度，若8个项目得分比较接近，那么你是一个比较完善的人。

第五节　员工招聘评价

一、招聘评价的意义

对员工招聘与录用工作的评价是十分重要的，是招聘过程的反馈，有利于提高招聘工作的效率。其具体作用体现在：

1）有利于组织节省开支。通过对招聘成本的评估，能够使招聘人员清楚地知道招聘预算的开支情况，区分出哪些是应支出的项目，哪些是不应支出的项目，这有利于降低今后招聘的费用。

2）录用员工数量的评价是对招聘工作有效性检验的一个重要方面。通过数量评价，分析在数量满足或不满足需求的原因，有利于找出各个招聘环节上的薄弱之处，改进招聘工作；同时，通过录用人员数量与招聘计划数量的对比，为人力资源规划的修订提供了依据。

3）录用员工质量的评估是员工的工作绩效、行为、实际能力、工作潜力的评估，它是对招聘工作成果与方法的有效性检验的另一个方面。质量评估既有利于招聘方法的改进，又为员工培训、绩效评估提供了必要的信息。

二、招聘评价的内容

员工招聘与录用的评价主要有以下三类：

1）一般评价指标。一般评价指标主要是针对补充岗位空缺和新员工的工作情况进行评价的指标体系，具体包括：补充空缺的数量或百分比、及时补充空缺的数量或百分比、平均每个新员工的招聘成本、业绩优良的新员工数量或百分比、留职一年以上新员工数量或百分比和对新工作满意的新员工数量或百分比。

2）基于招聘者的评价指标。这类指标包括；面试的结果、被面试者对面试质量的评价、职业前景介绍的数量和质量等级、推荐候选人中被录用的比例、推荐候选人中被录用而且业绩突出的员工比例和平均每次面试的成本。

3）基于招聘方法的评价指标。这类指标包括：印发的申请数量、印发的合格申请数量、平均每个申请的成本、从方法实施到接到申请的时间、平均每个被录用的员工的招聘成本和招聘员工的质量（业绩、出勤等）。

在实际的招聘评价过程中，经常进行以下两种评价：

1）招聘成本评价。招聘成本评价是指对招聘中的费用进行调查核实，并与招聘预算进行对比评价的过程。招聘成本评价是鉴定招聘效率的一个重要指标，招聘成本自然越低越好。

① 招聘预算。每年招聘预算应该是全年人力资源管理总预算的一部分，招聘预算中主要包括：招聘广告预算、招聘测试预算、体格检查预算及其他预算，其中招聘广告预算占据相当大的比例，一般来说按 4 : 3 : 2 : 1 比例分配预算较为合理，当然每个组织可以根据自己的实际情况来决定招聘预算分配。

② 招聘核算。招聘核算是指对招聘的经费使用情况进行度量、审计、计算、记录的总称。通过核算可以了解招聘中经费的精确使用情况，是否符合预算及主要差异在哪些环节。

③ 招聘成本评估。这是对招聘效率进行考核的一个重要指标，如果成本低，录用人员质量高，录用人数多，就意味着招聘效率高；反之，则意味着招聘效率低。招聘成本通常以招聘单价来评估：

招聘单价＝总经费（元）/ 录用人数（人）

④ 招聘收益 / 成本比。它既是一项经济评价指标，同时也是对招聘工作的有效性进行考核的一项指标，招聘收益/成本越高，则说明招聘工作越有效。

招聘收益 / 成本比＝所有新员工为组织创造的总价值/招聘总成本

2）录用人员评价。录用人员评价是指根据招聘计划对录用人员的数量和质量进行评价的过程。

① 录用人员数量评价：

录用比＝（录用人数/招聘人数）×100％

招聘完成比＝（录用人数 / 计划招聘人数）×100％

应聘比＝（应聘人数 / 计划招聘人数）×100％

应聘比越大，说明发布招聘信息效果越好，同时说明录用人员素质可能较高；如果招聘完成比等于或大于 100%，则说明在数量上全面完成招聘计划；录用比越小，相对来说，录用者的素质越高；反之，则可能录用者的素质越低。

② 录用人员质量评价。国际上著名的招聘公司 DDI 公司提出的利用合适度适应度（P-J-O）理论指导组织招聘工作的方法，所谓合适度（person-job fit，P-J）是指人与工作的匹配程度，适应度（person-organization fit，P-O）则指人与组织的匹配程度。如果员工的知识、技能和工作能力能满足空缺职位，则 P-J 高；如果员工知识、技能和工作能力与组织提供的职位有利于职业生涯发展，则 P-O 高。

小　结

招聘是企业为其组织中出现的职位空缺挑选符合该职位所需任职条件的

人员的过程。员工招聘对企业的意义主要体现在以下几方面：招聘工作在企业的人力资源管理中占有首要地位；招聘工作的质量将影响企业的人员流动；招聘工作直接影响着人力资源管理的成本；招聘工作能扩大企业知名度，树立企业良好形象。招聘的原则有：公开原则，竞争原则，平等原则，能岗匹配原则，全面原则，择优原则。

影响招聘的因素有组织外部的因素和组织内部的因素，组织外部的因素包括国家的政策及法规、劳动力市场、市场的地理位置；组织内部的因素包括企业形象及号召力、组织的福利待遇、招聘的成本和时间。招聘程序包括确定招聘需求、制定招聘简章、选择招聘渠道、填写登记表、初步筛选、选拔和录用。招聘人员在招聘中要克服如下误区：首因效应、晕轮效应、投射效应、归因效应、类比效应、反差效应、定势效应、关系效应、诱导效应、中央趋势效应和招聘压力带来的偏见。人员招聘渠道大体可分为内部招聘与外部招聘两类。

面试是一种评价者与被评价者双方面对面地观察、交流，互动可控的测评形式，是评价者通过双向沟通形式来了解面试对象的素质状况、能力特征及应聘动机的一种人员考试技术。

人员选拔过程中经常使用的测试包括智力测试、人格测试、职业能力倾向测试、职业兴趣测试、职业价值观测试、创造力测试、情商测试、情景模拟等。员工招聘与录用的评价主要有以下三类：一般评价指标、基于招聘者的评价指标、基于招聘方法的评价指标。

复习思考题

一、单项选择题

1．企业招聘的目的是（　　）。

A．提升人员素质　　B．引进竞争机制

C．储备人才　　D．获得组织所需人才

2．招聘会适用于招聘（　　）。

A．高级人才　　B．中下级员工

C．大学毕业生　　D．海外留学归国人才

3．对于一个要求具有近期工作经验的职位来说，较好的招聘来源是（　　）。

A．职业学校　　B．学院与大学

C．退伍/转业军人　　D．竞争对手或其他公司

第4～7题根据以下案例选择。

某家电企业打算新增加一个彩电组装工厂，希望该厂能在半年内投入生产，并计划该厂的生产量为每周组装2000台彩电。

4. 假设每装配一台彩电需要10个装配工，按每周40个工作小时计算，工厂需要配备多少名装配工（　　）。

A. 250名　　B. 300名

C. 400名　　D. 500名

5. 该企业需要在短期内招收大量装配工人，合适的招聘方法为（　　）。

A. 报纸广告　　B. 员工引荐

C. 电视广告　　D. 入校招聘

6. 关于装配工人的筛选，下列哪些因素较为重要（　　）。

A. 手眼协调能力　　B. 语言能力

C. 注意力　　D. 思维能力

7. 该企业需要招聘一位有同行业经验的高层管理人员对该工厂进行管理，最适合的招聘来源为（　　）。

A. 职业学校　　B. 猎头公司

C. 失业者　　D. 学院和大学

8. 校园招聘具有的优势在于（　　）。

A. 可以发现潜在的专业人员、技术人员和管理人员

B. 具有时间上的灵活性

C. 具备丰富的社会经验和工作经验

D. 具有广泛的宣传效果

9. 我们在考察应聘者的工作能力、工作经验时，最好根据（　　）

A. 应聘职位要求进行假设式提问

B. 应聘职位要求进行清单式提问

C. 应聘者过去工作行为进行举例式提问

D. 应聘者过去工作行为进行开放式提问

10. 不属于无领导小组讨论的主要测评内容（　　）。

A. 个人主动性　　B. 人际协调能力

C. 领导意识和能力　　D. 决策能力

11. 一般来说，人员招聘的来源可以分为（　　）两个渠道。

A. 自我推荐与他人引荐　　B. 学校与社会

C. 广告招聘与机构推荐　　D. 内部招聘与外部招聘

二、多项选择题

1. 招聘人员在招聘中要克服的误区包括（　　）。

A. 首因效应　　B. 晕轮效应

C. 投射效应　　D. 归因效应

2. 人员选拔过程中经常使用的测试包括（　　）。

A. 智力测试　　B. 人格测试

C. 职业兴趣测试　　D. 职业价值观测试

实训项目

1. 为一家家电连锁企业写一份招聘财务部经理的启事。

2. 选择一个你比较熟悉的企业，对它的人力资源管理状况进行分析，并写出一个1000字以上的分析报告。上述报告可以通过各种途径收集资料，可以查阅有关文献，咨询一些专家，也可以到网上搜索一些资料来佐证自己的观点。

案例分析

案例1　招兵买马之误

NLC化学有限公司是一家跨国企业，主要以研制、生产、销售医药、农药产品为主。耐顿公司是NLC化学有限公司在中国的子公司，主要生产、销售医疗用药品，随着生产、业务范围的扩大，为了对生产部门的人力资源进行更为有效的管理开发，2000年伊始，分公司总经理把生产部经理于欣和人力资源部门经理口建华叫到办公室，商量在生产部门设立一个处理人事事务的职位，主要负责生产部与人力资源部的协调工作。最后，总经理说希望通过外部招聘的方式寻找人才。

走出总经理办公室后，人力资源部经理口建华开始开展了一系列工作。在招聘渠道的选择上，他设计了两个方案：一，在本行业专业媒体中做专业人员招聘，费用为3500元；好处是：对口的人才比例会高些，招聘成本低；不利条件：企业宣传力度小。另一个方案为在大众媒体上做招聘，费用为8500元；好处是：企业影响力度很大；不利条件：非专业人才的比例很高，前期筛选工作量大，招聘成本高。拟选用第一种方案。总经理看过招聘计划后，认为公司在大陆地区处于初期发展阶段，不应放过任何一个宣传企业的机会，于是选择了第二种方案。

其招聘广告刊登的内容如下：

您的就业机会在NLC化学有限公司下属耐顿公司

职位：对于希望发展迅速的新行业的生产部人力资源主管

职责：主管生产部和人力资源部两部门协调性工作

抓住机会！充满信心！

简历请寄：耐顿公司 人力资源部 收

在一周时间内，人力资源部就收到了 800 多份简历。口建华和人力资源部的人员从 800 份简历中筛选出 70 份有效简历，经比较后，留下 5 人。于是他来到生产部经理于欣的办公室，将此 5 人的简历交给了于欣，并让于欣直接约见面试。部门经理于欣经过筛选后认为可从两人中做选择——李楚和王智勇。两人资料对比如下：

李楚，男，企业管理学学士学位，32 岁，有 8 年一般人事管理及生产经验，在此之前的两份工作中均有良好表现，可录用；

王智勇，男，企业管理学学士学位，32 岁，7 年人事管理和生产经验，以前曾在两个单位工作过，第一位主管评价很好，没有第二位主管的评价资料，可录用。

从以上的资料中可以看出，李楚和王智勇的资料基本相当。但值得注意的是：王智勇没有上一个公司主管的评价。公司通知两个人，一周后等待通知。在此期间，李楚在静待消息；而王智勇打过两次电话给人力资源部经理口建华，第一次表示感谢，第二次表示非常想得到这份工作。

生产部经理于欣在反复考虑后，来到人力资源部经理室，与口建华商谈何人可录用，口建华说："两位候选人看来似乎都不错，你认为哪一位更合适呢？"于欣："两位候选人的资格审查都合格了，唯一存在的问题是王智勇的第二家公司主管给的资料太少，但是虽然如此，我看不出他有任何不好的背景，你的意见呢？"

口建华说："于经理，显然你我对王智勇的面谈表现都有很好的印象，人嘛，有点圆滑，但我想我会很容易与他共事，相信在以后的工作中不会出现大的问题。"

于欣："既然他将与你共事，当然由你作出最后的决定。"于是，公司最后决定录用王智勇。

王智勇来到公司工作了六个月，在工作期间，经观察发现：王智勇的工作不如期望得好，指定的工作他经常不能按时完成，有时甚至表现出不胜任其工作的情况，所以引起了管理层的抱怨，显然他对此职位不适合，必须加以处理。

然而，王智勇也很委屈：来公司工作了一段时间，发现招聘中所描述的公司环境和各方面情况与实际情况并不一样。原来谈好的薪酬待遇在进入公司后又有所减少。工作的性质和面试时所描述的也有所不同，也没有正规的工作说明书作为岗位工作的基础依据。

那么，到底是谁的问题呢？

（资源来源：www.mie168.com）

案例解析

此次招聘工作在招聘流程结束后没有对整个招聘工作进行科学的评估，它看似完成了，但实际是个“失败”的结果。耐顿公司总裁也许没有想过：录用王智勇失败的主要原因是企业人力资源管理和流程不足及招聘中出现的种种失误或错误。由于招聘工作不是独立其他人力资源管理活动而存在的，所以它的失败同时反映出企业其他人力资源管理工作的不足。企业需要意识到：在招聘、筛选、录用的整体流程中，每一“点”的失误都可能会给今后企业人力资源管理工作带来一个“面”的损失。企业如何在“招兵买马”中做好伯乐的角色？下面我们细述以上案例在招聘操作中的种种不足。

1. 缺乏人力资源规划和招聘规划

一般情况下，企业出现的用人问题是没有合理的人力资源规划和招聘规划造成的。如：企业经常会出现人手不足的现象，企业经营战略计划经常因为人员到位不及时而推迟或改变计划，企业现有人员因面临巨大的工作压力而影响工作积极性，造成所需要完成的工作越来越多地滞留，企业信誉度下降，从而使企业经营能力减弱。如果人力资源管理没有做出适当的规划，企业将被迫在一些将发生的事件发生后，而不是之前作出相应的反应，所以这将是不被预防的。

2. 缺乏招聘人力成本效率和招聘渠道的选择误区

耐顿公司在招聘之前没有考虑到招聘成本效率的问题，所以造成一系列的浪费。在招聘渠道的选择上，耐顿公司为了加强企业在市场上的宣传，启用影响力大的媒体，由于大众报刊的广告受众很多，如果太多的人对招聘广告作出反应，将使人力资源部门在招聘工作中失去控制招聘成本、求职者类型、求职者数量等方面的能力，给人力资源部门工作造成一定困难，使企业人力资源管理规划不能正常实现。

3. 忽视外部和内部因素的影响力

耐顿公司总经理和一些企业总裁一样，他们确信：他们所需要的任何人员总可以从人才市场上招聘到。其实企业在招聘和录用过程中会受到企业外部因素、国家相关法律及外部人才市场的影响；企业内部的文化氛围、企业战略思想、企业目标等也会影响企业招聘和录用方式的作用力。此外，技术改进、人员模式及公司行为方式、喜好、态度改变，本地及国际市场的变化，经济环境及社会结构的变化，政府法规政策的修订等，都会对人力资源的招聘工作产生影响。求职者个人因素也或多或少地影响着他们的择业倾向。

4. 缺少工作分析

耐顿公司招聘广告词的描述方式，容易使读者产生应聘的冲动，但冲

动不能代表其他。求职者需要了解详细的信息，公司却没有向求职者提供岗位的详尽描述和胜任本岗位所需的知识、技能、体力等方面要求。这样在简历的接收过程中，会有大量不适合本岗位的人员前来面试，给面试工作造成一定麻烦。

另一方面，在公司人员面试、筛选、评估过程中，由于缺乏科学的工具作为考评人员素质、水平、技术和业务实力的评测手段，面试人的主观看法在评价中所占的比重要远远高于科学的评测方式。由于缺少工作分析，在人员录用过程中没有科学的录用依据，容易造成入职人员与岗位要求的差距，甚至造成应聘者与岗位完全不相符的尴尬情景。

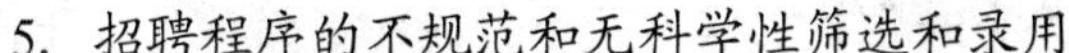

5. 招聘程序的不规范和无科学性筛选和录用

许多企业和耐顿公司的做法基本相同：招聘程序中许多步骤或科学的甄选方式已经被省略了，案例中求职者李楚和王智勇的面试考核资料中，只有姓名、性别、学历、年龄、工作时间及以前工作表现等基础信息，对人员筛选来说这些资料是远远不够的。一般企业在这时候往往通过面试时对求职者的主观印象作出判断，而这种判断的客观性和准确性是值得怀疑的。另外耐顿公司没有通过模拟情景评测方式和其他的量化评定方式来考核求职人员，对招聘工作的结果造成了负面影响。

除了上述这些，还有以下几点不足：

① 忽视求职者的背景资料情况。

② 向求职者宣扬企业时存在不实之处和许诺无效。

③ 经理人员的心理偏好影响。

思考与讨论

1．本案例对你有何启示？

2．讨论企业如何做好招聘工作？

案例2 国际著名企业逐鹿中国名校

作为当时世界第一金融街——华尔街上的美国六大投资银行之一的雷曼兄弟（Lehman Brothers）公司进入中国名牌大学招揽人才。同一天，该公司在北京大学举办了相当规模的招聘演讲。之后经过几轮测试，北京大学、清华大学各有3名学生入围。而在此前，已陆续有康柏、摩托罗拉、雀巢、日立、宝洁、中国国际金融公司等20多家世界知名企业到北京大学、清华大学举办了校园招聘。

1．跨国公司聚焦中国名校

北京大学毕业生分配办公室李主任介绍说，在北京，跨国公司校园招聘

多数只选择北京大学、清华大学、中国人民大学三校。哈佛出身、此番操作雷曼公司校园招聘的诚讯联丰咨询公司董事长许国庆坦言，雷曼公司这次只想从北大、清华两校招人。据他说这完全是沿袭了美国公司传统的聘人习惯。在美国，像咨询顾问、投资银行这些顶尖行业所需人才一般都从纽约大学、哥伦比亚大学、哈佛大学、MIT、耶鲁大学、普林斯顿大学、康奈尔大学、布朗大学、斯坦福大学等有限的十几所学校中选择，因为他们看中的是这些学校人才身上流淌的"常青藤（美国名校的代称）血液"。

2．招聘考核招数不同

招聘投入、技术手段的不同又构成了内、外资企业校园招聘上的另一反差。据李主任介绍，一般外企来学校招聘有几个共同的步骤：先召开招聘说明会或演讲会，介绍公司背景、所需人才、招聘程序等情况；然后是报名、笔试和几轮面试。一次招聘下来一般要持续一两个月的时间，即使只招两三个人，这套程序也丝毫不马虎，不省略。像宝洁公司每年要从北大招收 10 名以上的学生，而其用于校园招聘的费用一年却达几百万元。

此外，外企选择人才的手段也更趋科学与量化，比如素质测试都以心理学等科学作为依据。一位经历过好几家外企公司招聘的应届毕业生介绍，像世界六大会计师事务所之一的普华会计师事务所与壳牌公司都对应聘学生进行人格方面的测试，几百道测试题需要学生做上一个多小时。而最为成熟的测试当属宝洁公司的试卷，它发到学生手中的是印刷精美得几乎可与托福试卷媲美的厚厚的一本问题，学生填完它甚至要花一整天的时间。测试内容包括逻辑智商、分析能力、领导能力、团队精神等内容。

3．态度与观念：内外资企业大不相同

面对企业校园招聘的日益扩大，李主任表示，学校不会反对他们来，毕竟对学生来说在就业形势日益严峻的情况下这是个机会。但他更强调指出，希望更多的内资企业能像外企一样主动来学校招聘，学校会积极为他们创造条件。他坦言，虽然像华为、中兴、康佳、创维等一些民营高科技企业在这方面也做得不错，如深圳华为公司今年就打算在北大招收 200 人，但与外企相比，大多数内资企业到校园招聘的态度还是不积极。这与企业不景气无关，比如有些想招学生且效益较好的大型企业顶多给学校发个函，一般也不会到学校来。

北京大学、清华大学的两位毕业生介绍说，某内资大企业向他们学校要人时只打了个电话，告诉需要人数，以及"北京户口优先、身高优先等条件"，就算完事；还有一些大的内资机构到校园招聘时面对学生希望了解公司整个结构的要求竟置之不理，用这名学生的话说"他们可能以为招聘只是找个人这么简单的事"。而外企去校园招聘时则往往将不同部门的人带上，回答问题时也分别由不同方面的专家出面。这两名学生感到内资公司在招聘心态上总有点高高在上的感觉，某些单位在让学生去参加考试时甚至还要收考试费。

一名学生坦言：她当初仅是冲这一点没去参加考试，原因当然也不仅仅是在钱上。

（资料来源：www.01cehua.com/bbs/dispbbs.asp?boardid=32&id=216&star=1&page=1）

案例解析

员工招聘是获取人力资源的具体方法，它是按照企业经营战略规划和人力资源规划的要求，把优秀、合适的人员招聘到企业，安排在合适的岗位。这是企业成败的关键之一，这一点早已被国外企业及国内的大部分企业所认可。然而，国内在人才招聘方面有时还仅停留在认识层面，还没有深入到更深的层次。本案例通过美国六大投资银行之一的雷曼兄弟公司进入中国名牌大学招揽人才这件事，深刻揭示了内地在招聘人才方面的差距：

首先，在招聘投入、技术手段方面构成了内、外资企业校园招聘上的极大反差。从投入的角度看，外资企业的招聘可以投入很长时间和更多的经费，可谓为获取需要的人力资源不惜血本；在招聘测试方面更加完美、具体和科学，通过测试基本能够体现人力资源的逻辑智商、分析能力、领导能力和团队精神等内容。

其次，在人才招聘的态度与观念上，内外资企业大不相同。外资企业是通过百般努力，寻找的是高素质的人力资源；而国内企业对于招聘人才重视不够，他们的招聘似乎是以绝对权威的态度寻找一个符合他们描述条件的人。

思考与讨论

1．剖析内外资企业招聘态度、方式不同的原因及各自优缺点。

2．分析某企业招聘途径、程序如何及你认为存在哪些问题待改进。

第六章

连锁企业员工的培训与开发

◇ 学习目标

- 对人力资源和人力资源管理有全面认识；
- 对连锁经营管理与人力资源管理有初步了解；
- 把握战略性人力资源管理的相关内容。

◇ 技能要点

- 连锁经营特点调查；
- 人力资源管理者的角色调查。

案例导入

快而好快餐公司

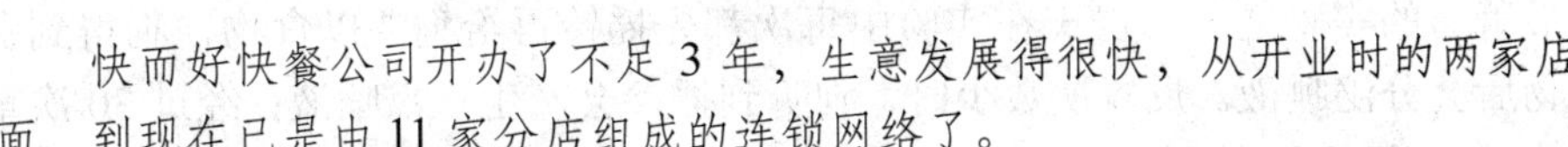

快而好快餐公司开办了不足 3 年，生意发展得很快，从开业时的两家店面，到现在已是由 11 家分店组成的连锁网络了。

不过，公司分管人员培训工作的副总经理张慕廷却发现，直接寄到公司和由“消费者协会”转来的顾客投诉越来越多，上个季度竟达 80 多封。这不能不引起他的不安和关注。

这些投诉并没有反映大的问题，大多是鸡毛蒜皮的小事，如抱怨菜及主食的品种、味道，卫生不好，价格太贵等；但更多是有关服务员的服务质量的，不仅指态度欠热情。上菜太慢、卫生打扫不彻底、语言不文明，而且业务知识差，对顾客有关食品的问题，如菜的原料、规格、烹制程序等一问三不知，而且有的顾客抱怨店规不合理，服务员听后，不予接受，反而粗暴反驳，再如发现饭菜不太熟，拒绝退换，强调已经动过了等。

张副总分析，服务员业务素质差，知识不足，态度不好，也难怪，因为生意扩展快，大量招入新员工，草草作半天或一天岗前集训，有的甚至未培训就上岗干活了，当然会影响服务质量。

服务员工作实行的是两班制。张副总指示人力资源部杨部长拟定一个计划，对全体服务员进行为期两周的业余培训，每天三小时。既有“公共关系实践”、“烹任知识与技巧”、“本店特色菜肴”、“营养学常识”、“餐馆服务员操作技巧训练”等务“实”的硬性课程，也有“公司文化”、“敬业精神”等务“虚”的软性课程。张副总还准备亲自去讲“公司文化”课，并指示杨部长制定“服务态度奖励细则”并予宣布。

经过培训，效果显著，以后连续两季度，抱怨信分别减至 32 封和 25 封。

（资料来源：余凯成，程文文，陈维政．2004．人力资源管理．大连：大连理工大学出版社：230）

第一节　连锁企业培训系统设计

彼得·圣吉在《第五项修炼》中写道：“未来唯一持久的优势，是谁有能力比他的竞争对手学习得更快。”知识经济时代，企业对员工进行科学系统的培训，已成为企业成功发展的必要条件。培训是连锁经营企业的生命力所在，是企业不断学习新知识的源泉。培训不仅可以帮助企业充分利用人力资源潜能，实现员工的自身价值，提高工作满意度，而且可以降低成本，提高工作效率和经济效益，从而增强企业的市场竞争力。

一、培训的学习理论

1. 条件反射理论

巴甫洛夫的条件反射理论是通过一个实验来说明的，该实验是心理学中最著名的实验之一。巴氏在实验中每次都先摇铃再给狗喂以食物，狗得到食物后会分泌唾液。反复次数少时，狗听到摇铃会产生一点唾液；经过30次重复后，单独的声音刺激可以使其产生很多唾液。但是经过许多次重复联系，听到声音后仅仅 1～2 秒钟，狗就开始分泌唾液。在这里，食物是非条件刺激——即已有的一种反应诱因；分泌唾液是非条件反射——对非条件刺激的非条件反射。铃声是条件刺激——一种被动引起的非条件刺激的反射。巴氏实验中，食物和铃声之间的联系重复，最终导致狗将食物和铃声联系起来，并在听到铃声时分泌唾液，这种由铃声一种刺激引起唾液分泌的反应叫做条件反射。如果一只听到铃声就分泌唾液的狗在一段时间内既没有得到食物也没有听到铃声，那么这种条件反射可以和以前一样强烈，当然这“一段时间”不能太长。如果在三天内只有铃声没有食物或只有食物没有铃声，那么原来存在于铃声和食物间的联系将减弱。

条件反射理论可以用来很好地解释使用名人广告的原因。当名人和品牌被反复联系起来以后，名人的形象价值等就被转移到品牌上。这时品牌是条件刺激，名人是非条件刺激，被吸引和喜爱的感觉就是非条件反射。百事公司主题为“年轻一代的选择”的广告是一个典型的例子。通过这个主题，百事公司反复地将这个品牌和年轻的明星如麦当娜、王菲、郭富城、F4等与“与百事共享好时光”联系起来，虽然广告从来没有说百事是年轻人的选择，或喝百事可以带来快乐，但广告商希望将百事、年轻人、快乐的场面联系起来。因为这种联系可以将美好的感觉转移到产品上。从百事在年轻人中受欢迎的程度可见广告商的这个目的是达到了。

企业通过各种各样的培训教育，培养员工树立企业文化精神，当员工看到企业的工服、旗帜、标识等，就会产生条件反射，自觉遵守企业的规定。

2. 强化理论

美国心理学家斯金纳在对学习问题进行了大量研究的基础上提出了强化理论，十分强调强化在学习中的重要性。强化就是通过强化物增强某种行为的过程，而强化物就是增加反应可能性的任何刺激。斯金纳把强化分成积极强化和消极强化两种。积极强化是获得强化物以加强某个反应，如培训过程中老师的赞许；消极强化是去掉可厌的刺激物，是由于刺激的退出而加强了某种行为，如培训中教师的皱眉等。这两种强化都增加了反应再发生的可能性。斯金纳认为不能把消极强化与惩罚混为一谈。他通过系统的实验观察得

出了一条重要结论：惩罚就是企图呈现消极强化物或排除积极强化物去刺激某个反应，仅是一种治标的方法，它对被惩罚者和惩罚者都是不利的。他的实验证明，惩罚只能暂时降低反应率，而不能减少消退过程中反应的总次数。

斯金纳用强化列联这一术语表示反应与强化之间的关系。强化列联由三个变量组成：刺激辨别-行为或反应-强化刺激。刺激辨别发生在被强化的反应之前，它使某种行为得到建立并在当时得到强化，学到的行为得到强化就是刺激辨别的过程。一个列联中，如果在一个操作反应过程发生后就出现一个强化刺激，那么这个操作再发生的强度就会增加。斯金纳认为，教学成功的关键就是精确地分析强化效果并设计特定的强化列联。

因此，在实际运用中老师对学生的各种行为要作出及时的反应。斯金纳的程序教学认为对学生学习的每个知识项目，要及时给予反馈和强化，使学生最终能够掌握所学的知识，达到预定的教学目的。由此可见正确的反馈与强化的重要性。

3. 社会学习理论

社会学习理论是阐明人如何在社会环境中进行学习，从而形成和发展其人格特征的学习理论。主要代表人物是美国心理学家阿尔伯特·班杜拉。他认为人类行为的习得或行为的形成，不仅可以通过反应的结果进行学习，也可以通过榜样的示范进行学习，而后者是人类学习的主要方式。这一理论的主要特点是：

1）强调行为是内部因素和外部影响之间复杂相互作用的产物。理论的焦点集中于认知过程对学习的影响，强调行为受认知的调节和自我调节。

2）既承认直接经验的学习，更强调观察学习的重要性。认为许多行为模式都是通过观察别人的行为及后果而学来的，特别强调模式对激发特定行为的重要性。

3）注意到了三种强化因素（外部强化、替代强化和自我强化）对学习的影响。尤其强调替代强化和自我强化的重要作用。

观察学习的价值或作用，可将其归结为如下几点：

1）依据直接经验的所有学习，都可以通过对他人的行为及其结果的观察而代替地实现。人的思想、情感和行为，不仅受直接经验的影响，而且也受观察的影响。因此，在教育中，榜样的示范作用是不可忽视的。

2）人们由于有通过观察而学习的能力，就能迅速地掌握大量整合的行为模式，而不必依据无聊地尝试错误这种一点一滴地去获取复杂行为的方法。

3）观察学习不仅可以使习得过程缩短，而且还可以避免由于直接尝试的失败带来的重大损失或危害。

人与环境因素是相互决定的，人不能被当作独立于行为的原因；人正是通过自己的行动才创造了环境条件，这些环境条件又以交互的方式对人的行

为发生影响。由行为所产生的经验，也只是部分地决定一个人将会成为什么样，以及能做些什么，这些又反过来影响以后的行为。在交互决定的过程中，行为、人的因素和环境因素都是相互联结着起作用的决定因素。阿尔伯特·班杜拉通过用实验法研究儿童观察性学习，证明了人类许多复杂的行为都是通过观察性学习获得的，学习者无须事事通过自身接受外来的强化进行学习，而可以通过观察别人的行为代替性地得到强化。

4. 目标设定理论

目标设定理论由洛克在 1960 年提出。他认为挑战性的目标是激励的来源，因此特定的目标会增进绩效；困难的目标被接受时，会比容易的目标获得更佳的绩效。

目标设定理论涉及如何预测和控制个体在与组织或工作有关的任务中的绩效表现。目标具有导向、激活、维持和唤醒的功能。影响目标发挥其功能的因素包括目标承诺、目标的重要性、自我效能感、反馈和任务的复杂性。该理论指出了激励研究的一个新方向，操作性较强，对人力资源管理有重要的指导意义。

早在 1944 年，Lewin 等对有意识的目标，也称为抱负水平进行了研究。但 Lewin 等认为抱负水平是一种因变量，而不是一种自变量。随着认知革命的到来，Ryan（1970）提出“一个简单的事实是，人类行为受到有意识的目的、计划、意图、任务及喜好的影响。”这些影响因素被称为一级水平的解释性概念，是绝大多数人类行为的直接的动机性原因。动机的认知理论十分强调目标在行为动机中的作用，认为目标是赋予个人动力并使个人能够克服各种暂时影响的那些被个人所盼望的未来事件。

目标的功能详述如下：

1）目标具有导向功能。目标引导个体的注意力和意志努力指向与目标有关的活动，远离与目标无关的活动。目标的这种功能发生在认知和行为两个层面上，如果向企业员工提供关于其表现的各个方面的反馈信息，那么员工在设有目标的那些方面的表现得到提高，而未设有目标的那些方面的表现将没有改善。

2）目标具有激活能量的功能。适当的目标能使员工更加努力地工作，在实现目标后能够获得领导、同事的赞扬和认可，自我发展的需要得到满足，故目标可以激活员工的潜在能量。

3）目标具有维持功能。如果允许被试者自主决定用多长时间来完成某一任务，那么在难度更高的目标条件下，被试者付出意志努力的时间将更长。尽管如此，工作情境下人们常常必须平衡工作时间和努力强度两者之间的关系。面对一个很难的目标时，人们有可能在较短一段时间内做得更快更专心，或者在较长一段时间内做得不那么快也不那么专心。实验室研究和现场研究

的结果都表明，与任务期限较宽松的情境相比，任务期限较紧张的情况下，人们的工作节奏更快。

4）目标具有唤醒功能。目标使与任务有关的知识及策略被唤醒、发现或使用，从而间接地影响个体的行动。

5. 学习迁移及其测定

在学习培训的过程中，各种学科和各种技能之间，或同一学科和技能的各个不同部分之间，存在着某种程度的彼此相互影响的现象。这种相互影响关系到学习的效用，因此受到教育学家和心理学家们的重视，成为学习和培训问题研究中的一个重要方面。这就是心理学称之为“学习的迁移”的问题。

（1）学习迁移的概念

迁移是指已经获得的知识、技能，甚至方法和态度对学习新知识、新技能的影响。这种影响可能是积极的，也可能是消极的，前者叫正迁移或简称迁移，后者叫负迁移或干扰。本节所讨论的学习迁移仅限于培训中的知识学习方面的迁移。

正迁移表现为已经获得的知识对新知识的学习起促进作用，有利于新知识的掌握。例如：学习数学有利于学习物理，这是不同科目之间的迁移；学习珠算有利于学习心算，这是同一科目不同部分或方面之间的迁移。负迁移则相反，表现为过去获得的知识对新知识的学习起阻碍作用，使新知识的学习发生困难。例如，掌握了汉语语法，在学习英语语法的初期，总是用汉语语法去套英语语法，而影响了对英语语法的正确掌握。这种干扰甚至在新知识已经掌握之后，仍在起作用。实验证明，练习记忆散文内容会使逐字背诵散文发生困难。

必须指出，一种已掌握的知识对另一种新知识学习的影响，并非只有正迁移或只有负迁移，实际上常常是某一方面起正迁移作用，而另一方面又起负迁移作用。例如：学过汉语拼音字母，在开始学英语字母时，在识记其字形中有正迁移作用，而在读音中则起干扰的作用。

一般来说负迁移是暂时性的，经过练习可以消除。如果能充分注意正迁移及其产生作用的条件，在一定程度上能减少甚至防止负迁移的消极影响。

（2）学习迁移的测量

根据迁移的定义，必须测出学习者的作业发生了某种变化，才能确定迁移是否出现，或者迁移量是多少。在进行迁移测量时，必须区分经过练习而产生的作业变化与由一种学习对另一种学习的影响而产生的作业变化。后一种变化才是所要测量的迁移，它是由别种练习的影响而产生的。要确定先后两项学习之间是否出现迁移及迁移量，必须进行适当的迁移实验设计和测量。主要有四个步骤。

1）建立等组（或班）。一般设实验组和控制组。通过预测使两组在智力

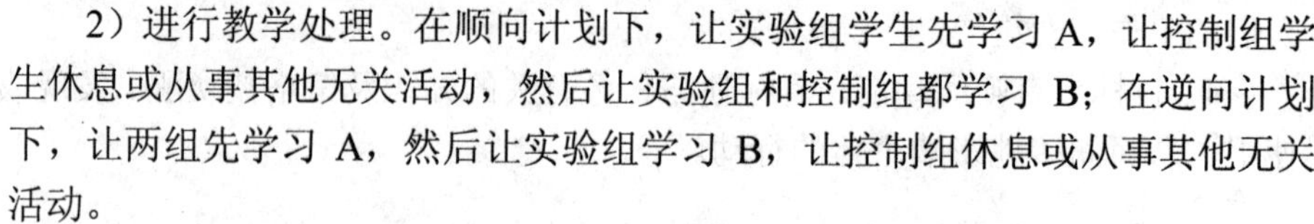

和知识基础方面尽可能相等。

2）进行教学处理。在顺向计划下，让实验组学生先学习 A，让控制组学生休息或从事其他无关活动，然后让实验组和控制组都学习 B；在逆向计划下，让两组先学习 A，然后让实验组学习 B，让控制组休息或从事其他无关活动。

3）测量与比较两组学习结果。在顺向计划下，两组均测量 B；在逆向计划下，两组均测量 A。然后将测得的结果加以比较，并作出统计检验。

4）得出结论，说明迁移是否产生及其迁移量。

二、培训的基本过程

连锁企业人员培训项目的全过程，按时间顺序包括如图 6-1 所示的几部分。

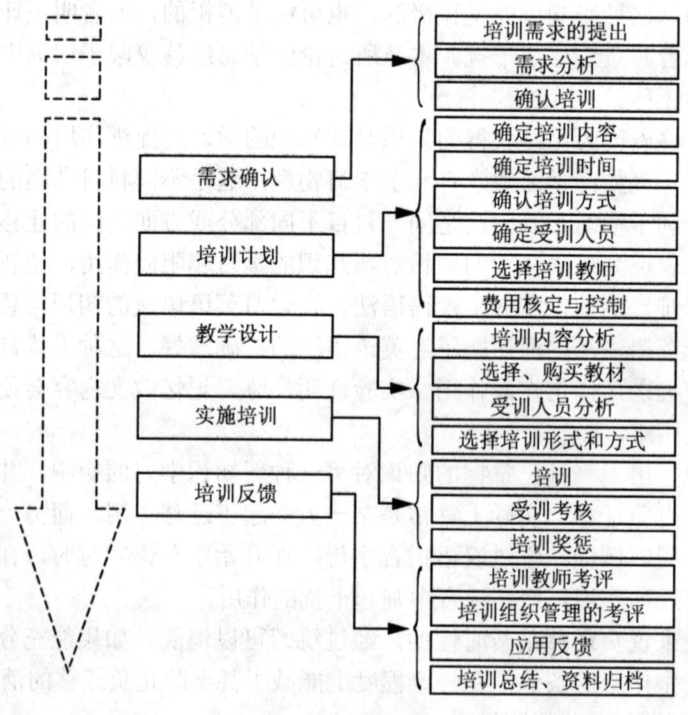

图 6-1　培训的基本过程

1. 需求确认

需求确认的主要目的是确定连锁企业员工是否需要培训以及什么方面需要培训。它又可分为如下几个阶段：

1）培训需求的提出。相关人员根据连锁企业对人员的要求和现实表现之间的差距，提出培训需求的意向，并报告企业培训组织管理部门的负责人。

2）需求分析。分析目的是确定连锁企业员工是否真的需要培训，哪些方面需要培训。要求和现实之间的差距可能是由多种因素造成的，并非都是人的素质和能力原因，所以要对产生差距的原因进行全面的分析，如果不是人的因素就要排除培训或者否定培训的意向；如果是人为因素而产生的差距，也要充分考虑现任职人员是否具备培训的能力，培训教育费用高低，或者在短时间内能否达到培训目标的要求。

3）确认培训。就是确认连锁企业哪些岗位的任职人员需要培训，需要提高的是能力还是素质，是哪些方面的能力或素质。

2. 培训计划

这是连锁企业培训准备工作的第一步，在这个环节中主要包括以下内容：

1）确定培训内容。

2）确定培训时间。

3）确认培训方式。

4）确定受训人员。

5）选择培训教师。

6）费用核定与控制。

3. 教学设计

这个环节是进入实质性培训的开始，这个阶段是以培训教师为主要执行人而进行的工作。教学设计的内容一般包括以下几个方面：

1）培训内容分析。

2）选择、购买教材，编辑教学大纲。

3）受训人员分析。

4）选择、确定培训形式和方式。

4. 实施培训

这是培训的中心环节，这个环节主要是在连锁企业培训组织管理部门或岗位人员的组织下，由培训教师实施培训，并由该培训项目的组织管理责任人组织考核和考评。

1）培训。培训教师在规定的时间、场所对所确定的受训人进行培训。

2）受训考核。这是考核受训人员对受训内容的接受情况，并且也是督促受训人员认真接受培训的一种方法。

3）培训奖惩。这是督促受训人员接受培训的一项强制和激励措施，是保障培训效果良好的一种重要手段。

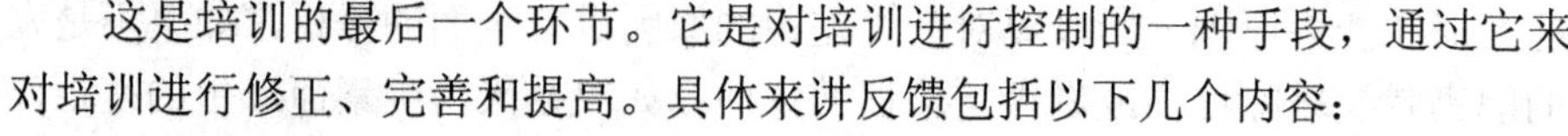

5. 培训反馈

这是培训的最后一个环节。它是对培训进行控制的一种手段，通过它来对培训进行修正、完善和提高。具体来讲反馈包括以下几个内容：

1）培训教师考评。

2）培训组织管理的考评。

3）应用反馈。

4）培训总结、资料归档。

培训实施注意事项如表 6-1 所示。

表 6-1 培训实施注意事项

培训阶段	注意事项
培训前	制定培训计划 编写培训教材 聘请培训教师 安排培训场所 准备培训设备 安排好有关人员食宿
培训中	保持与培训人员的联系 保持与受训人员的联系 观察受训人员的课堂表现 及时将受训人员的意见反馈给培训人员 保证培训设施的便利使用 保持培训场所的干净整洁 适当安排娱乐活动
培训后	评价受训人员的学习效果 听取培训人员和受训人员的改进意见 酬谢培训人员 培训总结 跟踪调查受训人员工作绩效 调整培训系统

三、对组织人力资源现状的评价与分析

“磨刀不误砍柴工”，员工是企业的主体，只有不断地提高员工的自身素质，才能使他们更好地完成工作任务，更好地提高连锁企业的绩效。所以，连锁企业要注重对员工进行可持续开发，培养员工的知识、技能、经营管理水平和价值观念，采用不同的管理方法，使员工得到锻炼，充分发挥其主动性和创造性。同时确保组织能够获得具有良好技能和具有较高激励水平的员工，进而使组织获得持续的竞争优势，形成组织的战略能力。

1. 考察组织目前的人力资源现状及未来所要求的人力资源供应

分析目前连锁企业的人力资源状况。多数企业的人力资源有两个特点：

一方面是人力资源“富”，另一方面是人力资源“穷”。“富”是指多数连锁企业的人力资源丰富，而“穷”则是指人力资源的整体素质还不高。

如果管理层的人力资源素质高，则会具有巨大的创造力，同时给公司带来巨大的财富，但事实上管理层的人力资源素质并不高。无数事实和经验告诉我们：没有经过开发的管理层人力资源不但不是宝贵的资源，反而有可能成为公司发展或多元化发展的包袱。

连锁企业人才匮乏的症结在于人力资源管理的不得力，具体表现在以下几个方面：

① 缺乏正确的人力资源管理观念。

② 缺乏人力资源战略规划。

③ 流失快，人才稳定难。

④ 员工人员招聘不规范，方法单一。

⑤ 管理人员素质偏低。

⑥ 人才晋升难，发展空间小。

⑦ 强调管理，忽视激励。

⑧ 注重培训的形式和数量，忽视培训的内容和质量。

⑨ 人事法规意识淡漠。

2. 考察组织能够获得的人力资源供应及其对人力资源的培训与发展需求

我国劳动力市场非常丰富，但我国丰富的人力资源并没有得到充分的开发和利用。连锁企业由于企业的发展与形势的需要，进行整体性的人力资源开发势在必行。人力资源开发，首先应该对各级管理人员进行教育和培训。管理层最大的问题是机构臃肿，办事效率不高，部门、职责重叠等，其中的主要问题是人的素质达不到要求。一是帕金森定律在起作用；二是工作需要的人数和实际在岗的人数比例不对称；三是没有因岗设人，有些岗位则是因人设岗。就会出现人浮于事的现象。由于无事干或者工作量不饱满，就有时间议论别人，造成了不少矛盾。而帕金森定律在有些部门还比较明显，某些领导由于能力不强或文化程度不高，而不敢使用能力强、文化程度高的部下，这不仅影响了工作，还会引发内部的矛盾和不满。

随着连锁企业的不断发展壮大，企业本身也认识到培训是人力资源开发的重要手段，许多企业也投入了大量的人力、物力、财力搞培训，结果却是受训者对培训内容兴趣不大，参训的积极性不高，培训对促进管理及人员素质的提高作用不明显，培训的整体效果并不理想。究其原因在于国内许多连锁企业的培训往往“头痛医头，脚痛医脚”，具有被动性、临时性和片面性，缺乏系统性和科学性。培训目标并没有与岗位相联系，培训并没有与员工的工作绩效的提高相联系、并未与员工个人发展相联系。只图完成任务，办了多少期班、培训了多少人，对为了适应企业的发展所应该做的培训缺乏深刻

的理解和认识。缺乏培训要求的调查、缺乏培训体系的规划、培训手段落后、培训形式单调、培训方法不适应成人学习特点、培训者专业化素质不高、培训资料和教材缺乏、培训政策不到位等等都给培训工作带来了挑战。

3. 评价与分析组织人力资源现状的常用指标

广义的人力资源测评是指运用科学的测评手段对人力资源的一般特性进行测量与评定的过程。狭义的人力资源测评是指运用特定的测评手段和方法对人力资源的个人属性及工作绩效的特点进行的测量与评定，进而对其价值作出判断，为管理决策提供依据的过程。

测评指标体系由一群组合特定、彼此间相互联系的测评指标构成，而且每个测评指标又都具有自己的独立性，一个测评指标只代表人员素质的某一侧面。所以，测评指标体系反映了人员测评所要检测的各个方面。它是进行人员测评工作的基础。

（1）测评指标体系的结构

测评指标体系一般分为以下结构：

① 品德结构。

② 能力结构。

③ 考勤结构。

④ 绩效结构。

（2）测评指标体系的设计程序

测评指标体系一般包括如下设计程序：

① 工作分析。

② 理论建模。

③ 专家论证。

④ 预试修订。

（3）设计测评要素体系的方法

测评要素体系的设计方法有多种，一般几种方法结合起来使用效果会更好。

① 素质图示法。

② 专家调查法。

③ 问卷调查法。

④ 典型人物分析法。

⑤ 典型资料分析法。

⑥ 多元统计法。

当前连锁企业人力资源测评主要有笔试、心理测验、面试、评价中心评定等方法。这些方法除评价中心主要用于管理人员（尤其是经理或部门负责人）外，其他既适用于一般工作人员，也适用于管理人员。当然各种方法各

有优势，在测评中应注意相互补充。有些测评指标或要素，例如智力、推理能力、性格等，是通过心理测验进行测评的；有些要素，例如组织能力、决策能力等，则通过评价中心可以得到更有效的测评；另一些要素，例如自我认识、工作动机，则在面试中可以得到更准确的评价。选择何种测评方法，主要视测评要素和现有的技术条件而定。

第二节　指导培训实施

一、设计培训教育发展系统

1. 明确教育培训系统的设计思路

联合国教科文组织把培训定义为：为达到某一种或某一类特定工作或任务所需要的熟练程度，而计划传授所需的有关知识、技能和态度的训练。培训实际上也是一种教学活动，但是它又区别于我们传统意义上的学校教育和教学。它不是法定的、必需的，往往是企业为了提高工作效率或者是增强竞争力，而对员工采施的；也有劳动者为了获取某些技能、提高自己的人力资源成本，而主动接受的。

1996 年梅瑞尔在其《教学设计新宣言》一文中将教学设计界定为：“教学是一门科学，而教学设计是建立在教学科学这一坚实基础上的技术，因而教学设计也可以被认为是科学型的技术（science-based technology）。教学的目的是使学生获得知识技能，教学设计的目的是创设和开发促进学生掌握这些知识技能的学习经验和学习环境。”

教育培训系统的设计主要是以促进学习者的学习为根本目的，运用系统方法，将学习理论与教学理论等的原理转换成对教育培训目标、教育培训内容、教育培训方法和策略、教育培训评价等环节进行具体计划、创设有效的教与学系统的过程或程序。

教育培训系统的设计战略导向：员工培训的总体方向；对各种变动因素的评估；培训的基本方法；临时性灵活措施的安排；对培训效果进行评估，必要时对培训方案进行修改。

政策保证：连锁企业有自上而下的明确的培训政策。

组织支持：组织支持贯穿于培训的全过程，获得组织支持是保证培训活动取得成功的关键。

2. 连锁企业教育培训系统的构成

1）管理者。培训工作的管理者往往由企业领导者指定或者由人力资源部的人员充任，培训工作必须与企业的经营发展战略、管理目标紧密结合，通

过全面扎实的培训工作显示出成效，决策层才会重视培训工作，提高培训部门的存在价值，部门经理也才会积极配合培训部门的工作。

2）学员。培训的效果直接影响学员的学习热情。培训课程是否切合企业实际，是否有新意，学员受训后是否感到增强了工作信心，工作技能是否有所提高，工作效率是否有所提高，将决定员工和高层对培训工作的认识。

3）培训师。培训师是保证培训质量的关键。培训部门要进行详细的培训需求调查，加强与有关培训机构的联系和沟通，主动了解新的培训动态，掌握师资力量及新的课程，不断扩大和利用培训资源。

4）培训规范。它包括管理规范、培训手册、培训计划与大纲、培训流程等，这些是开展培训工作最基本的要素，缺一不可。

5）培训教材和资料。这是目前企业培训较为缺少的一个要素。一些企业培训积极性很高，但是找不到合适的培训教材和资料。企业一方面要借鉴现有的教材和资料，另一方面更为重要的是结合自己的管理模式，编写一套适合本企业员工培训需要的简明教材和资料。

6）培训教室和设备。企业最好有固定的培训教室，配备现代化的培训设备，包括多媒体电脑、投影仪、摄影机等，保证良好的培训效果。

7）培训档案。培训档案是对员工培训情况的记载和证明，应该科学设计，妥善保存。

3. 连锁企业教育培训指导系统

1）组织机构和人员。

培训部门组织机构的设置没有固定的模式，但必须有相应的机构负责，或者单设培训部，或者设培训质检部、人事培训部；培训讲师要以兼职为主，以专职为辅。

2）建立三级培训体系。总经理是这个体系中的总训导师，人力资源部、培训部经理是执行训导师，各部门经理、各级主管分别是部门、班组的训导师。总训导师负责企业培训目标、培训战略的制定，审查、批准培训计划与预算，参与重大的培训活动，亲自授课等。

部门一级、班组一级由相关管理人员担任的训导师分别承担各自的培训任务。三级培训体系职责明确又分工合作。

4）培训经费。企业必须有固定的培训经费预算，与年度经营预算一起制定，由培训部管理。培训经费可按年营业额或员工工资总额的一定比例提取，也可以根据培训项目做出预算。有了专项经费，开展培训工作就有了保障。

5）培训政策与制度。包括管理者的培训职责、培训分工、各类培训考核制度、培训与使用、培训与管理、培训与奖惩的制度等，有了明确的培训制定，工作就有章可循。

二、指导执行人力资源开发计划

丰田公司的员工培训

丰田公司长期以来一直非常重视对人的培养和教育，他们认为“推动和发展企业的是人，也就是员工，任何工作、任何事业，要想得到发展，最要紧的是‘造就人才’”。丰田公司实行了全员全过程的培训。丰田汽车销售企业为了培训销售人员，建立了专门的进修中心。

1）新招来的销售人员需要接受为期半年的教育培训，这种培训是以“了解第一线销售人员处境”为中心内容的全方位的彻底培训，目的是使新员工成为一个真正的“丰田人”。首先是一般教育，传授销售人员应有的思想认识、丰田集团概况、神谷思想，以及丰田汽车销售公司业务内容的基本知识等，目的是使新员工对企业有一个基本的了解，认识到做一名丰田企业的推销员是幸运的，然后把新员工送到丰田汽车工业公司所属工厂，进行约两周的工厂实习。接着，以现场实物为教材，随维修人员再接受约一周时间的维修实习。这一过程结束后，进入销售实习阶段，在丰田所属的销售店进行为期三个月的推销员教育和实际销售工作。这样新员工对汽车的生产、维修及销售都有了实际体验。在各销售店，新员工的训练指导由在丰田汽车销售企业研究中心学完训练员课程的老推销员承担。

2）销售人员的继续教育。具有 2 年以上销售经验的推销人员，需到进修中心接受继续培训，根据推销员的工作年限开设内容不同的讲座，如“贸易谈判技术专业讲座”，利用角色扮演等形式，学习提高推销技巧。此外，对于晋升为代理经理、副课长、课长、营业所长的人员要进行相应的培训，为期 4 天左右。

3）经销店负责人的培训。丰田公司举办了“经销店负责人讲座”、“经销店负责人研究讨论会”等，每年举办多次，使所有经销店负责人都得到训练。经销店负责人研讨会，不采用讲课的形式，而是通过对处理各种情况的办法研讨，培养一个经营者的正确判断能力，学习应如何果断地进行领导，决断某一事物是否正确。通过这个研究讨论会，汽车销售企业希望把经销店的经营者培养成为一个能够应付经济环境变化的人，进而加强汽车销售和经销店之间的联系，互相沟通思想。

丰田就是通过这一系列培训制度，对企业的全体雇员进行系统的教育，从而全面提高了企业的整体素质。丰田企业的每个雇员，总是在不断地进行着学习、实践、再学习、再实践的过程，由此不断创造更好的工作业绩。

（资料来源：张启杰．2005．销售管理．北京：电子工业出版社）

1. 确定培训者角色及其职能

海尔是让我们很多人羡慕的企业，其“激活休克鱼”观念成为哈佛商学院的经典案例之一。这种观念其实就是企业文化，海尔总裁张瑞敏坚信“观念一变天地宽”，因此，海尔对其他公司的兼并就是将其强有力的文化注入进去，进行彻底的培训和“洗脑”，取得了巨大的成功。企业文化是以价值观塑造为核心，提升企业绩效和管理水平为目的的。培训者在培训的不同阶段扮演不同的角色。

（1）培训文化淡薄阶段

在连锁企业培训文化淡薄阶段，培训工作者承担实施者职能。对连锁企业的基层人员的要求，是能够把企业文化的各种理念体现在自己的工作中。虽然采用各种硬性的规章制度可以让企业管理严谨，但只能达到“不落后”的程度，要成为“卓越”的企业，就必须靠文化来进行管理，要让员工自觉自愿地遵从和维护企业的制度和文化，这就需要员工的感悟。感悟是一种境界，培训工作者必须综合运用各种培训方法，包括讲授式、案例学习式、研讨会、活动、游戏、拓展训练、团队训练等，在培训中使受训者理解、感悟企业文化。

（2）培训文化发展阶段

连锁企业培训文化发展阶段，培训工作者既是企业战略促进者又是培训实施者。

1）战略促进者。战略促进者的职能有：根据企业目标和企业发展战略制定培训目标和战略；开发并合理运用培训资源；推动培训文化的改进；建设开放式的培训信息系统，推动企业文化的发展；为各部门提供培训支援；开发超前的培训供应系统；主持企业的培训评估；建设并管理培训组织。

2）培训实施者。培训实施者的职能有：实施培训需求调查；制定培训计划；组织培训计划的执行；全程评估培训活动；根据培训信息，具体分配培训资源的使用；参与培训效果的评估。

（3）培训文化成熟阶段

连锁企业培训文化成熟阶段，培训工作者承担战略促进者职能。要能够与经理特别是高层决策人员一起，分析企业现状中存在的问题；评估解决问题的思路与方案；善于将这些思路和方案演化成对培训的要求；同时又能够对以培训去解决问题的具体方法提出建议并且设计培训计划；在培训目标和政策方面，也能够提出建议：显然，这样的顾问得是一位咨询专家。

2. 建设高效率的培训组织

（1）建立培训组织机构

良好的培训组织工作是企业培训成功的基础，连锁企业培训组织一般应

组建培训项目小组。

在培训准备阶段成立项目小组，主要是协调培训中的各项工作安排，确保培训如期圆满地进行，其分工通常是：人力资源部经理任组长，负责整个培训的具体筹划、总体安排；培训专员任副组长，负责培训工作的具体操作、执行；培训机构和讲师，负责培训讲义、要求的传达，培训反馈的整理；培训支持部门，负责培训器材、食宿、车辆等后勤供应工作；相关部门主管、受训代表，负责提供培训建议和辅助性工作。

（2）做好培训各类事项准备

具体的培训实施准备细则和注意事项是：

1）人员准备。项目小组人员的组成和分工，工作要落实到个人，并随时督促、检查。受训学员对培训课程安排、培训纪律、注意事项要提前通知、强调，并要求学员做好相应的预习和问题准备。

2）时间准备。包括每天日程安排、程序（有无领导讲话）准备等，培训规划应提前 1～2 个月进行，以保障培训顺利开展。培训开始前的准备倒计时日程安排，公司领导、学员与培训时间三者之间的协调，制定规划时要与相关人员沟通时间安排，以免冲突、撞车。

3）培训讲义资料。培训讲义装订成册、各辅助资料整理复印，要提前 10 天左右向讲师索要讲义，并根据公司实际情况修正。学习资料、培训需求、以往培训记录等要及时整理，培训前与讲师交流，让其参考，并有针对性地设计课程。培训效果、评估问卷的准备、学员培训考勤签到表、讲义等各类资料要有预留，以备需要。

4）培训场地。要掌握场地是否宽敞，桌椅是否足够、能否自由移动等情况，要便于现场搞活动、做游戏。培训会场布置、人员座次安排，宣传资料、指示牌的张贴、悬挂；室内光线是否合适，有无噪声、异味，位置是否安静，人员是否频繁往来，此种情况要向讲师说清楚，并在培训前让讲师考察，征询其意见并马上调整。

5）培训器材。投影仪要与电脑匹配，询问讲师是使用电脑或胶片；音箱、麦克风（有线、无线），电源插座（双向、三向，圆孔、扁孔要适用）保证正常工作；白板、白板笔（油性或水性），黑板、粉笔是否到位；准备或购买各种所需培训道具、器材；最好有备用麦克风、插座，辅助器材根据课程不同有别，培训前要向讲师核对清楚。

6）食、宿、行安排。讲师、专家接送车辆与住宿安排；参加人员、专家返回行程票预订，住宿、票务要提前几天预订。

7）支援项目。培训准备的其他事项和应急防范措施，如：准备打印机、复印机，随时打印、复印各种资料。

3. 选择合适的培训模式

企业培训作为指导员工获取知识、提高技能、改进态度的一个过程，它

区别于通常的教育。教育是一种学习，它着眼于人们整个人生的成长，而人员培训往往只限于取得和发展能力以适应企业的需要。因此企业培训有自己的特点、标准和要求。

培训模式是指贯穿于培训的计划、组织、执行、控制、评估和反馈等各项工作中的动作管理构架和基本方法，理解这一概念的关键在于把握过程与步骤之间的区别。

培训模式是多种多样的，关键在于寻找到一种适合本企业培训的模式。

（1）培训模式分类

随着社会发展阶段和人们认识水平的不同，每个时期实际存在的培训模式是不一样的，目前各地存在的培训模式主要有：

1）从培训主体角度看，有院校培训模式、研训结合培训模式、校本培训模式、导师制培训模式、远程教育培训模式。

2）从培训对象角度看，有新教师培训模式、骨干教育培训模式、晋级履职培训模式。

3）从培训内容角度看，有基本功训练培训模式、计算机培训模式、课程中心培训模式、课题中心培训模式、热点培训模式。

4）从培训手段角度看，有微格教学培训模式、网络培训模式、电化教育培训模式。

5）从培训管理角度看，有学分驱动培训模式、自学考试培训模式等。

目前从培训理念、培训目标角度建构的模式还不多见。目前提倡的参与式培训模式可以说是从突出培训理念而形成的一种培训模式，但目前在我国教师继续教育领域的实践才刚刚开始。

（2）企业采用的主要培训模式

“究竟什么是培训模式”是业界长期争论不休的一个焦点话题。概括起来主要有四种观点：一是培训形式论。持此观点者认为采用的培训形式即为培训模式，如离职培训、在职培训、半脱产培训等；二是培训流程论。持此观点者认为培训模式应该是培训管理的运作程序，如第一步先确定培训需求，第二步制定培训计划；三是学员本位论。持此观点者认为培训模式是由学员的接受情况、培训意愿的强烈程度和培训与工作的相关程度来决定的，如学员低意愿—低能力—高工作相关为一种模式，高意愿—高能力—低工作相关为另一种模式等；四是培训方法论。持此观点者认为培训方采用的具体教授方法即为培训模式，如课堂讲授模式、角色扮演模式等。下面介绍几种培训模式。

1）系统型培训模式。系统型培训模式是指通过一系列符合逻辑的步骤，有计划地实施的培训。在实践过程中，步骤的多少和具体细节会有差异，但通常包括以下五个方面：制定培训政策；确定培训需求；制定培训目标与计划；实施培训计划和对计划的实施进行评估、审核。

2）过渡型培训模式。过渡型培训模式是由哈里・泰勒提出的。泰勒将其描述为公司战略和学习的双环路：内环是系统培训模式，外环是战略和学习。远景（期望设想）、使命（组织存在的意义）和价值（对前两者的理解和解释）都必须在对目标的具体关注之前确定。

3）“国家培训奖”模式。“国家培训奖”模式是在 1987 年英国“国家培训奖”大会上提出来的，又称为“最佳培训实施模式”。它注重公司培训实施过程的政府介入，是对系统培训模式的发展，但更具有操作性。这种模式强调了培训与更广泛的组织战略之间的某种程度的联系，这种联系表明：可以将培训系统看作是组织内部的一个独立分支。

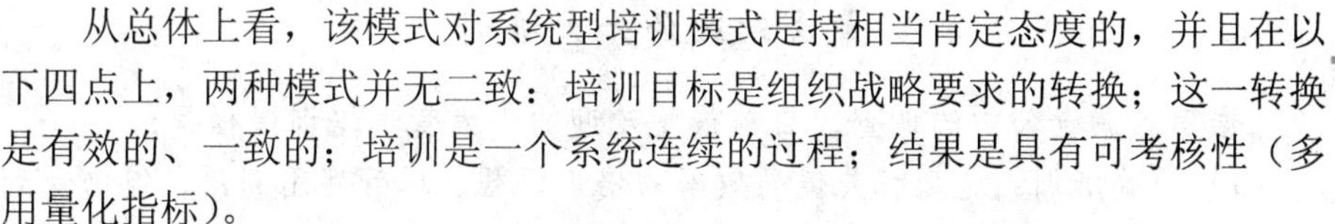

从总体上看，该模式对系统型培训模式是持相当肯定态度的，并且在以下四点上，两种模式并无二致：培训目标是组织战略要求的转换；这一转换是有效的、一致的；培训是一个系统连续的过程；结果是具有可考核性（多用量化指标）。

4）咨询型培训模式。咨询型培训模式（也称为顾问式培训模式）是当前较受推崇的一种模式。它是以协议或合同的方式固化组织的需要和待解决的问题，然后展开调查分析，在此基础上实施相关培训，一旦项目评估完成随即执行协议或合同。咨询意味着对你为什么做，做什么，如何做，在哪里做，何时做提供独立的建议或意见。提供咨询者既可以是组织外部顾问，也可以是组织内部顾问。一般而言，来自组织内部的顾问能够对问题提出有针对性的解决办法，而组织外部的顾问则往往具有更为专业和更为丰富的项目实施经验。

5）持续发展型培训模式。鉴于系统型培训模式、过渡型培训模式、“国家培训奖”模式和咨询型培训模式都是为特定时期的培训实施服务，而并未为培训职能的持续发展提供指导的事实，人们又发展了一种着力于培训职能的长期强化和提高的新模式，称为持续发展型培训模式。该模式为组织发展提出了一整套建议，从而有助于组织资源的开发，且更能满足组织者方面的需要。这一模式提出了七个活动领域，都是实现组织学习和持续发展必不可少的因素：政策、责任与角色要求、培训机会及需求的辨识和确定、学习活动的参与、培训规划、培训收益、培训目标。从某种意义上说，该模式更像是一个实践型模式。它是对组织持续发展目标的说明，而不是如何达成目标的勾画。

6）阿什里德模式。这一模式是由阿什里德管理学院的研究人员在对英国一些优秀的公司进行考察研究，并做了大量的文献检索后于 1986 年提出来的。研究人员按照等级水平将培训活动划分为三个阶段：离散阶段、整合阶段、聚集阶段。尽管其研究内容的说明性要强于实效性，但这一阶梯形式的培训模式对于培训经理来说，却极具参考价值。

7）所罗门型培训模式。英国经济学家马丁・所罗门，在其所著的

A Handbook for Training Strategy 一书中，推荐了一些公司运用的两种培训模式。由于这两种培训模式目前尚无法找出其创始人是哪一位，姑且称之为所罗门型培训模式。

这种培训模式引进了“行为评估”概念，这是对培训需求界定方法的变革，同时也是将评估引入到培训环节中每个环节的标志之一，由此可见改进型顾问式培训模式对此产生的影响。

最受欢迎的十大培训

据零点调查公司的调查，目前最受欢迎的十大管理培训课程是：

1）高效培训。这是有关提高效率的培训课程，尽管费用高昂，但仍受到高层次职业人士的欢迎。

2）时间管理培训。此类课程传授的不仅是工作时间的管理方法，而且还包括生活时间的管理方法。

3）团队精神培训。受西方现代企业文化的影响，越来越多的中国企业意识到，员工整体协作对企业的发展将起重要作用。

4）营销技巧培训。随着市场竞争的日趋激烈，要求企业更加主动、积极地开拓市场。营销人员要想提高业绩，参加专业培训是非常重要的。

5）客户服务技巧培训。客户是上帝，只有充分满足客户的需要，才能实现企业的发展。因此，越来越多的企业把客户服务作为一种赢利的好方法。

6）沟通技巧培训。演讲技巧、谈话技巧、客户接待技巧都属于沟通技巧的范畴。

7）项目管理培训。项目管理包括对质量、时间、费用等几方面的管理，其在整个项目实施过程中起到科学协调作用。

8）薪酬设计培训。市场经济要求企业实行市场化薪酬制度，薪酬已成为员工能力差异的一种重要表现。

9）领导艺术情景培训。此类培训形式灵活，内容实用，从日常工作中可能碰到的一些小案例出发，教给学员实用的处理问题的方法。

10）战略性人力资源管理培训。

（资料来源：www.manaren.com/news/1010001154）

4. 建立动态的信息系统

培训信息系统是培训管理决策的重要参考依据，是确定培训目标、制定培训策略与培训计划、选择合适的培训手段和技术的基础，企业建立的安全、稳定、动态的培训信息系统应该可以综合运用外部培训信息和内部培训信息。

1）外部培训信息。外部培训信息是培训管理者及时了解外部培训市场的变化，有效利用外部市场资源的重要依据。外部培训信息既包括宏观的信息，如国家有关培训发展方面的政策变化，现代培训技术的发展，现代管理学、心理学、教育学在培训方面的应用与指导等，还包括微观的信息，如专业培训顾问公司的培训信息、专业培训顾问的信息、同行业竞争对手的培训信息等。建立有效的信息收集、分析与利用渠道与方法是外部培训信息利用成败的关键。培训管理者要善于从国家政府部门、培训供应商、网络、新闻媒体、人力资源协会沙龙等各种渠道收集信息，并要迅速反应，了解这些信息对企业自身发展的利弊，要学会运用这些信息选择更好的培训手段和方法，提升企业的培训效果。

2）内部培训信息。内部培训信息是指企业内部关于培训的所有信息，此类信息是培训管理者分配培训资源、确定培训目标和培训战略、制定培训计划、判断培训效果和评估培训效益必须掌握的第一手资料。其内容结构包括：企业发展战略、企业目标、企业发展计划、企业人力资源政策、企业培训文化、各部门工作目标、各部门工作计划、各部门培训计划、个人背景与培训经历、个人培训需求、个人职业发展计划、培训实施全过程记录、培训评估信息、培训资源等。培训管理者要运用各种方式与方法，及时与企业高层决策者、各部门主管、员工个人进行沟通，获取全面、具体的资料，沟通可以采用工作现场观察、问卷调查、面谈、培训会议、培训实施现场观察等方法。

建立有效的培训信息系统是企业人力资源发展计划制定正确、人力资源发展计划执行有力的基础，只有培训信息系统有效，才能作出正确的决策，采取正确的培训措施，取得良好的培训效果。

三、保证实施培训规划所需要具备的资源

连锁企业开展培训活动必须具备一定的条件，包括校舍、教学仪器设备、师资和教育管理者、教育经费、时间与空间等，这些教育资源在培训活动中都有不同程度的消耗。

1. 人

人力资源方面的投入包括培训管理者、培训教师和培训参与者等方面的投入。培训教师的素质高低对培训效果影响很大，是培训能否成功的关键因素之一。因此，连锁企业一定要保证教师的素质和专业水平。无论是从专业培训机构和高等院校聘请，还是从企业内聘请那些对本企业非常熟悉、有丰富专业经验的员工做兼职或专职培训教师，都必须设立严格的筛选程序，保证培训教师资质合格。对于培训管理者而言，一方面要负责选择正确的参与

者，保证参与培训的人对培训有积极性，另一方面要搞好“培训引导”，即要指导培训教师完成整个培训工作，这包括培训需求的分析、培训方法的选择、培训场地的安排、培训设备的准备等。培训参与者作为培训服务的主体与客户，一方面投入了时间和精力来参与培训，对培训有自己的要求，是培训参与者获得培训效果的保证，另一方面还要积极参与培训。

2. 财

在财务方面，任何一个企业都有自己的培训预算，而且培训预算都是有限的，因此，培训的投资收益就显得越来越重要了。高层管理者批准培训预算，就意味着对培训效果有了期望和要求。因此，企业在培训的财务管理方面，首先要建立成本预算与审批的必要环节；其次，正因为对培训投资收益的要求，培训评估需要得到更多的重视。当然，培训预算也是对培训实施过程中各项支出进行有效控制的方法。培训成本可以分为直接成本和间接成本，直接成本可以分为教师、教材、教具、设备、场地、交通、食宿等的成本，间接成本则包括因培训而耽误工作所花费的机会成本和生产力浪费等。

3. 物

物资方面的投入包括培训时会用到的各种设施、场所以及授课时需要的各种材料，如印刷材料、视听材料等的投入。

4. 时间

市场经济条件下的企业把时间看得非常重要。时间意味着金钱、时机等，因此，培训如果占用工作时间，势必会造成工作和培训的冲突，而且，占用工作时间也意味着员工满意度会受到影响，并且还意味着额外的加班费用，可见，时间的安排对培训非常重要。培训管理者必须慎重考虑这个问题，要做好详细可行的计划，找到适合企业文化、符合员工需要的培训时间。另外，培训时间的长短也会直接跟培训预算产生关系，因此，培训项目时间的设计既要保证培训效果，又要避免培训过程过于冗长。

5. 信息

培训信息包括外部的供应商信息、企业发展战略目标、企业培训文化、企业管理者的培训观念、员工的培训习惯等，直接关系到培训的成败。因此，培训管理者要主动捕获这些信息，只有这样才能保证培训服务真正做到与企业发展战略目标一致，为企业文化所接受，被管理者所赞许，并有效改善员工的工作态度，提高员工的工作技能水平。

第三节 培训评估

一、培训评估方案设计要素

1. 对照组

在培训评估设计中往往会出现对照组和实验组。对照组的学员与实验组的学员具有相同的特点，但并不参加将要评估的人力资源开发培训项目，它代表的是培训前的情况。而实验组的学员是参加培训的学员。因此，两组的业绩对比可以反映出人力资源开发培训项目的效果。

2. 评估手段的时间选择

在评估中，评估手段的时间选择是一个棘手问题。评估手段被定义为数据收集工具的应用，如问卷、调查、测试或面谈，有时被说成是测试的衡量手段，可以用在培训项目之前、之中和培训之后的某段间隔时间之后。设计中的事后测试部分是万万不能省略的，因为它将直接对培训项目的结果加以衡量。

（1）事前测评

在确定何时及如何进行事前和事后测评时要特别注意事前测评。关于何时进行事前测评的问题（或培训项目之前的评估），在此推荐四种基本的指导原则。

1）当事前测评影响学员的业绩表现时，就应该避免进行事前测评。事前测评旨在衡量人力资源开发培训项目开始之前的情况，测评本身不应该影响业绩的表现。如果有迹象表明，这种测评将对业绩表现产生影响，就应该对事前测评进行调整，在培训项目开始之前的一段时间内应该尽量减少它的这种影响，或者是放弃这种测评。

2）当事前测评没有什么意义时，要避免使用。当传授全新的知识或提供学员根本就不知道的信息时，事前测评也许会毫无意义。因为测评的结果将表明学员在这方面的知识、技能或能力是一片空白。例如，在外语培训项目中，如果学员对这门外语一无所知，对他们进行事前测评就是毫无意义的。相反，在培训项目结束之后进行事后测评，了解学员对外语技能的掌握程度，则是比较合适的。

3）事前测评和事后测评的内容要一致或大体相同，所设定的分数要有一个共同的基础，以便对比。

4）事前测评和事后测评应该在同样的或类似的条件下进行。测评所需要的时间和条件要大体相同。

（2）实施过程中的测评

事前测评和事后测评是指衡量培训项目开始前和培训项目刚刚结束后的业绩表现情况，有时候在培训项目进行的过程中实施测评也是很有必要的。在有些情况下，这类测评可以获得有关知识、技能的掌握情况和态度的变化情况。在另外一些情况下，这些测评会衡量出培训项目实施过程中学员的反映。在培训项目实施的过程中，可以衡量培训目标的进展情况，也可以获得有关部门的反馈信息，以便作出适当的调整。在培训项目实施过程中的测评注重了解学员的反映和学习情况。

（3）多重测评

有时在培训项目实施前后要进行多重测评。如果切实可行，并且可以得到相关的数据，就应该采取多重测评的方法。在培训项目实施之前进行多重测评是为了衡量培训项目实施前的某种趋势。这些测评主要着眼于三级和四级评估的数据，以便确定技能和知识在实际工作中的应用情况，以及给企业业绩带来的变化情况。在培训项目实施之后进行多重测评是为了衡量技能使用和应用的程度，了解整个培训项目内容的应用进展情况及该培训项目所产生的长期效果。多重测评方法是指了解培训项目前后某些趋势的变化情况，这对作出预测或比较是非常重要的。

（4）培训结束后跟踪测评的时间选择

在培训结束后的某个预定时间内实施评估很有意义，这将为学员提供一个机会，便于他们在实际工作中运用培训项目中所学到的东西。

3. 影响有效性的因素

一些问题的出现会削减评估设计的有效性，从而改变某个培训项目的结果。

1）时间或历史。

时间会让事情改变。即使没有人力资源开发培训项目，随着时间的推移，业绩也会得到改进，态度也会发生变化。在考察人力资源开发培训项目的结果时经常要问到这样一个问题：“如果没有实施人力资源开发培训项目，会产生同样的结果吗？”通过对评估设计的修改，可以避免这种影响有效性的因素。

2）测评的影响。即使没有实施人力资源开发培训项目，某种真实的测评或其他手段也有可能对工作表现或态度产生影响。当事前测评和事后测评相同时，最容易产生这样的影响。学员对事前测评材料进行思考，也许想就那些令他们感兴趣的问题得出答案。同时，当学员了解到培训项目的整个范围和培训目的之后，他们有可能对事后测评提供更加有利的回答，这是由于对期望的了解，而不是基于所学到的知识。用一种特殊的评估设计就可以避免测评所带来的影响。

3）选择。选择参加过人力资源开发培训项目的学员可能会对评估结果产生影响。很自然，有的学员要比别的学员表现好一些。如果选择的学员中表现好的和表现差的学员所占比例过大，评估的结果就会走样或不具备代表性。如果可行的话，用随机抽样的办法就可以避免这种问题的产生。

4）流失率。由于种种原因，学员会中途退出培训。如果使用事前测评和事后测评，参加两次测评的学员人数就会有所不同，这种变化给比较这两次测评的结果带来了困难。表现不好的学员往往会更多地中途退出培训，这使得情况更加复杂。在实施培训后的跟踪评估时，如果相当一部分学员做的不是同一种工作，评估的效果就会有所折扣。

二、常见的培训评估方案

培训的成效评估和反馈是不容忽视的。培训的成效评估一方面是对学习效果的检验，另一方面是对培训工作的总结。成效评估的方法分为过程评估和事后评估。前者重视培训活动的改善，从而达到提升实质培训成效的作用；后者则供人力资源管理部门的决策参考。从合理化的观点来看，最好是将两者结合起来。成效评估的方法有非实验设计法、实验设计法和准实验设计法。

1. 非实验设计

一般而言，非实验设计是主观性的。它没有参照组，只有一个培训小组。设计内容包括单组别前测、后测设计和简单时间序列设计。换句话说，它往往根据“觉得怎样”进行评判，而不是用事实和数字来加以证明。非实验设计的优点有：

1）不会给培训对象造成太大的压力。

2）可以更真实准确地反映出培训对象的态度变化，因为这些态度在非正式场合更容易表现出来。

3）可以使培训者发现意料不到的结果。

4）方便易行，几乎不需要耗费什么额外的时间和资源。

2. 实验设计

培训评估实验研究是为了解决某一培训问题，根据一定的教育培训理论和建立的假设组织有计划的评估实践，经过对效果进行一定时间的比较分析，从而得出结论的研究方法。它有随机产生的参照组，包括前测－后测控制组设计、所罗门四小组设计、单一后测控制组设计和要素评估设计等。

这种研究方法是在适当地控制无关变量，以随机化原则，在严格控制下进行的。实验研究很精确，但进行环境过于理想化，要花费较多的人力、物力和时间去控制对象和环境。对于培训评估而言要进行有效控制是很难的，因为实验的对象常常是人而非物，不可能进行严格的控制，同时在实验中对

研究者的要求也很高，让研究者和被研究者都感到有压力，而且还要受到受试单位、培训机构配合程度等因素的影响。

3. 准实验设计

培训评估准实验设计是指在无须随机地安排被试时，运用原始群体，在较为自然的情况下进行实验处理的研究方法。有非随机产生的参照组，包括前测－后测对照组设计、时间序列设计对照组设计和单一后测对照组设计。

准实验设计是一种降低了培训评估控制标准的类似真实实验的研究方法，因此准实验研究设计的方法在许多方面与真实实验有相同之处。常用的准实验设计方法有不相等实验组控制组前后测准实验设计、不相等区组后测准实验设计、单组前测后测时间系列准实验设计、多组前测后测时间系列准实验设计、修补法准实验设计等五种。

三、选择适当的评估设计方案

1. 一次性项目评估的设计

一次性培训项目的评估设计是最常用的评估设计。企业中许多培训都是这样：只涉及一个小组，在培训之前没有收集任何数据，在培训之后对该小组只进行一次评估，有许多难以控制的因素会影响评估的结果，使得用这种设计所取得的结果失去效用。

当事前没有用任何方法来评估业绩表现或当培训项目实施之前没有足够的知识、技能或能力时，用这种方法来评估某个小组的业绩表现是很有用的。例如，连锁企业财会人员参加新会计制度培训，在培训之前试图了解他们对新会计制度的了解情况，作用不大，而在培训结束之后来了解他们对该制度的掌握情况是比较合适的。

当一次性项目评估的设计受财务、组织、时间方面的限制时，无法收集培训前的数据，只能在培训后对该小组进行一次评估。

2. 单一小组、事前测试和事后测试的设计

单一小组、事前测评和事后测评的设计可以解决没有数据进行对比的问题。这种设计要求在人力资源开发培训项目开始之前和之后都收集数据，比一次性设计进了一步。这样就可以将培训之前的知识、技能或态度与培训之后的知识、技能或行为进行比较，更好地确定培训项目所带来的改进情况。

这种设计的一个缺点就是事前测评的影响问题。事前测评有可能促使学员去研究所介绍的主题或所提出的问题，其结果是，事后测评的结果变化也许不是由于人力资源开发培训项目所产生的，而是由于学员参加事前测评所导致的。这种设计的另一个缺点就是外部因素的影响，如组织、环境、工作

条件或其他因素会导致业绩表现的变化。

3. 单一小组、多重测评的设计

在这种设计中，实验组又是自己的对照组。在培训之前实施多重测评可以避免因不用对照组而产生的问题。事后采取重复性评估，不仅可以对原始结果进行比较，而且也可以对培训项目的长期效果进行评估。

单一小组、多重测评的设计可以消除许多时间和选择对有效性的影响，但是不能避免流失率所带来的不利影响。

4. 对照组的设计

对照组的设计是两个组的比较，即实验组和对照组的比较，实验组参加人力资源开发的培训，而对照组不参加这种培训。有关两个组的数据是在培训前和培训后收集到的。与对照组比较，实验组的结果表明了人力资源开发培训项目的效果。

对照组的选择应该是随机抽样产生的，如果两个组中的学员来自相同的群体，并且可以随机抽样，那么，这样的评估设计就成为真正的对照组设计。随机选择不仅能在培训开始之前使两个小组得到平衡，而且也使得评估的结果对于其他小组具有普遍性。然而，从实践的角度来看，对学员的选择很难做到随机抽样。如果真实情况是这样，在报告评估结果时要承认这种设计的缺点。

只有通过恰当的选择标准而选择出来的两个组的情况相同时，才能使用这种设计。

5. 理想化的实验设计

理想化的实验设计涉及三个部分：对学员的随机抽样、对所选择的小组进行事前和事后测评。

小组 A 参加某个培训，接受事前测评和事后测评。对照组不参加该培训，也接受事前测评和事后测评。小组 B 参加该培训，不接受事前测评，但接受事后测评。对照组消除了时间和流失率对有效性的影响。对于对照组来说，如果其事前测评和事后测评的结果相同，那么就可以得出结论：这两个因素对结果没有产生影响。而随机抽样所组成的小组又消除了选择给有效性所带来的影响。

小组 B 是为了消除事前测评对人力资源开发培训结果的影响，如果小组 A 和小组 B 的事后测评结果相同，就说明事前测评对业绩表现没有产生影响。

在实验设计中，这种设计是最好的。然而，从实际来看，要得到三个随机选择的抽样小组是很困难的，这种操作所用的时间、费用、不便之处和管理程序等，将使之不能付诸实施。

6. 只有事后测评的对照设计

只有事后测评的对照设计是一个成本低、实用性强的理想化实验设计，称为只有事后测评的对照设计。

在这种设计中，对随机抽样选择的实验组和对照组只进行事后测评，这就减少了事前测评对学员所产生的影响。排除了事前测评，就可以减少前面所述的评估设计的时间和成本问题。

第四节 员工的职业管理

职业生涯又称职业发展，是一个人从首次参加工作开始的一生中所有的工作活动与工作经历，按编年的顺序串接组成的整个过程。

职业生涯管理是将个人职业需求与组织目标和组织需要相联系而作出的有计划的努力。

一、职业生涯理论

人们在选择职业的时候会涉及很多心理现象和心理问题，对于如何选择自己的职业，国外产生了很多相关的职业心理理论，这些理论可分为三种价值取向：一是重视从个体发展角度来说明的个人价值取向，如特性—因素理论、人格类型理论和需要理论；二是注重研究作用于个人职业和职业发展的社会环境因素的社会取向，如社会学理论；第三是综合取向，把职业选择和职业发展看作是个人因素和家庭、社会环境因素交互作用的结果，如行为论。

1. 职业生涯发展理论

（1）金斯伯格的职业选择阶段理论

美国著名职业指导专家金斯伯格对职业生涯的发展进行过长期研究，他的理论对于实践产生过广泛影响。金斯伯格的职业发展阶段分为幻想期、尝试期和实现期。

1）幻想期（0～11 岁）。儿童们对大千世界，特别是对于他们所看到或接触到的各类职业工作者，充满了新奇、好玩的感觉。此时期职业需求的特点是：单纯凭自己的兴趣爱好，不考虑自身的条件、能力水平和社会需要与机遇，完全处于幻想之中。

2）尝试期（11～17 岁）。这是由少年儿童向青年过渡的时期。具体划分为四个阶段：兴趣阶段、能力阶段、价值阶段和转移阶段。这一时期，人的心理和生理在迅速成长发育和变化，有独立的意识，价值观念开始形成，知识和能力显著增长和增强，初步懂得社会生产和生活的经验。在职业需求

上呈现出的特点是：有职业兴趣，对职业有更深层次的探索，更多地和客观地审视自身各方面的条件和能力；开始注意职业角色的社会地位、社会意义，以及社会对该职业的需要。

3）实现期（17 岁以后）。这一时期又分为试探、具体化和专门化三个阶段。青年即将步入社会劳动，能够客观地把自己的职业愿望或要求，同自己的主观条件、专业方向、能力，以及社会现实的职业需要紧密联系和协调起来，寻找适合于自己的职业角色。他们对所希求的职业不再模糊不清，已有具体的、现实的职业目标，表现出的最大特点是客观性、现实性。

金斯伯格的职业发展理论，展示了从幼年到青年期个体职业心理发展的生动图景，表明早期职业心理的发展对人生职业选择有着重大的影响。

（2）施恩的职业生涯发展理论

美国的施恩教授立足于人生不同年龄段面临的问题和职业工作主要任务，将职业生涯分为九个阶段。

1）成长、幻想、探索阶段（0～21 岁）。此阶段的主要任务是：发展和发现自己的需要和兴趣，发展和发现自己的能力和才干，为进行实际的职业选择打好基础；学习职业方面的知识，寻找现实的角色模式，获取丰富信息，发展和发现自己的价值观、动机和抱负，作出合理的受教育决策，将幼年的职业幻想变为可操作的现实；接受教育和培训，培养工作世界中所需要的基本习惯和技能。在这一阶段所充当的角色是学生、职业工作的候选人、申请者。

2）查看工作世界（16～25 岁）。个人通过查看劳动力市场，谋取可能成为一种职业基础的第一项工作；同时个人和雇主之间达成正式可行的契约，个人成为一个组织或一种职业的成员，充当的角色是：应聘者、新学员。

3）基础培训（16～25 岁）。与查看职业工作或组织阶段不同，个体在此阶段要担当实习生、新手的角色。也就是说，已经迈进职业或组织的大门，此时主要任务已是了解、熟悉组织，接受组织文化，融入工作群体，尽快取得组织成员资格，成为一名有效的成员；并能适应日常的操作程序，应付工作。

4）早期职业的正式成员资格（17～30 岁）。面临的主要任务有：承担责任，成功地履行与第一次工作分配有关的任务；发展和展示自己的技能和专长，为提升或查看其他领域的横向职业成长打基础；根据自身才干和价值观，根据组织中的机会和约束，重估当初追求的职业，决定是否留在这个组织或职业中，或者在自己的需要、组织约束和机会之间寻找一种更好的配合。

5）职业中期（25 岁以上）。主要任务是：选定一项专业或查看管理部门；保持技术竞争力，在自己选择的专业或管理领域继续学习，力争成为一名专家或职业能手；承担较大责任，确立自己的地位；开发个人的长期职业计划。

6）职业中期危险阶段（35～45 岁）。主要任务为：现实地估计自己的进步、职业抱负及个人前途；就接受现状或者争取看得见的前途作出具体选择；建立与他人的良好关系。

7）职业后期（40 岁～）。此时的职业状况或任务：成为一名良师，学会发挥影响，指导、指挥别人，对他人承担责任；扩大、发展、深化技能，或者提高才干，以担负更大范围、更重大的责任；如果求安稳，就此停滞，则要接受和正视自己影响力和挑战能力的下降。

8）衰退和离职阶段（40 岁～退休）。不同的人在不同的年龄会衰退或离职。此阶段主要的职业任务一是学会接受权力、责任、地位的下降；二是基于竞争力和进取心下降，要学会接受和发展新的角色；三是评估自己的职业生涯，着手退休。

9）离开组织或职业。退休在失去工作或组织角色之后，面临两大问题或任务：保持一种认同感，适应角色、生活方式和生活标准的急剧变化；保持一种自我价值观，运用自己积累的经验和智慧，以各种资源角色，对他人进行传帮带。

需要指出的是，施恩虽然基本依照年龄增大顺序划分职业发展阶段，但并未囿于此，其阶段划分更多地根据职业状态、任务、职业行为的重要性。正因施恩教授划分职业周期阶段是依据职业状态和职业行为和发展过程的重要性，又因为每人经历某一职业阶段的年龄有别，所以，他只给出了大致的年龄跨度，并在各职业阶段上所示的年龄有所交叉。

（3）格林豪斯的职业生涯发展理论

格林豪斯研究人生不同年龄段职业发展的主要任务，并以此将职业生涯划分为五个阶段：

1）职业准备。典型年龄段为 0～18 岁。主要任务：发展职业想象力，对职业进行评估和选择，接受必需的职业教育。

2）进入组织。18～25 岁为进入组织阶段。主要任务是在一个理想的组织中获得一份工作，在获取足量信息的基础上，尽量选择一种合适的、较为满意的职业。

3）职业生涯初期。处于此期的典型年龄段为 25～40 岁。学习职业技术，提高工作能力；了解和学习组织纪律和规范，逐步适应职业工作，适应和融入组织；为未来的职业成功做好准备，是该期的主要任务。

4）职业生涯中期。40～55 岁是职业生涯中期阶段。主要任务:需要对早期职业生涯重新评估，强化或改变自己的职业理想；选定职业，努力工作，有所成就。

5）职业生涯后期。从 55 岁直至退休是职业生涯的后期。继续保持已有职业成就，维护尊严，准备引退，是这一阶段的主要任务。

（4）塞普尔的职业生涯发展理论

塞普尔是美国另一位有代表性的职业学家。他把人的职业发展划分为 5 个大的阶段。

1）成长期（0～14 岁）。经历对职业从好奇、幻想到兴趣，到有意识培

养职业能力的逐步成长过程。塞普尔将这一阶段具体分为 3 个成长期：幻想阶段（10 岁之前）：儿童从外界感知到许多职业，对于自己觉得好玩和喜爱的职业充满幻想，并通过角色游戏进行模仿，实现自己对职业角色的认同。兴趣阶段（11～12 岁）：以兴趣为中心，理解、评价职业，开始作职业选择。能力阶段（13～14 岁）：开始考虑自身条件与喜爱的职业是否相符，开始关注并有意识地发展能力。

2）探索期（15～24 岁）。这是青年择业、初就业时期，青年力图更多地了解自我，并作出尝试性的职业决策；同时通过经验的积累，不断改变自己的职业期望。这个时期也可分为 3 个阶段：试验阶段（15～17 岁），个体通过想象、讨论、观察、见习、社会实践等活动开始综合认识和考虑自己的兴趣、能力与职业社会价值、就业机会，开始进行择业尝试；过渡阶段（18～21 岁），查看劳动力市场，或者进行专门的职业培训，从过去的理想进入当前的现实，并对自己的职业期望进行现实性调整；尝试阶段（22～24 岁），选定工作领域，开始从事某种职业。

3）建立期（25～44 岁）。为建立稳定职业阶段。经过两个时期。尝试阶段（25～30 岁）是个人对初就业选定的职业不满意，一直不能适应，就再选择、变换职业工作。变换次数各人不等。也可能满意初选职业而无变换。稳定阶段（31～44 岁）。个体已经适应了整个职业生活环境，明确了自己在职业岗位中的责任和权利，能顺利、成功解决职业中的各种问题，开始在职业体会中有满意感和成就感，最终确定职业为自己终生职业。

4）保持期（45～59 岁）在这一时期，个体一般达到常言所说的“功成名就”情境，已不再考虑变换职业工作，只力求维持已取得的成就和社会地位。

5）衰退期（60 岁以上）。由于个体健康状况和工作能力逐步衰退，即将退出工作，结束职业生涯，考虑退休后的生活安排。

孔子人生七阶段分法见表 6-2。

表 6-2　孔子人生七个阶段分法

年龄阶段	发展阶段	主要特征
0～15 岁	从学前期	已经开始学习
15～30 岁	立志与学习时期	与前期相比，此时的学习更与志向相结合
30～40 岁	自立时期	懂礼、独立于社会
40～50 岁	不惑时期	不被外界事物所迷惑，办事不犹豫
50～60 岁	知天命时期	认识自然规律，知道自己的人生使命
60～70 岁	耳顺时期	冷静地倾听别人的意见、辨别真假、明辨是非
70 岁以上	从心所欲不逾矩时期	言行自由，自觉遵守客观规律，自觉遵守道德规范

资料来源：郑晓明．2005．人力资源管理导论．北京：机械工业出版社：237

2. 职业选择理论

约翰·霍兰德是美国约翰·霍普金斯大学心理学教授，美国著名的职业指导专家。他于1959年提出了具有广泛社会影响的人业互择理论。这一理论是最具代表性的职业选择理论，根据劳动者的心理素质和择业倾向，将劳动者划分为六种基本类型，相应的职业也划分为六种类型：

1）现实型。喜欢做使用工具、实物、机器或与物有关的工作；动手能力强，动作协调；脚踏实地，实事求是，不善言辞和交际。具有手工、机械、农业、电子方面的技能，爱好与建筑、维修有关的职业。主要职业有：工程师、技术员、机械操作、维修安装、矿工、木工、电工、鞋匠、司机、测绘员、农民、渔民、牧民等。

2）研究型。喜欢独立和富有创造性的工作如生物科学、物理科学研究活动；抽象思维能力强，生性好奇，具有极好的数学和科学研究能力，知识渊博，不善于领导他人，爱好科学或医学领域里的职业。主要职业有：自然科学和社会科学的研究人员、专家，化学、冶金、电子、无线电、电视、飞机等方面的工程师、技术人员等。

3）艺术型。喜欢不受常规约束，以便利用时间从事创造性的活动，天资聪慧，创造性强，不拘小节，自由放任，具有特殊的才能和个性，渴望表现自己的个性，具有语言、美术、音乐、戏剧、写作等方面的技能，爱好能发挥创造才能的职业。主要职业有：音乐、舞蹈、戏剧等方面的演员、艺术编导、教师，文学、艺术方面的评论员，广播节目的主持人、编辑、作者；绘画、书法、摄影家；艺术、家具、珠宝、房屋装饰等行业的设计师。

4）社会型。喜欢参加咨询、培训、教学和各种理解、帮助他人与教育他人的活动；具有与他人相处共事的能力，渴望发挥社会的作用；比较看重社会义务和社会道德。主要职业有：教师、保育员、行政人员；医护人员；衣食住行服务行业的经理、管理人员和服务人员；福利人员等。

5）企业型。善交际，喜爱权力、地位和物质财富，喜欢领导和左右他人、具有领导能力、说服能力及其他一些与人打交道所必需的重要技能；雄心勃勃，友好大方，精力充沛，信心十足，喜欢竞争，敢冒风险。爱好商业或与管理人有关的职业。主要职业有：经理、企业家、政府官员、商人，行业部门和单位的领导、管理者等。

6）常规型。喜欢按计划办事，习惯接受他人的指挥和领导，不敢冒险和竞争；尽职尽责，忠实可靠；善于做系统地整理信息资料一类的事情；具有办公室工作和数字方面的能力。爱好记录、整理文件、打字、复印及操作计算机等职业。主要职业有：会计、出纳、统计人员；打字员；办公室人员；秘书和文书；图书管理员、保管员，旅游、外贸职员，邮递员，审计员，人事职员等。

霍兰德认为，每个人都是这六种类型的不同组合（见图 6-2），只是占主导地位的类型不同。霍兰德还认为，每一种职业的工作环境也是由六种不同的工作条件所组成，其中有一种占主导地位。一个人的职业是否成功，是否稳定，是否顺心如意，在很大程度上取决于其个性类型和工作条件之间的适应情况。霍兰德职业人格能力测验就是通过对被试在活动兴趣、职业爱好、职业特长以职业能力等方面的测验，确定被试上述六种类型的组合情况（按六个方面的得分从大到小排序，排在首位的就是被试占主导地位的类型），并根据其个性类型寻找适合被试的职业。霍兰德的职业选择理论，实质在于使劳动者与职业相互适应，同一类型的劳动与职业互相结合，以达到适应状态，结果，劳动者找到适宜的职业岗位，其才能与积极性得以很好发挥。

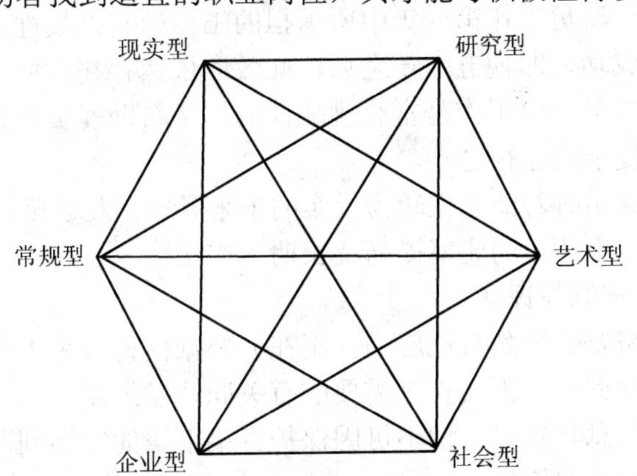

图 6-2　霍兰德六种职业类型关系

除此以外还有施恩的职业锚理论，职业锚指一个人不得不作出职业选择时，无论如何都不会放弃的、职业中至关重要的东西或价值观，即个人稳定的职业贡献区和成长区。职业锚可分为：技术型、管理型、创造型、自主与独立型、安全型。

二、个人与组织的职业生涯管理

1. 企业方面的管理重点

组织职业生涯管理是指由组织实施的、旨在开发员工的潜力、留住员工、使员工能自我实现的过程。组织职业生涯管理其内容主要包括：帮助员工进行职业规划，建立各种适合员工发展的职业通道，针对员工职业发展的需求进行各种培训，给予员工必要的职业指导等。

连锁企业组织的职业生涯管理任务主要包括生涯目标、配合与选用、绩效规划与评估、生涯发展评估、工作与生涯的调适和生涯发展的支持几个方面。

（1）生涯目标

一个人开始职业的最初时期，较高的工作期望与所面对的枯燥无味和毫无挑战性的工作现实之间存在反差。对于新雇员而言，这又是一个现实测试时期，其最初愿望或目标第一次面对企业生活的现实，且第一次使自己的能力、需要与企业的任务和要求面对面地碰在一起。

在员工的整个职业生涯中，初次进入企业的阶段是最需要企业考虑和指导其职业发展的阶段。在此阶段，主要的工作是帮助新员工建立自信感，学会与第一个上级及同事的相处；学会接受责任，清醒地审视和判断个人的才能、需要和价值观是否与最初的职业目标相吻合。

（2）配合与选用

研究发现，新员工在第一年中所承担的工作越有挑战性，其工作就显得越有效率、越成功，即使五六年之后，此效应依然存在。所以，企业争取做到为员工提供的第一份工作是富有挑战性的，是帮助雇员获得职业发展的最有力、却并不复杂的途径之一。

在招募和选用时若能提供较为现实的未来展望，人尽其才，可以提高新、老员工长期留在企业中的比率提高及长期工作业绩。

（3）绩效规划与评估

主管人员需要弄清楚自己应当（正在）依据何种未来工作性质来对下属的工作绩效进行评价，下属真正需要的有关职业发展是什么——要将下属潜在职业通路的信息具体化。切不可因保护直接下属的短期利益而向上级提供有关工作评价的不实信息。

（4）生涯发展评估

雇员与其上级间往往存在一种“皮格马利翁效应”：上级对下属期望越高，越信任、越支持，员工干得越好，所以应为员工安排合适的上级。

组织应为新雇员安排一位具有较高工作绩效，受过较高水平训练，并能通过建立较高工作标准而对新雇员提供必要支持的主管人员，对员工的职业生涯发展进行指导。

（5）工作与生涯的调适

提供阶段性工作轮换和职业通路即提供机会让员工尝试各种具有挑战性的工作，可以使员工尤其是新员工获得评价自己资质和偏好的良好机会，是促使员工进行自我测试以使自己职业锚更加具体化的一个好办法。

职业通路是指工作轮换的一种扩展情形，是指认真地针对每位员工制定他们的后续工作并安排计划。

通过工作轮换和职业通路，企业可获得具有更宽知识面和能力的“多面手”员工。

（6）生涯发展支持

企业应开展举行职业咨询会议等必要活动，采取一定的措施步骤，使员工意识到对自己职业加以规划及改善职业决策的必要性，学习掌握有关的知

识和方法（如明确自己的职业锚、形成现实职业目标等），加强他们对自己职业规划和开发活动的主人翁意识和参与性。

2. 员工个人方面的管理重点

连锁企业员工个人职业生涯管理涉及的因素有以下五个方面：

（1）教育背景

1）获得不同程度教育的人，在个人职业选择与被选择时，具有不同的能量；教育是对个人人力资源成本的一种投入。

2）其次，人们所接受教育的专业、职业种类，对于其职业生涯有着决定性的影响；中国有句古话："女怕嫁错郎，男怕入错行"，不同的专业、职业在声望、地位和收入发展等方面存在很大的差异。

3）人们所接受的不同等级教育、所学的不同学科门类、所在的不同院校及其接受的不同的教育思想，会带来受教育者的不同思维模式与意识形态，从而使人们以不同的态度对待职业的选择与职业生涯的发展。

（2）家庭影响

家庭对个人态度、行为有相当大的影响，父母工作勤劳，为人善良，对人热情，特别乐于助人，工作兢兢业业，良好的家庭环境在一言一行中潜移默化地影响子女将来的择业和职业发展。

（3）个人的需求与心理动机

马斯洛的需求层次理论把人的需求分为生理需求、安全需求、社交需求、尊重需求和自我实现需求五个层次（如图 6-3），并揭示只有低一层次的需求得到基本满足后，才会产生高一层次的需求。职业生涯也应该是这样：首先是基于生理需要的，其次是基于安全与社交、基于社会应用的，亦即是自力更生的，最后是自我实现的职业生涯。

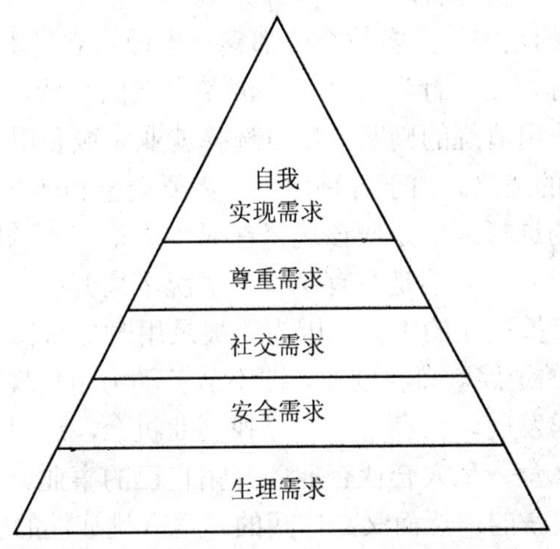

图 6-3　马斯洛需求层次理论

（4）机会

机会对人的成功起到至关重要的作用，但是机会总是青睐有准备的人。人们很难预测到将来真正要从事什么工作，以及将来所要从事的工作，是否跟在大学里所学的专业有关。大多数人，很有可能将来所做的工作，跟他当初所学的专业一点关系都没有。

认真、踏实的工作作风，以及是否学会了如何用最快的速度接受新的事物，发现新事物的内在规律，在最短的时间内掌握这些规律并且处理好它们，这些要素，决定你是否能成长为一个被人信任的工作人。具备了被人信任的基础，并且在日常的工作中逐渐表现出踏实、聪明和细致时，越来越多的工作机会就会在你面前。当你有比别人更多的工作机会去接触那些你没有接触过的工作的时候，你就有了比别人更多的学习机会；人人都喜欢聪明勤奋的员工，作为管理者，更是如此。

（5）社会环境

个人的职业生涯管理要与社会环境、经济法律等相适应，把自己的理想和社会的需求结合起来，才能得到社会、企业的认可，才能获得更好的自我发展。

三、员工职业生涯的自我管理

1. 个人职业生涯管理的过程

个人（自我）职业生涯管理是指个人在职业生涯的全部历程中，对自己所要从事的职业进行规划和设计，并为实现自己的职业目标而积累知识、开发技能的过程。

连锁企业个人职业生涯管理的过程包括：自我职业探索、确定职业目标、确定发展规划、采取实际行动四个步骤。

1）立足本职的道路。大多数企业都喜欢忠诚和立足本职工作的员工，员工要树立“干一行，爱一行”的精神，清楚自己的现状，对现有工作中存在的职业发展机会作出清醒的判断，慎重选择就业领域和用人单位。

2）转换职业的道路。由于各种原因，需要调整和转换职业时，要注意流动（离职）时机的选择：一是应该选择在对本人最有利的时候离职；二是友好地离开现在的组织，而不是在有争议的情况下离开；三是除非找到另一份工作，否则不要辞掉现在的工作，因为仍被录用时更易找到新的工作。

3）自我创业的道路。自我创业，即不从劳动力市场现有的职业需求岗位中寻找职业和谋求发展，而在市场中寻找创业机会，运用自己的能力及各种资源举办个体、私营、私人合伙企业，开拓自己的事业。自我创业是一条自由的、现实的、艰辛的，然而又是广阔的、富有挑战性的职业生涯之路。

2. 了解自我

连锁企业员工在明了不同阶段的目标之后，接着必须了解个人的主、客观因素。首先必须进行自我剖析与定位，在此引用人力资源专家的说法，包括以下方面内容：

1）心理特质。兴趣、性格倾向、智商、情商、潜能、价值观、思维方式、道德水准、态度、人格等；这些可以利用问卷测试的方法来发掘。

2）生理特质。性别、年龄、体能、健康、身高、体重和外貌等。

3）学历资历。教育程度、培训经历、学习成绩、社团活动、工作经验、生涯目标等。

4）家庭背景。父母职业、受教育状况、社会地位、家人的期望等。

5）经济状况。有无稳定收入、存款、不动产、外快等。

6）发展环境。友伴、生存、配偶、行业、企业、地区、国家和世界等重要条件。

根据专家的说法，个人因素中对职业选择影响最大的是性格和兴趣。先从性格谈起，不同的职业有不同的性格要求，虽然每个人的性格都不可能百分之百地适合某项职业，但却可以根据自己的职业倾向来培养、发展相应的职业性格。职业心理学的研究表明，不同的性格特征，对企业而言，决定了每个员工的工作岗位和工作业绩；对个人而言，决定着自己的事业能否成功。例如，属于严谨型的，个性上比较注重工作过程中各个环节、细节的精确性，愿意按一套规划和步骤，工作尽可能做得完美，倾向于严格、努力地工作，以看到自己出色完成工作的效果。此种性格适合担任会计、审计、档案管理员等。

其次，是兴趣。兴趣对人生事业的发展至关重要，所以兴趣自然是职业选择应考虑的重要因素之一。例如喜欢从事具体的工作，喜欢制作看得见、摸得着的产品并从中得到乐趣，希望很快看到自己的劳动成果，并从完成的产品中得到满足，则适合从事室内装饰、园林、美容、理发、手工制作、机械维修、厨师等工作。同样地，兴趣虽然可以培养和发展，但是选择最适合你兴趣类型的职业才是最明智的。在《选对池塘钓大鱼》这本书里，作者雷恩·吉尔森将“钓鱼”和“生涯规划”进行比较分析。在选对池塘的第二个原则：“选择正确的方向”当中，作者举了一个例子：你刚刚大学毕业，摆在你面前的有两份工作，一份工资待遇高，但与自己的兴趣并不吻合，另一份工资待遇低，却是自己喜欢的，你该如何选择呢？大多数人的回答是：“我会选择自己喜欢的工作。”但是，一旦面对现实，我们的心理天平就会倾斜，尤其是当收入水平的高低差距超出了我们的心理承受能力时，大多数人都会想：“先接受那份待遇高，而自己不感兴趣的工作，积累一定的财富后，再去追求自己的兴趣爱好也不迟。”作者认为，仅仅是为了一点点的差距就放弃选择

一个正确方向的机会，实在是愚不可及。事实上，低薪本身就是对个人心态的一种考验。许多人为了得到高薪的工作，往往习惯性地模糊自己的追求和兴趣，并且强迫自己和他人认为：这就是最佳的选择。

3. 了解职业

所谓职业，是指人们为了谋生和发展而从事的相对稳定的、有收入的、专门类别的社会劳动；这种社会劳动取决于社会分工，并要求劳动者具备一定的素质和专业技能。这种社会劳动是对人们的生活方式、经济状况、文化水平、行为模式、思想情操等方面的综合反映，也是一个人的权利、义务、职责的具体表现。

在择业过程中，面对社会乱花迷眼的机会，许多人都曾产生过诸如此类的困惑：今天的热门职业，明天还如朝阳般生机勃勃么？今天同行中的佼佼者，明天依然会出类拔萃么？下面介绍个人择业的一些基本原则。

（1）寻找有发展前景的职业

深刻理解“职业”的概念，便如同拥有一双慧眼，从而避免进入职业认识误区，更好地看清路况和前景。如果把职业按发展前景作一个形象的分类，大概有如下八种：

1）曙光职业。东方已经出现亮光，但是太阳还没有升起。如职业生涯培训师、职业生涯咨询辅导师、职业规划管理师这样的职业在我国尚属曙光职业。

2）朝阳职业。职业形象就如一轮红日冉冉升起。如营销师、项目管理师、商务策划师、电子商务师、企业培训师、企业信息管理师、企业行政管理师、计算机网络管理员、人力资源管理师等，这些都属于朝阳职业。

3）如日中天的职业。指那些已经充分发展并且在目前占据主流地位的职业，仿佛正午的太阳普照大地，具有不可替代的稳固地位。如企业家、公务员、建筑设计师等。

4）夕阳职业。指那些正在逐渐减少，或呈下降趋势的职业，正如夕阳下山一般。有的职业虽然曾经从业人数众多，现在或许依然有社会需求，但日薄西山之势已经显而易见，如公交车售票员。

5）黄昏职业。该职业已经暮色环绕，从业人数急剧减少。如弹棉花工、送煤工、货郎、钢笔修理工、相片着色工等。

6）恒星职业。恒星职业是指只要人类社会延续就一定会存在下去的职业。比如教师、厨师、建筑设计师、服装设计师、医生等。

7）流星职业。像流星般一闪而过的职业。如传呼台的传呼员，在 2000 年还是一个很不错的职业，但是随着手机的普遍使用，传呼台没有了，传呼员这个职业也消失了。

8）昨日星辰职业。该职业曾经持续较长时间，现已完全消失，如铅字打

字员。

就业提示：职业产生和消亡的客观规律要求人们在选择职业类型时不仅要考虑个人职业发展意愿，更要考虑时代前进的步伐所引起的社会需求变化。所以在寻找职业的时候你需要考虑哪些职业是“朝阳职业”；哪些职业属于“如日中天的职业”；哪些职业已经成为“黄昏职业”；哪些职业已经是“夕阳职业”。一般来讲，你越是找到一个“朝阳职业”、一个“如日中天的职业”，就越容易在职业生涯中更快进步，更早成功。从事曙光职业的人需要有冒险精神，可能成为一个新职业的开拓者。

（2）职业技能不断更新

随着社会的发展，职业在逐渐变化，知识含量、观念含量、技能含量低的职业将逐渐退出历史舞台。职业环境变化要求职业知识及技能随之提高。比如售货员，20年前的售货员可能和顾客之间只是一手交钱一手交货的简单买卖关系，但是今天销售货品的时候，售货员还要更多地掌握所销售货品的相关知识，比如货品的材质、设计、功能、如何使用、保养等。

又如速记这个职业，过去只要求以手写的方式进行速记，现在速记行业已经发展到使用专门的速录机进行速记，可以同时将人的讲话直接转变为电脑上的文字，速度更快。

再如农民这个职业，过去只要掌握传统的耕种方式就可以了，现在已经推广了大棚技术、嫁接技术，以及现代化农业机械的使用技术。还需掌握农产品营销的观念和方法。

还比如会计、秘书、建筑设计师等职业人员，随着电脑的发展，需要熟练掌握相关的电脑知识与技能，从而使职业的内涵随着社会、科学技术的进步而发展变化，以适应工作的需要。

4. 职业选择

职业选择正确与否，直接关系到人生事业的成功与失败。据统计，在选错职业的人当中，有80%的人在事业上是失败者。由此可见，职业选择对人生事业发展是何等重要。如何才能选择正确的职业呢？至少应考虑以下几点：

1）性格与职业的匹配。人的性格千差万别，我们选择职业的首要出发点应该是考虑自己的性格。而性格不同，对工作的要求也将不一样，一般来说，性格外向的人更喜欢与人打交道，适合做一些与人接触较多的工作，如教师、咨询、营销等工作。而性格内向的人则更喜欢做一些研究之类的工作。总之，只有充分了解自己，才知道什么样的工作适合自己。即使性格和兴趣发生冲突时，建议你依然是选择符合自己性格的行业。

2）兴趣与职业的匹配。兴趣对人生事业的发展至关重要，所以兴趣自然是职业选择应考虑的重要因素之一。职业兴趣是做好一份工作的前提，没有兴趣就没有动力。职业能力是完成一项工作的基本保证，每一种工作都有相应的能力要求，如会计工作要求工作认真、细致、对数字敏感，一个粗心大意的人，相对较难将这份工作做好。

3）特长与职业的匹配。能力、特长是一个人能否进入职业的先决条件，是能否胜任职业工作的主观条件。

4）职业选择的过程。设定职业目标；实施选择过程；职业导航器调查；进行职业选择。

5）职业技能训练：寻求职位空缺；简历和求职信的写作技巧；面试技能训练。

5. 生涯规划

（1）生涯规划内涵

职业生涯规划简称生涯规划，又叫职业生涯设计，是指个人与组织相结合，在对一个人职业生涯的主客观条件进行测定、分析、总结的基础上，对自己的兴趣、爱好、能力、特点进行综合分析与权衡，结合时代特点，根据自己的职业倾向，确定其最佳的职业奋斗目标，并为实现这一目标作出行之有效的安排。

生涯设计的目的绝不仅是帮助个人按照自己的资历条件找到一份合适的工作，达到与实现个人目标，更重要的是帮助个人真正了解自己，为自己定下事业大计，筹划未来，拟定一生的发展方向。

因此，职业生涯规划有着重要意义，职业生涯活动将伴随人的大半生，拥有成功的职业生涯才能实现完美人生。

职业生涯规划应该包含两个方面的内容：一是确保个人在组织中能得到提升，如果员工的工作表现和潜力符合组织的需要，就能够有机会一步一步地得到提升；二是要确保组织中有合格的经理人才，使组织能正常地运作。

职业生涯的规划是一项程序性极强的工作，涉及多方面的因素。所以，需要进行战略性的规划，而绝对不能仅仅为了图谋眼前利益。每个部门经理在做职位规划时要给自己找好两个接班人，暗自进行培养，一旦自己得到提升，或有其他变故，就可以在这二者中挑一个作为接班人，从而使得部门能不间断地保持正常运作。这就是所谓的梯队规划。

有 备 无 患

在北京现代城和中国第一商城的销售经理争夺战中，中国第一商城把现代城的六名销售经理，连带副总裁一夜之间都挖走了。而次日早晨，正是soho现代城的商住楼开盘的日子，但是六名经理一夜之间全跑光了。这事怎么办？

公司有可能正常运作，也有可能完全在一夜之间就垮掉。后来，soho 的旺销场面证明了他们的人才梯队计划是正确而有效的。这取决于跑掉的六名经理后面已有备份。

（2）生涯规划类型

按照时间的长短来分类，可分为人生规划、长期规划、中期规划与短期规划四种类型：

1）人生规划。整个职业生涯的规划，时间长至 40 年，目的是设定整个人生的发展目标。如规划成为一个拥有数亿资产的公司董事长。

2）长期规划。5～10 年的规划，主要设定较长远的目标。如规划 30 岁时成为一家中型公司的部门经理， 40 岁时成为一家大型公司的副总经理等。

3）中期规划。一般为 3～5 年内的目标与任务。如规划到不同业务部门做经理，规划从大型公司部门经理到小公司做总经理等。

4）短期规划。3 年以内的规划，主要是确定近期目标，规划近期拟完成的任务。如对专业知识的学习，掌握哪些业务知识等。

（资料来源：www.manaren/news/10100155）

小　　结

连锁经营企业培训是建立在一定理论基础上的。条件反射理论是学习在两种刺激之间建立联系的过程。强化理论认为学习是在反应与奖赏（或惩罚）之间建立联系的过程。社会学习理论认为，个体可以通过观察、模仿别人的行为进行学习。目标设定理论认为目标要具体，员工应参与目标的设置；目标完成过程中应有反馈；员工之间要为实现目标而相互竞争；目标要有一定的难度同时也必须是可接受的。培训迁移及其测定指个体在工作实践中对培训中所学的知识和技能的应用程度。

连锁企业人员培训项目的全过程，按时间顺序包括：需求确认、培训计划、教学设计、实施培训、培训反馈五个部分。

对组织人力资源现状的评价与分析，考察目前人力资源现状及未来所要求的人力资源供应。

培训就是为达到某一种或某一类特定工作或任务所需要的熟练程度，而计划传授所需的有关知识，技能和态度的训练。执行培训要确定培训者角色及其职能、建设高效率的培训组织、选择合适的培训模式和建立动态的信息系统。并在人、财、物、时间和信息等给以保障。

培训方案设计的要素，评估手段的时间选择：事前测试、在项目实施过程中的测评和多重测评。培训结束后选择适当的跟踪活动时间。常见的评估方案有：实验设计、准实验设计、非实验设计。

职业生涯是一个人从首次参加工作开始的一生中所有的工作活动与工作经历，按编年的顺序串接组成的整个过程。职业生涯管理是将个人职业需求与组织目标和组织需要相联系而做出的有计划的努力。职业生涯发展理论主要有：金兹伯格的职业选择阶段理论、施恩的职业生涯发展理论、格林豪斯的职业生涯发展理论和塞普尔的职业生涯发展理论等。职业选择理论重点介绍了约翰·霍兰德的人业互择理论。

企业在职业生涯方面的管理重点是规划员工生涯目标、配合岗位合理选用、进行绩效、生涯发展的规划与评估、并对工作的调整和支持。员工个人在职业生涯方面的管理重点是教育背景、家庭影响、个人的需求与心理动机、机会和社会环境。连锁企业个人职业生涯管理的过程包括：自我职业探索、确定职业目标、确定发展规划、采取实际行动四个过程。

复习思考题

一、单项选择题

1．企业人力资源开发的核心内容和关键环节是（　　）。

A．薪酬　　B．人员培训

C．人员开发　　D．绩效考核

2．企业进行培训的最终目的是（　　）。

A．员工的技能的提高　　B．企业绩效的提高

C．员工行为的改变　　D．企业文化的形成

3．在分析培训需求，选择培训对象时要注意（　　）。

A．员工的个人需要

B．组织需要

C．员工的个人需要与组织需要有机结合

D．企业发展的需要

4．一个人的个性，价值观对个人职业生涯的影响，属于影响职业生涯的（　　）。

A．个人因素　　B．组织因素

C．偶然因素　　D．社会因素

5．机遇对个人职业生涯的影响，属于影响职业生涯的（　　）。

A．个人因素　　B．组织因素

C．偶然因素　　D．社会因素

6．职业规划制定和实施的关键是（　　）。

A．员工个人对自己的分析和评估

B．组织对员工个人能力和潜力的评估

C．企业及时提供信息，提供公平竞争的机会

D．企业提供咨询服务

二、多项选择题

1．下列关于培训的说法正确的是（　　）。

A．人力资源开发就是培训

B．培训是企业员工的福利之一

C．效益差的企业一般不需要培训，会增加企业更多的成本

D．企业培训的内容必须服从于企业的整体发展战略

E．企业员工培训是一个由多种培训要素组成的系统

2．下面关于培训的设计说法正确的是（　　）。

A．必须把培训当作一项系统工程来做，才能实现培训的目的

B．培训需求分析主要从组织层面上研究

C．要对培训的措施、投入产出等做出规定，以利培训的经济效益

D．培训效果要以实际工作绩效提高为最终标准

E．培训目标一般分为技能培训、知识传授、态度转变等

3．培训的原则包括（　　）。

A．理论和实际相统一原则

B．学以致用原则

C．技能培训与企业文化培训相统一的原则

D．技术培训与管理培训相统一的原则

E．整体性培训与重点培训相结合的原则

4．职业生涯计划的内容包括（　　）。

A．企业指导　　B．自我定位

C．目标设定　　D．目标实现

E．反馈与修正

5．个人职业生涯设计所应遵循的原则有（　　）。

A．长期性原则　　B．清晰性原则

C．可行性原则　　D．挑战性原则

E．适时性原则

6．制定个人职业计划的原则是（　　）。

A．准确地对自我认识和评价

B．职业计划切实可行

C．在动态变化中及时修改职业计划

D．个人职业计划目标与组织目标协调一致

E．在动态变化中制定个人职业计划

7．职业生涯的阶段有（　　）。

A．职业探索阶段　　　　B．立业发展阶段

C．职业稳定阶段　　　　D．求学阶段

E．职业生涯后期

8．美国著名职业指导专家霍兰德提出个性与职业模型中的个性类型有（　　）。

A．现实型　　　　B．研究型

C．艺术型　　　　D．社会型

E．企业型及常规型

实训项目

1．3～5人一组，走访3～5家连锁企业，了解其培训的组织机构和培训的内容、方法。

2．单独调查1家企业的部分员工，了解他们的个人职业生涯规划，企业人力资源管理部门所起的作用。

案例分析

IBM公司“长板凳计划”的培训与开发

在纽约《世界经理人》杂志2002年推出的“发展领导才能的最佳公司”的排名中，IBM名列榜首。正是拥有这种顶级领导力，IBM才能够直面日趋激烈的竞争，不断变革，大胆转型，继续成为IT行业的领导型企业。

IBM的接班人计划——“长板凳计划”在交接班问题和人才梯队培养上积累了很多有价值的经验，对我国那些正处于交接班关头的企业是非常有益的借鉴。

1．“长板凳计划”

“长板凳计划”一词，最早起源于美国。在举行棒球比赛时，棒球场旁边往往放着一条长板凳，上面坐着很多替补球员。每当比赛要换人时，长板凳上的第一个替补就上场，而长板凳上原来的第二个替补则坐到第一替补的位置上去，刚刚换下来的球员则坐到最后一个位置上去，这种现象与IBM接

班人计划及其表格里的形状非常相似。IBM“接班人”计划——“长板凳计划”由此得名。

公司要求主管级以上员工将培养手下员工作为自己业绩的一部分。每个主管级以上员工在上任伊始，都有一个硬性目标：确定自己的位置在一两年内由谁接任，甚至突然离开了，谁可以接替自己。通过这种方式，为公司发掘出一批有才能的人。公司有意让那些人知道公司发现了他们并重视他们的价值，然后为他们提供指导和各种各样的丰富经历，使他们有能力承担更高的职责。

每年 2 月份，IBM（中国）会要求每一个重要职位的人都提供出他的接班人，第一期是谁，第二期是谁，然后人力资源部的负责人会和 IBM（中国）的 CE0 一起，结合 IBM 其他区域甚至总部的接班人计划，来决定接班人在新的一年内的培养计划，作为未来升迁的考虑和依据。如果你培养不出接班人，你就一直待在这个位置上，既不能升迁也不能离职，因为这是一个水涨船高的过程，你手下的人好，你才会更好。

“长板凳计划”实际上是一个完整的管理系统。由于接班人的成长关系到自己的位置和未来，所以主管以上的员工会尽力培养他们的接班人，帮助同事成长。当然，这些接班人并不一定会接某个位置，但由此形成了一个接班群，员工看到了职业前途，自然会坚定不移地向上发展。

2．发掘“明日之星”

任何一个人如果选择了 IBM 作为他的职业生涯的话，都会知道有一个管道，可以通过 “新人→专业人员→新时代的开创者”的人才梯队培养模式，从新人变成专业人员，变成一个新时代的开创者。在这个过程中，公司会不断发掘“明日之星”。

发掘“明日之星”是实施“长板凳计划”的重要一环。开始的时候，IBM 会发掘公司每个人的“DNA”，用二八原理挑选未来之星，即在这个过程中 20%的人被公司挑选出来。被选中的“明日之星”需要参加特殊的培育计划，强化他们的“DNA”。IBM 的做法是，为他们寻找良师益友或者进行工作的轮调。此外，IBM 还设有专业学院，培养员工在专业方面的素质和技能。而启动了 20%后，其他的 80%也会慢慢起来。

IBM 人力资源部为这些明日之星提供的良师益友就是公司里的资深员工，可以是在国内，也可以是在国外，有些类似国内工厂里的老师傅传、帮、带新人，把老人数十年的功力传承下来。而工作轮调计划，可以使接班人的视野更高、更宽。

如果明日之星的“DNA”需要另一种工作去擦亮，这时候 IBM 就会给他提供“换跑道”的机会。

IBM 对于人才梯队的培养可谓不遗余力。在 IBM（中国）公司，每个员

工人均每年的培训费用在3000美元左右。当然，这还不包括公司内部良师益友的付出。

（资料来源：夏光．2006．人力资源管理案例习题集．北京：机械工业出版社：94～95）

案例解析

IBM的“长板凳计划”要求主管必须确定在一两年内由谁接替自己的职位，这是主管的一项硬性工作目标，由此遴选出优秀的人才进行培养。这样被培养对象看到了自己的职业前景，会更加努力地工作。而未被作为培养对象的人员也从制度中体会到，在公司里只要认真工作，职业前景就一片光明。另一方面IBM考核主管是否培养出了合格的接班人，如果培养不出来就呆在原位置，如果培养出来了就有可能升迁。由此，使得每个主管都有可能成为 “长板凳计划”的受益者，进而积极执行和推进“长板凳计划”的进程。

“新人→专业人员→新时代的开创者”的人才梯队培养模式，使得IBM公司的人才梯队环环相扣，永不枯竭。

思考与讨论

1. IBM的“长板凳计划”有什么作用？
2. IBM的职业生涯规划是什么？
3. 讨论IBM的“明日之星”培训方法。

第七章

连锁企业员工绩效管理

◇ 学习目标

- 了解绩效管理系统及子系统的管理；
- 掌握绩效管理的实施方法；
- 掌握360度评价反馈的内容和方法。

◇ 技能要点

- 绩效管理的实施；
- 360度反馈评价的方法。

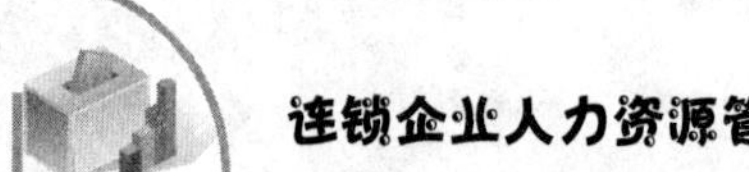

案例导入

两只养蜂的熊

黑熊和棕熊喜食蜂蜜，都以养蜂为生。它们各有一个蜂箱，养着同样多的蜜蜂。有一天，它们决定比赛看谁的蜜蜂产的蜜多。

黑熊想，蜜的产量取决于蜜蜂每天对花的“访问量”。于是它买来了一套昂贵的测量蜜蜂访问量的绩效管理系统。在它看来，蜜蜂所接触的花的数量就是其工作量。每过完一个季度，黑熊就公布每只蜜蜂的工作量；同时，黑熊还设立了奖项，奖励访问量最高的蜜蜂。但它从不告诉蜜蜂们它是在与棕熊比赛，它只是让它的蜜蜂比赛访问量。

棕熊与黑熊想得不一样。它认为蜜蜂能产多少蜜，关键在于它们每天来带多少花蜜。——花蜜越多，酿的蜂蜜也越多。于是它直截了当地告诉众蜜蜂：它在和黑熊比赛看谁产的蜜多。它花了不多的钱买了一套绩效管理系统，测量每只蜜蜂每天带回花蜜的数量和整个蜂箱每天酿出蜂蜜的数量，并把测量结果张榜公布。它也设立了一套奖励制度，重奖当月采花蜜最多的蜜蜂。如果一个月的蜜蜂总产量高于上个月，那么所有蜜蜂都会受到不同程度的奖励。

一年过去了，两只熊查看比赛结果，黑熊的蜂蜜不及棕熊的一半。

黑熊的评估体系很精确，但它评估的绩效与最终的绩效并不直接相关，黑熊的蜜蜂为尽可能提高访问量，都不采太多的花蜜，因为采的花蜜越多，飞起来就越慢，每天的访问量就越少。另外，黑熊本来是为了让蜜蜂搜集更多的信息才让它们竞争，由于奖励范围太小，为搜集更多信息的竞争变成了相互封锁信息。蜜蜂之间竞争的压力太大，一只蜜蜂即使获得了很有价值的信息，比如某个地方有一片巨大的槐树林，它也不愿将此信息与其他蜜蜂分享。

而棕熊的蜜蜂则不一样，因为它不限于奖励一只蜜蜂，为了采集到更多的花蜜，蜜蜂相互合作。嗅觉灵敏、飞得快的蜜蜂负责打探哪儿的花最多最好，然后回来告诉力气大的蜜蜂一起到那儿去采集花蜜，剩下的蜜蜂负责储存采集回的花蜜，将其酿成蜂蜜。虽然采集花蜜多的能得到最多的奖励，但其他蜜蜂也能得到部分好处，因此蜜蜂之间远没有到人人自危、相互拆台的地步。

激励是手段，激励员工之间竞争固然必要，但相比之下，激发起所有员工的团队精神尤显突出。

绩效评估是专注于活动，还是专注于最终成果，管理者须细细思量。

由于乐队指挥者的指挥才能不同，乐队也会作出不同的反应：或者演奏

得杂乱无章，或者表现出激情与才华。

（资料来源：孟华兴，张伟东，杨杰. 2005. 人力资源管理. 北京：科学出版社：237）

根据连锁企业不同的发展阶段、战略定位、组织与人员特征等，从企业战略出发，选择适当的方法、工具与流程，建立一套基于量化考核的全员绩效考核系统，包括分层分类的绩效指标体系与考核方式并设立相应的激励和奖励机制，以达到提高公司全体员工的工作业绩，增强公司的市场竞争力，提升公司企业文化吸引力的目的。

第一节 绩效管理的系统设计

Levinson（1976）曾指出："多数正在运用的绩效考评系统都有许多不足之处，这一点已得到广泛的认可。绩效考评的明显缺点在于，对绩效的判断通常是主观的、凭印象的和武断的；不同管理者的评定不能比较；反馈延迟会使员工因好的绩效没有得到及时的认可而产生挫折感，或者为根据自己很久以前的不足作出的判断而恼火。"实践证明，提高绩效的有效途径是进行绩效管理。因为，绩效管理是一种提高组织员工的绩效和开发团队、个体的潜能，使组织不断获得成功的管理思想和具有战略意义的、整合的管理方法。

越来越多的企业开始构建绩效管理系统。可以说，绩效管理是一个连续性的循环系统，它是一个由相互作用、协同工作、相互依存的构件组成，实现某种目标的共同体。绩效管理之所以是一个系统，是因为它具备系统的特征。

一、绩效管理系统的设计

1. 绩效管理概念

（1）绩效

绩效是指员工根据其职位要求，在一定的工作环境下，通过努力所获得的工作成效，它体现了员工履行其工作职责的程度，也反映了员工能力与其职位要求的契合程度。

（2）绩效考评

绩效考评又称为绩效评估、绩效考核等，是组织按照一定的标准，采用科学的方法，检查和评定企业员工对其工作职责的履行程度，以确定其工作业绩的一种有效的员工分析与评价体系。在绩效考评中，绩效具有多用性、多维性和动态性特点。

绩效考评与工作分析、工作评价在方法上有相似之处，但两者的目的和对象不同。

工作分析与工作评价是以工作岗位为中心，评定每个岗位的功能和它在企业中的地位和作用，目的是测定每一个岗位的工作责任、工作强度、工作条件，以及承担该岗位工作的员工所应具备的能力和资格条件，以便因事求人。

绩效考评则不同，它是以员工为对象，其主要目的在于通过对员工全面综合的评价，全面反映员工的实际能力，判断他们是否称职，并以此作为企业人力资源管理的基本依据，切实保证员工的报酬、晋升、调动、职业技能开发、激励、辞退等项工作的科学性。

绩效考评也不同于员工录用前招聘、甄选时所进行的测试和考查。对员工的绩效考评是员工工作一段时期以后进行的，因而它更能全面地反映人员的实际能力及对某类工作岗位的适应程度。

（3）绩效管理

绩效管理是依据组织的战略计划，为了保证组织目标顺利执行而制定的一整套全面的动态的员工考核与管理体系，它既是管理思想的具体体现，也是可评估的具体操作方法。绩效管理体系包括体系设计、绩效考评、绩效反馈等内容，告诉组织中的员工应该做什么，怎样做才能得到组织的认可和肯定。有效的绩效管理体系可以极大地激励组织中的员工为了组织目标而更加努力工作。

绩效管理的基本目的是帮助员工认识自己的潜力，并帮助他们发挥自己的潜力，从而改进他们的工作状况，确定他们的努力方向和培训内容，为员工的个人发展提供信息和依据。而且，绩效管理还可以分析评价企业整体和各部门的工作情况，发现工作中的各种问题，为企业人力资源的合理配置和目标调整提供有效的参考。

2. 绩效管理的目的和用途

1）提高企业的价值和竞争优势。

2）实现员工绩效的改善，使员工现有的能力得到提高。

3）定义和沟通对员工的期望。

4）提供给员工有关他们绩效的反馈，将组织目标与个人目标联系起来。

5）提供对好的绩效表现的认可准则。

6）指导解决绩效问题。

7）岗位轮换的依据，使员工在未来的职位上得到发展。

8）提供与薪酬决策有关的信息。

9）识别培训的需求。

绩效管理作为一个系统化的管理系统，拥有完善的流程，每一步该做什么，该怎么做，都有严格的规定，而不是想做什么就做什么，想怎么做就怎

么做。

绩效管理程序的逻辑是：设定绩效目标—持续不断的绩效沟通与辅导—做绩效文档记录—绩效考评—绩效管理体系的诊断与提高，这样一个循环才是绩效管理理念所倡导的，也是绩效管理最重要的逻辑，是其核心所在，是我们必须遵循和执行的。离开了流程逻辑，绩效管理也就不成其为绩效管理，至多就是个考核环节。

而许多企业的做法恰恰就是从绩效考评开始的，完全无视绩效管理的流程，他们只要结果，考核的结果，至于考核是否公开、公平、公正，似乎与他们无关；员工是否知情，是否认可，也都不在管理者的考虑范围之内。而且大多只是在用的时候才开始做，比如加薪，比如晋升。他们通常花大量的时间在绩效考核表的设计上，在对该考核项的设置，每一项该怎么量化、怎么考核这些细节上倾注了大量的精力，表现出了极大的热情。而对为什么要考核这些项目，这些考核项目是否为员工所接受，能不能考核，考核的目的是什么却很少顾及。

这种做法导致的最大后果就是使考核从双向沟通变成管理者的单向行为，成了管理者强加给员工的事情，完全不顾员工的情绪和感受。员工既没有被预先告知要考核哪些内容，也不知道到底考核了什么，更不知道考核的结果是什么。

这种做法给人的印象是绩效管理就是经理对员工做某事。经理和员工没有共同的目标，经理没有对员工进行绩效辅导，没有绩效记录，这一系列违反逻辑的行为最终导致了绩效考核成为空中楼阁，成功绩效管理也就无从谈起。

3. 绩效管理制度的设计

（1）绩效管理制度设计的基本框架

绩效管理在发达的市场经济国家实施已有较长时间，国内不少企业也正在实行。绩效管理和考核有多种工具和办法，如目标管理、360度考核、平衡积分卡考核等多种形式。国内又有“绩效飞轮”等比较本土化的、相对易操作的管理办法。选择绩效管理办法最重要的是适合自身的行业特点和管理基础条件的、易操作的办法。相比而言，“绩效飞轮”提出的管理办法较为可行。其框架有四个步骤：设定量化的绩效目标→制定完成目标的措施方法→评估检查→奖励和改进。

（2）绩效管理制度设计的重点

一是要目标清晰明确。所谓清晰就是量化、可考核化。这就要求我们一定要挖掘考核点，不怕麻烦，才能使考核有可操作性，这是制度设计的核心。所谓明确，就是责任到人，职责任务明确；二是目标的制定必须合理和具有一定的挑战性。这就要求小目标之和必须大于总目标，以确保集团公司总目

标的实现，同时使多数人经过努力能完成和超额完成目标，从而受到激励；三是有明确的检查考核时间节点。一般以周检查，月考核为好，也可以根据不同行业和不同工作特点确定，但节点时间不能过长，以及时发现问题，改进工作；四是奖惩明确。

（3）绩效管理制度设计的操作流程

绩效管理制度设计的主要步骤：

① 由子公司或部门按照集团公司年度目标的要求，制定全年工作目标和推进计划，经集团公司同意后，作为集团公司对子公司或部门考核的依据。

② 将工作目标和推进计划按岗位职责层层分解至每个员工。

③ 制定绩效考核办法。

④ 按考核办法要求定期检查、评估，实施奖惩。

（4）推行绩效管理中注意的问题

一是领导重视，认真准备。绩效管理是各级领导的重要管理职责，尤其是推行绩效管理起步阶段，一定要高度重视，认真准备，不宜简单从事，仓促上马。集团公司要提出用简单易行的办法推进绩效管理，但这不是工作简单化，而是抓住重点，明确目标，便于操作，以确保有效推行。而做到这一点是需要重视和认真准备的；二是学习培训。包括向同行中已开展绩效管理的单位对口学习，开展绩效管理知识培训等，以统一思想，明确工作思路；三是加强上下沟通。工作目标和考核办法，各级都要召开会议，开展讨论，上下沟通，以取得共识，使每个被考核人都要明确目标任务工作措施和考核办法；四是一地一策，因地制宜。不同行业、不同部门推行绩效管理的基础框架和步骤是共同的，而具体的目标考核办法是不同的，必须实事求是，因地制宜；五是先行试点，循序渐进。绩效管理的推进是一个系统工程，因此不可能一蹴而就，一步到位，需要循序渐进，不断完善。

另外需要注意的问题有：

① 评价前的工作对评价的效果至关重要，绩效目标的设定和绩效计划使评价中的不同群体达成共识，避免冲突。

② 绩效管理系统建立要充分考虑使用者的不同需求。

③ 要建立良好的、系统的绩效标准设定方法，要从工作分析中得出衡量绩效的指标，减少对评价标准设定的主观程度。

绩效管理制度

绩效管理制度通常由总则、主文和附则等章节组成，一般包括：

1）绩效管理的地位、作用、建立原因。

2）绩效管理的组织机构设置，机构的职责、工作范围和分工。

3）绩效管理不同对象的参与者。

4）绩效管理的目标、程序和步骤。

5）考证指标体系和标准体系的规定。

6）考证的类别、方法、期限等规定。

7）绩效管理对员工申诉的管理办法。

8）考证结果应用的原则和范围及配套措施。

9）绩效管理总结的规定。

10）对绩效管理制度的解释、实施和修改等问题的说明。

（资料来源：kao.itfensi.com/occupation/inanpower/117856821339026.html）

4. 绩效管理程序的设计

一个完善的绩效管理系统，有四个大的工作程序，分别是：绩效计划（设定绩效目标）；绩效沟通与辅导；绩效考核与反馈；绩效诊断与提高。

（1）绩效计划

从绩效计划来看，它是绩效管理的起点，有一个好的绩效计划意味着绩效管理成功了一半。它应该是建立在公司整体战略的基础上并对战略进行分析和依次分解，从公司工作重点到部门工作重点再到具体的工作岗位，从上到下或者自下而上都是统一、明确的，并且是具有引导性的。通常我们对于绩效计划的判断是依据五个基本的标准，即其工作具体性、权重的衡量性、计划的达到性、履行计划的紧密相关性和完成计划的时间限制性等五个方面。

（2）绩效沟通与辅导

从绩效辅导来看，它是考核者对被考核者达成绩效计划监督和控制的过程，连接了绩效计划与绩效评价。做好绩效辅导，必须要在做好数据收集和记录的基础上保持好与被考核者之间的持续沟通，以分享信息。

（3）绩效考核与反馈

从绩效评价来看，评价方法的选择是一个关键而敏感的问题。由于导入绩效管理体系的时间直接影响到绩效考评文化的形成，在短时间内很容易使考核过程成为考核者与被考核者之间的博弈游戏，结果可能使员工与考核者之间产生矛盾，影响员工的工作热情，导致协同性下降；或者成为填表游戏，结果使考核流于形式。这些都不能真正发挥提高绩效的作用，所以合理的评价方法应该慎重考虑公司的文化、管理者的素质和公司自身特有的因素，才能保证员工充分参与和认同，在定量与定性之间寻求合理而公正、公平的平衡点支持。

从绩效反馈来看，它的目的可以归纳为：了解考核者对自己工作绩效的看法；共同分析原因，找出双方有待改进的地方；共同确定下一期的绩效计划和改进点。这是整个绩效管理体系循环回路中非常重要的一个结点，也往

往是最容易忽视的一个阶段。绩效反馈是为最终的绩效改善提供支持，其作用可以反映出绩效管理体系的动态性和成长性。

（4）绩效诊断与提高

绩效管理体系必须获得激励体系的良好支持才能充分地发挥作用。绩效的效力不仅仅与工资和奖金挂钩，不要认为实行绩效管理就是涨工资或减工资。通过绩效管理体系的不断完善，绩效激励的手段将会多样化，如员工个人能力的发展、承担更多的工作责任、晋升、获得培训机会、福利优惠及获得公开的精神奖励等。

最后，需要强调的是我们的考核者不仅要具有绩效管理的能力，同时更要具有绩效管理的动力，这样公司的绩效管理工作才能真正产生效果。

在这四个工作程序当中，直线经理都是和员工一起，作为员工的绩效合作伙伴，与员工时刻保持绩效沟通，帮助和辅导员工提高绩效能力，对员工进行公平公正的考核，把考核结果通过面谈的方式反馈给员工，帮助员工正确地认识自己的优点与不足，在帮助员工提高的同时也不断提升自己的绩效管理能力，和员工共谋发展，共同进步。

当直线经理完全履行了绩效管理的责任，严格地执行了绩效管理的程序，企业的绩效管理就真正落到了实处，而企业也一定因此获得更好的发展。

同时，绩效管理程序的另外一个重要角色——员工的作用不可忽视。

在绩效管理程序中，员工不是被动的接受者，而是他们自己绩效的主人，拥有并产生绩效。他们不但接受经理的指令，更向经理反馈绩效信息，与经理一起制定目标，与经理一起沟通绩效问题，向经理寻求支持和帮助，在经理的指导下，不断提高自我绩效管理能力。

所以，绩效管理流程不是经理对员工的单向行为，而是由经理和员工共同执行的。说到底，绩效管理就是一个合适的人做合适的事的过程，当企业真正把这二者恰当匹配起来的时候，绩效管理的成功就有了可能。

二、绩效管理系统与其他子系统的管理

绩效管理系统一般由绩效计划、绩效实施与管理、绩效考评和绩效反馈四部分构成。

1. 绩效计划

制定绩效计划的主要依据是工作目标和工作职责。

绩效计划是绩效管理系统中的第一个环节，是启动绩效管理和实现绩效管理战略目标的关键点。通常，制定绩效计划的主要依据是工作目标和工作职责。根据目标管理的原则，企业在制定绩效计划时，管理者和员工首先应该分析企业的战略经营计划、本单位的工作计划、员工的职责分工和上一年的绩效反馈报告，然后就本年度的工作计划展开讨论，就员工该做什么、为

什么做、做到何种程度及如何度量该工作（如形成关键指标体系）达成共识。在共识的基础上，被管理者对自己的工作目标作出承诺。管理者和被管理者共同的投入和参与是进行绩效管理的基础。绩效管理是一项协作性管理活动，由工作执行者和管理者共同承担。同时，这也是一个连续的管理过程，而不是一个管理年度中的一两次活动。

因此，绩效计划在帮助员工找准路线、认清目标方面具有一定的前瞻性。它是整个绩效管理系统中最重要的环节。好的绩效计划也是好的绩效考评的起点。而且，绩效计划也是一个动态的、持续的过程，需要随时发现它的不合理和过时之处，以便调整。这个发现和处理问题的过程就是绩效实施与管理过程。

在员工的绩效计划表中至少应包含的内容有：员工在本次绩效期间内所要达到的工作目标是什么？制定绩效计划的主要依据是什么？实现目标的结果是怎样的？这些结果可以从哪些方面去衡量，评判标准是什么？从何处获得关于员工工作结果的信息？员工的各项工作目标的权重如何？

2. 绩效实施与管理

制定了绩效计划之后，被评估者就开始按照计划开展工作了。在实施与管理的过程中主要需要两件事：一是持续的绩效沟通，二是对工作表现的记录。

在工作过程中，管理者要对被考评者的工作进行指导和监督，对发现的问题及时予以解决，并对绩效计划进行调整。在整个绩效管理期间，管理者要不断对员工进行指导和反馈。所以说，绩效实施与管理实质上就是管理者和员工双方持续沟通的过程。这是一种双向的交互过程，它贯穿于绩效管理过程的始终。首先，在制定绩效计划时，企业管理者就应该认清目标、分析工作，并告知员工加以讨论。其次，在考评过程中，主管应该与员工双方就计划的实施情况随时保持联系，全程追踪计划进展状况，及时为员工排除遇到的障碍，必要时修订计划。考评结束后，上下级之间也应该就考评结果进行沟通，以便找出每个人工作的优点、差距，并确定改进的方向和措施，然后设定新目标。可见，绩效实施与管理是绩效管理系统的灵魂和核心。

总而言之，通过沟通，企业要让员工很清楚地了解绩效考评制度的内容、制定目标的方法、衡量标准、努力与奖酬的关系、工作绩效、工作中存在的问题及改进的方法。当然，同时更要聆听员工对绩效管理的期望及呼声，这样绩效管理才能够达到预期目的。所以，绩效计划的实施与管理是绩效管理中连接计划和考评的必不可少的重要中间过程，不仅关系到绩效计划的落实和完成，同时也影响到绩效考评的效果。

3. 绩效考评

绩效考评是一个动态的持续过程，所以，必须用系统的观念来考虑其在绩效管理系统中的作用。通常而言，绩效计划和沟通是绩效考评的基础，只有做好绩效计划和沟通工作，绩效考评工作才能顺利进行。因为只要平时认真执行了绩效计划并做好了绩效沟通工作，考评结果就不会出乎考评双方的意料，最终考评产生分歧的可能性会很小，从而也就减少了员工与主管在考评方面的冲突。

绩效考评的一个重要目的是发现员工工作中的问题并加以改进，所以考评工作结束后，要针对考评结果进行分析，寻找问题，并提供工作改进的方案以供员工参考，帮助员工提高工作绩效。另外，在考评中还应将当前考评与过去的绩效联系起来，进行纵向比较，只有这样才可能得出客观、准确的结论。总之，绩效考评不是为了考评而考评，考评必须能够激发员工的发展并能促进企业的成长。

4. 绩效反馈

绩效管理的过程并不是到了绩效考评阶段就可以结束了，主管人员还需要与下属进行一次面对面的交谈。通过绩效反馈面谈，下属可以了解主管对自己的期望，了解自己的绩效，认识自己有待改进的方面；并且，下属也可以提出自己在完成绩效目标中遇到的困难，请求上司的指导。这个环节在绩效管理过程中是非常关键的。绩效管理强调的是面对面，而不是背靠背，通过这样的方式可以帮助员工了解自己的工作绩效及存在的问题，以便员工更好地改进，从而提高其工作绩效。这既有利于员工个人的成长，也有利于企业的发展。

所以，绩效反馈包含两个内容、两个层面。从内容上看，绩效反馈包括对绩效考评结果的分析和对绩效考评结果的应用，即绩效奖励；从层面上看，绩效反馈又分为组织和个人两个层面。

（1）绩效反馈内容

首先，通过绩效考评发现了绩效低下的问题，但更重要的是找出绩效低下的原因。员工是查找原因的重要渠道，这时，企业要努力创造一个以解决问题为中心的接纳环境，鼓励员工实事求是地指出企业存在的问题，积极出谋划策，解决企业的绩效低下问题。一旦查出原因，主管和员工就要齐心协力解决问题。其次，绩效管理作为一种有效的管理手段，它提供的绝对不仅仅是一个奖罚手段，更重要的是它能为企业提供一个促进工作改进和绩效提高的信号。所以，在进行绩效考评时，不能停留在绩效考评资料的表面。绩效考评所得到的资料可能仅仅是某些潜在管理问题的表面现象。正确地进行绩效管理，关键不在于考评本身，而在于企业的管理部门如何综合分析考评

的资料并将之作为绩效管理过程的一个切入点，这才是最有价值和最有积极意义的，也就是绩效考评结果的具体使用。

得出评估结果并不意味着绩效评估工作的结束。在绩效评估过程中获得的大量有用信息可以运用到企业各项管理活动中。一般情况下，绩效考评结果主要有以下四种用途：

1）薪酬的调整与分配。按劳取酬、按效取酬是许多企业采用的薪酬管理方法，体现了效率优先的原则。

2）员工的培训与开发。即通过绩效管理过程，使员工从绩效考评结果中知道并认可自己的成功之处和不足之处，帮助员工找到问题、明确方向，然后在主管人员的帮助下制定出个人发展计划。这对员工改进工作、提高绩效会有促进作用。

3）员工职位的变动。为人事决策如任用、晋级等提供依据。

4）为其他过程提供反馈信息。这些过程包括人力资源规划、工作分析、人员配置、员工培训等方面是否有失误，还存在哪些问题等。

（2）绩效反馈形式

站在组织发展的角度，绩效反馈包括员工绩效改进和职位绩效计划的改进。

1）员工绩效改进是保持和提高职位绩效的唯一保证。改进员工绩效的方法首先是绩效沟通，持续的沟通能够使部门主管了解本部门每名员工的特点，并针对员工的特点“对症下药”。其次是要运用强化的方法改进绩效，因为绩效的改进从本质上讲是促进一些符合期望的行为发生或增加其出现的频率，减少或消除不期望出现的行为。在通过绩效沟通了解员工的特点后，对高绩效予以正强化，对低绩效予以负强化，以促进绩效的改进，保证各职位的绩效。

2）绩效计划改进。即经过上一轮绩效期间后，根据组织目标的调整和改进及上一绩效期间的绩效考评结果，对绩效指标、标准做相应的调整，以保持绩效管理的连续性。

站在个人发展的角度看，当员工及时了解绩效考评结果后，有的放矢地制定个人发展计划，改进绩效，增强员工的自主性和积极性，实现个人发展与组织发展的“双赢”。

当然，绩效反馈面谈也是建立在持续的绩效沟通基础之上的，它仅仅是双方追踪进展情况、找到影响绩效的障碍及得到使双方成功所需信息的过程中的最后一个环节。尤其是在今天，绩效管理作为一种新型的激励手段，更注意遵循人性化的特征。不管员工等级的高低，彼此都是平等的，是一种服务和支持的关系。正是基于这种认识，管理者应该从心与心的沟通开始，关心和尊重员工，与员工建立平等、亲切的关系，在实现目标的过程中为员工清除人、财、物等方面的障碍。双方应该共同探讨员工在组织中的发展和未

来的目标。所以，绩效反馈面谈实际上是持续的绩效沟通的一个总结，是对绩效管理期间所取得的所有成果及出现的问题的一次阶段性回顾，同时也是对未来发展的一次展望。

5. 绩效管理其他子系统的管理

绩效管理系统除上述四个子系统外，还有企业文化、企业的战略和经营计划和企业全面预算等子系统。

1）企业文化。企业文化是企业长期积存起来的一系列信仰、价值观和行为方式的外在表现。企业文化在两方面对绩效管理产生重要意义：一方面，企业文化为绩效管理提供一种道德约束行为准则；另一方面，绩效管理本身也是企业文化的一部分，会对企业文化产生很大的影响，可以产生维持和修订现有组织文化的效果。

2）企业的战略和经营计划。企业发展战略是指企业为实现一定目标而设计的从各个方面与周围环境相互作用的计划。企业的经营计划与企业发展战略是部分和整体、长期和短期的关系。企业的战略和经营计划是通过绩效计划同绩效管理联系起来的。绩效计划首先分析企业的战略和经营计划，然后把计划分解成各个小目标落实到各部门，再落实到每名员工身上。反过来，从绩效管理中得到的信息也影响着战略和经营计划的制定。

3）企业全面预算。目前，有大部分的管理者对全面预算的概念仅仅限于财务预算，同时认为财务预算的制定是财务部的工作。实际上，整个经营战略与计划均会体现在财务预算上。财务预算的范围不仅仅是销售收入及利润水平的预测，还应包含销售收入预算、费用与成本预算、需要配套的固定资产采购预算、人力资源管理中的工资预算及人数预算等内容。如果仅有预算的制定，而缺乏预算的监控，整个企业的运作就会与预算脱轨。绩效管理体系的执行可以有效地对预算进行监控，因为绩效管理体系中目标值大部分取自预算中的数字，由此可见绩效管理体系与预算关系的密切程度。如果要做好绩效管理，企业必须有一套完善的预算系统。

第二节　绩效管理的实施

就绩效管理的具体实施来讲，绩效管理主要由制定绩效计划、编制绩效评估指标、对绩效评估人员开展培训、实施绩效评估、开展绩效反馈面谈和绩效结果的应用这六个循环阶段。做好绩效管理既要从宏观上把握这六个阶段，也要从微观上把握这六个阶段的实施细节。

一、绩效目标设计

1. 企业绩效管理目标系统的设计

（1）设计原则

设立绩效目标要着重贯彻三个原则。其一，导向原则，依据公司总体目标及上级目标设立部门或个人目标。其二，SMART 原则，好的目标有三个特征：目标是具体的；目标应有可测量的结果；个人目标与组织目标保持一致。SMART 原则即目标要符合具体的（specific）、可衡量的（measurable）、可达到的（attainable）、相关的（relevant）、基于时间的（time-based）五项标准。其三，承诺原则，上下级共同制定目标，并形成承诺。

绩效目标要与组织发展战略相适应，形成整合的系统，体现企业成功的关键要点。

（2）目标系统的构成

1）企业级关键绩效指标。企业绩效评价作为企业管理控制系统的一个重要子系统，其评价的内容和结果对有关各方的决策和行为会产生直接或间接的影响。关键绩效指标包括：合理投资、成本控制和获取利润。投资指标包括：指定产品价格、生产量、产品生产性投资和生产方法、人员工作调度等。投资中心的经理可以控制除分摊公司管理费用外的全部成本和投入。获取利润，使公司主营业务的单位和部门尽量多地获得收入，并控制合理的费用支出。销售部门努力的程度决定了产品的销量，生产部门根据销量确定什么时间生产、生产多少。同时，还要严格控制生产成本和销售费用，保证一定的利润水平。成本控制主要是后勤保障部门参考企业的历史财务数据，核定标准成本量，进行成本与产销量变化的敏感性分析，通过确立责任指标进一步明晰部门职能与岗位职责，使得每一个员工认识到自己在企业整体绩效中的地位和作用，促进全员绩效考核的推行。

对企业级指标，需要找出企业关键成功因素，根据企业的核心竞争力和价值定位，对企业战略目标进行细化、具体化，对企业战略目标和年度目标进行科学分解。

2）部门关键绩效指标。连锁企业一般都根据战略规划，拟定每年的工作计划，再将年度计划分解成各部门的年度计划。大多数情况下，业务部门的计划定量居多，而职能管理部门的计划以定性为主，所以较难定量地衡量工作绩效。

企业长期目标需要通过每年的计划逐年实现，年初定计划、年底再考核，如果发现结果有偏差，只能来年再改善，所以考核不能光在年底做，在年度计划执行中也要做，以便及时发现问题与偏差，进行调整或改进，保障年度目标的实现。

除了计划、任务完成情况外，还要对内部管理、团队协作、员工成长及

内部客户满意度等进行测量。

对部门级指标：由人力资源部门从企业的战略目标和年度目标出发，结合部门职责，提出备选的绩效指标，根据需要考评程度分档，根据少而精的原则，将绩效考评指标分为"必须考评"、"需要考评"、"可以考评"、"不需考评"四档。根据企业对部门绩效考评的重点，分别与各个部门负责人协商提取出部门绩效考评关键指标的初稿，然后再由所有相关部门负责人参加的会议讨论修改定稿，分别征求各个部门主管领导的意见后，上报企业决策层研究确定。

3）岗位业绩考评指标。将企业整体经营绩效评价的指标细分，确立责任中心的考核指标；再根据责任中心的工作流程和岗位工作规范制定岗位评价指标，并按照岗位评价指标进行岗位考核；岗位考核的结果直接构成员工绩效报酬评定的依据。在绩效考核工作中必须注意以下几个问题：一，考核应把可量化的企业绩效指标转化为企业内部工作流程、员工的岗位操作规范的行为目标，并且行为的结果必须可以考察、检验；二，考评指标的选取，应采用有代表性的指标，同时要结合企业的经营战略，因为不同的战略管理阶段的代表性指标是不同的，比如处在企业的成长阶段，主要关心的指标包括：销售收入的增长率、市场占有率、存货成本费用率等直接相关指标；三，考评的量化指标不宜过多，考评的内容不宜繁杂。实践证明，员工对复杂的考评活动有抵触情绪，从其行为的心理因素分析，员工不愿意处在被动管理的地位上，繁杂的考评项目往往加重员工的心理压力；四，绩效考评与员工报酬挂钩的目的是通过物质激励提高员工积极性，促进企业发展，实践中万万不可本末倒置，让考评工作影响员工士气；五，绩效报酬设计具有动态性。绩效报酬一旦设计好形成制度就不宜再作改动，以维护企业制度的权威性，这就要求设计时一定要考虑未来的影响因素，注意设计方案的弹性。"弹性"的把握是十分困难的。企业发展的未来充满了不可预知性，具体体现在：市场的竞争对手多寡、实力的强弱，供应商提供的原材料的价格、数量、时间，产品的市场需求量究竟有多大，宏观政策、法律环境、劳动力市场的供求状况等。在实际运作中，一方面根据企业掌握的历史数据预测未来的量化指标的参照值，另一方面收集大量的信息对未来的企业内外环境进行分析，对量化指标的参照值作出调整、修正。为了得到员工的支持，将上述指标的参照值、修正值及调整依据完全开放；为了更进一步鼓舞士气，指标确立应采取较悲观的决策，适当调低指标要求。

（3）设计方法

1）平衡计分卡。《哈佛商业评论》将平衡计分卡评为 20 世纪 80 年代以来最具影响力的管理学说。在《财富》排名前 1000 名的公司中 55%以上已经应用了平衡计分卡，世界 500 强企业中有 80%以上都在使用平衡计分卡。中国的联想集团、万科集团、光明乳业等应用了平衡计分卡的公司已经得到了

战略性的回报。

平衡计分卡是将企业战略目标逐层分解，转化为具体的相互平衡的绩效考核指标，并对这些指标的完成进度进行考核，从而为战略目标的实现建立起可靠的具有充分的执行基础的管理体系。

平衡记分卡从四个方面全面关注企业：财务、内部业务流程、客户、创新与学习。这四个方面几乎涵盖了企业的各个方面，从这一点上讲平衡记分卡系统是一个战略管理系统。

平衡计分卡既是一个指标评价系统，也是一个战略管理系统，同时还是一个沟通工具。它从财务、顾客、企业内部流程、学习与成长四个角度考评组织的绩效。

2）关键绩效指标法。关键绩效指标（key performance indicators，KPI），是通过对组织内部流程的输入端、输出端的关键参数进行设置、取样、计算、分析，衡量流程绩效的一种目标式量化管理指标，是对企业运作过程中关键成功要素的提炼和归纳。衡量流程绩效的一种目标式量化管理指标，是把企业战略目标分解成可量化的、可操作的标准体系的工具。

KPI 绩效考核的是关键绩效指标，而且是对业绩产生关键影响的那部分指标而不是一般的绩效指标，如何界定绩效指标里头哪些是属于关键性的绩效指标，哪些是属于一般性的指标，要根据公司战略目标进行层层分解才能得到。

其实 KPI 指标是企业战略目标的分解、具体化和内化过程的结果。它对于企业控制约束经营行为、传播企业效率起到重要的作用。一个员工从事的工作行为分为有效的工作行为和无效的工作行为，实行 KPI 就是要员工找到有效的工作行为是哪些，而且要求按照有效行为进行自我引导和约束，防止对企业绩效无效的行为出现。

确定 KPI 主要有三种方法，即标杆基准法，成功关键分析法和策略目标分解法。KPI 绩效考核的优点：一，目标明确，有利于公司战略目标的实现；二，提出了客户价值理念；三，有利于组织利益与个人利益达成一致。

2. 结果的目标设计

（1）结果目标

人们皆期望且需要独自知道有关他们工作表现的回馈，在评估之前，需确定所期望绩效已界定清楚，让员工知道他应该努力的方向。

结果的目标设计要能达到预期效果，目标要明确、合理、具挑战性且能衡量，目标总括所有欲达成之结果，所有目标均能配合公司最高目标，个人目标须达成功能性目标，而功能性目标则应达到组织的需求。目标的制定是经由协商而得到，个人目标与组织目标不相互冲突或重叠，每位管理者应全程参与目标制定。员工在特定的环境下必须达到阶段性结果。

（2）基于结果的目标设计原则

1）自上而下，达成一致（员工参与和达成一致是目标设计成败的关键）。

2）工作目标和发展目标。

3）及时反馈。

4）SMART 原则。

3. 行为的目标设计

员工的行为主要包括：完成任务、服从指令、报告难题、维护设备、维护记录、遵守规则、按时出勤、提交建议、不吸烟、不吸毒等。对于行为的目标设计，鲍曼等人把绩效划分为任务绩效和关系绩效。

任务绩效是正式界定的工作结果方面的内容；关系绩效包括：自愿完成本职工作以外的任务；在必要时，投入更多的热情和努力以完成工作任务；帮助他人并与他人合作；即使给个人带来不便，也要遵从组织的规则和程序；认可、支持和保护目标。

基于胜任特征的行为要求，员工能表现出胜任特征所界定的好的行为，就能取得好的绩效。

4. 目标设计的过程

基本环节包括：澄清岗位职责、沟通工作重点、设定考评指标、与员工达成一致。

1）澄清岗位职责。明确岗位的工作职责，即岗位责任说明书中已经明确界定的责任。

2）沟通工作重点。将公司的工作重心落实为本部门的行动计划；将部门的行动计划落实为个人的工作目标；将内部和外部客户的需求落实为个人的工作目标；将岗位职责和目标分解结果进行综合。

3）设定考评指标和标准。设置考评标准时应尽量使用具体的和可理解的指标；考评标准最好能够量化；考评标准必须切合实际，而且要有明确的时间要求。

4）与员工达成一致。角色平等；员工是他所在领域的专家；主管的主要影响是使员工的目标与企业目标一致；与员工一起决定，而不是代替员工作出决定。

摩托罗拉绩效考核工具

摩托罗拉有一个非常实际有效的绩效衡量工具，包括以下 10 个方面：

1）我有针对我工作的具体、明确的目标；

2）这些目标具有挑战性，但合理（不太难，也不太容易）；

3）我认为这些目标，它对我有意义；

4）我明白我的绩效（达到目标是如何评估的）；

5）我觉得那些绩效标准是恰当的，因为它们测量的是我应该做的事情；

6）在达到目标方面我做的如何能得到及时的反馈；

7）我觉得我得到足够的培训，使我能得到及时准确的反馈；

8）公司给我提供了足够的资源（如钱、仪器、帮手等），使我达到目标成为可能；

9）当我达到目标时，我得到赞赏和认可；

10）奖励体系是公平的，我因为自己的成功而得到奖励。

每一项有5个评分标准，这样通过打分可以得知一年以来的绩效管理的水平如何，差距在哪里，从而做到拾遗补缺，改进和提高绩效管理的水平。

（资料来源：cnc.jobool.cn/news/9472.html）

二、过程指导

1. 过程指导的主要环节

1）明确绩效标准。通过签订绩效合同书，以绩效目标为纽带，强化企业和员工的经济契约关系。它规定了合同双方承诺的相应权利和义务，作为合同的执行者，需要根据合同完成规定的相应条款，这些条款是以一些关键业绩指标（KPI）为表现形式的。以企业的战略目标为依据层层分解出来的公司、部门和个人的绩效考核指标，有些是量化的，有些是定性的；根据考核频度的不同，有些是近期指标，有些则是较远期指标，这将有助于指导和帮助被考核者思考并确定本部门或个人的工作重点，以及这些工作重点与企业战略目标之间的关联，从而解决企业整体战略的落实、执行问题。

绩效合同一般包括工作目的描述、员工认可的职责和具体的绩效回顾程序。绩效合同是进行绩效回顾的标准和依据。

2）绩效监控。监控是管理者为提高实现规定目标和目的可能性而采取的行动。监控能起到下列作用：

① 预防。通过积极的预防，确保不发生不好的事件。

② 查改。检测和纠正已发生的不好的事件，引起员工的重视，引以为戒。

③ 指导。引导或鼓励好事的发生，保证员工的行为和企业目标一致。

绩效监控包括观察工作过程、阅读书面报告、查看绩效数据库、考察工作样本的质量、与员工个人或团队进行回顾面谈、调查委托人或顾客对产品和服务的满意感进行市场调查，确定顾客的消费需求和趋向、任务或项目完成后进行总结改进。

3）进展回顾。进展回顾保证不偏离绩效和发展计划的目的和目标，在业

务变化时回顾目标和计划，讨论对绩效和发展计划应做的必要调整，如果有必要，应制定改善计划。

2. 过程指导的方法

（1）激励

正确的激励是人力资源管理的关键之所在，美国哈佛大学的管理学教授詹姆斯说，如果没有激励，一个人的能力发挥不过 20%～30%，如果施以激励，一个人的能力则可以发挥到 80%～90%。正确的激励可以更好地发挥员工的工作能力，提高员工的工作绩效。

激励要针对每个员工独特的需求，要与员工的成就相吻合。激励应及时、具体，公开使用非正式激励有利于营造积极的组织氛围。

激励一般分为物质激励、环境激励、成就激励、能力激励四种形式。

1）物质激励。包括工资、奖金和各种福利，是最基本的激励手段，它决定着员工基本需要的满足情况。

2）环境激励。包括单位良好的规章制度，和谐、积极的文化氛围，优越的办公环境等。

3）成就激励。包括组织激励、榜样激励、目标激励、绩效激励等，以满足员工心理上的需求。

4）能力激励。包括给员工提供培训的机会、适合自身发展的工作岗位等，以满足员工发展自己能力的需求。

（2）反馈

绩效反馈为下一期绩效助跑，绩效反馈是绩效管理循环中的最后一个环节，不少企业都是由于反馈不当造成了绩效管理的失误。绩效反馈需要注意以下几点：

1）要将员工奖金的确定和工资的调整同绩效挂钩。很多企业都有绩效奖金，但是几乎有 70%的企业在员工个人绩效奖金的确定上并没有真正和个人绩效挂钩，有的只是凭评估者印象发放，有的干脆在分配中采取平均主义，没有真正发挥其对员工的激励作用；同样在固定薪资增长上，也没有考虑个人绩效成绩。

2）要将员工的异动同绩效挂钩。企业中员工的升降调出是人力资源的日常工作，但是令人力资源部门和直线领导头痛的是在决定员工异动时，往往需要如履薄冰般地进行平衡，其难点实际上就是缺乏依据，有不少企业的绩效管理结果仅仅是同当期的奖金挂钩，遇到员工异动决策时，要么在实施一套烦琐的程序，要么只能是拍脑袋。

3）要将员工的职业生涯规划同绩效挂钩。员工的绩效，不仅体现出员工某一时期的成绩和问题，在很大程度上还反映了员工的工作能力和工作态度，也体现出企业内的人岗匹配度。一个员工是否适应现有的岗位，是否有更合

适的岗位让它发挥更大的作用，他在哪些方面的能力欠缺，需要什么样的帮助等，这些都可以从员工的绩效中反映出来。

直线管理者的反馈通常最为关键。它的特点有：解释行为有效和无效的原因；引用具体的例子；允许接受反馈者进行评论和详细描述；尊重并接受反馈者；反馈是简洁的；反馈是具体的；反馈是及时的；反馈是与实现工作目标相关的；反馈是支持性的；反馈是适度的；反馈的内容是绩效合同中规定的。

（3）辅导

在绩效管理过程中，绩效辅导是非常重要的环节，但又往往被人忽视，不少管理者仅仅满足于秋后算账，而对过程疏于管理，管理者评价下级员工往往是“以成败论英雄”。一些企业由于上下级员工之间对绩效的有效沟通不足，导致上级与下级对实现工作目标的要求在理解上产生了很大偏差。而在日常的工作中，对于下级员工完成一项工作任务是否进行事前与事中指导，完全取决于管理者个人的管理风格。有的领导喜欢“一竿子到底，什么事都管”，导致下级员工完全依赖上级的指示办事，缺乏创新能力；有的领导则“凡事看结果，过程一概都不重要”，而下级则认为说少了是“不关心我”，说多了是“啰嗦”。

所谓绩效辅导是指管理者与员工讨论有关工作进展情况、潜在的障碍和问题、解决问题的办法措施、员工取得的成绩及存在的问题、管理者如何帮助员工等信息的过程。它贯穿于整个的管理过程的始终。

绩效辅导的作用在于能够前瞻性地发现问题并在问题出现之前解决，还在于能把管理者与员工紧密联系在一起，管理者与员工经常就存在和可能存在的问题进行讨论，共同解决问题，排除障碍，达到共同进步和共同提高，实现高绩效的目的。绩效辅导还有利于建立管理者与员工良好的工作关系。通常来说，绩效辅导的作用如下：

1）了解员工工作的进展情况，以便于及时进行协调调整。

2）了解员工工作时碰到的障碍，以便发挥自己的作用，帮助员工解决困难，提高绩效。

3）可以通过沟通避免一些考核时意外的发生。

4）掌握一些考核时必须用到的信息，使考核有目的性和说服力。

5）帮助员工协调工作，使之更有信心做好本职工作。

6）提供员工需要的信息，让员工及时了解自己的想法和工作以外的改变，以使管理者和员工步调一致。

绩效辅导的根本目的在于对员工实施绩效计划的过程进行有效的管理，因为只要过程都是在可控范围之内的话，结果就不会出太大的意外。

三、考评反馈

包括准备、考评和评价、面谈三个环节。

1. 准备

1）管理者的准备。查阅绩效评估的系列表格中设定的考评标准；应用360度反馈评价问卷或者其他调查方法收集员工的表现情况；根据考评标准，为员工工作成果和表现评分；为员工下一阶段工作设定目标；提前一周告诉员工面谈的内容，并通知员工做好面谈准备。

2）员工的准备。查阅绩效评估的系列表格中设定的考评标准，检查完成情况；查阅前期设定的工作目标，审视自己的行为表现；给自己的工作成果和表现评分；为下一阶段的工作设定目标。

2. 考评和评价

工作绩效评价有两个基本目的：第一，有助于人力资源管理者制定有关晋升、培训、报酬和纪律方面的方针与政策；第二，有助于员工本身的发展。对人力资源管理部门来说，有能力比较和评价员工的工作绩效是极为重要的。例如，如果要依据过去的工作绩效而从三个员工中提拔一人到更高一级的职位上去工作的话，就需要指明这三个员工中谁有最佳的工作绩效。同样，为帮助员工提高技能和寻求发展，了解和记录员工个人的优点和缺点也是十分重要的。

人员考评中，主要的评价因素是：工作成绩、工作能力、工作态度（积极性）和工作适应性。

对工作成绩的评价主要有四个方面的要求，即工作量大小（数量）、工作效果好坏（质量）、对部下的指导教育作用，以及在本职工作中努力改进与提高等创造性成果。

1）自我评价。员工根据预定的任务目标和任务完成计划，对工作任务的完成情况和结果进行自我评价，同时也对自己的自我开发计划的进展情况作出自我评价。

2）确定成绩考评评语。直接上级根据与部下面谈的结果，填写成绩评价表，通过间接上级和人事部门的调整平衡，最终形成成绩考评评语。职工的能力包括三个方面，即基础能力、业务能力和素质能力。其中前两种能力属于能力评价范围，素质能力主要通过适应性考察来评价。

很多公司都有对员工的工作考评，在工作考评后不仅要有及时的考评沟通，还要有书面的工作评价。工作评价可以每半年进行一次，在工作评价中要诚恳地对员工的优缺点进行分析和总结。当员工拿到自己的工作评价时，对自身的情况会有一个客观的了解，并且会感觉到公司在时时刻刻关心着自己的成长。

需注意的问题：获得高层领导的支持和直接参与；全体员工认可行为评价，并掌握评分方法；项目实施过程采用匿名方式；承诺向被评者反馈并提

供解决问题方案。

3. 面谈

（1）面谈的内容和目的

绩效考核结果的沟通主要包括员工目标完成情况、没有达到目标的原因分析等内容。具体来说，沟通的内容一般包括三个方面。其一，结果反馈与肯定。考核者与被考核者讨论员工上一阶段的绩效结果，使员工有机会提出对考核结果的意见，力争对考核结果达成共识。第二，问题诊断。针对部分未达目标，考核者与被考核者共同分析产生的原因，并分析如何消除这些因素的影响，制定员工训练和辅导计划，同时拟定下一阶段改进的方向与计划。第三，员工激励。考核者针对考核结果与被考核者沟通激励计划，并鼓励其取长补短。然而，在实际工作中，直线经理对绩效面谈工作深感头疼，很多时候是敷衍了事、走走形式而已。直线经理不知道如何将考核结果有效地反馈给员工；因为员工在反馈过程中，很容易产生自我防卫的抵抗情绪，甚至会与上司争辩，结果不仅预期的目标不能达到，反而影响两者的关系，出现彼此很尴尬的场面。

如何才能做好绩效结果的积极沟通呢？首先，做好面谈的准备工作。直线经理要针对员工的考核结果结合员工特点，事先预料员工可能提出哪些质疑，哪些方面需要向员工特别说明。其次，安排好面谈计划。直线经理要根据沟通的内容选择面谈方式，如果涉及私事或保密内容，可采用“一对一”的方式。如果是公共话题，可采用“一对多”的方式。再次，沟通过程应坦诚面对。在绩效结果沟通中，一方面直线经理要能够全面分析结果产生的各种关键因素，另一方面，直线经理要强调一时的结果并不代表未来，帮助员工分析出未来绩效改善的突破口。另外，绩效结果沟通的过程中，直线经理应善于运用各种沟通技巧和方法，例如语言、语气的运用，情绪的控制等。

对于考核者而言，绩效沟通是一件困难和有挑战性的工作，但是，与被考核者沟通并改善其绩效，应是一种职业素养，一种责任。沟通，对于绩效管理而言，无异于很好的润滑剂，只有通过贯穿绩效管理始终的沟通，才能使绩效管理的思想深入人心，才能使公司沟通顺畅，打造人力资本竞争力。

（2）面谈技巧

1）紧扣主题。面谈目的是为了提高下属的绩效，鼓励他促进绩效提高的行为，指导他在考评阶段如何做得更好，与他一起分析绩效不好的原因，共同解决工作中的障碍。若面谈偏离了主题，变成了聊天，就容易产生相反效果，言多必失！

2）管理者一定要摆好自己与员工的位置。管理者不要轻易用自己的推断代替双方的沟通，有什么问题一定要说出来，让对方清楚知道自己的意图，而不要让对方去猜测，更不要用自己的判断直接代替双方的沟通。话越说越

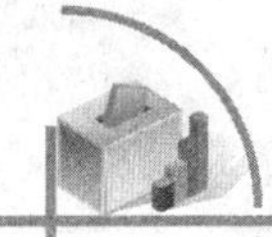

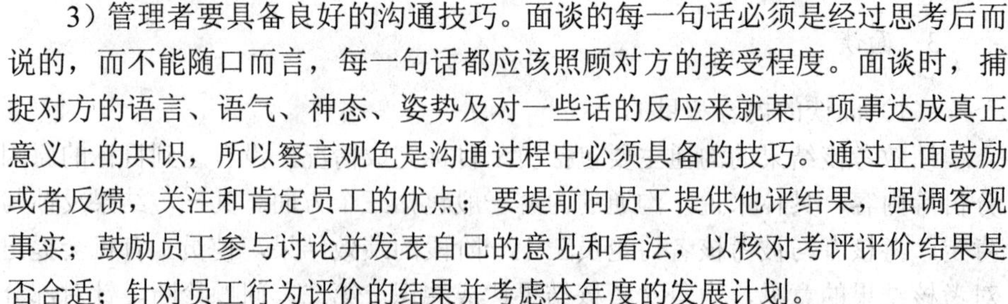

明，理越辩越真。要与员工平等、真诚的沟通，才能达到预期的效果。

3）管理者要具备良好的沟通技巧。面谈的每一句话必须是经过思考后而说的，而不能随口而言，每一句话都应该照顾对方的接受程度。面谈时，捕捉对方的语言、语气、神态、姿势及对一些话的反应来就某一项事达成真正意义上的共识，所以察言观色是沟通过程中必须具备的技巧。通过正面鼓励或者反馈，关注和肯定员工的优点；要提前向员工提供他评结果，强调客观事实；鼓励员工参与讨论并发表自己的意见和看法，以核对考评评价结果是否合适；针对员工行为评价的结果并考虑本年度的发展计划。

4）选择合适的场所和时机。恰当的沟通时机一般应选择在双方都认可的并有空闲的时间段进行。至于合适的沟通环境，其应具备两个特征：第一，具有正规性和权威性。一般可以选择在会议室或专门的办公室进行，让沟通对象意识到企业对本次沟通的重视；其二，不具备干扰性因素的存在。舒悦的沟通环境应该使沟通能够不受干扰，如人员的进出，电话铃声等。

5）制定沟通提纲。具体来讲，沟通提纲应分为两类，一类是沟通计划，其主要是对沟通全过程的一个事先安排，如什么时候开展沟通，在哪里进行沟通，沟通应由哪些人员参加等；另一类就是面谈提纲，其主要是细化到对一个具体沟通对象的沟通安排，如问什么样的问题，如何记录，首先问哪些问题等。制定沟通提纲要注意有针对性和有选择性，一方面要使绩效沟通达到好的效果，另一方面又要注意沟通的效率。

四、激励发展

激励其实是分为实的和虚的两部分，实的是指薪酬，能够看得见的收益，虚的是指荣誉、尊重和个人发展，这两个方面只要做好，员工的稳定性一定会增强，这才是发展的基础。

1. 薪酬调整

人力资源管理工作都有三项重要的功能：吸引和保留优秀员工；激励员工做到人尽其才；使员工的工作目标和公司保持一致。在公司人力资源管理职能系统中，薪酬机制以一种复杂的方式极大地影响到这三种功能的实现。科学的薪酬体系是企业吸引人才，驱动员工投入和保持人才的最重要因素之一。

1）岗位分析是确定薪酬的基础。通过对公司战略和经营的把握，结合公司的架构和经营目标，设计和确定了相应的岗位设置和岗位职责。首先确定与岗位重要性有关的评价要素（例如：决策自由度、最终结果的影响力、责任的重要性等），通过给这些要素定义不同的权重和分数综合得到岗位分值。比较不同岗位的分值得到本岗位在企业当中的相对位置，获得岗位的相对重要程度。

对所有岗位进行测评，以判断岗位重要程度及对公司的贡献，并作为此后各岗位薪酬的相对水平。

2）薪酬的外部公平问题。在人才逐步市场化的情况下，企业确定薪酬水平，需要参考劳动力市场的供求状况和薪酬水平。要高度关注法律法规要求，要符合政府要求的最低工资标准。

3）薪酬结构设计。在进行薪酬设计的时候，需要通盘考虑多方面的因素。包括外部的国家宏观经济、通货膨胀、行业特点和行业竞争、人才供应状况等；公司内部的盈利能力和支付能力、人员的素质要求；企业发展阶段、人才稀缺度、招聘难度、公司的市场品牌和综合实力等。

4）确定人员薪酬。人员薪酬从三个方面进行设计：一是其职位等级，二是个人的技能和资历，三是个人绩效。在薪酬结构上与其相对应的，分别是岗位薪酬、技能薪酬、绩效薪酬。也有的将前两者合并考虑，作为确定一个人基本薪酬的基础。

岗位薪酬主要由岗位等级决定。岗位薪酬的确定是一个区间，而不是一个点。企业可以从薪酬设计中选择一些数据作为这个区间的中点，然后根据这个中点确定每一职位等级的上限和下限，形成一个岗位等级的薪酬区间，相同等级、不同岗位的人员薪酬可以在此区间内根据岗位的相对重要性有所不同。

绩效薪酬是对员工完成业务目标而进行的奖励，即薪酬必须与员工为企业所创造的经济价值相联系。在目前缺少其他激励方式的情况下，绩效薪酬应当成为激励员工的主要方式。通过对绩效薪酬长短期比例设定，可以达到对员工进行不同激励的目的。这就要求企业建立完整的业绩评价体系，以保证绩效薪酬的发放能够有的放矢，达到激励的目的。

最后，是薪酬体系的实施和修正。在确定薪酬调整比例时，由人力资源部门与管理顾问小组对总体薪酬水平作出准确的预算，人力资源部门是最了解企业内人员情况的部门。在制定和实施薪酬体系过程中，及时的沟通、必要的宣传或培训是保证薪酬改革成功的因素之一。人力资源部可以充分利用各种方式介绍公司薪酬制定依据，宣传薪酬改革的重要性，统一员工的认识。此外为保证薪酬制度长期、有效实施，对薪酬体系和薪酬水平进行定期的调整是十分必要的。

2. 培训发展

随着知识经济的蓬勃发展，人力资源价值在企业发展和竞争的格局下越发显现，国内很多企业在经过了漫长的劳动力成本优势后转而寻求人力资源优势。大家慢慢认识到，随着游戏规则的巨大转变，企业在国际国内市场上的竞争不仅仅是实力的较量，更是人才之间的竞争。“人力资源是企业最宝贵的资产”，对员工的培训已不再是“福利”，而是企业保持竞争力的必需品的意

识已被企业广为接受。我国的劳动法规定，工资总额的1.5%要用于培训，这就是把培训视为员工福利的一部分的强制性体现。

据统计，一个大学毕业生毕业时所学到知识过去可用16年，现在的有效期很难超过4年，也就是说知识的保鲜期越来越短了。美国培训与发展年会有一项统计数据：投资培训的公司，其利润的提升比其他企业的平均值高37%；人均产值比平均值高57%；股票市值的提升比平均值高20%。这些公司对培训的投入通常是一般企业的1.5倍。种种现象表明，对企业来讲，加强知识管理与更新，通过组织员工的培训，确立新型的经营理念和价值观，以达到人力资源增值的目的，是最根本的、最有效的竞争法宝。

人才是企业最大的资本。人是世界上最宝贵的东西，只要有了人，什么人间奇迹都可以创造出来。事实上，管理人才、善待人才、用好人才是一个企业或一项事兴旺发达的根本之根本，关键之关键。各种各样的工作都是由人来制定计划、由人来操作完成并控制其完成的效果的。员工的培训发展，应该随着企业的成长而成长，“百年大计，树人为本”，对员工的培训，是企业的根本工作。

雇员和管理人员的技能和绩效必须不断提高，以适应社会和企业的发展。随着全球化、信息化等外部环境的迅速变化，这些因素深刻地影响着员工的发展、企业的发展。企业之间的竞争其实就是人才的竞争，为了使企业持续健康发展，在竞争中取得成功，必需做好员工的储备及发展计划，使员工能够与企业共同发展进步，这样就必须做好员工的培训发展工作。员工培训一般指使教育水平较低的员工知道怎样完成本职工作，而发展是指提高管理人员和专业人员更广泛的技能，使他们不仅做好现在的工作，还要做好将来的工作。

第三节　绩效考评方法

绩效考评是指考评者对照工作目标或绩效标准，采用一定的考评方法，评定员工的工作任务完成情况、员工的工作职责履行程度和员工的发展情况，并且将上述评定结果反馈给员工的过程。绩效考评是绩效考核和评价的总称，绩效考核是用一定的方法对员工绩效进行客观的描述，绩效评价是根据客观的描述来确定绩效的高低。

绩效考评可分为两大类，即判断型绩效考评和发展型绩效考评。判断型绩效考评是以鉴定和验证员工绩效为目的的绩效考评，它主要强调员工过去取得的工作成绩，强调绩效考评的测量比较，经常被用来控制员工的工作行为。发展型绩效考评是以提高员工将来的工作效绩为目的的绩效考评，它主要着眼于今后的绩效。

一、绩效考评方法的类型

绩效考评的方法主要有三类，即员工特征导向的评价方法、员工行为导向的评价方法、结果导向的评价方法。具体来说，主要有核查表法、量表考绩法、关键事件法、行为锚定评价量表法、交替排序法、配对比较法、强制分布法、目标管理法和360度反馈评价法。

1. 员工特征导向的评价方法

以员工特征为导向的评价方法衡量的是员工个人特征，如决策能力、对组织的忠诚、人际沟通技巧和工作的主动性等方面，它反映员工潜在形态的劳动。

2. 员工行为导向的评价方法

以员工行为为导向的评价方法衡量的是员工在工作中的行为，如完成任务、遵守纪律、提交建议、服从指令等方面的具体情况，它反映员工流动形态的劳动。

3. 结果导向的评价方法

以员工行为结果为导向的评价方法衡量的是员工在工作中的业绩，如目标完成情况、独立工作能力等方面的情况，它反映员工最终形态的劳动。

表7-1对不同类型绩效考评方法进行了总结。

表7-1　不同类型绩效考评方法优缺点对照

绩效考评的类型	优　点	缺　点
特征法	1）费用不高 2）使用有意义的衡量标准 3）使用方便	1）很有可能产生等级错误 2）不适合于员工的咨询 3）不适合于报酬的分配 4）不适合于提升决策
行为法	1）使用有特定的工作标准 2）易被员工和上司所接受 3）适合于提供反馈 4）对报酬和提升决策较公平	1）费时 2）成本较高 3）有可能产生等级错误
结果法	1）很少有主观偏见 2）易被员工和上司所接受 3）将员工工作与企业工作相连 4）鼓励共同制定目标 5）适合于报酬和提升决策	1）费时 2）可能鼓励短期行为 3）可能使用被污染的标准 4）可能使用有缺陷的标准

二、核查表考核法

核查表法亦称清单法。通常由考评人员经过实地观察、调查访谈之后，

对照被考评对象的工作说明书和规范，书面拟定考评清单条目。表 7-2 是核查表的一个样例。

表 7-2 绩效考评核查表示例

姓名	部门		职务	日期
1. 操作机器是否规范？				
□ 经常违反操作规范，危害本人和同事	□ 工作不踏实，疏忽操作规范	□ 能注意操作规范	□ 符合操作规范，不出差错	□ 严格按照规范操作，并推进规范操作
2. 产品数量如何？				
□ 怠工，产品数量经常不能完成定额	□ 有时产品数量不能完成定额	□ 产品数量基本能完成定额	□ 产品数量有时能超过定额	□ 产品数量常常超过定额
3. 产品质量如何？				
□ 常常出次品，浪费材料	□ 不注意时会出次品	□ 注意产品质量，基本不出次品	□ 质量意识强，产品质量合格	□ 极端注意质量，生产上精益求精
4. 与同事的工作关系如何？				
□ 与同事不能和睦相处，我行我素	□ 有时会任性，不能配合同事的工作	□ 与同事合作和相处尚可	□ 需要时能主动帮助同事	□ 常常能主动配合同事，与同事合作愉快
5. 具有的工作知识如何？				
□ 工作知识不能胜任所从事的工作	□ 工作知识略有欠缺，影响从事工作的效果	□ 工作知识能应付所从事的工作	□ 工作知识较丰富，能做好所从事的工作	□ 工作知识非常丰富，对从事的工作游刃有余

三、量表考绩法

量表考绩法是最简单的、运用得最普遍的绩效考评方法之一，它是根据设计的等级考评量表来对被考评者进行考评的方法。例如，在表 7-3 的示例中，考评主体对被考评者进行评定等级和打分，最后加总得出总的考评结果。

表 7-3 员工绩效考评量表示例

员工姓名________ 职务________ 考评日期________
工作部门________ 工号________ 评估人________

工作绩效维度	绩效等级				
	最差：1 分	差：2 分	中：3 分	良：4 分	优：5 分
工作质量					
工作数量					
工作纪律					
设备维护与物耗					
创新意识与行为					

续表

<table>
<tr><td>员工姓名________</td><td>职务________</td><td>考评日期________</td></tr>
<tr><td>工作部门________</td><td>工号________</td><td>评估人________</td></tr>
<tr><td>考评意见：________
员工签名：________
员工意见：________</td><td>考评人签名：________
人力资源部
门审核意见：________
负责人签名：________</td><td>最差：不能完成任务
差：勉强完成任务
中：基本完成任务
良：完成任务较好
优：完成任务特别杰出</td></tr>
</table>

限于篇幅，其他考评方法在此不一一列举，下面我们重点叙述比较流行的360度反馈评价方法。

四、360度反馈评价方法

1. 360度反馈评价概述

（1）概念

360度反馈评价也称为全方位反馈评价或多源反馈评价，即由与被评价者有密切工作关系的人，包括被评价者的上级、同事、下属、自己和客户等，对被评价者进行评价，被评价者自己也对自己进行评价。然后，由专业人员根据有关人员对被评价者的评价，对比被评价者的自我评价向被评价者提供反馈，以帮助被评价者提高其能力水平和业绩。

一方面，这将促使被评价者更加全面地认识自己；另一方面，对于整个企业来说，它可以增进绩效评价的效果。如果测评的目的是用于被评价者能力的发展，这时应将调查结果通过有效的方式反馈给被评价者。所以，这种技术既是一种评价技术，也是一种发展技术。

作为一种新的业绩改进方法，360度反馈评价得到了广泛的应用，世界500强的许多企业都已经采用了这种评价方法。目前，国内的一些企业也开始采用这种评价方法。但是，有一些公司斥巨资进行360度反馈评价，却收效甚微，甚至适得其反——造成评价者和被评价者关系紧张，给公司带来了不利的后果。360度反馈评价在国内也被称为360度考核。用词的差别反映了观念的差别。或许，正是这个差别造成了360度反馈评价在中国“水土不服”。因此，国内公司在引进、实施360度反馈评价时，一定要特别谨慎。

（2）360度反馈评价的应用范围

360度反馈评价主要的作用在于能为员工提供绩效改善的信息，并且，360度反馈评价与员工的业绩联系不紧密，主观判断的色彩很浓。因此，其结果不能用于薪酬调整、晋升的依据，而是可以应用于帮助员工正确认识自己的能力、态度等方面存在的问题，并及时作出调整。

所以，采用360度反馈评价的时候，企业应着重从对影响员工业绩的能力、态度等方面进行设计，包括：敬业精神、服务意识、团队合作、工作积

极性、创新能力、执行能力等。

而且，由于360度反馈评价会耗费企业大量的时间和精力，因此不适合经常性的操作，一般一年一次就可以，在年底的时候，对员工过去一年中所表现出来的综合素质进行反馈，帮助员工正确认识自己的不足，并在下一年进行有针对性的改善。

（3）360度反馈体系的注意事项

1）相互信任。上级担心员工利用360度反馈体系发泄对其的不满，而下级则担心如实反映情况会被上级报复，因此360度反馈体系最关键的是建立考核者和被考核者相互之间的信任。而且要做好考核结果的保密。

2）样本的大小。为了保证考核的全面性，而且为了保证无法判定考核结果来源于哪个个体，考核最少需要四五名下级。

3）实事求是。上级、下级、同事和客户对个体的各个方面不可能有同样准确的观察，所以不同评价者的评价量表是不同的，而且在统合各方面的评价时要特别注意事实依据。

2. 360度反馈评价的主要特点

360度反馈评价的主要特点：全方位，基于胜任特征，评估的匿名性，多角度反馈，促进发展。

1）全方位。公司中越来越多的工作是由团队而不是个人完成，个体更多地服从领导小组的管理，而不是单个领导的管理。这样员工的工作表现就不应只由一名上级来评价，凡是有机会较好地了解员工的工作表现的领导都应参与员工的绩效考核。

上级只能观察到员工的一小部分工作表现，而大部分员工的行为或者只有员工自己知道或者同事、下级或顾客知道。当作出评价的同事和被评价的同事很相似而且很熟悉的情况下，同事评价法比较有效。

2）基于胜任特征。360度反馈评价是同事参与评价，员工在工作中会注重与同事的合作，而不是只关注自己的业绩。360度反馈可以使员工对自己如何被管理和对待施加一定的影响，而不是完全被动。对于服务行业，如餐饮业、旅游业等，客户的评价非常重要，有些公司雇佣专门的调查公司收集客户的意见，并将其作为员工薪金设定的重要依据，促进了员工能力的提高。

3）评估的匿名性。在进行360度反馈评价时，一般都是由多名评价者匿名进行评价。采用多名评价者，扩大了信息收集的范围，保证了所获得的信息的准确性、公正性。同样，匿名评价能使评价结果更加真实有效。

4）多角度反馈。360度反馈从多角度，更为全面、客观地反映了员工的贡献、长处和发展的需要。

5）促进发展。采用360度反馈体系可以表明公司对员工的考核非常重视。360度反馈评价最后能不能改善被评价者的业绩，在很大程度上取决于评价

结果的反馈。评价结果的反馈应该是一个双向的反馈。一方面，应该就评价的准确性、公正性向被评价者提供反馈，指出他们在评价过程中所犯的错误，以帮助他们提高评价技能；另一方面，应该向被评价者提供反馈，以帮助被评价者提高能力水平和业绩水平。

3. 360 度反馈评价的作用

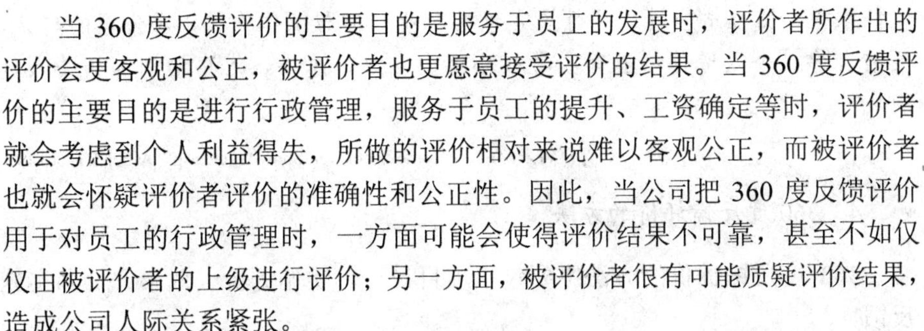

当 360 度反馈评价的主要目的是服务于员工的发展时，评价者所作出的评价会更客观和公正，被评价者也更愿意接受评价的结果。当 360 度反馈评价的主要目的是进行行政管理，服务于员工的提升、工资确定等时，评价者就会考虑到个人利益得失，所做的评价相对来说难以客观公正，而被评价者也就会怀疑评价者评价的准确性和公正性。因此，当公司把 360 度反馈评价用于对员工的行政管理时，一方面可能会使得评价结果不可靠，甚至不如仅仅由被评价者的上级进行评价；另一方面，被评价者很有可能质疑评价结果，造成公司人际关系紧张。

1）为绩效考核提供事实依据。通常，一个考核指标的完成需要几个部门的合作，也就是说员工在完成指标的过程中，需要和几个岗位进行流程合作，考核者的信息来源需要从几个部门获取，那么这个时候，考核者就可以根据指标的内容设计相关工具，请相关部门填写，以获得全面和原始的数据和信息，为员工的绩效考核提供事实依据。

2）为员工绩效的改善提供事实依据。绩效考核的根本目的在于改善员工的绩效，而要改善员工的绩效，就要多方面收集与员工有关的绩效表现记录，360 度反馈是个很好的手段和方法，通过适当的设计，多方面采集信息，从中分析员工绩效表现优秀或绩效表现较差的原因，为改善员工的绩效提供事实依据。

3）增强流程间的合作。通过 360 度绩效反馈，在部门与部门之间、流程与流程之间、员工与员工之间建立起一种监督约束机制，使得员工之间的服务意识、团队精神、执行力、时间观念等都得到加强，进而增强流程间的合作，整体上提升企业的运作效率。

厦门信达的 360 度绩效考核

厦门信达股份有限公司从 1994 年就开始实行 360 度绩效考核，每年做一定的改进，至今已经形成十分完善的一套制度。每年 10～11 月对公司中层干部、骨干人员进行考核。

1）方案。考核对象为子公司副总以上的人员、职能部门经理或实际一把

手及部分骨干人员。具体做法是首先个人述职，向考核小组提交一份个人述职报告，然后是民主测评，通过360度测评进行考核。

2）内容。工作业绩占50%，领导能力占25%，品行操守占13%，领导素质占12%。其中领导能力包括：计划、组织能力、开拓业务能力、正确识才用人能力、自我学习提高能力、对下属绩效管理能力、沟通协调能力、事件处理能力；领导素质能力包括法律政策水平、岗位相关知识（技能）、岗位责任承担、岗位适应性；品行操守包括敬业精神与工作作风、对公司的忠诚、廉洁自律、个人道德修养等。考核小组由党办、总办、人事培训部相关人员组成。

（资料来源：www.cnfex.com/wen/ShowArticle.asp？ArticleID=66148）

4. 360度反馈评价的方法

360度反馈评价的方法主要包括项目设计、实施评价、效果评价和实施反馈。

（1）项目设计

对于360度反馈评价进行需求分析和可行性分析，编制调查问卷。把不同岗位的素质模型或评估模型作为设计调查问卷的依据，对于一些不相关的内容，最好不要在问卷中反映，即问卷的设计要有针对性。

360度反馈评价一般采用问卷法。问卷的形式分为两种。一种是给评价者提供5分等级，或者7分等级的量表（称之为等级量表），让评价者选择相应的分值；另一种是让评价者写出自己的评价意见（称之为开放式问题）。二者也可以综合采用。从问卷的内容来看，可以是与被评价者的工作情景密切相关的行为，也可以是比较共性的行为，或者二者的综合。

目前，常见的360度反馈评价问卷都采用等级量表的形式，有的同时包括开放式问题。问卷的内容一般都是比较共性的行为。采用这种问卷进行360度反馈评价有两个优点。第一，成本比较低。美国CCL公司提供的360度评价问卷，包括1份自评问卷，11份他评问卷，其价格只有大约200美元。国内的赛思博公司也提供专业的360度反馈评价问卷和配套的软件，其价位也不是很高。第二，实施起来比较容易。采用现有的360度反馈评价问卷，公司所需要做的事情就是购买问卷，发放问卷，然后将问卷交给供应商统计处理，或者按照供应商提供的方法进行统计处理就行了。但是，这种方法也有其不足，最主要的一点就是问卷内容都是共性的行为，与公司的战略目标、公司文化、具体职位的工作情景结合并不是很紧密，加大了结果解释和运用的难度，会降低360度反馈评价的效果。

因此，一些公司开始编制自己的360度反馈评价问卷。采用这种方法要求人力资源工作者能分析拟评价职位的工作，抽取典型的工作行为，编制评价问卷，对评价结果进行统计处理，并向被评价者和评价者提供反馈。采用

这种方法所编制的问卷，能确保所评价的内容与公司的战略目标、公司文化及具体职位的工作情景密切相关，使得评价结果能更好地为公司服务。但是，这种方法对人力资源部门的技能要求比较高，同时其成本也要比购买成熟的问卷高。

在实际工作中，越来越多的公司开始采用折中的方案。即先从外部购买成熟的问卷，然后由评价者、被评价者和人力资源工作者共同组成专家小组，判断问卷中所包括的行为与拟评价职位的关联程度，保留关联程度比较高的行为；然后再根据对职位的分析，增加一些必要的与工作情景密切相关的行为。采用这种方式，既能降低成本，同时也能保证问卷所包括的行为与拟评价职位具有较高的关联性。

（2）实施评价

1）组建360度评估队伍。组织建设是一项系统工程，有其内在的发展规律、工作规律和基本方法。认真把握360度评估队伍组织建设的基本规律和基本方法，按照客观规律办事，可以取得事半功倍的效果，对推进360度实施评价工作有重要的意义。

为避免评估结果受到评估者主观因素的影响，连锁企业在执行360度评估反馈方法时需要选择熟悉并能正确使用该技术的人员担任评价者。理想情况下，企业最好能根据本公司的情况建立自己的能力模型要求，并在此基础上，设计360度反馈问卷。

在评价者的选取上，必须注意要征得受评者的同意，这样才能保证受评者对最终结果的认同和接受。

2）对评价者进行培训。在进行360度反馈评价时，一般都是由多名评价者匿名进行评价。采用多名评价者，确实扩大了信息收集的范围，但是并不能保证所获得的信息就是准确的，公正的。同样，虽然匿名评价可能会使评价结果更加真实，但是更真实的评价并不一定就是更有效的。

在360度反馈评价的过程中，受到信息层面、认知层面和情感层面因素的影响，可能会导致所获得的评价结果是不准确、不公正的。从信息层面来说，评价者对被评价者所承担的职位角色可能并不是非常了解，也有可能不知道应该对被评价者的哪些行为表现进行评价，也有可能没有或者很少有机会观察被评价者的行为表现。由于没有掌握相应的信息，或者了解的信息是不全面的，会使评价结果出现误差。

从认知层面来说，由于对人的评价是一项复杂的活动，需要评价者正确地获取、储存、提取并集成不同时间段与被评价者所担任的职位、工作业绩有关的各项信息，来对被评价者作出评价，而评价者可能会简化这项活动，只是根据他们对被评价者的整体印象，而不是具体的行为表现来对被评价者进行评价。

从情感层面来说，评价者可能会无意识或者有意识地歪曲对被评价者的

评价。为了维护自己的自尊，一般的评价者在评价时，会给自己较高的评价，而给其他人以较低的评价。并且在对自己进行评价时，倾向于把成功归因于自己的能力，把失败归因于外部环境的限制；而对他人进行评价时，倾向于把成功归因于外部环境，把失败归因于被评价者。在同一公司工作的员工，既是合作者，又是竞争者，考虑到各种利害关系，评价者有时还会故意歪曲对被评价者的评价。比如，可能会给跟自己关系好的被评价者以较高的评价，给跟自己关系不好的被评价者以较低的评价。

由于以上原因，如果不对评价者进行有效的培训，会导致评价结果产生很多误差。为了提高评价结果的准确性和公正性，在进行 360 度反馈评价之前，应对评价者进行选择、指导和培训。

3）实施 360 度评价。抽出专门的人力物力进行研究设计，自己研究不出来，就请咨询公司帮忙。一般连锁企业把员工分为部级管理、一般管理、技能技术、生产操作等，对每类员工进行 360 度考核。

① 部级管理类员工的指标与考核。

工作能力：指标包括决策能力、创新能力、组织协调能力、综合分析能力、领导能力、学习能力、业务知识、表达能力、培训下属能力和人际交往能力；

工作态度：指标包括责任感、积极性、主动性、实行力和协调性；

工作行为：指标包括人格品行、行为举止、行事方式、工作效率和遵章守纪。

例如，可以采用连锁企业主管领导、部级管理类员工的下级、同级管理类员工代表对其进行考核，实行百分制，主管领导考核分占 40%，下级考核的分值占 40%，同级管理类员工代表考核的分值占 20%，考核分为月考核和年考核。

② 一般管理人员、技能类员工的指标与考核。

工作成绩：指标包括出勤、工作效率、工作质量、工作数量、突出业绩；

工作能力：指标包括决策能力、创新进取能力、协调能力、可靠性、适应能力、表达能力、学习能力；

工作态度：指标包括出勤率、积极主动性、责任感、思想行为、服务质量、组织纪律。

例如，可以采用单位主管对员工的考核与本单位内部业务人员（包括被考评人自评）考核相结合的形式进行。实行百分制，单位主管的考核分值占 40%，内部业务人员的考核分值占 60%。

（3）效果评价

这一阶段的任务是根据评估的目的、标准和方法，对所收集的数据进行分析、处理、综合。其具体过程如下：

1）划分等级。考核结果按照考评者的权重进行计算加总，按照考核分数

评定员工绩效等级，员工绩效等级可分为优秀（90 分以上）、良好（80～90 分）、合格（70～80 分）、不合格（70 分以下）等四类，各单位考核评定的各等级人员可按本单位员工总数的 20%、70%、7%、3%进行评定。具体分数和等级比例要根据企业的实际和以往的数据制定。

2）对单一评估项目的量化。为了能把不同性质的项目综合在一起，就必须对每个评估项目进行量化，不同等级赋予不同分值，用以反映实际特征。如：优为 10 分，良为 8 分，合格为 6 分，稍差为 4 分，不合格为 2 分。

3）对同一项目不同评估结果的综合。在多人参与的情况下，同一项目的评估结果会不相同。为综合这些意见，可采用算术平均法或加权平均法进行综合。仍以五等级为例，3 个人对某员工工作能力的评估分别为 10 分、6 分、2 分。如采用算术平均法，该员工的工作能力应为（10＋6＋2）÷3＝6 分。若采用加权平均，3 人分别为其上级、下属、同级，其评估结果的重要程度不同，可赋予他们不同的权重，如上级定为 40%，下属 40%，同级 20%，则该员工的工作能力为 10×40%＋6×40%＋2×20%＝6.8 分。

有时为达到某一评估目标，要考察多个评估项目，只有把这些不同的评估项目综合在一起，才能得到较全面的客观结论。对不同项目的评估结果的综合，一般采用加权平均法。当然，具体权重要根据评估目的、被评估人的层次和具体职务来定。最后根据评价结果，写出 360 度评价报告。

4）评估结果的应用。360 度考核结果将作为员工职位晋升、岗位调整、评先树优和年终奖金发放的依据。比如年终评先进，只需看一下 360 度考核排名，根据名额从前往后数就可以，领导职工对结果都能满意。

评估结果主要集中于两方面的应用，一方面是绩效奖惩，如员工工资的调整，相关人员职位晋升或惩戒，发放绩效奖金等措施；另一方面就是绩效提升，企业需要通过绩效评估结果所反映出的问题制定服务于下一周期的绩效改善计划。就两方面的关系来讲，二者是相辅相成，互为促进和发展的两方面。如果将评估结果的应用只停留在员工工资的调整，职务的晋升，相关人员的惩戒，而不注重评估结果所揭示的问题所在，积极采用相应的对策来解决这些问题，防止扩大化，不仅对组织发展不利，也不利于员工个体职业生涯的有序发展。但是若不采取相应的绩效激励措施，那所制定的绩效改善计划也难以得到有效的执行。因此，企业就应将这两个方面综合起来共同运用于企业的绩效发展。

（4）实施反馈

1）双向反馈。虽然评价是 360 度反馈评价中的重要一环，但是 360 度反馈评价最后能不能改善被评价者的业绩，在很大程度上取决于评价结果的反馈。评价结果的反馈应该是一个双向的反馈。一方面，应该就评价的准确性、公正性向评价者提供反馈，指出他们在评价过程中所犯的错误，以帮助他们提高评价技能；另一方面，应该向被评价者提供反馈，以帮助被评价者提高能力水平和业绩水平。当然，最重要的是向被评价者提供及时有效的反馈。

2）及时反馈。在评价完成之后，应该及时提供反馈。一般可由被评价者的上级、人力资源工作者或者外部专家，根据评价的结果，面对面地向被评价者提供反馈，帮助被评价者分析在哪些方面做得比较好，哪些方面还有待改进，该如何来改进。还可以比较被评价者的自评结果和他评结果，找出评价结果的差异，并帮助被评价者分析其中的原因。如果被评价者对某些评价结果确实存在异议，可以由专家通过个别谈话或者集体座谈的方式向评价者进一步了解相关情况，然后再根据座谈结果向被评价者提供反馈。当然，如果公司有着良好的信息共享机制和氛围，也可以让员工在专家的辅导下，自由地就评价结果进行沟通交流。

3）反馈种类。反馈种类可以分为正面和负面两种类型。

① 正面反馈：如果员工做得好，或有改进，一定要当场及时给予表扬和鼓励，肯定其闪光之处，以扩大正面行为所带来的积极影响，强化员工的积极表现，给员工一个认可工作的机会。

② 负面反馈：在员工表现不佳，没有完成工作的时候，也应及时真诚地予以指出，以提醒员工需要改正和调整。这个时候，管理者不能假设员工自己知道而一味姑息，一味不管不问，不管不问的最终结果只能是害了员工，于绩效的提高和职业生涯的发展无益。

浙江柳桥羽毛有限公司360度绩效考核的指标与流程

(1) 评估指标

评估项目为员工上半年的工作表现。从责任意识、团队意识、创新意识、学习意识四个维度综合评分，经公司经营班子讨论，确定四个维度的权重分别为：55%、20%、15%、10%。

(2) 评估流程

具体见表7-4。

表7-4 360度评估流程

序号	环节	内容	责任人员
1	确定考核规则	上级2人＋同级2人＋下级2人＋客户部门2人组成评委团	经营班子
2	召开经营班子会议，抽签并讨论确定评委团名单	在每一来源中“抽签”，并最终讨论确定评委团名单	经营班子、监察审计部
3	组织实施考核	人力资源部应组织安排考核活动，将《工作表现考核表》下发到评委团成员手里，打分	人力资源部
4	上交考核表格	请每位评委团成员填写好打分表，并直接上交至人力资源部	评委

续表

序号	环　　节	内　　容	责任人员
5	统计	对上交表格进行统计	责任人员
6	反馈	将统计结果提交至总经理	经营班子
7	调节权限	有权对初步考核等级进行调整，但比例应控制在10%以内	经营班子、监察审计部

（资料来源：www.chinahrd.net/zhi_sk/jt_page.asp? articleID=84066）

小　　结

绩效管理是依据组织的战略计划而制定的，是为了保证组织目标顺利执行的一整套全面的动态的员工考核与管理体系，它既是管理思想的具体体现，也是可评估的具体操作方法。

绩效管理系统由四个部分组成，分别是绩效计划；绩效沟通与辅导；绩效考核与反馈；绩效诊断与提高。

绩效管理实施由目标设计、过程指导、考评反馈和激励发展构成。

绩效考评是指考评者对照工作目标或绩效标准，采用一定的考评方法，评定员工的工作任务完成情况、员工的工作职责履行程度和员工的发展情况，并且将上述评定结果反馈给员工的过程。分为两大类，即判断型绩效考评和发展型绩效考评。

绩效考评方法的主要有三类，即以员工特征导向的评价方法、以员工行为导向的评价方法、以结果导向的评价方法。主要有核查表法、量表考绩法、关键事件法、行为锚定评价量表法、交替排序法、配对比较法、强制分布法、目标管理法和360度反馈评价法。

360 度反馈评价也称为全方位反馈评价或多源反馈评价，即由与被评价者有密切工作关系的人，包括被评价者的上级、同事、下属、自己和客户等，对被评价者进行评价，被评价者自己也对自己进行评价。

360 度反馈评价可以为绩效考核提供事实依据、为员工绩效的改善提供事实依据、增强流程间的合作。360 度反馈评价的方法主要包括项目设计、实施评价、效果评价和实施反馈。

复习思考题

一、单项选择题

1. 员工的工作绩效是指他们那些经过________的工作行为、表现及其结果（　　）。

A．奖励　　B．惩罚
C．考评　　D．组织批准

2．绩效考评系统的核心是（　　）。

A．绩效考评内容　　B．绩效考评原则
C．绩效考评标准　　D．绩效考评方法

3．绩效管理系统一般不包括（　　）。

A．绩效计划　　B．企业文化
C．绩效实施与管理　　D．绩效考评

4．绩效管理其他子系统不包括（　　）。

A．企业文化　　B．企业的战略
C．绩效考评　　D．企业全面预算

5．激励一般不包括（　　）。

A．辅导　　B．奖金
C．职务提升　　D．能力激励

二、多项选择题

1．在绩效考评中，绩效的特点是（　　）。

A．多用性　　B．多维性
C．动态性　　D．广泛性
E．社会性

2．在绩效考评中，考评的目的有（　　）。

A．控制目的　　B．激励目的
C．薪酬管理目的　　D．培训与开发目的
E．沟通目的

3．绩效考评的目标法的一般步骤是（　　）。

A．确定组织目标　　B．确定部门目标
C．确定个人目标　　D．目标反馈
E．工作目标绩效考评

4．360 度反馈评价的方法主要包括（　　）。

A．组织批准　　B．实施评价
C．效果评价　　D．实施反馈

5．在 360 度评价体系中，应由________对员工进行考评（　　）。

A．自己　　B．上级
C．下级　　D．同事
E．客户

实训项目

1．调查一家熟悉的连锁经营企业，试着设计一个比较全面的绩效管理系统。

2．设计一个360度绩效考核的指标与流程，对自己所在小组或寝室的同学进行评价，并将结果与同学进行反馈沟通，检验你的评价是否准确。

案例分析

通用电气公司的“360度评价”

通用电气公司为了培养和造就有用的人才，公司内建有一座精英开发研究所，可以称得上是一所商业学校。据说该公司每年向该研究所拨款约10亿美元，每年在此接受培训的人数多达1万。

目前，该公司在全世界约有100多名事业开发经理，其规模与大型投资银行的并购部门相比毫不逊色。1981年，走马上任的韦尔奇董事长在各个事业部门都安插了事业开发人才，并且每年都在增加，用这种方式来有意识地建立推进企业并购的体制。很多人来自咨询公司和投资银行，以30多岁的年富力强的年轻人为主。进入公司后，他们以事业开发经理的身份参与并购战略，在几年内很快就成为收购后的企业或各事业部门的干部。正可谓“时运亨通的经营集团”。

通用电气公司的事业开发经理不仅负责并购等新事业的开发，而且还定期参加有关事业部人事和资金调配等共同课题的讨论，从中发挥协调作用。当韦尔奇董事长等总公司干部来日本访问客户时，事业开发经理也随同前往。他们跟随公司最高层领导参加高级谈判，从中学到很多东西。有时他们抓住谈判中流露出的一些意向，进一步从中做工作，使得事业开发取得了重大成果。

包括事业开发经理在内，通用电气公司要求所有的干部都具备本公司的价值观。该公司人力资源部门的最大作用在于保持本公司的同一性，增强其作为公司一员的归属意识。为了培养优秀的领导干部，通用公司在培训方面可谓不惜工本。

在培养接班人方面，该公司具有一套独特的做法。对员工的评价和职业的安排是通过与上司的面谈和部门内的讨论来决定的，尽管评价是按工作成绩和公司价值观两项标准进行的，不过公司更注重的是员工所具有的价值观。

在这一过程中，"360度评价"可以称之为通用电气的一大特色，每个员工都要接受上司、同事、部下以及顾客的全方位评价，由大约15个人分5个阶段做出。同样，评价的标准也是工作中是否按照公司的价值观行事。韦尔奇董事长明确表示："即使工作出色，但如果不具备公司的价值观，那么这样的人公司也不会要。"

（资料来源：张佩云．2004．人力资源管理．北京：清华大学出版社：207）

案例解析

通用电气公司在并购中成功的经验是：

1）注重管理人才的挖掘和培养。公司在发展过程中大量发掘和储备管理干部，并且管理干部几乎都是将要被公司吞并的公司的管理人员，年龄在30多岁的年富力强的中青年人。他们就有一定的管理经历又熟悉公司的具体情况，同时他们又极具创新能力。有了这样的管理人才，企业没有不发展壮大的理由。

2）注重企业价值观的培养。公司成功的另一条经验就是注重企业文化建设——要求所有干部都具备本公司的价值观。看似一个非常简单的事情，恰恰是公司形成合力的根源。价值观的统一使每个员工都对自己的岗位负责，进而对公司的利益负责。企业文化建设对于一个企业的成败起着至关重要的作用。

3）在选用接班人的过程中使用"360度评价"方法。公司在选用人才时使用了"360度评价"方法，使得所选择的管理人才普遍被相关人员接受，这样在工作中才能够"心往一处想，劲往一处使"。

思考与讨论

1. 韦尔奇不但是通用公司的董事长，也是世界著名的企业管理专家，谈谈你对他的了解。
2. 讨论通用公司是如何实现"360度评价"的。
3. 通过以上案例和教材的内容分析"360度评价"的主要优缺点。

第八章

连锁企业员工薪酬福利管理

◇ 学习目标

- 对企业员工的薪酬管理有全面认识;
- 初步了解薪酬理论知识;
- 掌握基本薪酬设计的步骤。

◇ 技能要点

- 能根据不同岗位设置不同的薪酬模式;
- 能根据企业的实际情况设置本企业福利分配模式。

案例导入

激励与奖励的作用

1992年初，浙江先锋机械厂发挥军工厂的技术优势，根据国外同类产品开发研制成功齿轮齿条式自动开门机，因采用行星齿轮结构，体积小，外形美观，加工精度高，性能明显优于国内同类产品。然而到了1993年初，该产品仍未在市场上打开销路。为了改变现状，厂长决定打破经销人员的“铁饭碗”，每月只发生活费，其余收入按推销额的1%提成。

新的分配政策宣布后，经销人员普遍有意见，有的人甚至要求调离经销科。厂长经过调查，发现经销人员普遍对开门机缺乏信心和了解，也对自己能否打开推销局面表示怀疑。因此，厂长决定举办经销人员培训班，他亲自讲军工厂进入市场竞争后经销人员适应新形势的必要性，请技术科的同志详细讲解新型开门机的原理、构造、优点及安装维护知识，请浙江大学管理学院的老师来讲授市场营销方面的知识。培训班结业后，大家感到收获较大。

厂长修改了分配政策：开拓市场第一年，只要推销工作有进展，经销人员仍可拿到工资和机关平均奖；第二年只拿基本工资和补贴，奖金按推销额的0.5%提成；第三年只拿生活费，其余按推销额的1.2%提成。

经销人员立即带着新印的产品样本和宣传资料奔赴全国各地。小冯负责湖北、江西地区的销售。他的熟人少，只好凭着各城市的电话号码簿，筛选出潜在的顾客，一家家上门推销，当年初见成效。1994年，他间接了解到武汉凌云装饰公司将为湖北省彩电中心制作自动门。他多次上门联系，主动提出免费提供技术咨询和安装调试服务。他的诚意终于感动了公司经理，最后采用了该厂的开门机。制作安装成功后，该自动门被评为优质单项工程，成了开门机的活广告。此后，小冯在武汉的生意越做越大，武建集团门窗厂、武汉实大自动门等公司成了他的老客户。

1995年底，小冯算算自己当年的提成额将超过2万，不禁喜上眉梢。有的同事说：“小冯，别高兴得太早，钱拿到手才算数！”厂年终总结大会上，厂长宣布给经销人员兑现，按推销额评出前三名，当众授予“推销能手”的奖状，并戴上大红花。小冯是其中一位，听着台下雷鸣般的掌声，他的心情格外激动。

（资料来源：www.mhjy.net/dz55/viewthread.php?tid=11595）

薪酬是每个社会成员取得收入的一种方式，属于收入分配的重要内容，而收入分配是经济社会发展的重要问题。同时，薪酬及其制度设计本身也是任何公司人事管理中最为敏感的一个环节，不但要满足员工个人及家庭生活的经济需要，还要为评判个人价值实现提供相对客观的经济尺度。企业薪酬

管理就是为了能够发挥员工的积极性并促进其发展，将员工的薪酬与组织目标有机地结合起来的一系列的管理活动。薪酬是企业工资的微观管理，是企业在国家的宏观控制的工资政策允许范围之内，灵活运用各种方法与手段，制定各种激励措施与规章制度，在职工中贯彻按劳分配原则的过程。企业薪酬管理制度是企业人力资源管理乃至企业整个管理的核心内容之一，不仅涉及企业的经济核算与效益，而且与职工的切身利益密切相关；薪酬管理同时又是企业与社会联系纽带的表现，涉及社会学、经济学的多方面敏感问题，是企业走向市场的重要环节之一。

第一节　薪酬管理概述

一、薪酬的概念

薪酬是指组织对员工所做的贡献，包括他们实现的绩效，付出的努力、时间、学识、技能和经验等所付给的相应的酬劳或回报，是组织对报酬分配标准和分配形式的规定。

按照不同的分配标准或分配形式，工资制度可以有多种形式。常用的工资制度分为绩效工资制、工作工资制、能力工资制和组合工资制四大类。

现行国家文件中明确指出，工资总额由以下六个部分组成：计时工资、计件工资、奖金、津贴和补贴、加班加点工资、特殊情况下支付的工资。具体见图 8-1。

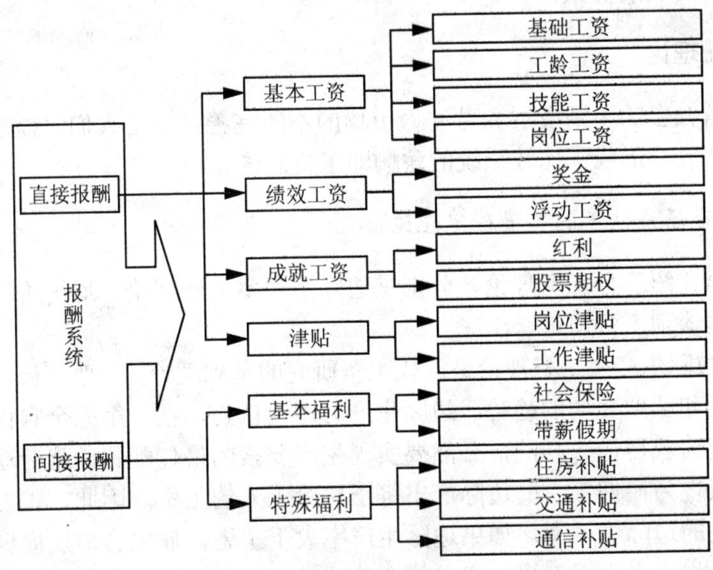

图 8-1　报酬系统

这里我们提出了如下的观点：薪酬分为外部回报和内部回报两大类，外部回报又由两块内容组成，分别是直接薪酬和间接薪酬。

直接薪酬包括以货币直接支付的基本工资和一部分与整个企业业绩挂钩的激励薪酬。

基本工资是以员工劳动的熟练程度、复杂程度、劳动强度、责任大小、工作环境等为依据，并考虑员工的工龄、学历、职务和技能等因素，按照员工实际完成的劳动定额、工作时间或劳动消耗而支付的劳动报酬。基本工资是劳动者在一定组织中就业就能拿到的固定数额的劳动报酬，常见形式为小时工资、月薪和年薪等。基本工资是员工从雇主方获得的较为稳定的货币性经济报酬，既是企业员工基本生活的保障，也能为其他可变薪酬的制定提供指导。

间接薪酬包括保险、非工作日工资、服务和额外津贴等。这些工资是与绩效挂钩的部分，是工资随着员工工作努力程度和工作绩效的变化而变化的部分。由于奖励工资的核心是运用了“分成”的机制，所以对员工有很强的刺激性。实行奖励工资时，员工从经过自己努力而使组织新增加的成果和绩效中，可以拿到相应的报酬，与组织就新增加的价格进行分成，因而使员工的劳动积极性得到激励。

内部回报包括参与决策、更大的工作自由、更多的责任、个人成长机会、活动多样化等。一般而言，这类回报都是属于高层次的员工，是提高员工自身价值的一种途径。员工，特别是高素质的对企业发展有特殊贡献的员工一般注重长期的打算，公司以上述内部回报的方式告诉员工发展方向，让员工看到自己的发展前景。

二、薪酬理论

随着社会的不断发展和劳动力市场的不断完善，加上人们对微观经济学的深入研究，形成了比较系统的薪酬即工资理论。

1. 市场条件下的工资确定理论

这里介绍三种工资理论，分别是边际生产率工资理论、均衡价格工资理论、集体谈判工资理论。

1）边际生产率工资理论是近代工资研究的基础理论，主要解释了工资的短期波动和长期变动的趋势。边际生产力理论认为，在一个完全自由的市场中，企业为获得最大利润，必然要实现生产要素的最佳配置，就劳动力要素来说，表现为雇佣工人的边际产出等于付给工人的工资。因此，工资水平取决于劳动的边际生产率。如果边际生产率大于工资，雇主会增加雇佣人数；如果边际生产率小于工资，雇主就会裁减员工，只有当两者相等时，工资的支付才是最有效的。

2）均衡价格工资理论。简单地从劳动的供给方面来看，工资取决于两个因素：一是劳动者及家属的生活费用及接受培训和教育的费用；二是劳动的负效用。不管劳动是什么形式，耗费多少脑力和体力，引起了身体哪个部位的不适，都可由最后反映到大脑（全身）的疲劳程度来进行统一的比较和衡量。劳动要耗费时间，劳动的量自然可以以劳动时间来计量。有些劳动碰到以下情况：强烈的噪声、刺鼻的气味及其他于身心或名誉有害的工作环境等，这些都属于负效用感受较强的劳动。不同种类劳动的社会“换算”，会由各类劳动力在市场上一定程度的自由流动和所形成的供需状况在劳动者的报酬上体现出来。

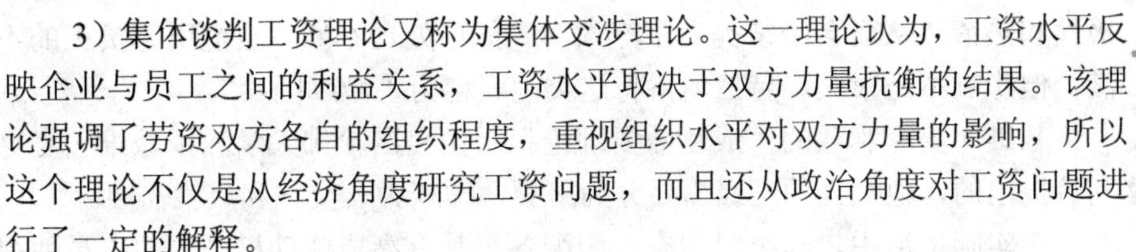

3）集体谈判工资理论又称为集体交涉理论。这一理论认为，工资水平反映企业与员工之间的利益关系，工资水平取决于双方力量抗衡的结果。该理论强调了劳资双方各自的组织程度，重视组织水平对双方力量的影响，所以这个理论不仅是从经济角度研究工资问题，而且还从政治角度对工资问题进行了一定的解释。

此外，人力资本理论则是另一种经济学解释。人力资本是由人力投资形成的，是存在于人体中的知识和技能等价值的总和。人力投资包括有形支出、无形支出和心理损失等。一个人的人力资本含量越高，其劳动生产率就越高，在劳动力市场中就可以得到更高的薪酬，这种观点在知识经济时代得到了广泛的认同。由于人力资本理论对于企业内员工工资差异问题的解释有很强的说服力，可以比较好地解释白领工人和蓝领工人的工资差别，因此被广泛应用于企业分配实践之中。

2. 工资效益理论

工资效益指工资投入所产生的直接经济效益。薪酬的功能可从组织和员工两个方面来考察。薪酬对组织的功能包括：增值功能、激励功能、配置功能和协调功能；薪酬对员工的功能包括：劳动力再生产保障功能、价值实现功能和满足保障功能。

企业根据劳动合同的规定，因员工为企业所提供的贡献，以及工龄、知识、技能、体力和工作表现等支付给员工相应的薪酬。所以，薪酬是一种交换或交易。作为一种交换或交易，就服从交换或交易的原则。员工个人的工作条件、年龄与工龄、综合素质与技能均与劳动绩效有关。

3. 激励理论

激励理论主要研究人动机激发的因素、机制与途径等问题。这些理论大致可以划分为三类：内容性激励理论、过程性激励理论和行为改造理论。

（1）内容性激励理论

内容性激励理论重点研究激发动机的诱因。主要包括“需要层次论”（见

第六章第四节)、“双因素论”和“成就需要理论”等。

赫兹伯格的“双因素论”是美国心理学家赫兹伯格提出的理论。他从大量的案例调查中发现，造成员工非常不满意的原因，主要是企业政策和行政管理、监督、与主管的关系、工作条件、薪水、与同级的关系、与下级的关系、个人生活、地位、安全等方面的因素处理不当。这些因素改善了，只能消除员工的不满，不能使员工变得非常满意，也不能激发其工作积极性，提高工作效率。赫兹伯格将此类因素称为“保健因素”。

另外他又通过案例调查发现，使员工感到非常满意的因素主要有：成就、认可、工作自身、责任感、发展、成长。这类因素的改善能够激励员工的积极性和热情，从而会经常提高生产效率。如果处理不好，也能引起员工的不满，但影响不是很大。赫兹伯格将这类因素称为“激励因素”。

戴维·麦克利兰的“成就需要理论”是由美国哈佛大学教授戴维·麦克利兰提出的，他把人的高级需要分为三类，即权力、交往和成就需要。

在实际生活中，一个组织有时因配备了具有高成就动机需要的人员使得组织成为高成就的组织，但有时是由于把人员安置在具有高度竞争性的岗位上才使组织产生了高成就的行为。麦克利兰认为前者比后者更重要。这说明高成就需要是可以培养出来的，并且目前已经建立了一整套激励员工成就需要的培训方法，来提高生产率，并且为高成就需要的工作培养合适的人才。

（2）过程型激励理论

过程型激励理论重点研究从动机的产生到采取行动的心理过程。主要包括弗鲁姆的“期望理论”、海德的归因理论和亚当斯的“公平理论”等。

1）弗鲁姆的期望理论。这是心理学家维克多·弗罗姆提出的理论。期望理论认为，人们之所以采取某种行为，是因为他觉得这种行为可以有把握地达到某种结果，并且这种结果对他有足够的价值。换言之，动机激励水平取决于人们认为在多大程度上人们可以期望达到预计的结果，以及人们判断自己的努力对于个人需要的满足是否有意义。

2）海德的归因理论。归因理论是美国心理学家海德于 1958 年提出的，后因美国心理学家韦纳及其同事的研究而再次活跃起来。

归因理论是探讨人们行为的原因与分析因果关系的各种理论和方法的总称。归因理论侧重于研究个人用以解释其行为原因的认知过程，亦即研究人的行为受到激励是“因为什么”的问题。

3）亚当斯的公平理论。公平理论又称社会比较理论，它是美国行为科学家亚当斯在《工人关于工资不公平的内心冲突同其生产率的关系》《工资不公平对工作质量的影响》《社会交换中的不公平》等著作中提出来的一种激励理论。该理论侧重于研究工资报酬分配的合理性、公平性及其对职工生产积极性的影响。

（3）行为改造理论

行为改造理论重点研究激励的目的（即改造、修正行为），主要包括强化理论和挫折理论。

1）强化理论。强化理论是美国心理学家和行为科学家斯金纳等人提出的一种理论。强化理论是以学习的强化原则为基础的关于理解和修正人的行为的一种学说。所谓强化，从其最基本的形式来讲，指的是对一种行为的肯定或否定的后果（报酬或惩罚），它至少在一定程度上会决定这种行为在今后是否会重复发生。

根据强化的性质和目的，可把强化分为正强化和负强化。在管理上，正强化就是奖励那些组织上需要的行为，从而加强这种行为；负强化就是惩罚那些与组织不相容的行为，从而削弱这种行为。正强化的方法包括奖金、对成绩的认可、表扬、改善工作环境和人际关系，提升、安排担任挑战性的工作、给予学习和成长的机会等。负强化的方法包括批评、处分、降级等，有时不给予奖励或少给奖励也是一种负强化。

2）挫折理论。挫折理论是关于个人的目标行为受到阻碍后，如何解决问题并调动积极性的激励理论。挫折是一种个人主观的感受，同一遭遇，有人可能构成强烈挫折的情境，而另外的人则并不一定构成挫折。

4. 分享理论

分享理论顾名思义就是员工在工作中得到的报酬有一部分与整个企业的利润挂钩，这种理论弱化了薪酬与个人绩效的关系，使员工报酬的多少与企业利润直接相关。1964 年由美国麻省理工大学马丁·魏茨曼教授提出。我国从 1981 年试行的除本分成制、自 1985 年以来普遍推广的承包制和工效挂钩，实际上就是一种利润分享的形式。之后，1988 年在深圳蛇口工业区推广的剩余收益制、1994 年在新乡市试行的工资加劳动分红制度都是利润分享的表现形式。

目前，这种分享理论下有四种模式的利润分享，分别是无保障工资的纯利润分享、有保障工资的纯利润分享、按利润的一定比重分享与年终或年中一次性分红。

三、确定薪酬策略的流程

薪酬是企业对它的员工给企业所做的贡献，包括他们实现的绩效，付出的努力、时间、学识、技能、经验和创造的相应的回报和答谢。在员工的心目中，薪酬不仅仅是自己的劳动所得，它在一定程度上代表着员工自身的价值、企业对员工工作的认可，甚至还代表着员工个人能力和发展前景。科学有效的激励机制能够让员工发挥出最佳的潜能，为企业创造更大的价值。激励的方法很多，但是薪酬是一种非常重要的、最容易运用的方法。

薪酬调查就如同行军打仗一样，必须先一步搞好情报的收集工作。在市场经济的激烈竞争局势下，任何企业要想保证吸引到优秀的员工，企业所提供的工资水平必须和当地的工薪水平相接近。

确定薪酬策略的流程见图 8-2。

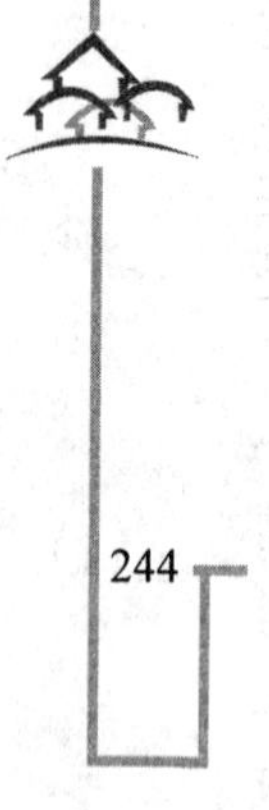

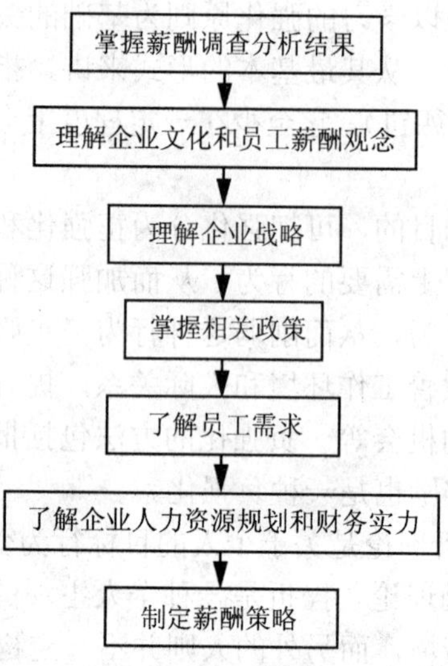

图 8-2　确定薪酬策略的流程

1. 掌握薪酬调查分析结果

其目的是建立企业合理的薪酬构成，根据市场薪酬给付水平确定企业薪酬水平的市场定位，重在解决薪酬的对外竞争力问题。企业在确定工资水平时，需要参考劳动力市场的工资水平。对某职位的薪酬调查在确定员工的薪酬时起着关键的作用。薪酬调查是企业通过调查当地或同一行业其他企业中相同或相似工作的薪酬水平，来调整薪酬结构，以保证企业的竞争地位。这项工作并不一定要企业亲自来做，有专业协会、政府统计报告、专业书籍等的数据参考引用。企业可以用直接或间接的薪酬调查数据作为制定薪酬的基础，也可以委托比较专业的咨询公司进行这方面的调查。

2. 理解企业文化和员工薪酬观念

制定组织薪酬原则和策略，是组织人力资源管理的重要组成部分，也是组织文化的一个组成部分，对以后的各个环节具有重要的指导作用，包括对员工本性的认识，对员工总体价值的评价，对管理人员、高级管理骨干、专业技术人才和营销人才所起作用的价值估计等。

3. 理解企业战略

整个企业战略计划是所有组织计划的重要组成部分，在整个企业资源管

理活动中占有重要地位，是各项具体人力资源管理活动的起点和依据。薪酬计划的制定必须依据组织的发展战略、目标。组织的发展战略、目标发生变化时，薪酬计划也随之发生变化。组织的发展战略、目标是薪酬规划的基础。

4. 掌握相关政策

事实上，在制定、起草薪酬管理制度时，要严格遵循国家和地方在薪酬福利方面的政策法规，严格依法办事。国家的主要政策法规体现在最低工资、经济补偿金、最长工作时间、超时的工资支付、企业代缴的各类保险等。详细的内容应参照全国各地区劳动和社会保障行政主管部门发布的各种相关政策法规文件汇编。

5. 了解员工需求

薪酬策略要回答两大问题：一是决定薪酬水平处在什么竞争级别上；二是如何发放工资才能够对员工的绩效产生影响。通常公司都会根据员工的月薪、年薪、家属等因素来设定一些问题，通过问卷调查或团体焦点访谈的方式来了解员工想法,以设计真正满足员工需求的福利制度，以使公司的薪酬或福利设计能真正打动员工，调动员工的积极性。

6. 了解企业人力资源规划和财务实力

静态地收集信息和静态的人事政策信息必定不能适应动态的市场需求和人才自身发展的需求。面对竞争日趋激烈的时代，一个企业一定要有优秀的人力资源规划，一定要主动掌握企业经营的内、外部因素，不但要谨慎规划人力资源，还要提供人员训练、发展机会，制定合适的人事制度，真正做到人尽其才、才尽其用，使人才真正成为公司最宝贵的资源。公司中薪酬福利部门要根据公司的实力和员工的特点，制定与公司财务状况相符，并且能够促进员工发展的最佳方案。

7. 制定薪酬策略

制定有竞争力的、科学的薪酬策略，对于企业的成败至关重要。企业要制定好的薪酬策略，可以遵循以下几个步骤：明确企业战略，企业首先应明确定位企业的宏观发展战略，然后才能据此指导薪酬策略；了解本企业的业务特点，大多数连锁企业都是劳动密集型企业，劳动密集型企业的特点是工人数量众多、设备成本低、流水线标准化生产、产品具有同质性，因此，企业应当采用低薪酬策略，降低人工成本，但是，在具体实施过程中，要给两类工作人员提供高工资，一类是管理人员，一类是销售人员；知道谁是你的竞争对手；清楚哪些企业在同你争夺人才。

最后，企业的薪酬策略不应该是一成不变的，而是应该随着企业的变化、

行业的变化和劳动力市场的变化而进行动态的调整。因此就应该建立一套薪酬策略动态调整的机制，使企业的薪酬策略能够保持生命力，能持续发挥其价值体现、激励和风险共担的三大作用。

四、薪酬设计的影响因素

薪酬管理是为了实现组织目标、发挥员工的积极性并促其发展，将员工的薪酬与组织目标有机结合的一系列管理活动。薪酬管理的内容包括：薪酬计划管理、薪酬结构管理、薪酬水平管理和薪酬日常管理。

薪酬政策的优劣直接影响公司人员稳定性和工作积极性。薪酬管理必须遵循合法性、公平性、激励性和效益性原则。薪酬结构设计分三个基本成分：基本薪酬、激励薪酬和福利设计。

影响薪酬水平的因素可以从组织外部、组织内部因素两个方面进行分析。组织外部因素有政府的法规和政策、劳动力市场供求状况；影响企业整体薪酬水平的因素还需要考虑企业的薪酬策略、本企业产品的需求弹性、地区和行业工资水平、企业的工资支付能力、当地的生活费用和物价水平。组织内部因素有组织的发展目标、组织的谈判和协议、员工的劳动和绩效差别等。

影响企业整体薪酬设计的因素见图 8-3。

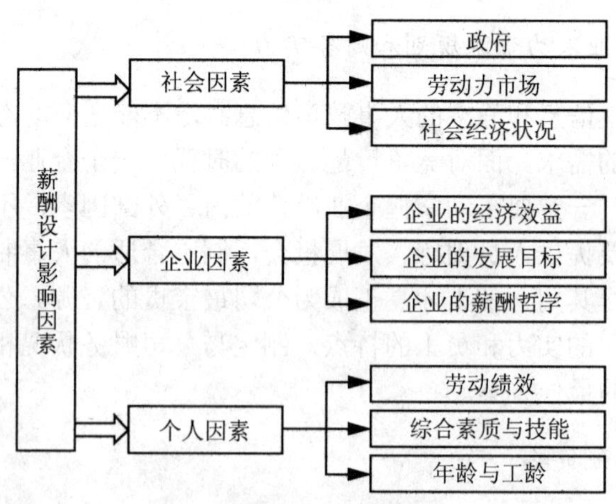

图 8-3　薪酬设计影响因素

1. 社会因素

1）政府。一个国家或地区的政治制度，对该地区的人力薪酬管理的发展具有重要影响。政府对各个组织薪酬水平是有干预手段的，一般通过政策和法规来进行。所以，任何企业在确定自己的薪酬水平时，必须遵守政府的有关政策法规。比如，聘请员工的最低工资、员工的工资分配原则、节假日的加班工资数目等。

2）劳动力市场。劳动力市场供求状况是一直发生变化的，这种变化会导致组织员工薪酬水平的变化。因为，如果劳动力市场上，本企业所需的员工是供小于求的，组织一般会采取提高薪酬的办法来满足组织对劳动力的迫切需求；反过来的话，组织就会采取降低薪酬的办法来减少劳动力成本。

3）社会经济状况。当前的整个社会形势、当地的居民生活水平等都是企业要考虑的因素。如果物价水平上涨，为了保证企业员工实际生活水平不受或少受物价影响，组织就必须适当提高薪酬水平。

2. 企业因素

1）企业的经济效益。一般处于经营上升期的企业，利润丰厚，资本雄厚，薪酬水平会显得略高；相反，薪酬水平就比较低。所以，企业必须根据自己的经济实力，量入为出，适当控制劳动力成本，使产品具有竞争力，改善生产经营状况，增强自己的经济实力。

2）企业的发展目标。企业在确定员工薪酬规模的时候，必须以组织的发展阶段为出发点，确保组织发展目标的实现。不同的阶段，要求有不同素质的人才。对于当前组织所迫切需要的高素质人才资源，必须在薪酬水平和薪酬政策上有所倾斜，从而保证组织能吸引各类紧缺人才，为组织完成不同时期的目标而努力。

3）企业的薪酬哲学。企业的薪酬哲学就是经营理念和企业文化在薪酬管理上的体现。企业管理层对员工本性和价值的认识，员工对薪酬差距的认同，基本薪酬和绩效薪酬的比例，工资、奖金和福利的比例等，都和企业的薪酬哲学有关。所以，企业在确定薪酬政策的时候，必须考虑到企业薪酬哲学的发展历程和文化的沉积，立足于效率优先、兼顾公平，让绝大多数员工通过薪酬收入，不仅获得物质上的满足，同时获得心理上的满足。

3. 个人因素

（1）劳动绩效

企业对薪酬的管理原则最主要的一点就是传递信息给员工，也是企业价值观的体现。企业为什么提供薪酬，当员工在哪些方面有提高时，才能获得更高的薪酬，应符合对外具有竞争力，对内具有公正性的原则。根据劳动绩效来设计薪酬标准是最基本的因素。

（2）综合素质与技能

在企业内部，不同岗位的薪酬水平应当和这些岗位对企业的贡献相互一致。每个员工都是根据岗位说明书经过严格筛选后，按照各自的综合素质与技能被分配到该岗位的，岗位与员工是匹配的，也就是与该员工的综合素质和技能相互匹配。在薪酬方面，不同的综合素质与技能相对应的薪酬级别应该有所区别。

(3) 年龄与工龄

随着科技的发展，人们的劳动越来越复杂，必须从该职位的重要性及其任职资格等方面，结合工作人员的年龄、工龄具体分析。不同的岗位在劳动强度、劳动条件、危险性质、劳动熟练程度方面具有不同的要求，那些在工作评价等级比较高的岗位上工作的员工，薪酬水平一般高于一般水平。

影响公司薪酬水平的因素有多种。从公司外部看，国家的宏观经济、通货膨胀、行业特点和行业竞争、人才供应状况甚至外币汇率的变化，都对薪酬定位和工资增长水平有不同程度的影响。在公司内部，盈利能力和支付能力、人员的素质要求是决定薪酬水平的关键因素。企业发展阶段、人才稀缺度、招聘难度、公司的市场品牌和综合实力，也是重要影响因素。同产品定位相似的是，在薪酬定位上，企业可以选择领先策略或跟随策略。薪酬上的领头羊未必是品牌最响的公司，因为品牌响的公司可以依靠其综合优势，不必花费最高的工资也可能找到最好的人才。往往是那些财大气粗的后起之秀最易采用高薪策略。它们多处在创业初期或快速上升期，投资者愿意用金钱买时间，希望通过挖到一流人才来快速拉近与巨头公司的差距。

薪酬设计因素是十分复杂的。总之，要符合以下的几个方面：首先，具有激励作用的薪酬可以保证薪酬在劳动力市场上具有竞争性，能够吸引优秀的、符合企业所需的人才。其次，对员工的薪酬激励可以留住员工，提高员工工作的士气，为企业创造更大的价值。最后，通过薪酬激励，将短、中、长期经济利益相结合，促进企业的利益和员工的利益，企业的发展目标与员工的发展目标相一致，从而促使员工与企业结成利益共同体，最终达到双赢。

企业薪酬管理

企业薪酬管理的核心问题是如何科学、合理地根据“劳”来确定职工的薪酬差别，即制定公平、公正、公开的薪酬制度。

迈克尔·比尔等哈佛学者将人力资源管理分解为四个方面：雇员影响、人力资源流动、薪酬体系、工作体系。他们坦承在这四个领域里，薪酬这一领域的理论与实践的矛盾是最显著的。也正是因为成了矛盾中的热点地带，薪酬制度的重要性才更凸现出来。如果建立了良好的薪酬制度，组织就会进入期望——创新的循环；而如果这些制度失灵，那么就会导致员工士气和效率下降、内部矛盾激化、流失率上升等严重后果。故有些学者认为企业薪酬管理的设计是非常困难的事情。

企业薪酬管理的主要形式：

(1) 货币形式

工资是员工得到的基本的货币收入，也是相对固定的收入。货币形式的

薪酬主要有两种：一种是绩效工资。另一种是奖金或奖励。

(2) 企业薪酬管理非货币形式

不直接支付给劳动者本人且有一定公益性的报酬。包含了服务和福利等很多内容，一般指企业为员工提供的职工福利，而不是社会公共福利（文化教育、卫生、体育、娱乐、环境保护等），也不是指专门性社会保障福利（养老院、慈善机关、孤儿院等）。企业中的服务和福利，能让员工感受到大家庭式的温暖，企业薪酬管理非货币形式多种多样，有各种休假、员工的各种保障（社会保险与住房公积金等）和各种服务。在我国的国有企业中，过去每个企业的福利几乎相同，而随着市场化的推进和企业发展的不同水平，福利开始出现分化，同时由于外资企业的进入，使得人才竞争越发激烈，现在企业已开始把福利作为吸引员工的一个强有力的手段。在华外资企业中的大部分都已意识到住房、交通等对吸引和保留人员很重要，普遍认为福利是吸引人才的一个手段。福利不同于工资之处主要是与工作岗位及个人贡献、能力等直接挂钩较少，是几乎人人都能享有的一份劳动的回报。

（资料来源：www.bjraise.com.cn/rj_hyzx16/2062.htm）

第二节　基本薪酬设计

薪酬管理设计是人力资源薪酬管理中的一项基本内容，对企业的竞争力有直接影响。薪酬管理由一定的工作环节构成，具体有以下几个方面。

一、基本程序

薪酬设计的常用方法是基于技能的薪酬方案和基于工作的薪酬方案。其一般程序见图 8-4。

图 8-4　薪酬设计的一般程序

1. 职位分析

职位分析是确定薪酬的基础。公司管理层要在结合公司经营目标、业务分析和人员分析的基础上，明确部门职能和职位关系，人力资源部和各部门主管合作编写职位说明书。

2. 职位评价

通过职位评价，确定每个职位的相对价值。职位评价（职位评估）重在解决薪酬的对内公平性问题。它有两个目的，一是比较企业内部各个职位的

相对重要性，得出职位等级序列；二是为进行薪酬调查建立统一的职位评估标准，消除不同公司间由于职位名称不同，或即使职位名称相同但实际工作要求和工作内容不同所导致的职位难度差异，使不同职位之间具有可比性，为确保工资的公平性奠定基础。它是职位分析的自然结果，同时又以职位说明书为依据。

3．市场调查和结果分析

薪酬调查重在解决薪酬的对外竞争力问题。企业在确定工资水平时，需要参考劳动力市场的工资水平。公司可以委托比较专业的咨询公司进行这方面的调查。外企在选择薪酬调查咨询公司时，往往集中在美国商会、William

Mercer（伟世顾问）、Watson Wyatt Worldwide（华信惠悦）、Hewitt（翰威特）、德勤事务所等几家身上。一些民营的薪酬调查机构正在兴起，但调查数据的取样和职位定义都还不够完善。

4．薪酬定位

制定企业薪酬管理制度的基本步骤：

（1）单项工资管理制度制定的基本程序

1）准确标明制度的名称，如工资总额计划与控制制度、工资构成制度、奖金制度、劳动分红制度、长期激励制度等。

2）明确界定单项工资制度的作用对象和范围。

3）明确工资支付与计算标准。

4）涵盖该项工资管理的所有工作内容，如支付原则、等级划分、过渡办法等。

（2）岗位工资或能力工资的制定程序

1）根据员工工资结构中岗位工资或能力工资所占比例，确定岗位工资总额或能力工资总额。

2）根据该企业战略等确定岗位工资或能力工资的分配原则。

3）根据岗位（能力）评价结果确定工资等级数量及划分等级。

4）确定每个工资等级之间的工资差距。

（3）奖金制度的制定程序

1）按照企业经营计划的实际完成情况确定奖金总额。

2）根据企业战略、企业文化等确定奖金分配原则。

3）确定奖金发放对象及范围。

4）确定个人奖金计算办法。

5．薪酬结构设计

一般公司在确定人员工资时，往往要综合考虑三个方面的因素：一是其

职位等级，二是个人的技能和资历，三是个人绩效。在工资结构上与其相对应的，分别是职位工资、技能工资和绩效工资。也有的将前两者合并考虑，作为确定一个人基本工资的基础。

职位工资由职位等级决定，它是一个人工资高低的主要决定因素。职位工资是一个区间，而不是一个点。企业可以从薪酬调查中选择一些数据作为这个区间的中点，然后根据这个中点确定每一职位等级的上限和下限。例如，在某一职位等级中，上限可以高于中点 20%，下限可以低于中点 20%。

同职位上不同的任职者由于在技能、经验、资源占有、工作效率、历史贡献等方面存在差异，导致他们对公司的贡献并不相同，因此技能工资有差异。所以，同一等级内的任职者，基本工资未必相同。如上所述，在同一职位等级内，根据职位工资的中点设置一个上下的工资变化区间，就是用来体现技能工资的差异。这就增加了工资变动的灵活性，使员工在不变动职位的情况下，随着技能的提升、经验的增加而在同一职位等级内逐步提升工资等级。

绩效工资是对员工完成业务目标而进行的奖励，即薪酬必须与员工为企业所创造的经济价值相联系。绩效工资可以是短期性的，如销售奖金、项目浮动奖金、年度奖励，也可以是长期性的，如股份期权等。此部分薪酬的确定与公司的绩效评估制度密切相关。

综合起来说，确定职位工资，需要对职位做评估；确定技能工资，需要对人员资历做评估；确定绩效工资，需要对工作表现做评估；确定公司的整体薪酬水平，需要对公司盈利能力、支付能力做评估。每一种评估都需要一套程序和办法。所以说，薪酬体系设计是一个系统工程。

不论工资结构设计得怎样完美，一般总会有少数人的工资低于最低限或高于最高限。对此可以在年度薪酬调整时进行纠偏，比如对前者加大提薪比例，而对后者则少调甚至不调等。

6. 薪酬体系的实施和修正

在确定薪酬、调整比例时，要对总体薪酬水平作出准确的测算。目前，大多数企业是财务部门在做此测算。为准确起见，最好同时由人力资源部做此测算。在制定和实施薪酬体系过程中，及时的沟通、必要的宣传或培训是保证薪酬改革成功的因素之一。从本质意义上讲，劳动报酬是对人力资源成本与员工需求之间进行权衡的结果。世界上不存在绝对公平的薪酬体系，只存在员工是否满意的薪酬制度。人力资源部可以利用薪酬制度问答、员工座谈会、满意度调查、内部刊物甚至 BBS 论坛等形式，充分介绍公司的薪酬制定依据。

为保证薪酬制度的适用性，规范化的公司都对薪酬的定期调整做了规定。

二、职位评价方法

职位评价是对企业所设职位的难易程度、责任大小及相对价值的高低进行评价。职位评价是对职位价值的判断，进而纳入薪酬登记。职位评价是以职位为对象，并不表示评价担任该职位的人员。职位评价的方法有许多种，比较复杂和科学的，是计分比较法。它首先要确定与薪酬分配有关的评价要素，并给这些要素定义不同的权重和分数。

科学的职位评价体系是通过综合评价各方面因素得出工资级别，而不是简单地与职务挂钩。大型企业的职位等级有的多达 17 级以上，中小企业多采用 11~15 级。国际上有一种趋势是宽带薪酬（broad banding），即企业内的职位等级正逐渐减少，而工资级差变得更大。

职位评价的目的是发现和确认哪些职位在本企业战略目标实现中具有更加重要的地位，哪些职位需要更高的管理、业务和技能水平，现有职位上的人员是否符合职位的任职要求。在评价的基础上就可以为改进管理和合理确定薪酬提供依据。职位评价过程当中应该让职工积极参与到岗位评价工作中来，并且，职位评价的结果应该公开。

工作职位评价的方法主要有四种：职位排序法、职位归类法、因子比较法与因子计分法。前两种方法一般为“非解析法”，后两种称为“解析法”。两者的主要区别是，前两种不把工作岗位划分成要素来分析，而后两种则是岗位内各要素之间的比较。这四种方法已经使用了半个多世纪，尤其是前三种方法在很多国家被广泛使用。

1. 职位排序法

职位排序法是一种最简单的职位评定方法，是由评定人员凭借着自己的工作经验主观地进行判断，根据职位的相对价值按高低次序进行排列。采用本方法时，将每个工作职位作为一个整体来考虑，并通过比较简单的现场实地观察或凭借一些相关信息进行相互比较。

排列法简单方便，容易被员工理解，也容易操作，能节约成本，能够有比较高的满意度。在规模比较小，生产单一、岗位设置比较少的企业很适用。

2. 职位归类法

职位归类法是排列法的改进。其主要特点是，各种级别及其结构是在职位被排列之前就建立起来。对所有职位的评价只需参照级别的定义放到合适的级别里面。工作步骤是这样的，第一步由单位内专门人员组成评定小组，收集各种有关的资料；第二步按照生产经营过程中各类职位的作用和特征，将单位的全部岗位分成几个大的系统。再将各个系统中的各个职位分成若干层次，一般为 6~12 档。第三步，明确规定各档次职位的工作内容、责任和权

限，再明确各系统、各档次职位的资格要求。第四步，评定出不同系统、不同职位之间的相对价值和关系。

分类法可用于多种职位的评价。方法也简单明了，容易被员工理解，也容易操作。能避免出现明显的判断错误，适用于各个职位差别很明显的企业。

3. 因子比较法

因子比较法也叫因素比较法，是从评分法演变而来的。是按要素对职位进行分析和排序。先选定职位的主要影响因素，然后将工资额合理分解，使工资额分解结果与各个影响因素相互匹配，最后再根据工资数额的多少决定职位的高低。

工作步骤是这样的：

1）由单位内专门工作人员从本单位的若干职位中选择出几大类主要职位.

2）选出各个职位的共有的影响因素，作为工作职位评价的基础，一般包括智力条件、技能、责任、身体条件、劳动环境条件等。将每个主要职位的各个影响因素分别加以比较，进行排序。

3）职位评定小组对每一个职位的工资总额，经过认真协商，按各个影响因素进行分解，找出对应的工资份额。

4）累加每个影响因素所对应的工资份额，就可以评定出主要职位的工资标准。

因子比较法各个要素的确定富有弹性，适用范围广，比较简单易行。适用于能随时掌握详细的市场薪酬调查资料的企业。

4. 因子计分法

又称为点数法。首先选定职位的主要影响因素，并采用一定点数表示每一个因素，然后按预先规定的衡量标准，对现有职位的各个因素逐一评比，求得分值，经过加权后求和，最后得到各个职位的总分值。

这个方法的优点是：可以量化；可以避免主观因素对评价工作的影响；可以根据情况对要素进行调整；容易被员工理解，也容易操作。由于这个方法是若干评定要素综合平均的结果，并且有比较多的专业人员参与评定，从而大大提高了评定的正确性。缺点是工作量大；适用于生产过程复杂、岗位类别数目多的企业。

三、市场调查

一般而言的公平包含三个方面的内容：自我公平、外部公平与内部公平。自我公平是指员工要求自己的工作所得要与付出相匹配；外部公平是指员工要求自己在本公司的薪酬要与社会上相同岗位的平均薪酬水平相当；内部公

平则是指员工要求自己所得到的物质报酬要与公司内部作出同等贡献的人相当。

外部公平产生的来源主要是外部比较。目前大部分企业所面临的主要问题是如何能保证支付的薪酬在市场上具有外部竞争力，也就是如何根据薪酬策略，将本企业的薪酬与市场实际水平进行比较，以确定支付的薪酬的相应范围。

薪酬市场调查具体可以分为调查策划阶段、调查实施阶段与调查处理阶段。

1. 调查策划阶段

进行市场调查时要综合考虑本企业行业性质、产品、规模、人员结构、支付能力、平衡水平、地理位置等因素。薪酬调查最好选择同行业、相类似的企业，这样可以保证通过薪酬调查后确定的薪酬体系具有外部竞争力。通过薪酬调查，可以知道企业的薪酬水平在市场中的地位，在制定新的薪酬体系时，解决薪酬外部竞争性的问题，可以吸引高质量的新员工，使企业及时补充新鲜血液。

调查目的是通过了解企业内外薪酬分配的有关状况，找出差距和问题。在调查中，需要以本企业作为信息收集和处理的参照系。

薪酬调查的对象，最好是选择与自己有竞争关系的公司或同行业的类似公司，重点考虑员工的流失去向和招聘来源。薪酬调查的数据，要有上年度的薪资增长状况、不同薪酬结构对比、不同职位和不同级别的职位薪酬数据、奖金和福利状况、长期激励措施及未来薪酬走势分析等。

2. 调查实施阶段

在这个阶段，要确定调查方法。

调查方法多种多样，有查阅公开信息、问卷调查法、电话调查和访谈法等。

查阅公开信息是指调查人员通过查阅各种公开信息、文献资料，对自己想要的数据进行查找和整理的方法。

问卷调查法是运用统一设计的问卷，利用书面回答的方式，向被调查者了解情况并收集信息的方法。问卷一般包括前言、主体和结语三个部分。调查问卷要考虑问卷的信度与效度。信度是指问卷的可靠性与一致性；效度是指问卷的有效性和正确性。还必须考虑问卷的回复率和有效率。

电话调查法是调查人员根据首先选好的样本，通过电话方式向被调查者询问以取得调查资料的一种方法。电话调查法借用现代通信工具，可以迅速地获得所需的资料。

访谈法有个人访谈和集体访谈两种形式。在访谈中，调查人能当面听取

被调查者的意见，增加接触，比较容易了解被调查人的真实态度，增加感性认识，促进感情联络。还可以把调查和研究结合起来。可以适用于各种调查对象，有利于与被调查者交流思想和感情，有利于对访谈过程进行指导和控制等。在整个调查过程中，调查员要保持中立的态度，不要把自己的意见暗示给被调查者，否则会影响资料的真实性；使用语言要求简明扼要，把握访谈的方向和主题焦点，防止谈话偏离调查主题，影响效率。

3. 调查处理阶段

在薪酬调查完毕之后，根据收集到的数据进行分析统计和整理。调查资料的价值不仅仅体现在数据的多少，关键在于调查者从获得的信息中得到的启示。必须对调查资料进行各种数据的计算、统计，并根据资料的统计经过针对企业的经营状况、职位职能等具体情况进行对比分析。获取薪酬调查数据的注意事项有：对职位的描述是否清楚；薪酬调查数据是否在有效期内；选择的劳动力市场是否合适；哪些公司提供了薪酬调查数据；是否报告了数据采集方法；是否报告了数据处理方法等。

在薪酬设计时有个专用术语叫 25P、50P、75P，意思是说，假如有 100 家公司（或职位）参与薪酬调查的话，薪酬水平按照由低到高排名，它们分别代表着第 25 位排名（低位值）、第 50 位排名（中位值）、第 75 位排名（高位值）。一个采用 75P 策略的公司，需要雄厚的财力、完善的管理、过硬的产品支撑。

薪酬调查显示，一个行业中最具竞争力的企业或者说处于行业中领导地位的企业通常不是行业中薪酬最高的，当然它的薪酬也绝对不会是最低的，它基本处于“颈部”位置，即行业整体薪酬水平的 75%及以上水平。因为薪酬是刚性的，降薪几乎不可能，一旦企业的市场前景不妙，将会使企业的留人措施变得困难。如果一个企业的薪酬水平低于行业的平均薪酬水平，那么这样的企业在人才市场很难有竞争力。

一名员工在企业工作是否稳定，取决于企业对他的吸引力和外部人才市场对他的拉力，如果吸引力大于或等于拉力，员工就处于稳定状态，否则便会流动，从而使人才由对企业的“吸附”状态变为“游离”状态。德雷克·比姆·莫林公司（DBM）新近完成的一项有关人员更替代价的调查显示，在被调查的公司中，有半数以上的公司职员年平均流失率超过 15%，有 86%的公司都密切关注职员流失问题。为搞清楚哪些战术对留住公司职员最有效，DBM 公司对被调查公司员工采取了 23 种挽留的对策，其中排名第一位的就是薪酬。

更重要的是，企业如果想在人才市场上获得足够多的高质量人才，薪酬水平较低往往难有作为。2002 年 6 月 8 日《人才市场报》的《大学生就业十问》一文中，就“大学生就业选择单位最看重的因素是什么？”展开问卷调

查，有31.9%的大学生回答是“薪资福利”，在所有的因素中排第一，比排在第二位的“职业发展和培训机会”高6.7个百分点。

四、基本薪酬结构的确定与完善

1. 基本薪酬结构设计应考虑的因素

在实际管理中，企业根据薪酬管理的要求，将众多类型的职位薪酬归并组织成若干等级，形成一个薪酬等级系列。将经过工作分析评价而获得的相对价值相近的一组职位编入同一等级，就简化了管理。

薪酬等级的数量不能过多，也不能太少，级数过多会增加工作的复杂程度；级数太少则使相对价值相差很大的岗位处于同一薪酬等级，而没有什么区别，就不能起到激励作用。

一般在实践工作中，企业薪酬等级系列中只有4～5级，或稍多一点。

在每一薪酬等级中会设有薪酬变化范围，就是薪幅，其下限为等级起薪点，上限为顶薪点。薪幅的设定给薪酬管理工作增加了主动灵活性，对于企业急需的人才，就可以提高一定的薪酬幅度；而对于企业富余人员，则可以适当调整薪酬，降到薪幅的低点。

在制定企业薪酬管理制度后，还必须有配套工作，保证能得到贯彻：

1）掌握该企业生产经营特点和员工特点，建立工作标准与薪酬的计算方式。

2）建立员工绩效管理体系，对全员进行工作业绩的动态考评。

3）构建相应的支持系统，如机动灵活的用工系统、严格有效的绩效考核系统、学以致用的技能开发系统、动静结合的晋升调配系统等。

4）通过有效的激励机制，对表现特别优秀的员工进行必要表彰和物质奖励，以鼓励员工对组织作出更大的贡献。

在完成以上的各项工作后，公司的人事部门还需要认真地统计、记录各种相关数据资料，提出薪酬福利的预算方案，定期进行复核检查，并采取必要的措施有效地控制人工成本，提高薪酬管理效率。

在环境发生变化的时候，薪酬的调整就必须提上议事日程。薪酬调整的依据主要来自这几个方面：组织的环境变化、组织的经营战略调整、员工的意见和建议等。

总之，制定薪酬管理制度的原则是：合理确定工资水平；员工之间的工资差距体现能力、岗位、绩效的差别；薪酬与岗位评价、能力评价与绩效考核挂钩；奖励创造新产品和改进工作流程的员工。

2. 常用的工资制度及其选择

（1）绩效工资制

绩效工资制的特点是员工的薪酬主要根据其最近的劳动绩效来决定，员

工的薪酬随劳动绩效的不同而变化，并不是处于同一岗位或者技能等级的员工都能保证拿到相同数额的劳动薪酬。这种工资的表现形式主要是计件工资制、销售提成制、效益工资制等。

计件工资是以员工完成的合格产品或工作量及事先规定的计件单价计算出的薪酬。员工计件工资的多寡取决于员工完成的合格产品数量或工作量，还取决于计件单价的高低。这种工资的优点是简单方便，分配方法透明。由于工资的多少完全取决于员工的能力和工作态度，而且每个员工都可以对自己付出的劳动和能够获得的薪酬心中有数，所以有很强的激励作用。一般适用于生产具有稳定性和连续性，并且员工或部门的产量可以计量，企业有科学的定额等制度的企业。

销售提成制是根据员工所销售的产品的数量和事先确定的销售单位产品可以得到提成金额或提成比例计算出来的，提成金额或提成比例的高低取决于商品销售的难易程度，难以销售的商品提成多一些，反之，则会少一点。销售提成制的适用对象是销售人员。

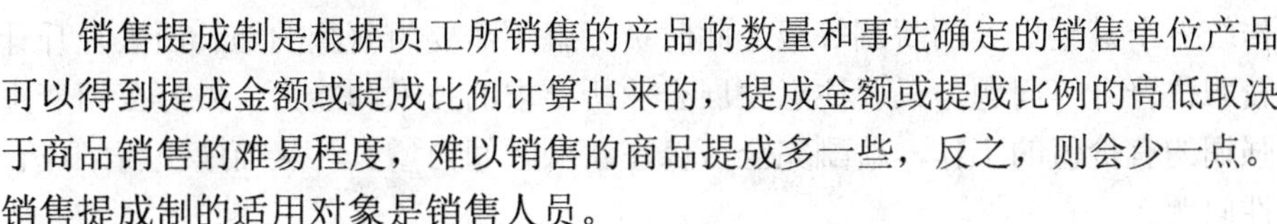

（2）工作工资制

工作工资制的特点是员工的薪酬主要由其所担任的职务重要程度、任职要求的高低及劳动环境对员工的影响等来决定。薪酬随着职务的变化而变化，岗位工资制、职务工资制等的薪酬结构都属于工作工资制。

工作工资制一般适用于专业化程度比较高、分工比较细、工种技术比较单一的产业。能够把工资与岗位劳动更密切地结合起来，体现不同岗位的工作性质、责任、技术、劳动强度、劳动条件、工作标准等方面的差别，体现同工同酬的公平分配制度。缺点是没有考虑同一岗位等级上的员工经验、技术熟练程度的差别，更没有考虑他们所付出的努力和所做出的业绩，所以，这种薪酬制度不利于调动员工的积极性。

（3）能力工资制

能力工资制的特点是根据员工所具备的工作能力与潜力来确定。一般由工资等级表、技术等级标准和工资标准若干部分组成。

这种薪酬制度适用于技术复杂程度高、劳动熟练程度差别比较大的工种。

（4）组合工资制

这种工资制是将薪酬分解为几个组成部分，分别依据职务、年龄和工龄等因素确定薪酬。一般分为基础工资、职务工资、奖励工资等。这种工资设计能比较好地体现工资的几种不同的功能，有利于实行工资的分级管理，利于不同的企业根据各自的情况进行选择。

绩效薪酬可以占到总体薪酬水平的一定比例，一般是岗位等级越高，绩效薪酬占总体薪酬的比例越大。通过绩效薪酬的实施，可以充分调动员工的积极性，通过绩效水平的不同来分配薪酬比通过拉开岗位工资差距更容易让普通职工接受。

宽带薪酬（broad banding）就是将企业原来二十几个薪酬等级压缩成几个或十几个级别，同时将每一个薪酬级别所对应的薪酬区间拉大。一般来说，每一个薪酬等级的最高值与最低值之间的区别变动比率要达到100%或100%以上，其实质就是从原来注重岗位薪酬转变为注重绩效薪酬。原先是什么样的岗位拿什么样的薪酬，岗位变化薪酬随之发生变化，注重的是岗位概念；现在采取宽带薪酬，更注重的是绩效概念，职级减少，很多岗位被归类到同一个职级当中，带宽拉大，员工薪水有了更加灵活的升降幅度。

在传统等级薪酬结构下，员工的薪酬只取决于职务提升而不是能力。能力再高而职位不变，也无法获得高薪，所以无法满足员工对薪酬增长的渴望。但在宽带薪酬下，即使是同一薪酬等级内，企业为员工所提供薪酬的范围是传统五个甚至更多的薪酬等级，此时员工就不需要为薪酬的增长而去斤斤计较职位晋升等问题，只要注意发展企业所要求的技术和能力，做好公司着重强调的有价值的工作，薪酬完全可以在薪酬区间内增长，从而解决薪酬成长性问题。

日前，最权威的专业人才招聘网站——中华英才网（ChinaHR.com）发布了最新一期的职场人气排行榜。其介绍的若干职场人气职位分别如下：

1）药店终端促销员。

2）技术工人（焊工、镗工、铣工、维修电工等）。

3）区域销售经理。

4）项目施工。

5）客服\坐席员。

6）高级windows平台程序员。

7）营销代表。

分析本期排行榜可以发现，“人气职位”多由低端职位担纲，如一线促销员、技术工人、客服人员等，鲜见中高层职位。究其原因，一方面由于正值春节，属求职淡季，另一方面说明这些职位可能处于短缺状况，需要长期稳定的供应。

伴随着第一个招聘旺季的来临，今年薪酬市场会有怎样的变化？据中华英才网预测，随着年中国经济将采取稳健的货币政策，整体经济水平将以8%的速度增长。薪酬市场也将随着全国经济平稳发展，整体薪资水平将止跌并略有上扬。其中，电信、金融、石油化工将继续领军薪酬市场，互联网和电子商务的薪资水平将继续保持强劲增长势头。同时随着企业人力资源管理水平的不断提升和薪酬理念的不断完善与发展，“人力资本”的概念逐渐深入人心，企业对于薪资的支付将更加理性。合理拉开差距，在薪酬政策上向核心

人才倾斜已经成为企业普遍接受的一种薪酬理念，企业核心管理骨干、技术骨干和市场营销骨干继续保持快速增长，企业内部工资差距将继续拉大。

（资料来源：education.163.com/edu2004/editor_2004/job/050223/050223_180144.html）

第三节　激励薪酬设计

一、激励薪酬的基本假设

薪酬制度最关键的是要体现出内部公平性和外部竞争性。

整体而言，我们提出以下若干假设：

1）个体员工和工作团队对组织贡献的大小不仅体现在他们在做什么，也表现在他们做得有多好；

2）公司的整体绩效如何取决于公司内部每一个员工个体和工作团队的绩效如何；

3）为了吸引、留住和激发高绩效的员工和保持对所有员工的公平性，公司付给每个员工的薪酬必须基于其相应的工作绩效。

薪酬高低并不能完全决定人才的去留，有些人才跳槽不是因为原企业给的钱少，而是因为给的不公平。因此，设法减少薪酬制度的内部不公平性实际上成为减少人才流失的关键。

公平性是通过比较得出来的。员工通常会将自己的投入（时间、精力、努力等）与薪酬之比和别人的投入与薪酬之比进行比较，如果感觉相当，他们就认为是公平的，否则就认为不公平。大多数员工都希望他们在工作中能得到公平的待遇，即同样的投入获得同样的薪酬，如果别人因为工作勤奋而获得额外的报酬，他们也会认同。员工不满的是别人用相同或更少投入却获得更多的报酬，如有一些人不学无术，但善于溜须拍马，反而得到晋升和增资。在这种情况下，不满的员工就会降低自己的投入，比如从以前对待工作认真负责到敷衍了事，从对待客户彬彬有礼到粗鲁傲慢。当不公平感越来越强烈时，员工就会开始考虑走人了。大部分企业经常是“能人”流失，因为“能人”自身感觉对企业的投入大、贡献大，但与报酬水平的比值低，不公平感强烈。

薪酬除了要解决内部公平性、外部竞争性问题以外，还要解决有效激励性问题。具备内部公平性及外部竞争性的薪酬并不一定能够促进企业绩效的增长，而要促进企业绩效的增长就必须将薪酬与企业的绩效水平和个人的绩效水平直接挂钩。员工的薪酬和个人及企业的绩效情况紧密联系，让员工感觉“干多干少干好干坏不一样”。员工通过追逐个人绩效水平的提高而实现企业绩效的增长，同时在企业绩效不好时企业不用支付过高的人工成本。

二、激励薪酬方案的类型

1. 基于个人的奖励方案

绩效工资：绩效工资通过调节绩优与绩劣员工的收入，对员工的心理行为进行相互调控，以刺激员工行为，从而达到发挥其潜力的目的。将绩效和工资联系起来，是绩效工资的出发点和归宿。

设计科学合理的绩效考评指标体系是绩效薪酬实施成功的重要保证。下列是有助于提高考评指标体系质量的建议：

1）员工的绩效指标要体现公司的战略意图。例如，如果公司本阶段的战略目标主要是解决质量问题，在员工的指标体系中，质量指标的权重就应该最大。

2）员工的绩效指标中必须包含组织的利益，例如，公司服务的成本、客户的满意度等。

3）员工的绩效考评指标体系中，要有团队合作指标，如果个人成绩好，但是团队合作分数低，该员工绩效考评结果就不可能获得高分。

还有几个重要因素会影响绩效工资的效果：

1）绩效工资要有具体的兑现日期并且要及时兑现，不能拖时间。公司向员工传递的信息是：绩效工资制度是严格的，作为高绩效的员工，你会及时得到回报。这样的绩效工资制度创造了高效员工得到回报的环境，成为塑造企业文化的动力。

2）整个公司的员工都要有绩效工资，应该让员工明白公司中的任何一个人，只要努力了，绩效提升了，公司都会知道并且奖励该员工。

3）在公司制定绩效工资体系时要让所有的员工都参与，参与的过程是一个很好的沟通和培训的过程，也是让公司和员工发现问题和树立成功信心的过程。

绩效工资方案具有下述特征：注重对个人绩效差异的评定，假定这种绩效的差异反映了个人在能力和工作动机方面的差异；这种工资制度将工资增长与绩效结果联系；绩效考核的信息都是由直接监督人员收集而来的，很少征求员工的反馈。

绩效工资方案的优点：被奖励的个体绩效行为更可能被重复；有利于促进个体行为和组织目标保持一致性；有利于保证个体公平；特别适宜于崇尚个人主义的文化。缺点：容易造成同事之间的不良竞争、破坏团结；很多员工并不相信薪酬和绩效是有紧密联系的；很有可能阻碍工作质量的提高；使某些企业失去灵活性。

2. 基于团队的奖励方案

团队是由员工和管理层组成的一个共同体，该共同体合理利用每一个成员的知识和技能，协同工作，解决问题，达到共同的目标。

团队奖励方案的制定程序如下：

1）确定团队中各成员的工作标准，记录每个成员的产出水平，然后按以下三种方法计算团队成员的薪酬：

① 所有成员按产出量最高的工人的标准计算薪酬。

② 所有成员按产出量最低的工人的标准计算薪酬。

③ 所有成员按团队的平均产出标准计算薪酬。

2）根据团队的最终整体产出水平确定产量标准，然后，所有成员都根据团队所从事工作的既定的计件工资率或标准工时工资率获取相同报酬。

3）简单地选定团队所能控制的绩效或生产率的测量标准，来衡量团队整体绩效，然后，所有成员根据整体绩效的高低获取同样的薪酬。

团队中的员工薪酬不再是根据个人的成绩，而是根据团队的业绩来确定。每位员工的这部分工资都是浮动的。人力资源部给各团队制定一套原则，指导他们怎样确定员工的薪金。各团队自行制定各自的薪金制度，确定薪金数额。

有些公司采取的是三级团队工资制度：员工一部分工资是以团队为基础的奖金，一部分是以公司业绩为基础，还有一部分是以个人业绩为基础。既讲求团队协作又照顾到个人表现。实施这种薪酬管理制度后，原本业绩优秀的员工其收入不会减少，反而会因团队的业绩增加而水涨船高。

基于团队奖励方案的优缺点如下：

优点：有利于培养团队的凝聚力；对团队的绩效评估比个体更准确。

缺点：与个体文化价值观不相吻合；容易出现“骑墙”现象；从众压力、群体思维等可能限制绩效的提高；有时要明确区分出有意义的工作团队很困难；群体间的相互竞争可能导致整体绩效下降。

三、特定人员的激励薪酬方案

薪酬激励中，要敢于张扬人才优势，要重点突出人才优势是员工薪酬的分水岭。在企业内部，使薪酬分配合理拉开差距，首先做好企业内部的岗位评价和岗位分析。从岗位工作的复杂性、工作的难易程度、工作时所需承担的责任及所需要的知识和能力、工作态度等方面进行分析，通过分析，对岗位的价值进行量化评估，进而制定对外竞争性的薪酬方案。对外竞争性，是指企业的薪酬具有竞争力，即企业的薪酬水平与社会薪酬水平比较、与本地区同行业相似规模的企业比较、与本地区同行业的平均薪酬水平相比较不落后，以确保企业的薪资在市场中保持竞争力，能吸引并留住所需要的核心员工。各个下级层次员工原则上可以通过努力，在公平竞争的基础上获得晋升，

并享受上一层级员工的待遇。

1. 核心层次员工的薪酬

企业应将留人的重点放在核心人才上。对核心层次员工，采用特殊的薪酬政策和福利政策。重点考虑外部具有竞争性。

在薪酬方面，实行年薪制，由老板直接进行谈判确定薪酬（确定目标指标和目标年薪），并明确薪酬支付方式（月度支付固定部分，大约占目标年薪的 30%～60%——视不同部门、岗位性质不同而不同，其余部分在公司财务年终时，一般为春节前结算发放）。对贡献特别大或对公司前途有重要作用的，公司还可以另外发放年终奖金（红包），或给予其他物质及精神上的激励。

2. 中高级主管的薪酬

对中高级主管人员，必须考虑短期激励和长期激励结合起来。

在福利方面，有条件地、逐步提供在职培训、进修、深造等机会和条件，提供带薪探亲、休假，提供定期体检，提供比其他员工多的保险（包括商业保险），享受弹性工作时间、特殊的食宿生活待遇等。更重要的是，要在有效监督的基础上给予充分的信任和必要的授权。

3. 一般层次员工的薪酬

按业绩挂钩方式或职位层级支付薪酬，使薪酬制度化、透明化，除按制度发放基本月薪外，每季度进行一次有关重要业务指标的综合考评，按程序进行激励。对比较特殊的，可以在年终进行半透明的激励（必要时可参照对待核心层次员工的措施）。用较核心层次程度有一定距离的、但比较有吸引力的福利措施进行激励。

4. 销售人员的薪酬

对销售业务人员，可采用与其他员工不一致的薪酬结算发放时间，一般情况下应至少与工作截止日期延后一个月；发放的比例，可为其当月应得收入的 80%左右（另外的部分用于季度考核），这是一种比较普遍的做法。

带薪年假调查

某网站近日面向京津沪、珠江三角洲及东南沿海、东北地区、西部地区、中部地区总计 5000 名职场人士，进行了一次主题为“公司年假大揭秘，您休息得还好吗？”的问卷调查。

调查显示，作为职场人士，“旅游或休闲”不是选择休假的唯一理由。除了要与工作相协调外，职场人士选择休假的主要目的：调解工作压力以27.84%占据榜首，应对紧急事件也以25.27%的比例排名第二，其余则为调整生活心态（21.98%）及平衡与家人朋友之间的关系（20.15%）。

本次调查揭示了职场人士年假的主要去向：其中，在家休息的比例最高，占31.50%，选择用年假处理个人事务的也不少，占30.77%，外出旅游出人意料地只位居第三。只有2.20%的人将年假用于学习培训。无带薪年假资格／放弃休年假的员工则高达9.52%，将近一成人士。

某网站人力资源顾问表示：“本次调查让我们对职场人士的压力给予深切关注。调查中可以看到，大多受访者选择休年假，是基于调整工作压力、生活心态、处理家庭或友情之间关系的考虑，这一方面显示了时下白领工作压力增大，个人生活质量已经被工作明显影响；另一方面也显示出年假起着调节工作与生活之间平衡的重要职能。”

此次调查显示，认为自己将多数的年假献给工作的人士，占受访总数的32.60%，公司根本没有带薪年假的也占到一成。问及“公司对于不休年假的员工是否有所补偿”时，有超过一半（56.41%）的没有得到补偿。关于“您对于当前的年假制度是否满足”的调查项中，同样有超过半数的人士（58.60%）选择了“不很满足”的答案

新出台的《劳动合同法》中增加了工作时间和休息休假条款，在法定标准基础上，进一步明确了劳动者具体的工作时间和休息休假安排。相信在法律的指引下，企业将会进一步落实员工休假这项重要福利，员工对年假制度的满足度也会上升一个新台阶。

（资料来源：www.chinahrlab.com/career/raises/holiday/182750.htmll）

第四节　劳动保障管理

《劳动法》第七十条规定：“国家发展保险事业，建立社会保险制度，设立社会保险基金，使劳动者在老年、患病、工伤、失业、生育等情况下获得帮助和补偿。”确保员工获得法律规定的社会保障及行政规定的企业福利待遇，使员工安心地为企业效力，最大限度地发挥自己的才能。所以，劳动保障管理是连锁人力资源管理的一项重要内容。

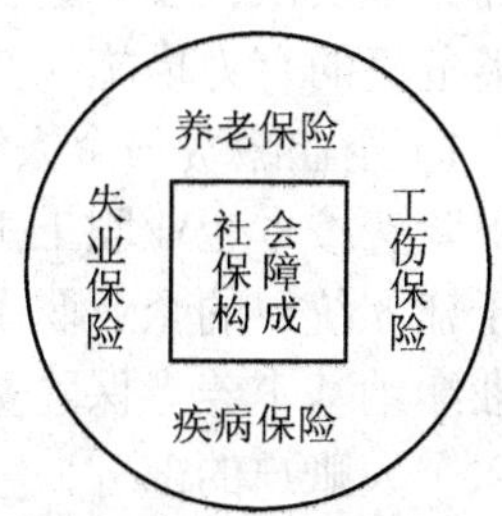

图8-5　社会保障构成

一、社会保障

社会保障构成如图8-5所示。

1. 养老保险

养老保险是国家为保障劳动者离休、退休后的基本生活设立的一种社会保险制度。目前，我国养老保险主要有离休养老保险、退休养老保险和退职养老保险。连锁企业涉及不多的是退休养老保险，有可能涉及的是退职养老保险。

（1）社会养老保险

从1951年开始，我国政府机关、城镇企业和事业单位便实行了退休制度。根据有关政策和法律规定，职工达到规定的退休年龄、工龄年限和身体健康状况的条件，即可以申请退休。从批准退休的第二个月开始，停发工资，按照工龄及其他条件支付个人工资一定比例的退休金，直至退休人员死亡。

为解决企业负担不均和退休人员待遇无保障的问题，1991年6月，国务院决定将我国企业职工退休制度过渡到多层次的社会养老保险制度，消除退休制度中的问题与弊端，使退休人员的老年生活得到保障，同时解决我国人口老龄化带来的问题。

退休制度与社会养老保险制度在本质上没有区别，都是国家对劳动者在年老和丧失劳动能力条件下的物质帮助。它们的区别见表8-1。

表8-1　退休制度与社会养老保险制度比较

比较项目	退休制度	社会养老保险制度
适用范围	国家机关、国有企事业单位和部分集体企业职工	城镇全体就业人员，包括外资企业、股份制企业、私营企业、个人经济组织内签订了劳动合同的全体人员
资金来源	企业的积累	企业和职工缴费及国家的补贴
管理方式	企业自行管理	社会经办机构统一管理
享受条件	达到退休年龄或规定的工龄即可以领取退休金	退休年龄和缴费年限
制度结构	退休制度是单一结构	国家基本养老保险、企业补充养老保险和个人储蓄养老保险

社会养老保险制度的保障功能大于退休制度，它打破了各类企业的界限，适用于全体劳动者。同时开创了政府、企业和个人共同创建养老保险制度的局面。多层次社会养老保险制度，尤其是个人储蓄性养老保险账户，是克服老龄危机的有力措施。其具体做法如下：

1）企业缴费与个人缴费相结合。社会养老保险基金由企业缴纳的基本养老保险费按本企业职工工资总额和当地政府规定的比例在税前提取。《国务院关于建立统一的企业职工基本养老保险制度的决定》（1997年）第三条规定：企业缴纳基本养老保险费的比例，一般不得超过企业工资总额的20%（包括划入个人账户的部分），具体比例由省、自治区、直辖市人民政府确定。少数省、自治区、直辖市因离退休人数较多、养老保险负担过重，确需超过企业工资总额20%的，应报劳动部、财政部审批。个人缴纳基本养老保险费的比

例，1997年不得低于本人缴费工资的4%，1998年起每两年提高1个百分点，最终达到本人缴费工资的8%。有条件的地区和工资增长较快的年份，个人缴费比例提高的速度应适当加快。

2）社会统筹与个人账户相结合。社会统筹是指企业和职工个人缴纳的基本养老保险费转入社会管理机构在银行开设的"养老保险基金专户"，实行专项储存，专款专用。个人账户是指将个人缴纳部分和用人单位缴费的一部分，一并记入职工个人账户，累计储存，到职工退休时使用。

3）职工缴费工资的计算。职工缴纳的基本养老保险费的月工资收入按国家统计局规定列入工资总额统计的项目计算，包括工资、奖金、津贴、补贴等收入。职工月工资收入超过当地职工平均工资200%或300%以上部分，不计入个人缴费工资基数，低于平均工资60%的，按60%计入。

4）基本养老基金的计发。个人缴费年限累计满15年的，退休后按月发给基本养老金。基本养老金由基础养老金和个人账户养老金组成。退休时的基础养老金月标准为省、自治区、直辖市或地（市）上年度职工月平均工资的20%，个人账户养老金月标准为本人账户储存额除以120。个人缴费年限累计不满15年的，退休后不享受基础养老金待遇，其个人账户储存额一次支付给本人。

5）企业补充养老保险和个人储蓄养老保险。除基本养老保险外，企业还可以根据自身的经济实力，为本企业职工建立补充养老保险，所需费用从企业自有资金中的奖励、福利基金内提取。个人储蓄性养老保险是指职工在自愿的基础上根据个人收入状况储备一定的资金，为将来养老所用。企业补充养老保险和个人储备养老保险不属于国家规定的社会保险，企业和个人可自己选择机构建立保险。

（2）退职养老保险

退职是指职工丧失劳动能力，但未达到退休条件，根据规定退出劳动领域。退职后，可按月发给本人标准工资的40%作为生活费。

2. 疾病保险

疾病保险是指劳动者非因工患病、负伤、残废和死亡时获取经济帮助的一种社会保险制度。目前，我国是多种经济形式并存，用工制度也比较复杂，所以疾病保险的形式也不止一个。常见的疾病保险种类见图8-6。

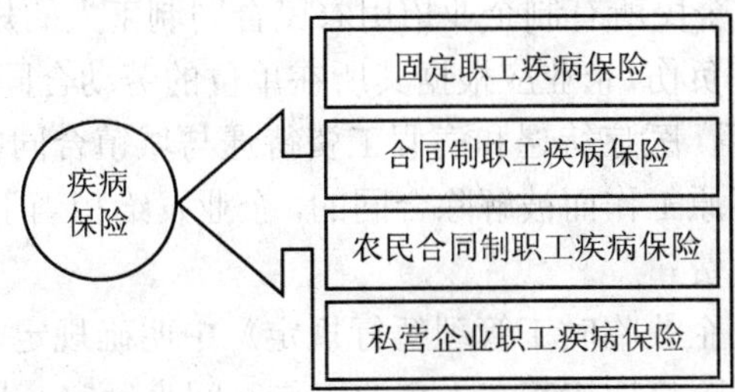

图8-6 我国目前疾病保险种类

（1）固定职工的疾病保险

《中华人民共和国劳动保险条例》、《劳动保险条例实施细则》修订草案规定，企业职工患病停工治疗在 6 个月以内的根据其工龄长短，发给本人标准工资的 60%～100%；停工治疗 6 个月以上的发给本人标准工资的 40%～60% 的疾病救济费。药费由企业负担。

企业职工非因工残废，经医院证明和劳动鉴定委员会确认部分丧失劳动能力但尚能工作的，由企业分配适当工作；完全丧失劳动能力，又不具备退休条件的，按退职处理，按月发给相当于本人标准工资 40%的退职生活费。

企业职工死亡，由企业发给相当于本企业 2 个月平均工资的丧葬费。另外，一次性发给其供养直系亲属救济费，供养 1 人，发给死者生前 6 个月的标准工资；供养 2 人，发给 9 个月的工资；供养 3 人及以上，发给 12 个月的工资。

（2）劳动合同制职工疾病保险

按照职工的工作年限和在本单位工作年限的长短，给予一定时间的医疗期，在此期间医疗待遇和病假工资与固定工相同；医疗期满后因不能胜任原工作而解除劳动合同的，由企业发给不低于 6 个月的工资作为医疗补助，同时按其在单位的工作年限，每满 1 年发给相当于 3 个月工资的经济补偿金，患绝症的不低于 100%。

关于医疗期长短，按照《企业职工患病或非因工负伤医疗期规定》第三条执行：

1）实际工作年限 10 年以下的，在本单位工作 5 年以下的为 3 个月；在本单位工作 5 年以上的为 6 个月。

2）实际工作年限 10 年以上的，在本单位工作 5 年以下的为 6 个月；在本单位工作 5 年以上 10 年以下的为 9 个月；10 年以上 15 年以下的为 12 个月；15 年以上 20 年以下的为 18 个月；20 年以上的为 24 个月。

医疗期内医疗结束，但不能从事原工作，也不能从事人事部门安排的其他工作，应由劳动部门鉴定，若鉴定为 1～4 级伤残的，应终止劳动关系，办理退休、退职手续，若鉴定为 5～10 级伤残的，医疗期内不得解除劳动合同。

（3）农民合同制职工疾病保险

国务院关于《全民所有制企业招用农民合同制工人的规定》，农民合同制职工患病或非因工负伤，企业应根据其所在单位的劳动合同期的长短给予 3～6 月的停工治疗期，医疗待遇和病假工资待遇与城镇合同制职工相同；停工医疗期满不能从事原工作而被解除合同的，企业发给相当于本人 3～6 个月标准工资的医疗补助费。

《全民所有制企业临时工管理暂行规定》中明确规定，临时工患病或非因工负伤的，停工医疗期按其在本企业工作时间来确定，最长不能超过 3 个月。医疗期内的医疗待遇与合同制职工相同，伤病假期间，企业酌情发给生

活补助。医疗期满但未痊愈而被解除劳动合同的，企业发给一次性的医疗补助。

（4）私营企业职工疾病保险。

根据《私营企业管理暂行规定》，私营企业职工患疾病或非因工负伤，企业按其工作时间给予3～6个月的医疗期，并在此期间内发给不低于本人原工资60%的疾病工资。

3. 工伤保险

工伤保险是对因工负伤、致残、死亡而暂时或永久丧失劳动能力的劳动者及其供养亲属提供经济帮助的一种社会保险制度。

《劳动保险条例实施细则修正草案》第十一条对工伤事故伤亡作了明确的规定。中华全国总工会1964年在《劳动保险问题解答》中对因工伤亡的情况作了9种补充规定。两个文件均对工伤、工亡及待遇作了详细的规定。

1）职工因工负伤的保险待遇。根据《劳动保险条例》第十二条规定，职工因工负伤医疗费用和住院费用和住院时的膳食费全部由单位负担。医疗期间，原标准工资照发，直到医疗结束时止。

2）职工患职业病保险待遇。凡被确诊患有职业病的职工，职业病诊断机构应发给《职工职业病诊断证明书》，享受国家规定的工伤保险待遇或职业病待遇。

3）企业职工因工致残保险待遇。企业职工因工负伤治疗终结，经劳动鉴定委员会鉴定，确认为残废的，按其残废程度发给工伤伤残等级证书并享受伤残待遇：

① 完全丧失劳动能力的，按规定实行退休。

② 部分丧失劳动能力的，由原单位安排力所能及的工作，若因换工作降低了工资，企业按规定发给因工伤残补助费。

4）职工因工伤亡保险待遇。《劳动保险条例》规定，职工因工死亡，由单位发给职工平均工资的3个月工资作为丧葬费，每月另支付其供养的直系亲属的抚恤费，供养1人者，发给本人工资的25%；供养2人者，发给本人工资的40%；供养3人及以上的，发给本人工资的50%，直至受供养人失去供养条件为止。

4. 失业保险

职工失业保险是国家为保障失业劳动者的基本生活而给予经济帮助的社会保险制度。国务院1983年颁发的《国有企业职工待业保险规定》对失业作了详细的规定。

（1）失业保险适用对象

1）依法宣告破产的企业的职工。

2）濒临破产的企业在法定整顿期间被精简的职工。

3）按照国家有关规定被撤销、解散的企业的职工。

4）按照国家有关规定被停产整顿的企业被精简的职工。

5）终止或解除劳动合同的职工。

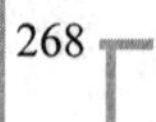

6）企业辞退、除名或者开除的职工。

7）依照法律、法规享受待业保险的其他职工。

（2）失业保险待遇

失业保险金相当于当地行政部门规定的社会救济金额的120%～150%。

失业保险金包括失业救济金、困难补助金、患病医疗补助金、丧葬补助金、遗属抚恤金，以上保险金职工向企业所在地的失业保险机构办理失业登记后方可领取，领取期限根据失业职工失业前在企业连续工作的时间确定：连续工作1年以上5年以下，领取期限最长12个月；连续工作5年以上，领取最长期限为24个月。

二、企业福利

1. 福利的基本概念

福利指企业向所有员工提供的，用来创造良好工作环境和方便员工生活的间接薪酬。福利是薪酬构成中的一个重要组成部分，是组织为员工生活提供方便与保障、提高员工工作生活质量、增加员工归属感与组织凝聚力的重要手段。

本质上看，福利是一种补充性报酬。企业福利因企业而定，其形式五花八门、不胜枚举。常见的福利形式见表8-2。

表8-2　企业常见的福利

福利形式	解　释
互助会	由组织、员工自愿参加的一种民间经济互助组织，员工每月储蓄一定数量的金钱，当员工经济发生暂时困难时或有急用时，进行借贷，过后归还
住房津贴	根据岗位不同，每月提供住房公积金、组织购买或建造住房后免费或低价租给或卖给员工居住、为员工的住所提供免费装修、为员工购买住房提供低息或免息贷款、全额或部分报销员工的租房费等
交通费	组织派专车到职工集聚地接送上下班、组织派专车按一定路线行驶、组织按规定报销上下班交通费、组织每月发放一定额度的交通补助费
工作餐	组织为员工提供免费或低价的午餐、组织按月发给员工一定额度的午餐补贴
海外津贴	一些跨国公司为鼓励员工到海外工作，为海外工作的员工提供高额海外津贴
通信补贴	组织按月给员工报销一定额度的通信费、组织按年度一次性发放给员工一定额度的通信补贴、组织实报员工的手机通信费
过节补贴	传统节假日以购物卡、现金、实物形式发给员工的福利
人寿保险	组织全额资助或部分资助的一种保险
旅游活动	组织在工作淡季或节假日免费或部分交费组织员工到外地旅游

2. 福利的特点

员工个人的福利项目可以分成两类：一类是强制性福利，企业必须按政府规定的标准执行，如养老保险、失业保险、医疗保险、工伤保险、住房公积金等；另一类是企业自行设计的福利项目，如旅游、健康检查、俱乐部会费、提供住房或购房支持计划、提供公车或报销一定的交通费、带薪假期等。所以强制性的福利一般都具有稳定性。有时候，员工会把一些福利内容折算成收入，用以比较企业是否具有物质吸引力。这就是福利的潜在性。还有，福利项目一般不像工资那样，每月能体现出来，而是会滞后获得，比如一年一次的年终奖，这就是福利的延迟性。

三、社会保障及企业福利管理

社会保障的管理方面，组织应当严格按照国家有关法律法规的规定执行。

组织提供的福利反映了组织的目标、战略和文化。福利的有效管理至关重要，有些组织不注意福利管理，虽然在福利方面投入了大量资金，但效果极差。

1. 福利管理的原则

1）协调性原则。企业在实行自己的福利制度时，必须考虑到与社会保险、社会救济、社会优抚的匹配和协调。企业向员工提供的各种福利，意味着企业增加投入，因此，必须充分考虑到企业的支付能力和薪酬政策。

2）必要性原则。国家和地方规定的福利条例，企业必须坚决严格执行。此外，企业提供的福利应当最大限度地与员工的期望保持一致。

3）合理性原则。所有的福利都意味着企业的投入或支出，因此，福利设施和服务项目应当在规定的范围内，力求以最小费用达到最大效果。对于效果不明显的福利应当予以撤销。

2. 福利方案的设计

（1）福利总量的选择

福利总量的确定要考虑合法性，就是要符合政府的政策法规。国家明文规定，组织员工应该享有哪些福利。组织如果不为员工提供国家和政府规定的福利内容，就是违法行为。还要考虑公司总成本的控制情况，必须与整体薪酬其他部分的比例适当。

（2）福利构成的确定

企业福利作为薪酬的重要组成部分，是企业的人工费用支出，也会为企业带来重要的效益。企业应该选择适合自己公司特点的福利组合，以保证公司总的薪酬战略、组织目标的实现。企业的福利受很多因素影响，如行业特

点、企业文化等，还有员工队伍的特点等。例如，双职工家庭的特点、年轻与年老员工对福利的不同考虑，本地与外地员工对福利的不同考虑，以及员工生活习惯不同等因素，都是企业在制定福利计划时需要考虑的。

（3）灵活性福利制度

企业发放福利的目的是为了提高员工的士气，激励员工。福利只有针对员工的需要才能起到激励作用。灵活性福利制度的兴起就充分说明了这一点。员工可以自主地选择更能满足自己需要的福利项目，无形中就增加了福利对员工的价值，使员工感到自己被尊重。自主式福利计划是一个革命性的突破，越来越受到企业和员工的欢迎。员工在规定的时间和范围内，有权按照自己的意愿组合自己的一揽子福利计划，他们享受的福利待遇将随着他们的生活改变而改变。即根据员工的特点和具体需求，列出一些福利项目，并规定一定的福利数额，让员工自由选择，各取所需，直到花完其个人的额度为止。比如，有家公司为员工提供汽车保险，根据弹性福利制方案，有的员工也可以放弃医疗保险，因为其配偶的医疗保险已将他包括在内，他可以用这部分福利工资去抵消购买汽车保险的支出。这种方式是一种达到企业和员工双赢的方案：员工可以灵活选择并且清晰了解自己的权利和义务，这样一来可以达到激励员工的作用；二来企业控制成本，将省下来的一部分资金作为业绩奖励，最终达到双赢。

对企业而言，福利是一笔庞大的开支，但对员工而言，其激励性不大，有的员工甚至还不领情。企业在设计福利项目时，我们要用动态的观念理解和认识员工的动态需求。不是企业要给员工提供什么福利，而是要知道员工的真正需求是什么。

各项福利总额预算计划的制定程序和内容为：

① 该项福利的性质、设施或服务。

② 该项福利的起始、执行日期，上年度的效果及评价分数。

③ 该项福利的名称、覆盖面、上年度总支出和本年度预算。

④ 根据薪酬总额计划和工资、奖金等计划，检查该项福利计划的成本是否能控制在薪酬总额计划内。

⑤ 新增福利的名称、原因、受益者、覆盖面、本年度预算、效果预测、效果评价标准。

企业福利设置的标准是：一要看员工是否喜欢；二是要有竞争性、人性，贴心，有创意；三是能够体现公平原则；四是最终达到激励作用。所以企业提供的福利项目并非多多益善。应根据员工的不同年龄、性别、素质及不同行业、不同市场环境提供细化的适合的福利项目。

检测一个组织的福利制度是否科学、合理和有效，一般采用以下三个衡量标准：员工的认同度、员工的感知度、员工的满足度。

员工的认同度，体现了多数的原则，一般我们认为必须使公司内部的90%

以上的员工能够接受的福利制度才是有效的。对于普通员工而言，感知度的意思就是要明确简化，说清楚，能让人理解。要求根据明确简化的原则，一分钟就可以对员工讲解完毕，并能使讲解对象完全了解。员工的满意度原则是指根据市场交换原则，员工要求公司能及时足额兑付福利承诺。

探亲与休假

可以享受探亲制度的对象和条件是：凡公司员工工作满一年以上，与配偶不住在一起，并且不能在公休假日团聚的，可以享受探望配偶的待遇，与父母都不住在一起且不能在公休假日团聚的，可享受探望父母的待遇。

国家实行劳动者每日工作时间不超过 8 小时，平均每周不超过 40 小时的工时制度。平常时间安排职员延长工作时间，每日不得超过 1 小时，如系特殊原因，则每日不得超过 3 小时，每月不得超过 36 小时，并需要给付不低于正常工资 150%的报酬；在休息日安排公司员工工作又不能安排补休的，需要给付不低于正常工资 200%的报酬；法定休假日安排公司人员工作的，需要给付不低于正常工资 300%的报酬。

（资料来源：cho.hr.com.cn/html/50257.html）

3. 福利管理的具体内容

（1）福利目标

每个组织的福利目标各不相同，但有些内容是相似的。主要包括：必须符合组织的长远目标；满足员工需要；符合组织的报酬政策；要考虑员工的眼前需要和长远需要；能激励大部分员工；组织能承担得起；符合政策、法规的规定。

（2）福利的成本核算

这是福利管理的重要部分，管理者必须将较多的时间与精力投入福利的成本核算。主要涉及如下内容：通过销量或利润计算出企业最高可能支出的福利总费用；与外部福利标准进行对比，尤其是与竞争对手的福利标准进行比较；做出主要福利项目预算；确定每一位员工福利项目成本；制定相应的福利项目成本计划；尽可能在满足福利目标的前提下降低成本。

（3）福利沟通

要使福利项目最大限度地满足员工的需要，必须进行必要的福利沟通。福利沟通采用的形式有：问卷法了解员工福利需要；找一些典型层面的员工面谈，了解这一层面的福利愿望；设置一些福利项目供员工选择；利用各种

内部媒体介绍福利项目；收集员工各种福利意见。

（4）福利调查

福利调查可以保证福利项目符合员工的福利需求和满意度，所以福利调查非常重要。福利调查通常有如下三种：

1）制定福利项目的调查。主要了解员工对某一福利项目的态度、看法与需求。

2）员工年度福利调查。主要了解员工在一年内享受了哪些福利项目，各占比例多少，满意程度如何。

3）福利反馈调查。主要调查员工对某一福利项目实施的反应，是否需要进一步改进，是否取消或更换其他项目。

（5）福利实施

福利的实施是福利管理最具体的一个方面，在福利实施中应注意以下几点：根据目标去实施；根据预算去实施；按照各个福利项目的计划去实施；有一定的灵活性。

完善的福利系统对吸引和保留员工非常重要，它也是公司人力资源系统是否健全的一个重要标志。福利项目设计得好，不仅能给员工带来方便，解除其后顾之忧，增强对公司的忠诚度，而且可以节省在个人所得税上的支出，同时提高了公司的社会声望。

小　结

薪酬是公司对员工所做的贡献（包括员工实现的绩效、付出的努力、耗费的时间、学识、技能和经验等）给付的酬劳或回报。薪酬包括以货币直接支付的工资和间接支付的福利两个部分，一般有基本工资、激励工资、成就工资以及福利几种基本形式。

薪酬的功能可以从公司和员工两个方面来考察。薪酬对公司的功能包括：激励功能、配置功能和协调功能；薪酬对员工的功能包括：劳动力再生产保障功能、价值实现功能和满足保障功能。

薪酬管理是为了实现组织目标，发挥员工的积极性并促进其发展，将员工的薪酬与组织目标有机结合的一系列管理活动。薪酬的日常管理内容为：薪酬计划管理、薪酬结构管理、薪酬水平管理和薪酬日常管理。

薪酬管理必须遵循合法性、公平性、效益性、激励性和效益性原则。

影响薪酬水平的因素可以从组织外部、组织内部两个方面进行分析。组织外部因素有：政府的法规和政策、劳动力市场供求状况、行业平均薪酬水

平和当地居民生活水平；组织内部因素有：组织的发展目标、组织的生产经营状况和经济实力、组织的经营理念和文化、劳资双方的谈判和协议、员工的劳动和绩效差别。

制定科学合理的薪酬是人力资源管理的一项重要工作，应该依据一定的原则，按一定的步骤进行，一般来说可以分为职位分析、职位评价、市场调查和结果分析、薪酬定位、薪酬结构设计、薪酬体系的实施和修正等几个基本环节。

对于整个公司的奖励方案，本书从两个方面进行剖析：基于个人的奖励方案；基于团队的奖励方案基本形式。

对公司内部的特定人员的激励薪酬方案必须认真设计，一般薪酬激励中，要敢于张扬人才优势。在企业内部，使薪酬分配合理拉开差距。

复习思考题

一、单项选择题

1．适当拉开员工之间的薪酬差距，体现了薪酬管理的（　　）。

A．竞争力原则　　B．公正性原则

C．激励性原则　　D．合理性原则

2．以下不属于社会保险福利的是（　　）。

A．失业保险　　B．工伤保险

C．房改补贴　　D．基本养老保险

3．在薪酬结构中，属于短期激励薪酬部分的是（　　）。

A．业绩工资　　B．股票期权

C．股票增值权　　D．虚拟股票

4．以下不属于浮动薪酬构成项目的是（　　）。

A．技能工资　　B．效益工资

C．业绩工资　　D．奖金

5．不同薪酬等级之间薪酬相差的幅度是（　　）。

A．浮动薪酬　　B．固定薪酬

C．薪酬级差　　D．标准薪酬

二、多项选择题

1．有效的薪酬管理应遵循（　　）。

A．竞争力原则　　B．激励性原则

C．可比性原则　　　　D．及时性原则

E．公正性原则

2．商业保险包括（　　）。

A．安全与健康保险　　　　B．家庭财产保险

C．补充养老保险　　　　D．补充医疗保险

E．养老保险金计划

3．以下项目中，不属于企业工资总额的是（　　）。

A．加班加点工资　　　　B．生活困难补贴

C．奖金和津贴　　　　D．稿费和讲课费

E．集体福利费用

4．福利的特点包括（　　）。

A．比奖金恒定可靠　　　　B．可以合理避税

C．倾向于平均主义　　　　D．拉大薪酬差距

E．缩小薪酬差距

5．以下项目中，属于经济性福利的是（　　）。

A．工作环境保护　　　　B．交通性福利

C．津贴和补贴　　　　D．住房性福利

E．培训性福利

实 训 项 目

在学校附近的超市进行员工问卷调查，调查内容涉及对薪酬的满意度。要求有调查问卷，发放一定数量，并回收进行分析，得出结论。

案 例 分 析

IBM公司的薪金管理

IBM有一个让所有员工坚信不疑的游戏规则：干得好加薪是必然的。IBM的薪金管理非常独特和有效，能够通过薪金管理达到奖励进步、督促平庸的目的。

每年年初IBM的员工特别关心自己的工资卡，自己去年干得如何，通过工资涨幅可以体现出来。IBM的薪金构成里面不会有学历工资和工龄工资，工作时间长短和学历高低与薪酬没有必然联系。在IBM，学历是一块很好的

敲门砖，但绝不会是你获得更好待遇的凭证。

IBM 推出个人业绩评估计划，从三个方面来考察员工工作的情况：第一是致胜。胜利是第一位的，首先你必须完成你制定的计划，无论过程多艰辛，达到目的是最重要的。第二是执行。执行是一个过程量，反映了员工的素质，执行能力需要无止境地修炼。业绩不光决定薪酬，还影响晋升。第三是团队精神。在 IBM 埋头做事不行，必须合作。

在 IBM，每一个员工工资的涨幅取决于个人业务承诺计划的完成程度。每个 IBM 的员工都有个人业务承诺计划。到了年终，直属经理会在你的军令状上打分，直属经理当然也有个人业务承诺计划，上头的经理会给他打分，大家谁也不特殊，都按这个规则走。IBM 的每一个经理掌握了一定范围的打分权力，他可以有权利规定如何分配额度，具体到每一个人给多少。

IBM 的薪资政策精神是通过有竞争力的策略，吸引和激励业绩表现优秀的员工继续在岗位上保持高水平。个人收入会因为工作表现和相对贡献，所在业务单位的业绩表现以及公司的整体薪资竞争力而进行确定。

员工对薪酬劳动制度有任何问题，可以询问自己的直属经理，进行面对面沟通或向人力资源部查询。一线经理提出薪酬调整计划，必须得到上一级经理认可。

IBM 的工资与福利项目如下：

基本月薪——是对员工基本价值、工作表现及贡献的认同；

综合补贴——对员工生活方面基本需要的现金支持；

春节奖金——农历新年之前发放，使员工过一个富足的新年；

休假津贴——为员工报销休假期间的费用；

浮动奖金——当公司完成既定的效益目标时发出，以鼓励员工的贡献；

销售奖金——销售及技术支持人员在完成销售任务后的奖励；

奖励计划——员工由于努力工作或有突出贡献时的奖励；

住房资助计划——公司提拔一定数额存入员工个人账户，以资助员工购房，使员工能在尽可能短的时间内用自己的能力解决住房问题；

医疗保险计划——员工医疗及年度体检的费用由公司解决；

退休金计划——积极参加社会养老统筹计划，为员工提供晚年生活保障；

其他保险——包括人寿保险、人身意外保险、出差意外保险等多种项目，关心员工的每时每刻的安全；

休假制度——鼓励员工在工作之余充分休息，在法定假日之外，还有带薪年假，探亲假，婚假，丧假等；

员工俱乐部——公司为员工组织各种集体活动，以加强团队精神，提高士气，营造大家庭气氛，包括各种文娱，体育活动，大型晚会，集体旅游等。

（资料来源：伍爱．2005．人力资源管理学．广州：暨南大学出版社：316）

案例解析

这里的薪酬分配体现出以下的特点:

（1）公平性

一般说，职工的积极性不仅受绝对报酬的影响，也受相对报酬的影响。人是生活在社会中，人与人之间时刻存在着信息交流，员工会自觉不自觉地将自己的劳动报酬与他人的劳动报酬相比较，俗话说，老百姓心中有杆秤。职工如果感觉自己的劳动报酬同他人相比低了，就会产生心理上的不公平感，这种心理不满最终会以相应的行为反映出来。

（2）安定性

安定性是设计工资方案的一个主要原则之一，一般要做到以下四点:即保障生活、对应职务、反映能力、考虑资历。

（3）刺激性

刺激性是工资制度设计中的基本要求，主要表现在通过工资收入的差别激励和水平激励提高员工的生产积极性。

（4）情理性

工资改革或工资制度设计不应以把弱者逼入绝境为目的，不宜是完全的“强者生存的逻辑”，它应该使每个人的能力与积极性的发挥都达到极限，要相信“天生我才必有用”。工资改革不是让每个人整天诚惶诚恐，惴惴不安，形成沉重的心理压力，如果那样，则是一个失败的设计。完美的工资制度应是人尽其才，让每个人都充分发挥自己的聪明才智。

思考与讨论

1. IBM 薪酬管理的特色是什么？
2. 你认为 IBM 的薪酬管理有什么优点？
3. 你认为 IBM 的薪酬管理在哪些方面还可以进一步改进？

第九章

连锁企业劳动关系管理

◇ 学习目标

- 对劳动关系管理有全面认识；
- 初步了解集体合同的概念、签订及履行；
- 初步掌握职业安全卫生制度的相关内容。

◇ 技能要点

- 集体合同的制定及履行；
- 对离职员工进行有效管理。

案例导入

加班工资能顺利拿到吗？

如今人们过年，越来越习惯于把聚会的场合放到餐厅。平时难得见到的亲戚或者朋友，一起相约到一家餐厅，既得到团聚的喜悦，还免去了东道主的诸多劳苦，更不必为自己的做饭手艺不精而难为情，的确很符合现代人们的要求。

在刚刚过去的春节里，我也到餐厅参加了这样几次聚会。聚会的效果的确很让人满意，但其间一次和服务员的聊天，让我不得不怀疑，我们的快乐其实是建立在很多弱势者的无奈之上的。

那天去餐厅订位，顺便和接待我的服务员聊了几句。本意只是一种客气，问她过节期间回不回家、想不想家。服务员立刻露出无奈的表情，回答说："怎么不想，但没有办法。"因为过节期间餐饮生意兴旺，老板根本不让回家。我于是又问，那过后是给休息还是多给工资，服务员更加无奈地回答说，不但什么都不给，而且因为过节期间客人多，难免会出现上菜慢或者其他什么对顾客怠慢的地方，甚至摔破个杯子或碟子，这些都会被老板记上账，并做出相应的罚款处理。

也就是说，他们过节加班非但得不到任何补偿，还可能付出了辛苦之后，遭受惩罚……

第二天，吃饭的时候，和同桌的亲戚聊到这件事情，一位亲戚回应说，他的一位同学就是开餐厅的，这样的事情实在太普遍了。然而，服务员除了选择辞职之外，实在没有其他的办法。

的确，节日餐厅和平时一样方便，对广大市民的嘴是一种福气，但是，对餐饮工作者却可能是一种权利剥夺，尽管餐厅经营者对于服务员的苛刻政策，在某些角度上可以归结于当事人员的道德品行，但其背后更深层的原因是我们的节假日制度不够完善。

（资料来源：www.bjd.com.cn/jbsp/200702/t20070225-175085.html）

劳动关系是劳动者和用人单位在劳动过程中产生的社会关系。本章讲述集体合同的概念，集体合同的协商与履行、员工离职的影响、员工离职行为的管理以及企业职业安全卫生管理等。具体内容包括：企业劳动关系管理制度、集体合同的内容与签订、履行、检查及合同双方的责任；职业安全卫生制度的内容及其管理；工作压力的来源、影响因素，工作压力的后果及工作压力的管理。

第一节　集体劳动争议与处理程序

一、集体合同的协商

1. 集体合同的定义

集体合同，是指用人单位与本单位职工根据我国法律、法规、规章的规定，就劳动报酬、保险福利、劳动安全卫生、工作时间、休息休假、职业培训等事项，通过集体协商签订的书面协议。根据劳动法的规定，集体合同由工会代表与企业签订。如果该企业没有成立工会组织，则由职工代表与企业签订。

集体合同可以分为基层集体合同、行业集体合同、地区集体合同等。我国集体合同制以基层集体合同为主导体制，即集体合同由基层工会组织与企业签订。

2. 集体合同的特点

集体合同除具有一般协议的主体平等性、合法性和法律约束性以外，还具有自身的特点。

1）集体合同是定期的书面合同，其生效需要经过特定程序。根据《劳动法》的有关规定，集体合同文本必须提交政府劳动行政部门审核，经过审核通过的集体合同才具有法律效力。

2）集体合同是规定劳动关系的协议。集体合同反映的是以劳动条件为实质的劳动关系，整体地规定劳动者与企业之间的劳动权利与义务，现实劳动关系的存在是集体合同存在的基础。

3）工会或劳动者代表职工一方与企业签订。集体合同的当事人一方是企业，另一方当事人不能是劳动者个人或劳动者中的其他团体或组织，而只能是工会组织代表劳动者；没有建立工会组织的，则由劳动者按照一定的程序推选出职工代表与企业签订。

3. 集体合同的意义

集体合同的协商、谈判、签订的当事人一方是企业，另一方是工会组织或劳动者按照合法程序推举的代表。协商、订立集体合同的目的是规定企业的一般劳动条件，为劳动关系的各个方面设定具体标准，并作为单个劳动合同的基础和指导原则；其合同内容是关于企业的一般劳动条件的约定，以全体劳动者共同权利和义务为内容。合同内容可以涉及集体劳动关系的各方面，也可以只涉及劳动关系的某一方面。集体合同规定企业的最低劳动标准，凡劳动合同约定的标准低于集体合同标准的一律无效。所以，集体合同的法律效力高于劳动合同。

集体合同的作用和意义体现在以下方面：

（1）弥补劳动法律法规的不足

劳动法律规范对劳动关系调整的有关规定与实际运行的劳动关系总是存在一定的差距，无论劳动立法规定的劳动标准多么具体，都难以覆盖现实生活中劳动关系的各个方面，而集体合同可以具体规范劳动关系，对劳动立法起补充作用，并且可以强化劳动立法的操作性。最为关键的则是，劳动立法关于劳动条件标准的规定属于最低标准，对劳动者的权益保护只是法律要求中的最低要求，而现实生活的复杂性，只有通过某个具体的企业中的集体合同约定，才可以密切结合企业经营的实际状况，提高劳动者的利益保障水平。

（2）订立集体合同有利于协调劳动关系

通过集体合同的协商、签订，可以将企业经营者与劳动者在劳动关系中的不同利益追求以集体合同的形式统一起来，在劳动主体与用工主体之间建立相互依存、相互合作的关系，为建立利益协调型的劳动关系提供法律保障。

（3）维护职工合法权益

集体合同是由工会代表劳动者与企业订立的集体合同，可以改善单个劳动者在劳动关系中的地位，有效地防止企业侵犯劳动者合法权益的行为。

（4）加强企业的民主管理

集体合同的各项条款是经过民主协商制定的，签订和履行集体合同，体现了劳动者参加民主管理的原则，所以，集体合同是企业管理民主化的重要形式。

4. 集体合同应遵循的原则

1）遵守法律、法规及有关国家规定。集体合同的内容不得违反国家法律法规的规定；集体合同所确定的劳动条件标准不得低于国家规定的标准。

2）兼顾订立合同双方的合法利益。集体协商、订立集体合同应当兼顾所有者、经营者和劳动者各方利益，不能为追求自己的利益而损害他人的利益。

3）相互尊重，平等协商。集体合同签约人法律地位一律平等，具有平等的意思表示和主张各自权益的权利。因订立集体合同是劳动者团体和企业的两个平等主体的自主行为，必须坚持相互尊重，平等协商的原则。国家不能采用强制命令或司法干涉的手段。

4）诚实守信，公平合作。无论多么详尽的规定也不能覆盖劳动关系的所有方面，因此协商订立合同必须坚持诚实原则，不欺诈。必须维护团体劳动关系当事人双方的利益平衡，当事人的利益与社会利益的平衡，当事人应该以诚实善意的态度行使权利，集体协商应该坚持程序公平。

二、团体劳动争议处理程序

1. 集体合同的履行

已经生效的集体合同具有法律效力，集体合同当事人和关系人应该履行集体合同所规定的义务。这里所谈到的集体合同的关系人是指由集体合同的订立而获得利益，并且受集体合同约束的主体，包括工会组织所代表的全体劳动者、用人单位所代表的所有者和经营者等。

集体合同的履行遵循实际履行和协作履行的原则。其中，劳动标准性条款的履行，应该在合同的有效期间按照集体合同规定的标准签订和履行合同，确保劳动者利益的实现；目标性条款的履行，应该将所约定的项目列入并落实在企业计划和工会工作计划之中，并采取有效措施实施计划。在履行集体合同的过程中，企业行政部门必须与工会密切协作。工会会员和非会员劳动者虽不是集体合同的当事人，但却是集体合同的关系人，因集体合同的存在而应承担履行集体合同的义务。

2. 集体合同的履行监督及检查

集体合同在履行过程中，企业工会应承担更多的监督检查的责任，与企业协商，建立集体合同履行的联合监督检查制度。发现问题，及时与企业协商解决。企业内工会的各级组织应当及时向企业工会报告本组织所在团体集体合同的履行情况；工会应定期向职工代表大会或全体职工通报集体合同的履行情况；职工代表大会有权对集体合同的履行实行民主监督。

3. 违反集体合同的责任

企业违反集体合同的规定，应该承担法律责任，个别劳动者不履行集体合同规定的义务，则按照劳动合同的规定承担相应责任。

张某与A公司签订了为期3年的劳动合同。合同中约定，张某的工资每月计发一次。合同履行期间，A公司工会与公司经过协商签订了一份集体合同，该集体合同中约定：A公司所有员工每年年终可一次性获得第13个月的工资。根据这份集体合同的规定，张某属于可以享受第13个月工资的员工范围。A公司的集体合同获得公司职工代表大会的通过并经当地劳动行政部门审核后生效。但年终时，张某并没有得到A公司支付的第13个月工资。于是，张某就向A公司提出补发第13个月工资的要求。但A公司表示，张某和公司签订的劳动合同中约定了劳动报酬的支付次数，双方应该严格按照劳动合同的约定履行，对张某提出的要求不予同意，双方由此产生争议。

张某认为，双方虽然在劳动合同中约定了劳动报酬的支付次数，但工会与公司协商签订的集体合同中又规定了员工每年增发第13个月的工资，两份合同均为有效合同。因此，A公司应当依照集体合同的规定补发第13个月的年终工资。而A公司认为，公司与劳动者本人的劳动合同，是经过双方协商签订的有效合同，双方应该严格遵照履行。集体合同是A公司与工会签订的有关A公司综合情况的协议，不应影响个别劳动合同的履行。张某提出的要求超出了集体劳动合同约定的范围，A公司可以不予同意。

[分析]本案争议的焦点在于劳动者和用人单位签订的劳动合同与A公司工会和A公司签订的集体合同的内容不一致时，应该如何处理的问题，就是说劳动合同与集体合同哪一个效力更大的问题。

（资料来源：中国就业培训技术指导中心．2007．企业人力资源管理师．中国劳动社会保障出版社：286）

《劳动法》第十七条规定："劳动合同依法订立即具有法律约束力，当事人必须履行劳动合同规定的义务。"根据该条规定，劳动合同依法签订后就产生了法律约束力，双方当事人必须履行劳动合同规定的义务，否则将承担违约的责任。

《劳动法》第三十三条规定："企业职工一方与企业可以就劳动报酬、工作时间、休息休假、劳动安全卫生、保险福利等事项，签订集体合同。"根据该条规定，A公司员工一方（一般由工会代表）与A公司可以就劳动报酬、工作时间、休息休假、劳动安全卫生、保险福利等事项签订集体合同，集体合同依法签订后也会产生法律约束力，当事人也应履行集体合同规定的义务，否则也将承担违约责任。

《劳动法》第三十五条规定："依法签订的集体合同对企业和企业职工具有约束力。职工个人与企业订立的劳动合同中劳动条件和劳动报酬等标准不得低于集体合同规定。"根据以上规定，当劳动合同的内容与集体合同的内容不一致时，劳动合同中有关劳动条件和劳动报酬等标准不得低于集体合同的规定，如低于集体合同规定，适用集体合同标准，即按集体合同标准处理。

本案中，张某与A公司签订的劳动合同中虽然没有约定可以享受第13个月工资，但工会与A公司签订的集体合同中规定了第13个月工资的有关内容。根据《劳动法》的有关规定，A公司应当按照集体合同的规定补发张某的第13个月工资。

案例点击

上海市劳动保障局2007年8月23日透露，《上海市集体合同条例》（以下简称《条例》）于2008年1月1日起正式实施。该《条例》是市十二届人

大常委会第三十八次会议表决通过的，属地方性法规。

《条例》首次在地方集体合同立法中确立了平等协商机制。《条例》的出台，使“企业与职工一方应当建立集体协商机制，就劳动关系有关事项进行集体协商”成为法定原则。在此之前，本市已经制定了《上海市工会条例》、《上海市劳动合同条例》，劳动法规体系日趋完善。

凡直接涉及职工利益的重大制度，不再一方说了算。《条例》规定，企业在制定、修改或者决定有关直接涉及职工切身利益的规章制度或者重大事项，如劳动报酬、工作时间、休息休假等内容，应当与本企业职工进行集体协商后确定。

（资料来源：www.shanghai.gov.cn/shanghai/node2314/node2315）

第二节　员工离职管理

一、员工离职行为的含义

员工离职通常分为两种类型：主动离职和被动离职。主动离职是指离职的决定主要是由员工作出，包括辞职的所有形式；被动离职是指离职的决策主要由企业定出，包括解雇、开除等形式。对于企业的管理者来说，被动离职往往是确定的，是可以被企业所控制的，但主动离职相对而言却往往是事先不可预测的。因此，大量的主动离职会给企业的发展带来不利的净影响（即不利影响超过有利影响）。

员工自愿离职是指员工主动离开企业的过程。员工自愿离职是目前我国乃至全世界企业所面临的一个重要问题。国际权威调查机构盖洛普公司 2001 年对中国深圳市 300 多家企业进行了人员流失调查，结果显示，在被调查的企业中，有近 15%的企业的员工流失率在 10%～20%的高度危险区。美国的有关研究表明，有 2/3 的员工是在入职后的前 3 年内离职。

一般较为规范的公司都规定了一些员工离职的程序，包括：填写离职单、离职面谈、核准离职申请、业务交接、办公用品及公司财产的移交、监督移交、人员退保、离职生效、资料存档、整合离职原因、离职员工的后续管理等。

另一个值得关注的现象是低层岗位的高流失率。由于任职资格低，可替代性高，稀缺度低，低层级岗位的薪酬管理在企业内部的重视程度相对较低。

综上所述，对主动离职产生原因及对于低层次岗位的高流失率的防范策略是至关重要的。

二、离职的影响

一般而言，恰当的人力资源管理可以增强人们对组织的心理预期和产生良好态度，但是，当人们对企业外部的心理预期远大于对内部的预期时，许多人仍可能会选择离开。这时，企业的留人措施能否真正留得住人才，更多地取决于人才市场的供需状况，以及企业间的相互作用。面对越来越活跃的离职行为，企业管理者所持有的态度愈加成熟和客观。

一方面，人们已经普遍认识到人才流动是社会和企业人力资源配置的重要形式，它可以调整人才构成比例、优化群体结构、保持人力资源队伍的活力；另一方面，对于造成企业人才流失的离职，可以有针对性地采取一些管理策略，将流失风险限制在可接受的范围内，避免风险事故发生或将风险事故发生的概率降至最低。

1. 离职的风险

1）关键技术或商业秘密泄露。企业中掌握关键技术的人才跳槽，会将企业的关键技术带走；或者离职员工手上掌握着企业的商业秘密，如果帮助竞争对手，将对企业的业务造成冲击。

2）客户流失。与企业客户直接打交道的销售人员，尤其是销售经理，掌握着客户的第一手资料，与客户保持良好的交往，甚至与客户的关系非常密切。这些员工离开企业时，经常会带走一批或大部分客户，甚至将客户带给竞争对手，使企业失去客户和市场。

3）岗位空缺。员工主动离职的直接后果就是岗位空缺，关键岗位的空缺会使企业无法正常运转，高层管理人员离职后的空位成本会更高。

4）集体跳槽。集体跳槽的情况自20世纪90年代以来就在我国屡见不鲜。企业中关键人才往往在员工中具有较大的影响力和感召力，甚至有一批忠实的追随者。因此，经常发生的情况是，某关键人物如总经理或部门经理的离开会带走一批员工，结果可能会使企业瘫痪、人心动摇。企业一旦发生员工离职，特别是关键岗位员工或管理人员离职，势必对未离职的员工产生负面影响，某些影响力大的员工离职事件会造成群体心理动荡，减弱组织的向心力、凝聚力，动摇员工对企业发展的信心。

2. 对风险防范的应对措施

1）建立研发与技术团队，在可能的情况下不要过分依赖某一个或少数几个技术人员或工程师。如果是多人共同发明的技术，申请专利时应将参加人员的名字尽可能多地写上去，使专利权为大家所拥有；对关键人才签订“竞业禁止”协定。竞业禁止也称竞业限制。它的主要内容是指企业的职工（尤其是高级职工）在其任职期间不得兼职于竞争公司或兼营竞争性业务，在其离职后的特定时期或地区内也不得从业于竞争公司或进行竞争性营业活动。

2）建立客户信息数据库，实施客户关系管理，使客户为公司享有和使用；实施品牌战略，依靠品牌的知名度和美誉度来吸引顾客，让客户信任的是公

司的品牌，而不是个别的销售人员。

3）及时调区升职，当一个员工可以升迁的时候，就表明该员工在地区上的积累已经达到一定程度，已经掌握了一个比较有力的“武器”了。

4）运用战略性人力资源管理思想，做好人力资源规划工作。对于关键岗位，实施干部储备制度，平时注意培养有潜力的管理岗位接班人；在以往单纯的业绩评价体系中增加一项“人才备用”指标，检测如果此人离开，他的工作将由何人接替，如果没有合适人选，说明这样的管理者是不称职的，这就要求管理者在一些关键会议、重要的交际场合等带着一些比较有潜质的下属参加，让下属充分掌握相关信息和资源，培养他的独立工作能力，这样可以保证管理岗位后继有人。

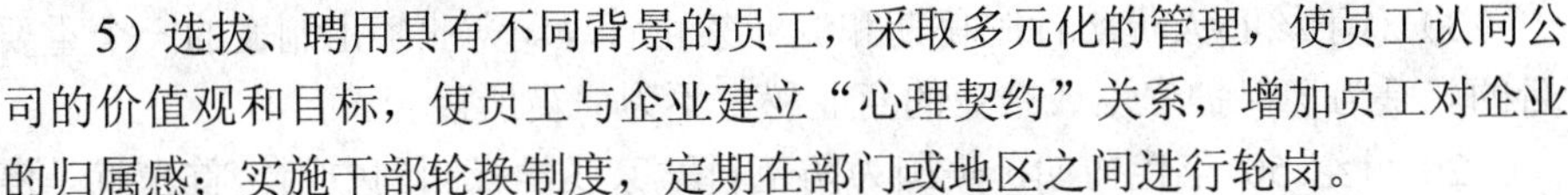

5）选拔、聘用具有不同背景的员工，采取多元化的管理，使员工认同公司的价值观和目标，使员工与企业建立“心理契约”关系，增加员工对企业的归属感；实施干部轮换制度，定期在部门或地区之间进行轮岗。

6）就离职事件与员工进行积极的沟通，说明原因，鼓励未离职的员工努力工作，让他们对前景充满信心；做好员工职业生涯的规划与开发，提供必要的正式培训，建立一整套面向未来的培养计划；创建好的企业沟通关系和良好的人员关系，创造一种保持发展及激情的内部环境。

三、员工的解聘管理

在员工的解聘管理中，要求将管理工作的环节落实到工作的每一个细节中，并讲求技巧与关注文字、数据记录。

1. 按照公司离职程序办理

1）依照程序是为了组织目的，即通过对员工离职的管理，了解组织机能的状况，并对组织机能的变革提供相关的数据与意见。

2）每一个程序与环节都必须有相应的表格，并作出严格的文字记录。表格可以从人力资源管理软件中借鉴或是根据公司的具体的情况来制定。

3）规范的离职管理来源于以前其他基础的管理工作和人事工作，比如办公用品管理、资产管理、股权管理、业务管理、文件资料管理等工作。如果一位离职者带走了核心商业秘密，说明日常商业秘密管理和业务资料管理工作不到位。

4）规范地操作员工离职程序是尽量减少人员流失的损失和规避相关人事纠纷和法律风险的一种方法。人员的流失往往是无法挽回的，只有尽量减少损失，如果规范操作，备用金、重要办公用品、公司重要资产、重要的商业客户资料、技术资料等就可以有效地避免流失。同时按照国家的规定，规范地办理相关离职流程也是防范风险的一种方法，比如到期离职的提前通知、及时给付补偿金等都是有效规避人事法律风险的方法。

2. 要加强员工离职的商业秘密管理

1）要建立严格的日常信息控制制度，上司有权定期检查下属的业务工作资料和电子档案等，下属应定期上报有关业务信息报表及资料，相关的资料应加强管理并入档。比如一些台商企业就要求业务人员将与客户面谈资料详细记录和客户资料变动情况上交，并及时收集入档。

2）要加强商业秘密的日常保密工作，比如严格信息使用的级别制度、设置信息管理中心和专职管理员加强保密工作，同时在办公场所设置、加强保密措施，比如一些台商企业在办公区就不允许上网，或加强网络管理（比如申请上网制），电脑不设USB接口和软驱等。

3）对于核心人员实行脱秘期和竞业禁止管理。竞业禁止制度的一个重要目的就是为了保护雇主或企业的商业秘密不为雇员所侵犯。

20世纪50年代初期，美国为防范科学家钱学森回到中国，首先就是停止其工作，进入脱秘期，同时对他的所有资料，包括工作笔记等全部收缴，并禁止其参加相关的研究。这实际上是一个核心人员离职管理的典型案例。应该注意的是脱秘期的操作程序要让人可以接受。竞业禁止，则须考虑给予补偿，比如有些企业的合同说明在离职后不在同行中就业，如没有给予补偿，实际上是不合法的，也不具有操作价值。

3. 要进行员工离职分析

对于员工离职管理，必须通过较长时期、基础性的员工离职管理工作得出的数据，来分析出带有具有普遍规律性的东西，以便在人力资源政策和其他内部管理方面提出决策意见。

1）一开始要根据自己公司的情况，做好基础性的数据收集工作，这是这个工作成功和科学性的关键之处，否则就可能是一个看似科学却其实极不科学的东西。将离职原因及相关影响因素列出可以收集数据的“员工流失关键要素”，这些可以参考翰威特等公司的有关报告，并根据本公司的人力资源工作可达到的情况，找到自己可以分析的“员工流失关键要素”。

在根据数据作离职分析时，要用到数理分析知识，保证其科学性。

2）员工离职分析要与公司其他管理工作和人力资源的其他方面工作结合起来分析，比如绩效管理、职类管理、部门职责、工作任务、职业发展渠道、薪酬等。

4. 要人性化地处理员工离职

1）公司任何管理者收到员工离职信，必须第一时间响应，放下手头的工作，即时响应，表明公司对其离职的高度重视，这时任何一丝拖延和怠慢都会使员工从一时犹豫变得无比坚决。

2）诚恳地进行离职面谈。离职面谈包含挽留和了解离职原因双重目的，必须设立轻松和谐的氛围，让其感觉公司对他的重视和温情，使其愿意倾诉内心的感受，这个工作关键是要用心去对待自己的同事，关心他的需要，而不能只当作一个工作来完成，或只作为一个程序走一下。应该进行精心准备，在交谈时，有意识引导谈话内容，进行安全的会谈，抓住要点，说明情况，认真倾听，双方谈妥补偿金问题，再确定下一步。

3）在办理离职时，应及时结算工资，办理相关手续，并且及时给付相应补偿。不要与员工过于计较，这也是体现公司人性化管理最实质的一条。

4）要对离职员工进行管理，这在麦肯锡公司叫做旧雇员关系管理，把旧雇员当作毕业生，并建立旧雇员数据库。

整个解聘管理的注意事项有：去掉可能会导致管理者违约的内容；提供清晰的文字规章并得到员工的认同；要充分考虑被解雇者的社会福利保障问题；不要引导员工放弃拥有的权利，以免引起法律纠纷；不能违背内部诉讼的准则和程序；不要夸大企业有关社会保障方面的承诺。解聘程序有：进行警告讨论；列出财产清单；更换锁具；慎重准备新闻发布会；有对待非理性行为的准备；考虑如何公布员工被解聘信息。

四、核心员工自愿离职行为的管理与预防

1. 离职面谈的作用

一般在面谈的时候能发现深层次问题，而这些问题平时是不容易表露出来的。能拿到的资料、信息或欲离职人员的内心真实想法，都可以给用人单位在人力资源管理方面加以改进的机会；同时，也是用人单位研究人才流动趋势、制定相应的人力资源战略的信息源，并且也完善了用人单位的留人机制，最终使企业能赢得更高声誉，也为该员工做了一次缓冲，让他再一次确定自己是否作出了一个仓促决定，给他机会对离职的想法、行为做一个修正。同时，处于公司的角度，对该员工在本公司的工作业绩予以肯定，对他将来的职业生涯进行初步指导；如果通过面谈，能给予申请离职员工以抚慰，或进一步地提出挽留，也是人性化管理的凸显，是对在职员工的一种心理安慰。有利于保持公司的氛围，避免出现人心惶惶的感觉。

2. 离职面谈的内容

当公司人事部门与准备离职员工进行会谈时，诚恳地征询对方对原公司的意见；探究离职的原因；是因为报酬问题，还是人事相处问题等。请离职员工仔细地回答，辨别其中隐藏的问题。请他谈谈他的个人发展前景，他即将到手的新工作和目前单位的旧工作之间的比较；他临走前的建议能否被公司采纳等。

合理控制人员流动，规避人员流动风险

“户枢不蠹，流水不腐”企业保持活力的条件之一，就是不断改善人员结构和人员素质。人员流动具有一定的合理性，对企业而言，既可以给企业增添活力，也可能给其发展带来负面影响，这就是人员流动风险。因此，应采取措施，将人员流动风险限制在可接受的规范内。

首先要进行风险预防，在风险事故发生前为消除或减少可能引起损失的各项因素采取具体措施。其目的在于降低风险事故发生的概率。在招聘过程中，要预防因应聘者提供不真实信息引入的风险。此外，依据员工流动的必然性，可采取内部流动的方式来减少员工的流动倾向。内部流动能够一定程度地减少员工的流出数量。

其次，要进行风险减轻。在处理人员流失风险时，与员工面谈必不可少，通过面谈可了解其离职的真正原因，并有针对性的采取挽留措施。即使挽留失败，企业也可从谈话中获得有用的信息，从而有利于对其他员工流失的防范。

另外，当流失事件不可挽回时，企业需设法减少损失，甚至采取法律手段维护自身的合法权益。

再次，是进行风险转移。其目的不是降低风险发生的概率，而是借助合同或者协议在风险事故一旦发生时，将损失的一部分转移到公司及当事人以外的第三方上。

最后，进行风险回避。当潜在威胁发生的可能性太大，不利后果也太严重又无其他策略可用时，主动放弃行动或改变行动方向，从而规避风险。它虽简单却较为积极，其意义在于设法回避更大损失发生的可能性。

（资料来源：www.studa.net/renliziyuan/060627/10471952-2.html）

第三节 职业安全管理

一、安全及其重要性

在人力资源管理过程中，必须要以积极的态度，采取有力的措施以保证员工在劳动过程中的安全与健康。安全，是指保护员工不受到与工作相关事故的伤害（如工伤、中毒、职业病等）；健康，是指员工不因为劳动条件等原因而影响身心（如员工长期在恶劣的环境下劳动而致使健康受到影响）。安全和健康问题严重影响生产率的提高和员工工作、生活的质量。若员工在

劳动中发生人身事故和患病，会显著降低企业的生产效率和员工的士气。所以企业管理者必须重视劳动安全与健康和设法为员工提供一个安全、卫生、舒适的工作环境，而人力资源管理人员要为员工提供生产安全与健康方面的专业知识，并负责协调与监督具体措施的落实与执行。

事故定义为个人或集体在工作进程中，为实现某一意图而采取行动的过程中，突然发生了与人的意志相反的情况，迫使这种行动暂时地或永久地停止的事件，大多数情况下能导致人员伤亡或物资财产的损失。总体来说，事故的特点是违背人的意志、随机、意外。事故现象是在人的行动过程中发生的，如以人为中心，按事故后果可以分为伤亡事故和一般事故。工伤事故，又称生产事故。此类事故至今在国际上还没有一个统一的简称规定。日本、美国称工伤事故、生产事故；有的国家称为工业事故、工作伤害、人身伤害、工作之中伤害事故；中国称为生产事故和工伤事故。

生产劳动过程是由人和机器设备、作业环境组成的一个整体，不论其中哪一方面出现失误和失控状态，都能导致事故发生。人的不安全动作和不安全行为，造成事故的人为错误。不安全状态，是指能导致事故发生，具有潜在危险的物质条件，以及事故发生时的致害物或有害环境。为预防和消除事故，要采取相应的安全管理措施，从根本上解决和排除人的不安全行为和生产设备、劳动环境的不安全状态。有人片面地认为，事故不可把握，防不胜防，对安全生产管理目标总感到心里没底，对签订安全生产责任状总感到心虚。持有这种观点是很危险的。

无数事实证明，事故是可以预防的。长期以来，人们对各种生产事故的预防，积累了大量的知识。比如，在对人的要求上，强调要对所有从业人员进行安全生产教育和培训，重要岗位要持证上岗；在设备使用上，强调要按规程使用，严禁违章操作、带故障操作；在环境要求上，对各种场所安全生产都有明确的要求，对各种施工建设项目也都有明确的规范等。有些事故的发生与劳动强度、安全防护条件有关，生产中遇到任务转换和环境、工作强度、人员安全素质、生理等方面的变化，比较容易发生事故。某些事故的发生还与行业、地区特点有一定的联系，如道路交通事故多发，危险化学品、矿山、水上交通等行业也容易发生事故等。掌握了这些特点，就可以采取有效的措施，防患于未然。根据已知事故，举一反三，吸取教训，也是预防事故的好办法。

事故有不断重复的特点，可以根据事故重复出现的现象，摸索和掌握其发生的一般规律，掌握预防主动权。《安全生产法》对各项安全生产工作提出了基本要求，不少地方还结合实际制定了地方性法规和有关规章制度。这些都是对预防事故工作的规律性认识。不折不扣地按照这些规定办，就可以最大限度地减少事故的发生。安全生产工作的状况和水平，从来都是生产力水平的反映，也是企业的管理水平、经营者素质、科技水平、安全投入水平的

综合反映。对近年来发生的一些事故的原因分析表明，大部分是不具备安全生产条件和人为因素造成的。预防事故就应当从基层和基础抓起，抓好关键环节的落实。特别是要抓好安全生产的教育和培训，切实提高从业人员的安全生产意识、技能和预防事故的能力，同时加强预防事故的训练。

抓安全生产需要全面打基础，实施综合治理。不同阶段、不同时期、不同行业中往往会出现不同的倾向性问题，这就需要搞好专项治理。

二、安全计划的制定与实施

1. 制定安全计划

安全生产是为了使生产过程在符合物质条件和工作秩序下进行，防止发生人身伤亡和财产损失等生产事故，消除或控制危险有害因素，保障人身安全与健康，保护设备和设施免受损坏、环境免遭破坏的总称。所以企业应该编制职业安全卫生预算，创造一个能够提高安全水平的心理环境，培养员工安全工作的态度（软件建设）；同时也必须在整个企业发展并保持一种有利于人身安全的工作环境，防止事故发生（硬件建设）。

针对生产过程中的安全问题，运用有效的资源，发挥人们的智慧，通过人们的努力，进行有关决策、计划、组织和控制等活动，实现生产过程中人与机器设备、物料、环境的和谐，达到安全生产的目标。

企业执行各项劳动安全卫生制度，要有一定的组织措施和技术措施的保证作为基础。劳动安全卫生技术措施计划必须与企业的生产计划、技术计划、人力资源计划和财务计划同时编制，劳动安全卫生保护预算涉及生产系统控制、技术创新、财务预算各项工作。

2. 安全计划的实施

要在人员、法律和执行机构三个方面提供保证。

首先，生产管理人员负责保持安全卫生的工作环境；安全卫生的工作环境是一个广义的概念，包括制定、实施、实现、评审和保持职业安全健康方针所需的组织机构、规划、活动、职责、制度、程序等。其次，要有法律保证。常用的安全生产法规有如下几种：劳动法、消防法、安全生产法、工厂劳动安全卫生规程、劳动防护用品发放管理办法等。最后，发挥管理人员在安全计划实施中的作用也是安全计划实施的最重要的一点，如果没有管理人员的现场监督，一切都成为了空文、摆设。管理人员为增强员工的安全意识，提高员工安全卫生水平，贯彻企业劳动安全卫生教育制度，必须结合实际情况，组织实施安全卫生教育、培训和考核。岗位安全卫生教育的内容为安全卫生知识教育和遵守劳动安全卫生规范教育。如对新员工实行三级安全卫生教育，即入厂教育、车间教育、班组教育；特种作业人员要进行培训，对特

定的安全卫生技术理论教育和操作培训，经考核合格并获得“特种作业人员操作证”方可上岗。一旦生产技术发生变化，员工调整了工作岗位必须经过重新的培训。具体见图 9-1。

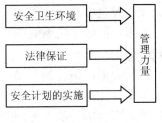

图 9-1　安全计划的实施

三、事故产生的原因与预防

1. 事故产生的原因

（1）随机事件

事故的发生包含着偶然因素。职业活动过程中发生的意外的突发性事件，通常会使正常活动中断，造成人员伤亡或财产损失。这种偶然性是客观存在的，但在一定范畴内，用一定的科学仪器或手段，却可以找出近似的规律，从外部和表面上的联系，找到内部的决定性的主要关系。如应用偶然性定律，亦即采用概率论的分析方法，收集尽可能多的事例进行统计处理，能找出根本性的问题，并有针对性地提出解决办法。

（2）与工作相关的不安全环境

1）工作性质。有些工作本身就具有比较大的危险性，如经常接触利刃；经常走过旋转的机器马达；高压、高温、有毒、操作复杂的工作岗位等。

2）工作现场的心理状态不好是事故产生的间接因素。不良的心理状态，很容易使员工采用危险的工作方式。如企业要求员工加快完成任务，否则将受到若干经济处罚，员工心理不平衡，容易造成事故的发生；又如员工对上司不满，对薪酬及生活环境不满意等，都容易诱发一线员工的现场操作事故。

3）工作时间过长，员工疲劳程度增加也会导致事故的发生。在长时间的运作后，人的精力不能充分保证，如疲劳过度的话，人体对外界的反应会比平时慢上一拍，于是，就容易引起事故。

（3）员工本身的不安全行为

员工不安全行为由以下四方面构成：员工的身心状况；员工的个人特征和态度；某些有事故倾向的特定人群；其他与工作有关联的事故因素。

2. 预防事故的管理措施

主要有：减少不安全的环境因素；减少不安全的行为；加强安全宣传；提供安全培训；员工参与安全管理；建立安全政策；设置具体的损失控制目标；定期进行安全和健康检查。要注重深入研究事故的如下特征，积极预防事故发生。

（1）事故的因果性

因果性，是某一现象作为另一现象发生的依据的两种现象之间的关联性。

事故是相互联系的诸原因的结果。事故这一现象都和其他现象有着直接

或间接的联系。在这一关系上看来是“因”的现象，在另一关系上却会以“果”出现，反之亦然。

事故的因果关系有继承性，即多层次性；第一阶段的结果往往是第二阶段的原因。

给人造成伤害的直接原因易于掌握，这是由于它所产生的某种后果显而易见；然而，要寻找出究竟是何种间接原因、经过何种过程而造成事故后果，却非易事。因为随着时间的推移，会有种种因素同时存在，有时诸因素之间的关系相当复杂，还有某种偶然机会存在。因此，在制定事故预防措施之时，应尽最大努力掌握造成事故的直接和间接的原因，深入剖析事故根源，防止同类事故重演。

（2）事故的偶然性、必然性和规律性

从本质上讲，伤亡事故属在一定条件下可能发生，也可能不发生的随机事件。

事故的发生包含着所谓偶然因素。事故的偶然性是客观存在的，与我们是否明了现象的原因全不相干。

事故是由于某种不安全客观因素的存在，随时间进程产生某种意外情况而显现出的一种现象。因为事故或多或少地含有偶然的本质，故不易确定它所有的规律；但在一定范围内，却可以找出近似规律，使事故消除在萌芽状态，变不安全条件为安全条件，化险为夷。

（3）事故的潜在性、再现性和可预测性

人在生产活动中所经过的时间和空间，不安全的隐患是潜在的，条件成熟时在特有的时间场所就会显现为事故。

要抓本质安全，把事故隐患消灭在设计的图纸上；要抓安全教育，使人认识到在生产过程中潜在的事故隐患，及时加以排除，达到安全生产条件。

过去发生的事故也许不会重复显现。但是，对类似的同种因果联系的事故阻挡其再现，即防止同类事故重复发生是可能的。

事故是可以预测的。人们基于对过去事故所积累的经验和知识，通过研究，构思出一种预测模型，在生产活动开始之前，预测在各种条件下可能出现的危险及其防止措施。为提高预测的可靠性，还必须发展和开拓使用高新技术和先进安全探测仪器。

安全工作以预防为主，应及时发现事故的潜在性，根除其隐患，不使之再现为事故，提高预测的可靠性。

四、重大劳动安全卫生事故处理对策

与一些国家相比，我国安全生产状况还存在着比较大的差距。事故的频繁发生不但对职工的生命安全和健康造成严重威胁，而且干扰了国民经济的健康发展，影响到社会的稳定。为了防止事故的重复发生，必须严肃事故查

处。对事故进行科学的调查和分析是保证事故查处的公正的依据。事故调查分析工作是一项理论性和实践性很强的复杂工作，事故调查必须坚持实事求是的原则，本着严肃的工作态度，采用科学的方法，通过对事故的调查和分析，弄清事故发生的原因，分清责任，妥善进行事故善后处理，并制定切实可行的防范措施，对于预防同类事故的重复发生有着重要的意义。

1. 事故报告

根据国务院的规定，发生事故，企业负责人必须立即如实地将事故情况报告有关部门。这是一项重要规定，有关部门可以及时组织抢救，防止事故扩大，减少人员伤亡和财产损失；可以及时对事故进行调查处理，分析事故的原因并提出防范措施，处理有关责任人员，教育职工和领导干部，加强安全管理，保障安全生产。

（1）企业事故上报程序

根据国务院规定，伤亡事故发生后，负伤者或者事故现场有关人员应当立即直接或者逐级报告企业负责人，企业负责人接到重伤、死亡、重大死亡事故报告后，应立即报告企业主管部门和所在地安全生产监督管理部门、公安部门、人民检察院和工会。企业主管部门和安全生产监督管理部门接到死亡、重大死亡事故报告后，应立即按系统上报：死亡事故报到省、自治区、直辖市企业主管部门和安全生产监督管理部门；重大死亡事故报到省级政府主管部门；重大伤亡事故（一次死亡 3 人以上）报国务院主管部门。

（2）重大事故上报程序

发生重大事故，企业负责人应当按照国务院的规定，立即将发生特大伤亡的情况报告归口管理部门、所在地人民政府，并报告所在地的省、自治区、直辖市人民政府和国务院归口管理部门；并在 24 小时内写出事故报告。报告应包括以下内容：

1）事故发生的时间、地点、单位。

2）事故的简要经过、伤亡人数、直接经济损失的初步估计。

3）事故发生的原因初步判断。

4）事故发生后采取的措施及事故控制的情况。

5）事故报告单位。

根据国务院的规定，事故上报时限为发生后 24 小时内。事故发生单位的行政一把手对事故报告的正确性和及时性负责。如有隐瞒、虚报或者故意延迟不报告的，除责成其补报外，对责任者应该给予处罚，情节严重的（如延误抢救、扩大伤亡和经济损失），要追究有关责任者的法律责任。

2. 事故调查

查明事故原因，从中吸取教训，提出防范措施，防止类似事故重复发生，

是进行事故调查分析的主要目的。

（1）事故调查组组成

根据国务院的规定，事故调查分级进行：

1）轻伤、重伤事故的调查，由企业负责人或其指定人员组织生产、技术、安全等有关人员及工会成员参加的事故调查组进行调查。

2）死亡事故的调查，由企业主管部门同企业所在地的安全生产监督管理部门、公安部门、工会组成事故调查组，进行调查并邀请有关专家参加调查。

（2）调查方法

调查分四方面进行：

1）现场调查：包括现场勘察、写实、描述、实物取证等。

2）技术鉴定：通过对现场物证、残痕等进行技术研究、分析，必要时还要进行模拟实验以确定事故发生的直接原因。

3）对当事人的问询和谈话笔录，了解当时工作状态和事故发生的经过。

4）管理方面的一系列调查，如安全生产规章制度的制定情况；对职工的培训教育情况等。

3. 事故处理

（1）事故原因分析

事故原因分析是调查事故的关键环节。事故原因确定正确与否将直接影响到事故处理。事故原因的确定是在调查取得大量第一手资料的基础上进行的。事故的原因分为直接原因和间接原因。直接原因有操作错误、忽视安全、使用不安全设备、未使用个人防护用品、设备有缺陷、生产场地环境不良等原因；间接原因有教育培训不够、劳动组织不合理、没有安全操作等。在分析事故的时候，应从直接原因入手，逐步深入到间接原因，从而掌握事故的全部原因。再分清主次，进行责任分析。

（2）事故调查报告

事故调查报告是事故调查后必须形成的文件，一般包括以下内容：

1）事故单位基本情况。

2）事故经过。

3）事故原因。

4）事故性质和对有关责任者的处理意见。

5）事故教训和今后防范措施等。

五、预防重大劳动安全卫生事故的策略

1. 严格执行劳动安全卫生管理制度

安全生产责任制度是明确企业各级负责人、各类工程师和技术人员、各

职能部门和职工在生产中应负的安全职责的制度。

安全生产是渗透到企业各个部门和各层次的工作。包括安全技术措施计划管理制度、安全生产教育制度、安全生产检查制度、重大事故隐患管理制度、安全卫生认证制度、伤亡事故报告和处理制度、个人劳动安全卫生防护用品管理制度、劳动者健康检查制度、女职工与未成年职工的特殊保护制度。

因而，安全生产责任制是企业中一项最基本的制度，是所有劳动保护、安全生产工作从组织领导上统一起来、固定下来的制度。这样，劳动保护工作才能做到事事有人管，层层有专责，才能使各级领导和广大职工分工协作、共同努力，认真负责地把工作做好，才能将企业安全卫生工作纳入生产经营管理活动的各个环节，实现全员、全面、全过程的安全管理，保证企业实现安全生产。

2. 积极营造劳动安全卫生环境

安全生产教育是企业安全管理的重要内容，也是观念环境营造工作的中心。企业安全教育的主要内容有：安全第一、预防为主、以人为本、成为企业所有员工在劳动安全卫生保护工作中的职业道德行为准则等。

制度环境的营造一般包括建立健全的劳动安全卫生管理制度、严格执行各项劳动安全卫生规程、奖惩分明。企业应该建立一个安全管理系统，由企业各部门各层次组成安全委员会，由企业的最高层直接领导。安全管理的制度措施，如安全生产责任制度、安全隐患责任追究制度、安全教育制度、安全监督检查制度、工伤事故调查分析处理制度、加班加点审批制度、劳动保护用品发放制度以及属于生产技术管理方面的安全操作规程、设备的维护检修制度等。

技术环境的营造，必须要注重安全技术。安全技术寓于生产技术之中，是人们在征服自然的斗争中所总结积累起来的知识。安全技术知识一般由生产技术知识、一般安全技术知识和专业安全技术知识组成。安全技术的重点是安全技能教育、加强生产设备的安全防护、改善生产工艺和加强设备管理。安全技能包括岗位操作的重点、难点，直接使用安全技术和无害装置、无害工艺，完善劳动场所设计，劳动组织优化，工作时间合理组织等。

近年来，我国国民经济一直保持着世人瞩目的高速增长，但作为社会进步重要内容之一的职业健康安全工作却远远滞后于经济建设的步伐，重大恶性工伤事故频繁发生，职业病人数居高不下。据统计，2001 年全国工矿企业共发生职工伤亡事故 11 382 起，死亡 1328 人。发生矿山企业伤亡事故 4371

起，死亡7492人，非矿山企业伤亡事故7011起，死亡4962人。据近年来的统计数据分析，自1991年以来全国各类事故的死亡人数呈上升趋势。

我国职业危险状况也十分严重。根据不完全统计，我国有50多万个厂矿存在不同程度的职业危害，实际接触粉尘、毒物和噪音等职业危害的职工有2500万以上。目前，无论从接触职业危害人数，职业患病者累积数量，死亡数量和新发现病人的绝对数量方面来讲，都需要引起人们强烈的关注，工伤事故和职业危害不但威胁千百万劳动者的生命与健康，还给国民经济造成巨大损失。每年因工伤事故直接损失数十亿元人民币，职业病的损失近百亿。

职业健康安全事关劳动者的基本人权和根本利益，工伤事故和职业病对人民群众生命与健康的威胁长期得不到解决，累积到一定程度和突发震动性事件时，可能成为影响社会安全，稳定的因素。这种形势对职业健康安全工作提出了紧迫严肃的要求。

（资料来源：葛正鹏．2006．人力资源管理．北京：科学出版社：280）

第四节　工作压力管理

一、工作压力的概念

世界卫生组织称工作压力是“世界范围的流行病”，英国曾有研究表明：压力造成的损失将耗费整个国民生产总值的十分之一。所谓压力，就是指人在面对那些自己认为很难对付的情况时，所产生的情绪上和身体上的异常反应，是人和环境相互作用的结果，是机体内部状态，是焦虑、强烈的情绪和生理上的唤醒，以及挫折等各种情感和反应。如果一直处于长期或高度的压力、焦虑、紧张、恐惧情况下，人类活动效能甚至身体本身会受到巨大影响。

但压力的效果也有其积极方面。一般讨论压力时，重在压力的负面影响，但不可忽略的是压力也有其积极的、有价值的一面，就是说压力是一种潜在的收益机会。压力本身总是与各种限制和要求相联系。压力与绩效的关系是倒“U”型的，即过高或过低的压力都不利于绩效，只有中等程度的压力最能提升业绩。

对于每一个具体的个体而言，他们能否感受到工作的压力，取决于个体的知觉、经历、绩效效率、人际关系等因素。受种族、文化背景、遗传、环境、本人经历和对付压力的方法等各种因素的制约，具有不同个性的人，对同样的压力会有不同的反应。所以，压力的体验是因人而异的。比如，有良好心理素质的运动员在紧要关头常常能抓住千钧一发的机会，超常发挥；而有的人心理素质不好，在到重要场合更为紧张，发挥还不如平时的表现好，就是所谓的“怯场”。

从管理情景看，在工作中人的压力与焦虑一般与以下几个方面有关。首

先，任务的难度超过一个人的承受能力，他会表现出心理上的焦虑，如长时间任务量太大、时间要求太紧、工作要求太高等，都会给人造成极大的压力；其次，员工对自己能力的感知不满意，尤其是对周边环境（同事能力、学习风气和创新氛围等）的估计过高，也会带来心理压力；第三，个人的权力距离感太强，主管交给的任何事情都会造成心理压力，担心不能较好地完成任务。

二、压力的来源与影响因素

总的说来，企业中最突出的心理问题是压力，员工的压力来源有自身因素、组织因素和环境因素三个方面。

1. 自身因素

作为个人来说，在工作之余，要承担的角色很多。个人的目标和需要也许会和工作有冲突，从而不可避免地产生了压力。例如，组织安排的加班时间和家庭的团聚时间凑到一起，势必要作出牺牲。而员工个人的需要与他们的家庭需要也有可能有所冲突，如工余自己休息时间的分配势必要考虑家人的要求。生活中，每个人都会碰到如恋爱、婚姻家庭、子女教育、个人心理困扰、疾病、家庭成员的意外事故或死亡等重大变化。这些虽然都是个人问题，却是影响员工压力和情绪的重要因素。这些压力和组织的工作无关，但能使人们偏离原先的生活轨道，使生活的重心发生变化。而且这些因素都具有可积累性，每个新的持续性的压力因素都会增强个体的压力水平。

2. 组织因素

在企业中，每一个员工常常会为这些情况感到巨大的压力：工作负担过重、同事不能相处、老板不近人情、完成工作的时间有限等。组织环境中引起压力的主要因素有组织结构、组织领导作风、组织发展阶段、组织任务要求、组织内角色适应要求、组织文化要求等。

1）组织结构。组织结构所限制的组织层次文化水平、组织规章制度的效力等都会成为员工的压力源。如果组织的层次分明，普通职工缺乏参与决策的机会，在工作中就有可能产生工作压力。

2）组织领导作风。这里特指的是公司高层管理人员的管理类型。具有专制性格作风的领导者以力服人，独断专行，这样的管理风格会导致一种以员工的紧张、恐惧和焦虑为特征的组织文化，使得组织内的员工产生幻觉式的压力。

3）组织发展阶段。任何组织都是有运行规律的。一般都经过初创、成长、成熟、衰退四个阶段。在这四个阶段，由于组织使命不同、工作重点不同，会给员工带来不同的压力。

4）组织任务要求。这个压力是无论什么时候都存在的。工作超负荷是形成压力的普遍原因；缺乏激励性的工作、没有工作满足感、工作单调重复也同样会产生压力；工作上的竞争、不如意、敌意及流言蜚语都会形成压力。

5）组织内角色适应要求。组织内，每个人的角色不同，分工各异，由此会形成角色冲突等现象，在组织中扮演的特定角色也会带来一定的压力。

6）组织文化要求。群体对组织中人的行为具有很大的影响，良好的人际关系可以促进个人和组织目标的实现，而不好的人际关系如同事的冲突、同事的故意骚扰、对工作业绩的嫉妒等人际关系都会引起压力，产生不愉快的反应。

3. 环境因素

所有我们面临的环境都是可能引起企业员工感到压力的重要因素。比如，气候的反常、天灾人祸、空气中的有害气体、噪音的干扰、拥挤的交通等。

政局的稳定也是一个重要的压力源，在政治不稳定的国家，人们普遍感到消极、压抑；经济的波动同样也使人们对前途担忧。

特定时期，如企业裁员、并购，以及新技术革新会使员工发觉自己有落伍的可能性，也会引起员工心理恐慌，从而引起人们的压力感。

三、工作压力的后果

不管其来源是什么，压力对雇员和组织的后果都是严重的。压力的消极作用表现在生理、情绪和行为等多个方面。压力对工作绩效和员工个人的健康的损害程度和个人对待压力的态度有密切关系。

1. 压力与健康的关系

工作压力会引起焦虑、沮丧、发怒等后果，造成各种生理方面的疾病，如心血管疾病、头痛以及造成工作事故等，并给组织带来经济上的损失。伴随着工作而来的其他健康问题有酗酒、滥用药物、身体的失调和病痛，以及各种思想问题。久而久之，人就会处于“亚健康”状态。

2. 对待压力的态度

许多外部环境因素会直接导致工作压力，如工作进度、工作速度、工作保障等。但同样的压力在不同人的身上会产生不同的结果，没有两个人会对同一工作压力作出同样的反应。根据澳大利亚行为科学家斯皮拉那的实验分析结果，不同的管理人员对待压力的不同态度会导致自身情绪的不同回应。分析如下：

高效率的管理人员：压力→积极态度→激励。

低效率的管理人员：压力→消极态度→苦恼。

所以，对于高效率的管理人员来说，适度的压力能使人挑战自我，正视矛盾和问题，挖掘潜力，富有效率，激起创造性；他们会努力克服困难，不怕冒风险，并使事情向好的方向转化，并善于激励别人，毫无怨言地努力工作，把克服困难、挑战压力看作是工作的意义，一般都有很强的自我控制能力。而低效率的管理人员则怨天尤人，采取回避和躲让的态度，对未来充满了猜疑和沮丧。他们不能自己控制自己的情绪，因而受外界压力的负面影响比较大。

3. 工作绩效的变化

压力从低到高的变化对工作绩效水平的影响是不同的。在低压力的情况下，人们普遍感到没有挑战性，工作绩效不能达到最高水平。压力到达中等水平时，就会产生积极作用，能刺激机体，增强反应能力，改善工作状态，提高效率，此时员工会把工作做得更好，更有工作热情。

4. 压力与工作要求和控制能力的关系

工作要求即某一阶段的工作量及完成任务的时间、要求与人协作的程度等；控制能力指在完成任务过程中，个人对工作数量、质量、方法等决定控制权的大小。

研究成果表明压力与控制能力成反比，与工作要求高低成正比。

如果处于对工作要求很高，而个人对工作的控制权力很小的时候，员工受到的压力最为明显；如果对工作要求很低，而员工本人有一定的控制权，此时，员工受到的挑战和促进前进的动力也比较小，进步不快；而长期处于低要求、低控制的情况下，员工会丧失作出独立判断能力和接受挑战性工作的能力；如果对工作要求高，甚至使员工对于完成任务有力不从心的感觉，只要个人工作的控制力强，有参与决策的机会，其结果是员工受到鼓舞，对压力的感觉最轻，能挑战自我。

四、工作压力的管理

工作压力的管理直接关系到客户服务质量、信息传递的速度和质量、组织气氛和企业文化的健康，因此与组织运行的效率是息息相关的。工作压力管理主要涉及沟通和人际关系的问题，即与客户、同事、上下级之间的交往。

1. 组织途径改变

从组织角度考虑改善压力情况，必须积极寻找引起压力的原因及其影响，然后改变工作习惯和行为方式，来对付太大的压力。高层管理者必须帮助职工正确对待压力，如改善工作环境，重新制定工作目标，提高工作职务的明

确性，进行职务分析，重新设计组织结构和工作职务等。

2. 员工个人改变和EAP咨询

压力问题是心理危机问题，员工的压力会导致企业的缺勤率增加，离职率增加，事故率增加，工作中的人际冲突增加，招聘、培训成本增加，工作积极性下降。

现在的企业一般都开展EAP项目。EAP是组织向所有员工及其家属提供的一项免费的、专业的、系统的和长期的咨询服务计划。其目标从改善员工的工作生活质量入手，从而达到其终极目标：提高组织的工作绩效和促进员工的个人成长。这是企业压力和心理问题的一揽子解决方案，围绕着职业心理健康，由专业的心理服务公司设计提供包括企业心理问题的调查研究、组织管理、改进建议、宣传教育和心理培训。

国外的此类服务已经有近百年的历史，发展得很成熟，证明心理咨询行之有效并且为企业赢得很高的回报。对一些压力和心理干预项目投资回报率的研究表明，这类服务项目的收益往往胜过一般商业投资的回报率。

组织可聘请专业的心理学工作者来担任心理培训任务。培训内容一般有：压力和时间管理，使员工工作与生活平衡，自信心与积极情绪上升；通过咨询式的管理、交互作用分析、扩大社会支持网络等来减轻员工的压力感。

最近一项由北京易普斯企业咨询服务中心联合《财富》中文版对1576名高级管理人员所作的健康调查显示，近70%的高级管理人员感觉自己当前承受的压力较大，其中21%认为自己压力极大。与此呼应的是，北京零点市场调查公司曾于去年做过一项调查，结果显示，41.1%的白领们正面临着较大的工作压力，61.4%的白领正经历着不同程度的心理疲劳，白领们的健康状况令人担忧。

易普斯企业咨询服务中心在为企业进行压力咨询时，企业家为自己画的自画像。这些图像分别是：

一个人颤颤巍巍地走在钢丝上，稍有不慎就会跌落万丈深渊。

一个人背负三座大山累得气喘吁吁。

还有一个人蹲着马步，长着三头六臂，每个头上都顶着一摞盘子，几只手上分别拿着酒杯、令旗、匕首、盾牌等物品。马步蹲得时间太长，裤子都磨破了。

易普斯首席顾问张西超说："这表明这些企业家们面临的压力很大，而且精神处于高度紧张的状态之下。"并且他还说，对于人类，"最后一个禁忌，

不是吸毒，而是压力”。超负荷的工作压力正在困扰着越来越多的职场人士，也给企业管理提出了新的挑战。

（资料来源：info.news.hc360.com/html/001/002/009/018/41416.htm）

小 结

劳动关系是指劳动者与用人单位在劳动中建立的社会经济关系。本章介绍了集体合同，详细介绍了集体合同的签订的原则和程序。然后分析了员工离职的原因及其管理。员工离职通常被分为两种类型：主动离职和被动离职。对于企业的管理者来说，被动离职往往是确定的，是可以被企业所控制的，但主动离职相对而言却往往是事先不可预测的。因此，大量的主动离职会给企业的发展带来不利的影响。具体分析了员工离职所带来的种种风险。如关键技术或商业秘密泄露、客户流失、岗位空缺、集体跳槽等。介绍了对风险防范的应对措施，进行人性化的管理。在劳动安全卫生管理方面，介绍了劳动安全卫生规程的基本内容，重点介绍了劳动安全技术规程的主要内容。最后分析了工作压力，这是“世界范围的流行病”。我们把压力分成两个方面来理解，一般讨论压力时，都着重在于压力的负面影响，但不可忽略的是压力毕竟也有积极的、有价值的一面，就是说压力是一种潜在的收益机会。从组织、个人等多方面谈到了压力的管理，减轻员工的压力感。

复习思考题

一、单项选择题

1．企业为招聘员工、协商相互之间的权利义务而提供的劳动合同草拟文本依法必须具备（　　）。

A．法定条款　　B．约定条款

C．保密条款　　D．试用期限

2．我国劳动法规定，经当事人协商一致，仅规定了劳动合同的法定条款，则该劳动合同（　　）。

A．经鉴证后可以成立　　B．可以成立

C．不具备法律效力　　D．不能成立

3．订立和变更劳动合同必须遵守的原则包括不得违反法律、行政法规和（　　）。

A．兼顾所有者和劳动者利益　　B．平等自愿、协商一致

C．维护正常生产工作秩序　　D．平等合作、协商一致

4．订立劳动合同所依据的客观情况发生重大变化，致使劳动合同无法履行，应当（　　）。

A．另行订立劳动合同　　B．续订劳动合同

C．变更劳动合同相关内容　　D．终止劳动合同的履行

5．（　　）是集体协商双方代表根据劳动法律法规的规定，就劳动报酬、工作时间等事项，在平等协商一致的基础上签订的书面协议。

A．劳动合同　　B．集体合同

C．集体协议　　D．专项协议

6．依据劳动法的规定，经（　　），劳动合同可以解除。

A．单位行政决定　　B．当事人协商一致

C．劳动者自行决定　　D．当地劳动行政机关的决定

7．（　　）是指有固定期限的劳动合同到期，双方当事人就劳动合同的有效期限进行商谈，经平等协商一致而续延劳动合同期限的法律行为。

A．劳动合同终止　　B．劳动合同续订

C．劳动合同解除　　D．劳动合同变更

8．集体合同中的（　　）一般包括劳动报酬、工作时间、休息休假、保险福利和劳动安全卫生等项条款。

A．劳动条件标准部分　　B．一般性规定

C．过渡性规定　　D．其他规定

9．集体合同反映的是以（　　）为实质内容的关系，整体性地规定劳动者与企业的权利与义务。

A．工作内容　　B．劳动报酬

C．劳动条件　　D．福利待遇

10，集体合同均为定期集体合同，我国劳动立法规定集体合同的期限为（　　）年。

A．1　　B．3

C．1～3　　D．5

二、多项选择题

1．根据《劳动法》规定，劳动合同必须具备（　　）。

A．试用期限　　B．保密条款

C．劳动报酬　　D．劳动纪律

E．劳动条件

2．订立和变更劳动合同应遵循（　　）。

A．平等合作　　B．平等自愿

C．协商一致　　D．不得违法

E．等价有偿

3. 集体合同的协商是签约代表为签订集体合同进行商谈的法律行为。其主要步骤包括（　　）。

A. 协商准备　　B. 讨论
C. 谈判　　D. 审议
E. 签字

4. 订立集体合同应遵循（　　）的原则。

A. 内容合法　　B. 平等自愿
C. 协商一致　　D. 等价有偿
E. 平等合作

5. 集体合同只要符合（　　）合法，意思表示真实，就具有法律效力，集体合同当事人和关系人就应履行集体合同所规定的义务。

A. 目的　　B. 主体
C. 内容　　D. 形式
E. 程序

实 训 项 目

1. 利用一切资源，如网络资源、图书馆的资料，寻找最新职业安全方面的案例，并进行分析。

2. 找一家当地企业调查，调查内容是福利保障制度的执行情况。具体为养老保险、医疗保险、失业保险、工伤保险和女性员工的生育保险；该企业是否为员工缴纳住房公积金。

案 例 分 析

案例 1　张韧离职

"总算结束了，可以安心地休息几天了"，13 日办好离职手续后，张韧这样对记者说。

2005 年下半年刚开始时，张韧来到了他向往已久的某著名游戏开发公司——位于中关村的一家外商独资企业。当年 11 月初，他进入了该公司一个重要的游戏开发小组，并很快成为这一款游戏的五位原创成员之一。

"但进入这个组后，随着项目的逐步进展，我的离职脚步也开始启动，并且越走越快，身边的同事在这方面给了我很大的触动"，张韧说。

“2006 年 2 月中旬，小组内一位程序员因为工作太累‘离组出走’；不几天后，另一位程序员因为相同的原因‘改换门庭’；紧接着，同样是因为累，连续有两位该款游戏的原创成员‘另谋出路’”。张韧对记者说，“这些人离开公司对我的影响还不是很大，让我想不到的是 3 月末我们游戏开发小组的组长也走了，更想不到的是没几天这个组长当年进公司时带他的老师也离公司而去。经历了这些变故，在完成项目后我也就选择了离开。”

张韧介绍，在他办好离职手续的第二天，又有两个他原来项目组的同事递交了辞呈，这意味着这个曾经 20 多人的团队已经走了 9 个人，其中包括 4 位游戏原创成员。

据了解，不能取得满意的报酬是这些人辞职的原因之一，但工作过度劳累才是主因。“太累了，在游戏开发关键时期的一个多月时间内，我几乎每天都是夜间 12 点才从公司出门。因为加班，我和与我一起租房的一个同学有两周时间虽然住在一所房子里，却没见过面，因为晚上我回来时他已经睡下了，早晨他走时我正在酣睡。”

“那你下一步怎么打算呢？”记者问。

“先休息吧，然后找工作继续干，不过对以后的工作我最大的要求就是不能总加班”，张韧说，“像我这样的程序员很多，我们只能不停地通过‘跳槽’来寻找适合自己的企业。”

（资料来源：www.chinahrlab.com/watch/trend/it/20061122/16230.html）

案例解析

进入 21 世纪，随着市场化进程的日益加深，公司之间的竞争也非常激烈，而公司之间的竞争压力最终还是压在公司职员的身上和心上。超强的职业压力会给个人的职业发展与健康带来严重的负面影响，在个人身上造成的后果可以是生理的、心理的，也可以是行为方面的。如此一来，一个很现实的问题就放在了不少公司职员的面前——如何面对工作压力？

（1）主动休息

疲劳是会积累的，当你感觉疲劳时，其实你的疲劳已经积累得相当深了，这样下去很容易造成身体透支。相对被动休息来说，主动休息更具有科学性。主动休息的方式有多种，睡眠是常见的一种休息方式。

（2）建立化解压力圈

当你感到有压力时，首先要找到压力源，尽可能地消除压力源。如果你的压力是因为工作量太大造成的，你可以通过合理的时间管理来区分工作的轻重缓急，重要的工作马上完成，次要的和不那么重要的可以先放一放，待时间充裕时再完成。自我减压应该是员工明智的选择。

1. 该公司用什么办法可以留住人才？
2. 怎样才能将人才流失的损失降低到最少？
3. 分析该公司人事部门下一步最重要的工作是什么。

案例2　广告公司人事波动

我从进那家广告公司的第一天起，就知道自己早晚会离开。因为所有的人在这个地方都干不长久。进去待了一段时间之后，我还听到了许多离职故事，真是丰富多彩。

公司规定每个员工都有3个月的试用期，试用期的工资是转正之后的一半。于是老板便不断地招人，利用新的廉价人力资源，而美其名曰注入新的活力。

司机小陈的离开没有多大"创意"，干满三个月试用期后，老板通知他"放假"。小陈不懂什么叫"放假"，第二天还来上班。于是有人告诉他"你可以休息了"，小陈还是没全明白，照常上班。直到第三天，老板通知他"别来上班"时，他才彻底明白。

一个业绩不错的老业务员干了近两年，他的离开颇有些冤枉。那天他在办公室说："老板对于业绩好的业务员还是十分客气的，像我，就绝无被炒的担心。"接着有些吹嘘地说："有时觉得挺累的，倒真的有点不想干了。"没想到传到老板耳朵里，老板立马正色对他说："那你马上去办理离职手续吧！"再不听他的任何解释。

（资料来源：blog.tianya.cn/blogger/post_show.asp?BlogID=113359&PostID=1217947）

提高公司的凝聚力要求公司管理人员必须处理好与员工的关系，这是体现管理艺术的一个重要方面。要处理好与员工的关系，使每位员工都能感受到集体的温暖和老板的爱心，这样才能增强员工主人翁责任感，协调好老板与员工的关系。

关怀是公司和员工相互联系的纽带，是管理的一种重要动力。一个员工生活在团结友爱的集体里，相互间关心、理解和尊重，就会产生兴奋、愉快的感情，迸发出前进的动力。反之，一个员工如果生活在冷漠的环境里，就会产生孤独感和压抑感，情绪就会低落，积极性就要受挫。即使对

于有错误思想和过失行为的员工，如果能得到组织的关心、爱护，也能增强改正错误的决心和信心；如果遭到遗弃、训斥，他就会自暴自弃，产生抗拒对立的心理。公司的各级主管对员工要以心换心，互相交心，使管理者同员工同甘共苦，同心同德，为实现公司的目标而奋斗。关怀从内容上讲，主要有两个方面：

1）思想上要关心员工的思想要求，鼓励员工的思想进步，帮助员工实现正当的思想愿望。

2）生活上要关心每个员工的生活，帮助员工解决一些实际问题，对员工来说，这是最实际的。

要搞好与员工的关系，还应当创造良好的环境。

首先，要把员工当作公司的主人，这是创造良好的公司环境的指导思想，也就是说公司管理者要在管理中真心诚意地关怀、尊重、信任和感动员工，同员工心连心、心贴心。通过感情上的理解，实现思想上的统一和谐。这种思想会激发出员工极大的工作热情，形成公司生产经营、改革和建设的积极力量。反之，如果公司的管理者在感情上没有把员工当成公司的主人，就不会产生上下之间的感情上的交流。员工也会产生自己是雇佣劳动者的体验，公司的主张、目标就会遭到员工的冷落。在这种心理状态下，就根本谈不上激励员工的潜在积极性了。

其次，要把公司“交给”员工，缩短公司与员工的心理距离；要员工参与公司生产经营的决策。

员工之间的关系也非常重要。员工之间和谐的关系是当代社会化大生产需求和人类心理需求的表现。建立员工间的良好关系，要求组织在用人方面有一定的艺术，要对员工个性、才能有深刻了解，这样才有利于组织的圆满配合。

思考与讨论

1. 讨论该公司有无凝聚力。
2. 对业绩不错的业务员应该如何进行奖励？
3. 分析该广告公司人事制度失败之处。

参考文献

陈维政．2002．人力资源管理．北京：高等教育出版社

邓汝春．2007．连锁经营管理原理．北京：电子工业出版社

冯虹，陶秋燕等．2006．现代人力资源管理．北京：经济管理出版社

盖勇，孙平．2004．人力资源战略与组织结构设计．济南：山东人民出版社

葛正鹏．2006．人力资源管理．北京：科学出版社

韩肃，苗钟颖．2004．连锁经营管理．哈尔滨：哈尔滨工业大学出版社

何森．2004．连锁为王．北京：中国经济出版社

胡君辰，郑绍濂．1999．人力资源开发与管理．上海：复旦大学出版社

加里•德斯勒．1999．人力资源管理．刘昕等译．北京：中国人民大学出版社

李桂华．2004．人力资源管理．北京：中国金融出版社

廖泉文．2003．人力资源管理．北京：高等教育出版社

刘崇林．2006．人力资源管理基础．北京：电子工业出版社

罗伯特•L．马西斯等．2006．人力资源管理．北京：北京大学出版社

孟华兴等．2005．人力资源管理．北京：科学出版社

彭剑锋．2005．人力资源管理概论．上海：复旦大学出版社

钱振波．2004．人力资源管理．北京：清华大学出版社

秦志华．2005．人力资源管理．北京：中国人民大学出版社

时勘．2006．基于胜任特征模型的人力资源开发．心理科学进展，8（14，4）

孙志成．2004．组织行为学．北京：中央广播电视大学出版社

汪应洛．2004．管理学．西安：陕西人民出版社

王吉方．2005．连锁经营管理教程．北京：中国经济出版社

魏新．2007．人力资源管理概论．广州：华南理工大学出版社

文跃然．2007．人力资源战略与规划．上海：复旦大学出版社

吴建国．2003．连锁企业人力资源管理．上海：立信会计出版社

吴能全，许峰．2006．胜任能力模型设计与应用．广州：广东经济出版社

伍爱．2005．人力资源管理学．广州：暨南大学出版社

夏光等．2006．人力资源管理案例、习题集．北京：机械工业出版社

萧鸣政．2001．人力资源管理．北京：中央广播电视大学出版社

萧鸣政．2006．工作分析方法与技术．北京：中国人民大学出版社

萧鸣政等．1997．人员测评理论与方法．北京：中国劳动社会保障出版社

邢以群．2005．管理学．杭州：浙江大学出版社

杨河清．2006．人力资源管理．大连：东北财经大学出版社

姚裕群．2006．人力资源管理案例教程．北京：中国人民大学出版社

于桂兰，魏海燕．2004．人力资源管理．北京：清华大学出版社

余成凯．2005．人力资源管理．大连：大连理工大学出版社

余凯成等．2001．人力资源管理．大连：大连理工大学出版社

曾建全．2004．人力资源管理理论与实务．广州：中山大学出版社

张德．2003．人力资源管理．北京：中国发展出版社

张佩云．2004．人力资源管理．北京：清华大学出版社

张晔清．2006．连锁经营管理原理．上海：立信会计出版社

张一池．1999．人力资源管理教程．北京：北京大学出版社

赵曙明．2001．人力资源管理研究．北京：中国人民大学出版社

赵越春．2006．连锁经营管理概论．北京：科学出版社

郑晓明，吴志明．2006．工作分析实务手册．北京：机械工业出版社

郑晓明．2002．现代人力资源管理导论．北京：清华大学出版社

郑晓明．2005．人力资源管理导论．北京：机械工业出版社

manaren.com

www.chinahrd.net

www.cjol.com

www.hr.com.cn

www.hrlaw.cn